中国外经贸改革与发展

主　　编：金　旭
副 主 编：边振瑚　李　钢
执行主编：郝宝生

中国商务出版社
CHINA COMMERCE AND TRADE PRESS

图书在版编目（CIP）数据

中国外经贸改革与发展／金旭主编．－－北京：中国商务出版社，2020.11

ISBN 978－7－5103－3606－5

Ⅰ．①中… Ⅱ．①金… Ⅲ．①对外贸易—中国—文集 Ⅳ．①F752－53

中国版本图书馆 CIP 数据核字（2020）第 213562 号

中国外经贸改革与发展

ZHONGGUO WAIJINGMAO GAIGE YU FAZHAN

主　编　金　旭　　副主编　边振湖　李　钢　　执行主编　郝宝生

出　　　版：	中国商务出版社
地　　　址：	北京市东城区安定门外大街东后巷28号　邮　编：100710
责任部门：	商务事业部（010－64243016　gmxhksb@163.com）
责任编辑：	刘姝辰
总 发 行：	中国商务出版社发行部（010－64208388　64515150）
网购零售：	中国商务出版社考培部（010－64286917）
网　　　址：	http://www.cctpress.com
网　　　店：	http://shop162373850.taobao.com/
邮　　　箱：	349183847@qq.com
印　　　刷：	三河市华东印刷有限公司
开　　　本：	710 毫米×1000 毫米　1/16
印　　　张：	26.75　　　　　　　　　　　　字　数：407 千字
版　　　次：	2021 年 1 月第 1 版　　　　　印　次：2021 年 1 月第 1 次印刷
书　　　号：	ISBN 978－7－5103－3606－5
定　　　价：	85.00 元

凡所购本版图书有印装质量问题，请与本社总编室联系。（电话：010－64212247）

版权所有　盗版必究（盗版侵权举报可发邮件至此邮箱：1115086991@qq.com 或致电：010－64286917）

PREFACE 前　言

2020年一场突如其来的全球公共卫生事件——新冠肺炎爆发，至今仍在扩散蔓延，不仅打乱了经济社会正常发展的秩序，更是对全球经济、贸易和投资带来了巨大的冲击并将产生持续深远的影响，对我国也造成极大冲击。在这一背景下，党中央提出，要加强对世界形势发展的分析研判，做好"六稳"工作，完成"六保"任务，特别是要"稳住外贸外资基本盘"，继续推动高水平开放型经济发展。

习近平总书记在全国抗击新冠肺炎疫情表彰大会上的讲话中指出，"在过去8个多月时间里，我们党团结带领全国各族人民，进行了一场惊心动魄的抗疫大战，经受了一场艰苦卓绝的历史大考，付出巨大努力，取得抗击新冠肺炎疫情斗争重大战略成果，创造了人类同疾病斗争史上又一个英勇壮举！"

2020年以来，学会按照党中央和国务院的部署，围绕"稳住外贸外资基本盘"开展了一系列相关活动。一是在2月下旬举办《关于疫情对中国外经贸的影响及对策建议》的笔会，在不到一个月的时间里，有50多位会员积极踊跃参加投稿，对形势发展作出研判，提出政策建议。二是6月29日召开主题为"稳定产业链供应链"视频研讨会，与会专家、学者和进出口商会领导，围绕双循环新格局下开放型经济的进一步发展提出了许多颇有见地的意见、建议。三是继续举办2020年度中国国际贸易学会"外经贸发展与改革"征文，并确定2020年的主题是"打好新冠病毒战'疫'，稳住外贸外资基本盘"。征文活动得到了会员的广泛支持和响应，达到了预期的效果。

2020年的论文集聚焦疫情全球蔓延与世界经济贸易趋势研判，"稳住外贸外资基本盘"的意义与举措，进一步推动高水平开放型经济发展，市场多元化新格局，全球经济治理与多边、区域、双边合作的新动向等方面。呈现在读者面前的这本《中国外经贸改革与发展》就是本届征文的主要获奖作品以及在

《国际贸易论坛》(内刊)上发表的相关文章。

刚刚闭幕的党的十九届五中全会公报指出,"十三五"规划目标任务即将完成,全面建成小康社会胜利在望,中华民族伟大复兴向前迈出了新的一大步,社会主义中国以更加雄伟的身姿屹立于世界东方。我国发展仍然处于重要战略机遇期,但机遇和挑战都有新的发展变化。当今世界正经历百年未有之大变局,新一轮科技革命和产业变革深入发展,国际力量对比深刻调整,和平与发展仍然是时代主题,人类命运共同体理念深入人心,同时国际环境日趋复杂,不稳定性、不确定性明显增加。要统筹中华民族伟大复兴战略全局和世界百年未有之大变局,深刻认识我国社会主要矛盾变化带来的新特征新要求,深刻认识错综复杂的国际环境带来的新矛盾新挑战,增强机遇意识和风险意识,立足社会主义初级阶段基本国情,保持战略定力,办好自己的事,认识和把握发展规律,发扬斗争精神,树立底线思维,准确识变、科学应变、主动求变,善于在危机中育先机、于变局中开新局,抓住机遇,应对挑战,趋利避害,奋勇前进。加快构建以国内大循环为主体、国内国际双循环相互促进的新发展格局。全会提出了"十四五"时期经济社会发展主要目标和任务,为未来五年的发展勾勒了蓝图。公报指出,要实行高水平对外开放,开拓合作共赢新局面。坚持实施更大范围、更宽领域、更深层次对外开放,依托我国大市场优势,促进国际合作,实现互利共赢。要建设更高水平开放型经济新体制,全面提高对外开放水平,推动贸易和投资自由化便利化,推进贸易创新发展,推动共建"一带一路"高质量发展,积极参与全球经济治理体系改革。

2021年我们将迎来中国共产党建党100周年,同时也是中国国际贸易学会成立40周年的喜庆年份。我们期待,在新阶段,以新的发展理念,共同为双循环新格局出谋划策,资政建言,为经贸强国的建设继续奉献智慧,做出应有的努力。

值此本论文集付梓之际,我向多年来支持中国国际贸易学会工作的各界同仁表示衷心的感谢。最后,对中国商务出版社给予学会方方面面的大力支持和无私帮助表示由衷的感谢。

中国国际贸易学会会长
2020年11月8日

CONTENTS | 目 录

中美脱钩：含义与政策 / 林桂军 ………………………………………… 1

双循环战略与供应链安全 / 黄建忠 ……………………………………… 6

关于产业链调整的思考 / 宋泓 …………………………………………… 15

差异化试验下的中国自贸试验区创新研究
　　——以临港新片区为例 / 吴瑕 ……………………………………… 19

疫情冲击下的数字文化贸易：国际格局和中国策略 / 方英　郑国华
　　马思瑛 ………………………………………………………………… 34

后疫情时期发达国家外资安全审查发展趋势与中国应对研究
　　/ 陈忠　余官胜 ……………………………………………………… 50

新冠肺炎疫情对中国制造业分工地位和服务增加值的影响及对策分析
　　/ 齐俊妍　强华俊 …………………………………………………… 61

新冠肺炎疫情下国际投资协定例外条款的可适用性研究 / 张倩雯 …… 77

对外直接投资改善了企业内资源配置吗？
　　——基于产品层面成本加成率视角的实证分析 / 王培志　郑郁寒 … 92

新冠肺炎疫情对中国外贸出口的影响及应对建议 / 王丽　黄德海
　　翟立强 ………………………………………………………………… 111

海南自贸港跨境资本管理的国际经验及路径设计 / 徐德顺　王豪 …… 124

新冠疫情冲击背景下中国对日本出口贸易增长的动态波动研究
　　——基于引入贸易扩张边际分析的恒定市场份额模型分解
　　/ 郭俊晖　章秀琴 …………………………………………………… 138

新冠肺炎疫情下我国对外贸易格局稳定性研究
　　——基于空间非均衡与极化的实证分析 / 谢晶　李迪 …………… 155

美国外商投资安全审查制度的发展态势研究 / 李锋 …………… 172
疫情防控常态化条件下服务业与制造业协同发展研究
　　/ 王思语　张开翼 …………………………………… 183
新冠疫情下粮食主产国出口限制是否导致全球粮食危机？
　　/ 袁其刚　翟亮亮 …………………………………… 198
疫后数字经济下文化贸易发展：契机、挑战与优化路径分析 / 王新玲 220
国际投资保护对我国企业对外直接投资的影响
　　——基于海外子公司视角的实证研究 / 余官胜　陈忠 …… 236
稳外贸目标下"一带一路"贸易便利化时空差异的贸易影响问题研究
　　/ 李勤昌　许唯聪 …………………………………… 261
我国服务业国内价值链对区域价值链的影响研究 / 张涵煦 …… 278
韩国"新北方政策"与中俄"冰上丝绸之路"建设的发展战略对接
　　——基础、模式与课题 / 郭锐　赵中辉 ……………… 294
以境外经贸合作区深化农业国际合作构建粮食贸易大通道
　　/ 谢宁　张春伟　李准 ……………………………… 314
中国应对 CPTPP 经济影响的政策选择及效果 / 李春顶　平一帆　张杰晗
　　………………………………………………………… 326
疫情防控常态下湖北服务贸易恢复发展的机理及对策
　　——以湖北省服务外包产业为例 / 袁永友　魏宏贵　谢荣军 …… 345
全球疫情冲击下的世界与中国经济走势及其对浙江的影响 / 王煊　黄先海
　　………………………………………………………… 357
国际格局百年大变局与我国对外开放战略选择 / 全毅 ………… 371
构建陆路沿边开放新特区推动云南以大开放促进大发展
　　/ 王栋　陈正鹏子　段晨阳 ………………………… 387
中欧经贸合作的新机遇与新空间 / 徐艺翀 …………………… 396
关于绥芬河市外贸发展情况的调研报告 / 张成立　纪昕彤 …… 411

中美脱钩：含义与政策

林桂军[*]

从产业链问题来讲，三件大事加速产业链向中国转移：一是 1997–1999 年的亚洲金融危机；二是 2001 年中国加入 WTO；三是 2008 年全球金融危机。这次新冠肺炎的全球蔓延可能导致产业链的混乱，但是总体上我国的情况优于其他国家，这次事件仍然会促使全球产业链进一步向中国集聚。而现阶段最大的问题在于美国倾向于让产业链中心离开中国，即采取"脱钩"政策。

一、为什么美国要和中国脱钩

首先，"脱钩"是从冷战概念演绎而来，美国鹰派人士在考虑到对中国采取强硬态度时，他们最先想到一个情景就是美苏冷战，主张脱钩的人经常以美苏冷战为例。美国亚洲国家研究局认为，之所以要和中国脱钩，是由于中美两国国家体制和追求的目标不一致，无法妥协。因此，可以看到今天所出现的中美出现了对峙局面。从贸易理论角度来讲，美国的脱钩理论是有一定经济学基础的，即不公平竞争下的规模经济优势。这个理论主要针对中国高科技企业，它认为，高科技企业在中国国内拥有巨大的市场，可以享受巨大的国内市场带来的规模经济优势，同时由于美国实行比较开放的政策，高科技企业又同时享受了美国市场带来的规模经济优势。在这种情况下，中国高科技企业占尽了两国市场的规模优势，美国必须要采取措施扭转这种局面。从这个角度看，美国的脱钩政策有一定的合理性，但总体来看，站在更高的角度，它的合理性并不强。

---

[*] 作者简介：林桂军，对外经贸大学国家对外开放研究院执行院长、教授。

二、什么是脱钩

有很多词汇表示"脱钩"这个含义,比如禁运、decoupling, dis-engagement, deconnect, disentaglement, blow up 等等。那什么是脱钩?从广义上讲,脱钩实际上,是一个逐渐减少美国经济对中国的依赖的过程。那么脱钩会产生什么样的后果?应该脱到什么程度?以多快的速度进行脱钩?目前就上述问题尚未形成共识。美国主张中美脱钩的目标或者动机,是在"美国优先"原则指导下,让美国优于中国。即使脱钩政策会对两国整体福利均产生不利影响,宁可自损八百也要杀敌一千,这就是美国政策的突出特征。

当脱钩概念出现以后,国内外主流观点都认为,鉴于中美经贸关系相互依存度很高,完全脱钩几乎是不可能的。但一个不可否认的事实是,随着中美关系紧张程度的不断提升,脱钩日益引起人们的重视,在当前尤其是中美双方意见不能达成一致的情况下,脱钩的可能性变得越来越大。

2020年的6月17日,莱特希泽在回答美国国会问题的时候,就脱钩问题发表了两点看法:第一,他不认为全面脱钩是可行的,但是他支持制造业回归美国;第二,他不认为脱钩是一个理智的政策选择。这说明莱特希泽相对于部分美国鹰派人士,在脱钩问题上是比较温和的。第二天特朗普在推特上表示,美国极限施压现在已经有了一套与中国脱钩的政策方案,完全脱钩不是不可能。同时,5月14日特朗普在接受FOX NEWS采访的时候,也提出美国有很多选择,可以完全切断与中国的所有联系。他的发言可能是运用威胁手段为下一轮跟中国讨价还价增加筹码,也可能特朗普政府确实已经准备了中美脱钩的完整政策方案。

三、脱钩战略的四个要点

美国国家亚洲研究局代表国会在2019年年底提出四点脱钩战略。主要包含以下四个方面:

一是要避免达成表面协议。他们认为,中美贸易摩擦是一个长期的斗争,在中国没有做出使美国满意的重大让步之前,美国的关税不能降下来,对中国施加的压力要继续保持。美国的关税政策应该是使美国的损失最小化，国内的政治支持最大化。

二是要强化国防措施。消除美国自身应对颠覆、破坏、威胁等方面的弱点，减慢向中国的技术输出速度。他们认为美国对中国的贸易制裁并不十分成功，而且单靠美国一家很难迫使中国作出重大让步。所以，他们提出必须加强同其他民主国家的合作。

三是增强科技教育投资。美国必须准备和中国进行长期的竞争，因此，要增加科学技术教育投资，同时让更多的美国人能够享受经济增长带来的红利。他们认为，面对中国的严峻挑战，美国必须建立两个共识：一个是政治上的共识，中国是美国的敌人和威胁；第二个是应对挑战的政策共识。

四是加强同盟友的合作。在不放弃 WTO 的同时，美国必须缩小合作范围，聚焦于盟友和主要贸易伙伴，包括与欧洲、亚洲和西半球国家之间的合作，增强双边贸易投资、协商和合作。盟友国家必须在利益和价值上与美国有共性，双方能够通过更加紧密的合作来应对中国的挑战。从目前美国大选竞选双方来看，无论是拜登还是特朗普，都会强力推行这个策略。

四、脱钩的形式与内容

脱钩有两种形式。一种是全面脱钩，也就是双方全面断绝贸易和投资关系，回到冷战时期美苏关系的状态。大多数人认为到目前为止，中美完全脱钩的可能性不太大。大多数国家都不愿意选择阵营形成对峙局面，他们更倾向于随机行事。另一种是部分脱钩，中美双方在技术、投资等部分领域出现不同程度的脱钩。双方哪个在敏感领域脱钩的可能性较大，如涉及国家安全领域的电信等，大豆、玉米等农产品脱钩的可能性较低。2020 年 3 月，美中贸易委员会主席艾伦提出，美国的企业希望脱钩只局限在涉及国家安全的领域，从而减少对整体贸易的损害。

美国可能采取的和已经采取的脱钩措施如表 1 所示。

脱钩政策的内容第一个领域是选择性的贸易政策，即减少从中国的进口，增加部分领域对中国的出口，同时施加更多的出口限制。出口限制不仅针对中国一个国家，同时还直接针对到具体企业。

第二个领域是投资。强化投资安全审核，反对并购，只允许绿地投资，限制其他福利性投资。通过增加进口关税、增加补贴和税收减免等措施鼓励全球价值链逆转，下一步可能通过政府采购或者恫吓方式来重塑全球价值链布局。

第三个领域是金融。对中国的上市公司实行统一的会计标准，禁止联邦养老金投资中国市场，建议禁止中国进入美国的金融市场，建议控制中国所持有的美债规模，限制中国企业使用美元结算，阻止中国结算体系替代 SWIFT 等。

第四个领域是科学技术和教育。限制中国留学生的专业选择，限制中国留学生在美毕业后获得就业签证，限制中国学生参与美国的 RNO；在国家安全标准数据和信息方面对中国实行差异化政策，促使中国互联网与世界分割。

第五个领域是旅游。有选择的限制旅游人数，如通过种族歧视来限制旅游。

第六个领域是国家安全与国防。美国目前的国家安全与国防为其政治服务，主张"中国威胁论"，为中美脱钩提供依据。在国内政治领域，出台规定限制当选总统访华，对华措施越强硬越容易获得高选票。

五、中国的对策思考

面对美国的脱钩政策，我国需要综合考量，改变思维方式，拿出完整的方案。2015 年，中国制造业增加值是美国的 2.3 倍，2019 年已经超过 2.6 倍。我国进出口货物贸易总额超过美国 3500 亿美元，因此，我国要采取大国应对策略而非小国应对策略。

过去一段时间内，我国采取的以国内市场为中心、价值链风险管理等应对策略取得了积极成效。现在必须从底线思维出发，考虑完全脱钩情况下我国如何应对。未来全球格局可能发生如下变化：一种可能是二分法，也就是形成中国和美国两大阵营的双轨制；另一种是三分法，即中国引领一个集团，美国引领一个集团，剩下的大多数国家保持中立。从现在的情况看，多数国家可能保持中立态度。

基于对未来中美脱钩局势的判断，我国要从以下三方面做好充足准备：

表 1 美国脱钩政策的内容和影响

领 域	脱钩措施	后 果
金融	对中国上市公司实行统一会计标准； 禁止联邦养老金投资中国市场； （建议）禁止中国进入美国金融市场； （建议）控制中国持有的美债； 限制中国企业使用美元结算 阻止中国替代SWIFT	降低美元需求； 鼓励人民币国际化； 鼓励中国开发数字货币，独立的SWIFT， 鼓励中国企业进行风险防范。
科学技术和教育	限制一些专业（stem）留学生签证； 限制毕业留学生就业签证； 限制中国学生参与R&D； 国家安全、标准、数据和信息方面的政策导致互联网分割，	美国损失留学生收入（130亿美元） 需要国际合作
旅游	有选择地限制旅游人数； 制造不稳定的气氛。	损失旅游收入（300亿美元） 种族歧视、贸易战和政府政策将使问题进一步恶化
贸易（选择性）	减少从中国的进口；增加一些产品（农产和资源性）对中国的出口（非脱勾）； 更多的出口限制（高科技，市场控制力）； 针对企业；	限制中国产品市场规模 刺激中国自力更生； 鼓励第三国供应商竞争； 需要国际合作
安全与国防	鼓吹中国威胁，为脱钩提供依据 中国威胁与技术相联系联系	军事为脱钩服务
国内政治	反中获取选票； 脱钩等于强硬	鼓吹脱钩的美国鹰派成为常态

第一，发展重心转向国内市场。在美国和中国脱钩的时候，我国转向国内市场自循环，自给自足、自力更生。

第二，游说美国重点企业。美国政府志在与中国脱钩，这回损害大部分美国企业。可以游说重点美国企业，保持贸易合作关系。但这样做会付出较大成本。

第三，实施战略盟友策略。对于美国采取的结盟策略，我国要阻止其结盟，并采取理性的外交手段争取这些国家的支持。从我国的全球价值链布局来看，韩国、日本和东盟的增加值贡献最大。要争取韩国、日本、东盟以及台湾地区、澳大利亚等国家的支持，全面开花，多点布局。

双循环战略与供应链安全

黄建忠[*]

目前中美双边问题是全球化变局过程中一个非常显著的问题。在目前提出的双循环战略中，大家普遍有一种担心，就是双循环战略本身是否是一种被动的或者是处于消极守势的选择。

一、问题的提出

首先，在全球范围内出现经济危机和大萧条的情况下，全球的民意普遍走向民粹主义。西方国家内部把都有跟中国脱钩、甩锅中国当作一种政治正确的选择，栽赃中国或者歧视华人的观点在海外很有市场。国内理论界和思想界也曾经历过非常复杂的变化，每当我国到了改革开放关键时期，都会出现一些非理性言论。比如过去的民营经济退场论；还有这次疫情危机过程中有人杜撰了马克思的一句话，说马克思1867年曾经说过，每次疫情都是社会主义战胜资本主义的绝好机会，而实际上权威的学者并没有在马恩全集里面找到出处。因此，面对国际市场和国际格局的复杂变化，国内不可避免地会出现一些左的和极左的思想。但毫无疑问，在这场疫情危机之下，全球供应链重组效应已经开始呈现，特别是在疫情比较严重的地区，"断供"下的"供应链安全""产业链重构"成为全球化变局的集中体现，中国开放经济发展面临许多新的严峻的挑战。如何"危机中寻求新机、变局中开辟新局"成为紧迫、重大的理论与战略问题。

在这种背景下提出双循环战略，有必要科学严谨地分析如何双循环。它作为一个动态的过程，焦点是否应该随着不同历史发展阶段而进行相应转换，即

---

[*] 作者简介：黄建忠，上海对外经贸大学国际经贸学院院长、教授。

如何平衡和切换国内循环为主和国际循环为主,在整体战略上要把握好两者的切换和变化过程。

二、疫情冲击下的全球化变局

这场疫情危机带来了很多灾害和冲击,但同时让全球认识到了这种危机的实质,认识到了危机后面隐藏在实体经济中的世界经济发展的结构性矛盾。在整个以金融为主导的一系列传统宏观调控政策纷纷宣告无效之后,问题就聚焦到产业链和供应链上来。产业链和供应链问题成为真正的解决实体经济矛盾的着力点和关注点,也第一次被纳入到以贸易和制造为主导的全球化过程中来。这使得人们认识到劳动生产率长期低迷是实体经济发展的最大瓶颈。在这个瓶颈之上进行的宏观调控是无效的,纯粹靠金融的杠杆化或者说过度的杠杆化进行调整,实际上从2008年以后就已经被证明是无效的,而且边际效应越来越低。因此,产业链的调整和供应链的安全问题变成非常突出的首要的问题。

用战略眼光来看,中美双边关系处于熔断的状态,无论是脱钩还是熔断,主要有两个基本分析角度。一是存量角度。过去改革开放40年,中国与美国、与世界形成一种你中有我、我中有你,产业链和价值链相互嵌套、相互交错的状态,从存量上来讲,短期内是不可能进行调整的或者说短期内不可能产生脱钩的结果。所以从这个意义上来讲,绝对脱钩和完全脱钩是不存在的。部分脱钩和局部脱钩也不会存在于存量上。尽管可以看到贸易有调整,看到制造有回流,但贸易的调整和制造的回流不是今天才出现的新现象,美国整个制造业召回和资本回流现象最早出现在奥巴马时代。从统计数据来分析,2002-2017年是美国制造回流和资本回流最快的时期。在特朗普时代,从实体经济上来讲,美国与中国脱钩已经进入到尾声阶段,并不是一个最鼎盛的时期。因此存量上、静态上,中美双边之间的平行关系和结构交错的关系,已经调整完的状态。目前出现的贸易和投资的调整,在整个疫情影响下被放大了,它不会影响改革开放40年来形成的历史的这样一个存量。

二是增量角度。局部和部分脱钩更多的是发生在增量上。未来全球化发展过程中,经济活动和经济交易中可能出现的科技问题、金融问题,包括人员流动过程中产生的与科技和金融相关的签证问题、移民问题等，将成为疫情期间和后疫情时代中美关系出现的最主要的一些新的战略调整方向。因此，如果分开看存量和增量的关系，脱钩只是部分和局部的，甚至从长远来看是暂时的过程。

总体上来讲，中美脱钩在很大程度上取决于存量和增量之间的关系，此消彼长也好，或者共同在一个方向也罢，更多的要看世界经济在未来3—5年，总体环境会发生什么样的变化。是从眼前的技术性的衰退向三年以内的金融经济危机转变，甚至向更长时间的大萧条这个方向演化，还是会出现阶段性世界经济复苏，这个大前提是非常重要的。因为这决定了中美脱钩主要发生领域是在一个正和博弈、零和博弈上还是负和博弈上。如果中美博弈大部分发生财富的增量上，也就是世界经济增长产生的福利和红利上，那这是一种正向的博弈，并不可怕。如果世界经济衰退或者静止了，那么这种情况下，中美就是零和博弈。如果世界经济向危机和萧条方向过渡的话，中美之间的博弈就变成纯粹的负值博弈，谁损失的更小一点，谁付出的代价更大一点，这个博弈是非常残酷和残忍的，在这个过程中存量调整会加剧，增量调整会加快。从这个角度来说，未来的全球化全景是非常值得关注的。但无论如何变化，"碎片化""区域化""结构化"的全球化时代已经到来，这是一个很重要的判断前提。

三、全球供应链安全

在这样的情况下，全球供应链安全牵涉什么样的问题呢？

1. 对中国来讲战略机遇期是否仍然存在

从理论上来讲，战略机遇期指对全局产生重大、深远影响的一段时期，有利于统领性、全局性、左右胜败的谋略、方案和对策实现的背景、环境和条件。战略机遇期是一个稳定期，是一个长期的稳定全局性的比较平和时期。因此从理论上来讲，只要和平与发展仍然是人类的主题，那么战略机遇期就仍然存在。但从历史经验来看，要关注战略机遇期四个依据。

一是理论依据——长周期定律。战略机遇期是要依靠长周期的调整，整个世界经济向好的时候，战略机遇期对全球来讲是个稳定的环境。比如说，

1950-1975年战后的黄金时代，它是整个经济向上的良好时期。比如说，在过去的10年、20年，从周期性来讲是比较温和的稳定期，然而这个稳定期是否仍然存在？从长周期来讲，假如2025年是个界限，再往后是一个整个世界经济衰退期的话，这种战略机遇期的外部环境就变得非常的残酷，非常的严峻。

二是环境依据，主要是世界是否存在核心大国能够起到稳定秩序的作用。比如，金德伯格说的霸权稳定论，如果有这样的一个霸权，可能就有比如固定汇率制，就有布雷顿森林体系，这种状况下世界经济会呈现相对稳定的状态。如果霸权不存在了，或者说是一个多极化的世界，那这个环境本身就是不确定性非常强的环境，对战略机遇肯定也是有影响的。

三是技术依据，是否有一个新的科技和产业革命突破在即。工业4.0时代，整个技术的全面突破和在全球范围内的溢出能否提前实现？如果不能实现，那意味着制造业和服务业的劳动生产力将继续往下走，或者保持比较低迷的状态，且会是一个长期的现象。而这种状态之下，全球之间的利益竞争，全球范围内大国的关系就会变得非常的复杂。

四是制度依据。全球范围内来看，主要国家的比较优势呈现何种特征。过去曾经经历过殖民主义时代，保护主义时代，自由贸易主义时代，以及战后的跨国公司垄断主义时代，而全球化时代则是一个组织和制度要素占主要地位的时代，这是中国入世以后带来的井喷式的经济景气过程中所处的全球化主义背景。在这种背景下，制度的环境也同样会发生变化。

根据以上一系列的依据综合考虑，以往的那种长期稳定的战略机遇，长期稳定的各种环境，已经发生变化，战略机遇容易把握的时代已经过去了。因此，战略机遇将面临更加复杂的环境，比如，全球性的经济下行、结构性、体制性和周期性的三性叠加的系统性风险、新兴经济体普遍面对的三个陷阱，这些状况加在一起时，可以看到整个战略机遇也同样走向了碎片化，走向了一个非稳定状态。所以战略机遇期已经变成了一个不稳定的时间窗口，它是一个非常碎片的、变动的、转瞬即逝的过程，这给各个国家抓住战略机遇期带来很大挑战，对国家宏观调控能力、国家治理体系形成重大考验。这是在整个全球供应链安全问题中必须考虑到的一个问题。

2. 技术革命的非普惠性增强

无论是正在进行中的工业4.0还是第四次产业和技术革命，都面临与以往产业革命有不同的典型现象，就是没有伴随着一个非常稳定的全球化过程，而是逆全球化或者全球化变局的背景下发生的。缺少以全球化作为基础的产业技术革命使得红利分配产生非常强的非普惠性。这种非普惠性主要体现在四个方面。

一是跨国公司呈现出既不利于母国、也不利于东道国的利益新取向。以往跨国公司不是有利于母国就是有利于东道国，这个二重性是非常明显的，两者之间的关系此消彼长。但从20世纪80年代开始，在跨国公司利己主义至上的情况下，产生出既不利于母国也不利于东道国的利益新取向。典型的行为就是通过转移定价把注册地放在各种避税天堂，最后产生的结果既不利于母国也不利于东道国。

二是在疫情的影响下，技术和产业革命的动能不断减弱。金融危机以后，全球范围内出现的国际资本流动速率和规模萎缩是非常明显的。最新的联合国UNCTAD的报告充分地说明了这一点。通过投资产生并利润进行再投资的动力已经没有了，因为本身利润也在萎缩。

三是疫情影响下出现的国家主义至上思潮。如美国优先、欧洲利益至上等取向，成为阻断技术普惠的很重要的力量。在这个过程中，各国一方面用知识产权保护作为武器。另一方面，利用外商投资国家安全审查制度作为手段，来阻碍别的国家在本国技术领先领域开展并购、参股与投资。这使得技术本身在全球化背景下产生的互惠的溢出过程被阻断了。

四是受疫情蔓延和供应链"断供"的影响，技术和产业革命所需要的规模化运用场景处在割裂的过程中。

上述一系列因素使得技术革命在这轮暴露出了非常大的一个新特点，就是非普惠性。工业4.0进程有可能在疫情和逆全球化过程中，导致国家和国家之间更大的经济差距、技术差距以及数字鸿沟，也可能在一个国家国内造成不同族群、不同人群之间收入分配差距的进一步拉大。这个特点会造成社会关系和国际关系的不稳定，会对全球供应链和产业链带来很大的影响。

3. 中美战略的竞合关系

在中美脱钩的过程中，增量的脱钩会很明显加快，存量的脱钩则比较缓慢。人们看到美国的动作不断，包括引导资本与制造回流，出台"实体清单"，中概股的"退市"问题，华为5G与"孟晚舟事件"，中行"原油宝"事件，台湾地区、香港地区、新疆、西藏等问题。宏观上看中美脱钩，有以下几点需要注意。一是如果中美进行贸易和制造上的脱钩，实际上从我国的整个贸易总量、技术依赖对象、技术来源结构和外商投资结构来看，并不是一个非常可怕的过程。脱钩的结果不可怕，脱钩的前提也不可怕，但是脱钩的过程是比较难受比较可怕的。这个过程会带有很强的释放效应和很强的外部影响，很重要的问题是两国之间还有哪些领域是无法脱钩的。

4. 国内循环的支撑作用和持续性

我国以国内循环为主，要考虑以下五个方面。一是财政和政府债务的支撑能力和结构性矛盾。随着财政支出的扩大和地方政府债务的增长，要关注中央财政和地方财政是否具有可持续性来支撑我国的政府投资和社会投资。财政央地矛盾已经十分明显，在这种情况下，实施积极的财政政策其实难度非常大。二是外商投资与民间投资的长期预期与短期机会矛盾作用下的意愿。需要关注外商投资和民营投资对中国的长期预期是否看好。短期内我国体制机制造成外商投资渠道不畅，民间投资机会不多。因此，外商投资和民营投资的意愿能否顺利落地成为现实也需要考量。三是"十四五"期间我国倡导的新基建和都市圈发挥的社会稳定作用。两者在吸收就业和促进科技突破方面的作用究竟有多大，还需要进一步估计。四是在供给侧结构性改革过程中，传统的产能格局调整存在很大的惰性。现阶段我国以"六稳六保"为首要任务，在保市场主体的过程中，可能导致产业结构调整与产能结构调整步伐停滞，可能与长远的结构调整目标和方向背道而驰。五是国内外疫情防控"时间窗口"的可持续性和利用能力。我国目前疫情处于较缓和的状态，而国外的疫情非常严重，这使得中国和国外形成了地区间的窗口期。在时间上，我国可能还面临着疫情二次反复的风险和输入性风险。这种时间窗口有多大的可持续性，以及在时间窗口范围内如何有效利用我国的复工复产、整个世界市场需求的恢复和欧洲的复工复产节奏之间存在的时间差，这些问题都会在很大程度上影响我们国内循环的整体顺畅。

需要注意的是，短期一两年内，国内市场的需求可能跟过去40年形成的巨大产能之间进行短期匹配是否存在矛盾？当我国充分释放产能，实现社会充分就业的时候，如果没有与国际社会的总体需求相匹配，这种国内循环的长期持续性和支撑作用能否延续下去？在整个供应链安全过程中必须考虑以上问题。

四、"双循环"的战略前景

结合以上分析，从理论上提出未来双循环的几个战略前景和发展方向。

1. 战略机遇重塑：结构主义时代的到来

面对结构主义时代的到来，现在既不能轻信福山定律，也不能简单相信汤因比的预言，必须走出第三条道路。福山定律认为，中国或者世界上任何一个国家，最后都必须向市场经济和民主制度过渡。汤因比认为，中国是最符合工业4.0时代实现技术和产业突破应用场景的国家。这两种说法都是很极端的状态。在这个过程中，我国要走第三条道路，就是打破"罗德里克不可能三角"（民主政治、国家主权与经济全球化），走出一条中国特色的能够在全球化过程中构建稳定的产业链和安全的供应链的道路。这是我国的顶层设计需要关注的一个方面。

其次，我国要坚持和平与发展主基调，防止开启"冷战"铁幕，努力实现我国在价值观和发展端上跟全球大部分国家的统一。我国对国际关系处理过程中的一些原则和节奏，是否要进行一下微调，是否在一定程度上要抛弃战狼外交的这种做法。同时我国要对国际社会强调的俄罗斯和中国的锐实力有清醒的认识。锐实力不是一个真实的实力，它不是硬实力也不是软实力，有可能成为国际社会对中国的不利论资。

再次，要避免用"逆市场化改革"来应对"逆全球化"。我国不能走向完全自给自足、自力更生的封闭路线，这是在整个战略上要确立的基本原则。

2. 巩固和扩大技术与产业革命的"应用场景"

一是用扩大开放实现工业4.0基础上的科技普惠性回归。要坚持扩大开放，巩固和扩大整个技术和产业革命的应用场景。在《大国崛起》里有个很精彩的片段，即汤因比认为，从整个技术研发和技术发明来讲，第一次工业革命似乎不应该发生在英国。因为，不论是瓦特的蒸汽机还是纺纱机，这些技术运用本身不在英国，而是在欧洲大陆最早发生。但因为自身劳动力成本上升，英国被迫要用规模化的生产线来推进技术在英国的运用，英国创造了工业化发展过程中的应用场景，而这种应用场景启动了英国产业革命的先声。因此，基于庞大的国内市场以及相对完整的工业体系，首先，中国应该是全世界技术和产业革命最佳的应用场景。只要我国保持开放，并在开放的过程中善于吸收和集成全世界的先进技术，我国在应用场景构建过程中就会迎来主动权。其次，通过"新型举国体制"实现产业链与全球价值链的竞合。我国新型的举国体制，完成应用场景基础上的产业和技术突破是完全没问题的。我国必须在稳定的产业链和安全的供应链方面发挥自身的巨大优势。再次，要保持战略定力，冲破"三大陷阱"：中产阶级的重建，和平主义与包容、创新、绿色、开放、共享的世界经济，以及社会改良。

3. 稳定中美关系

首先，未来中美关系还是要以稳定作为方向，而不是以对立作为目标。中美之间存在复杂的博弈关系，可以看到第一阶段达成的协议在杨洁篪跟蓬佩奥见面的过程中，仍然在发挥作用。有一个有待商榷的看法，即如果中美之间的经贸关系是中美关系的压舱石，那么中美经贸第一阶段协议就是当前这个阶段中美经贸关系的压舱石。只要这样的协议仍然存在，不管它实施的过程进度怎么样，都是中美之间保持经贸联系保持不脱钩的一个很重要的基础，也是将来进一步加强经贸关系的一个出发点，是中美关系重新出发的一个重要基础。

其次，要关注美元全球地位的维持跟中美贸易失衡之间的关系。如果美国强行与中国脱钩、要求中美贸易脱钩，中国外汇储备以及以外汇储备作为基础购买的美国国债会对美元地位的维护产生什么影响？可以看到第一阶段协议内容很清楚。一方面美国要求我国更多地购买美国的农产品和能源。另一方面，希望我国对美国金融市场开放。因此，中美脱钩和加紧相互联系的两股力量是同时存在的。一方面讲脱钩，一方面又加强经济联系，这就意味着中美关系具有微妙性和复杂性。

再次，美国针对5G和AI的技术垄断对中国来讲并不会形成全面脱钩论的条件。因为，中国的设备来源已经多样化了，68项工业化中后期的技术缺口我国只有两三项来自美国，大部分来自于其他国家。所以，中美之间完全脱钩是一个伪命题。再加上其他学者谈到的社会秩序的重建，以及中日韩之间的关系，可以认为我国可以维护一个由近而远、由简而繁、由浅入深的全球化产业链和稳定的供应链。而要打造一个稳定的产业链和安全的供应链，在理论上来讲，应该包括以下几个方面。一是基于组织与网络韧性的全球静态供应链，微观企业要打造一个比较稳定的、高质量的、有弹性、韧性和张力的企业管理制度，提升安全标准和质量标准；二是基于供给有备份与需求可替代的国内应急供应链，即打造完整的工业体系使之具备备份和可替代的能力和效果；三是基于时空转化而能够角色互换的外部弹性供应链，在全球深陷疫情的时候，我国的供给和需求是否能再面对"一带一路"国家和欧美国家时进行比较自如的角色互换；四是基于链主或核心枢纽地位，具有自主选择权或不可替代性的主动供应链，来进行全球性的资源整合和资源配置；五是基于全产业链（NVC）基础的可平行、可交互式供应链，能够与别的国家进行平等的合作和对流；六是基于"帕累托最优"与"卡尔多改进"的全球动态供应链，在整个全球治理过程中在各国之间进行利益调整、补偿和改进。从理论上来讲这是最理想的一个状态。

关于产业链调整的思考

宋 泓[*]

一、产业链转移很早之前已出现

供应链和产业链的调整，从中国入世以后就开始了。在中国加入世贸组织后不久，国内很多的一些外资企业就提出一种叫"中国+1"的战略。为什么当时有这样一种战略？因为当时贸易增长很快，有不少贸易摩擦出现。在这种摩擦下，不少企业就采取了这样一种战略。另外一个原因是，因为当时中国贸易增长很快，有不少企业也是从防范风险的角度来进行这样的考虑。比如，当时日本贸易振兴会反映，在我国入世以后，就出现了国内劳工成本提高的现象。有一些外资的项目往外转移，2004年-2006年这段时间，再往后可以看到金融危机的影响，包括2012年当时TPP谈判比较紧张的时候，也有一部分企业，特别是纺织服装企业在越南的投资增加。到2018年、2019年的时候，受中美贸易摩擦的影响，导致了一些企业也在加快转移。最近在新冠肺炎影响下，也是如此。

在这个过程里，调整的主要还是在新增投资这一方面，大部分是对在中国产业链的延长。不管是国内企业还是外资企业都有一些考虑，希望在中国之外有一个生产方面的布局和设点。但是实际上这样一个调整，并不是出于把产业链移出中国的考虑。当然也有少部分企业把中国的低端生产链关掉了，但是大的调整还是国内的供应链的延长，特别是在东南亚和周边地区的延长。比方说像2019年调查过的纺织业，在东南亚地区的布局里面，实际上是增加了国内纺织业对于东南亚国家的出口机会。是整个供应链或者说价值链的一种延伸，

---

[*] 作者简介：宋泓，中国社会科学院美国研究所副所长。

不是说一种拓展。所以从这样一个简单的过程里面来看，对于价值链或者说全球生产链要移出中国的担心和顾虑没有那么大的冲击。

二、产业链外移调整将是一个很长的过程

一是在疫情期间，企业对外投资的机会下降。当前疫情的这种影响还在持续，并且国外的疫情越来越严峻。在金融危机期间的时候，可以发现在这种外部冲击的情况下，最容易受到冲击和破产的企业是当时在扩展或者说做了比较大投资的企业，因为资金链断裂造成了经营上的被动。同样，在这样一种疫情下，存在这种经济上的不确定性以后，企业新增的投资会减少。这种减少意味着供应链调整的机会在减少，所以这就说明了至少在疫情期间，企业不会做太大的大规模的投资。供应链调整就会减缓，即便是有这样一种意向的话，也会比较谨慎比较慢的进行调整。

另外一点，是因为在疫情期间，国内企业的调整和应对是比较积极的。在疫情期间的变化，可以在刚刚结束的广交会上反映的很清楚。国内企业为了应对疫情的冲击，供应链的调整，也做了很多的经营方面的调整。比如，云广交会在此期间通过网上平台进行营销的活动。类似的活动在疫情之后会逐渐地表现为或者会转化为中国外贸企业的一种新的竞争优势。再加上国内在疫情期间加快了一些新的基础设施，特别是5G网络的建设，有利用疫情的这段时间，特别是国内经济恢复快，逐渐稳定，经济逐渐恢复的先发的优势，一些新的国内企业的竞争的优势也在逐渐地构建过程中。

基于这几个方面的因素，即便说是有疫情冲击以后的产业链供应链的调整，那么这样一个过程也会是一个相对比较长的过程。不会在疫情期间或者说在很短的时间里面就会发生的。

三、未来供应链发展建设应优先考虑我国周边地区

世界区域经济一体化进程不断加快，主要经济体之间合作加深。在中美摩擦期间，以及疫情期间，都出现了供应链的调整，很多国家鼓励产业的回归，

制造业的回归，甚至说中美的经济要脱钩，是不是要构建平行性的产业供应链。在这种情形下，区域一体化的程度还在加快。无论是欧盟与日本，日本与加拿大，还是最近的SAP的谈判，包括过去一段时间CPTPP的发展，都是在加深区域或者说主要国家之间的经济的一种融合。

亚洲及"一带一路"沿线国家成为我国合作重点。目前，亚洲和周边地区是世界经济里面最活跃的经济区域。我国对外交往，无论是投资还是贸易，都应在这个区域里面续持续加强密切的合作，特别是像SAP谈判刚刚召开的部长会议里面，应该尽力促成这样一个变化。那么在中日韩这样一个谈判里应该更积极一些，在其他区域合作里面也应该有更积极的态度。从我国的角度来看，"一带一路"建设也应该坚持下来。在疫情期间，中欧班列的作用就凸显出来。当航运价格一提升，包括线路因为疫情的影响减少了以后，这个线路的作用就增加起来了。周边区域化的发展应该是我国在应对区域价值链或者说供应链调整过程里面优选的一个方向。

四、对我国经济发展充满信心

从疫情的冲击和未来的走向来看，对国内的经济，对我国自己的经济还是有充分的信心。为什么对国内的经济有信心呢，大概有这样几个方面原因：

一是我国疫情基本上控制住了，并且也有信心应对后发的一些疫情的变化，能够保证整个经济和国内的人民、生活、生产的正常秩序的进行。这跟其他国家有很大的区别。

二是国内企业在疫情后环境里面先发的探索，特别是在经营方面的创新，无论是对外交往的网络方面，还是新技术方面的一些投资，都存在先发探索优势。

三是因为国内的工业化处在中后期阶段，所以我国具有自主发展的战略机遇期。一方面我国国内具有需求，特别是对一些高端的基础设施建设，包括公共服务设施的建设，高端领域的投资，存在有这方面的需求。另一方面，我国有能力去满足绝大多数的国内需求。比如高铁的建设，在短短几年时间里面，我国整体高铁网络建设已经取得巨大的成就，整个国家的面貌都发生了很大的改变。在中美贸易摩擦和疫情的影响下，我国依然存在这样的机遇。当前，中央推动新基础设施的建设，还坚持了全面脱贫的目标，在这些领域里面还有很多工作可以做。我国有能力在国际外部市场受到冲击的情况下，在国内优先做起来。保持国内经济稳定，获得较快的发展速度。

总体来看，当前供应链的调整对我国可能会有一些冲击，但是不会有剧烈的变化。周边地区还是我国对外合作的优先的方向。我国应该优先发展红利的经济。充分发挥我国自主发展的一个优势。对于整个国内经济的发展还是要有这样一种信心。

差异化试验下的中国自贸试验区创新研究

——以临港新片区为例

吴 瑕[*]

提要：中国自贸试验区正在进入"差异化试验"的加速升级阶段。本文以上海自贸区临港新片区为例，结合《总体方案》和国际经验，系统阐述"差异化试验"的基本要求，初步探讨"特殊综合保税区"与"特殊经济功能区"的制度内涵差别和联系，提出差异化试验下的自贸区产业升级动能塑造及其相应的"特殊综合保税区"重点制度突破领域与实现路径。

关键词：中国自贸试验区；差异化试验；特殊综合保税区；特殊经济功能区

2019年11月初，习总书记考察上海自贸区临港自贸新片区时，明确提出自贸区要进行"差异化试验"，由此开启了我国自贸区差异化试验的序幕。它表明我国自贸区建设正式进入提速期和升级阶段。本文试图结合临港新片区的规划与实践，揭示中国自贸试验区"差异化试验"要求下"特殊综合保税区"与"特殊经济功能区"的丰富内涵，旨在为"十四五"期间自贸区制度与政策体系创新、产业结构升级与动能转换，以及形成开放经济新高地提供新思路、新方案与新对策。

一、"差异化试验"的主要方向、范围与重点

所谓"差异化试验"，是要求自贸区的制度和政策创新从根本上打破现有

---

[*] 作者简介：吴瑕，上海财经大学博士研究生。

自贸试验区齐头并进、亦步亦趋的既成思维,解放思想、能冲敢闯;突破"可复制、可推广"的既成套路,推陈出新、移山辟路;借鉴全球最高标准、最高水平自贸区的既有经验,结合中国实际创造典范、引领潮流。把自贸区建设成为"全方位开放"与"高质量发展"的重要基地、重要枢纽、重要跳板、重要通道和重要试验田。

我国现有自贸试验区的既成思维是传统的"海关特殊监管区",通过划定一定地理范围开展货物贸易的转口、中转保税业务,既成套路是简单的招商引资、出口加工,既成手段是凭籍"三免两减"税收优惠、廉价的劳动力和土地资源、粗放的环保政策等"洼地"生成红利。因此,尽管自贸试验区在贸易便利化的"大通关""单一窗口"方面有所进展,在投资便利化的"负面清单+准入前国民待遇"领域有所创新,在政府职能转变的事中事后监管上有所改革,在金融与服务开放上有所松动,在法制化、市场化与国际化视域中有所精进,其本质上仍然是传统经济特区或出口加工区的更新翻版,自贸区建设总体上停留在世界第三代自贸区的落后水平形态。所以,新一代差异化试验下的自贸区应当淡化地理范围概念,从制度空间上更好地把握其创新实质。根据上海自贸新片区总体规划要求,自贸区的"差异化试验"内涵重点应当包括:

(一)制度差异化试验

第一,超越现有自贸区制度框架的试验。其一,在贸易便利化的制度与政策创新方面,升级"单一窗口"。换言之,从自贸区港口内关检、口岸、银行、税务、市场监管的代码共享和单一窗口管理起步,向实现本国重要港口之间、本港口与国外经贸联系密切的港口之间、双边和区域FTA框架协议下的港口之间、以及WTO成员方的重要港口之间的"单一窗口"连接管理迈进。其二,在投资便利化的制度与政策创新方面,升级"负面清单+准入前国民待遇"管理。实施国际通行标准的外商投资"负面清单"与实现统一规格的国民待遇管理。其三,在金融与服务自由化方面,试行金融行业的"沙盒监管"模式和相对宽松的"虚拟沙盒""沙盒保护伞"管理,面向一般性贸易业务扩大"FT账户"额度和针对重点服务业增设"FTS账户(服务自由贸易账户)"管理。其四，在事中事后监管领域，大力推进"信息披露管理"和"信用监管"。其五，在法制化建设方面，完善知识产权、金融犯罪、商事民事法规体系。

第二，衔接国际贸易与投资新规则的试验。首先，开展 WTO 合规检验。将现行的自贸区制度与政策纳入 WTO 的通行规则框架进行审慎性合规检测，在纠偏改错基础上补缺补漏。其次，参照 RCEP 与 CPTPP 规则的原则要求，梳理调整"边境后"管制措施，最大限度地参照其贸易与投资规则实施便利化改革。再次，结合中国国情实际，大力开展以"竞争中立"为市场化导向的国企混改，着手试验以地方立法为保障的"政府采购"改革和订立符合国际标准的劳工保护规则。最后，在维护国家安全与意识形态、道德安全的前提下，推进数据与信息的自由化跨境流动。

第三，参照经济特区管理试验。上海临港新片区的《总体方案》第五部分明确提出自贸区"参照经济特区管理"，加大赋权力度。放眼全球，经济特区种类繁多、形态各异。从我国五个特区的发展经验来看，其制度和政策内涵也有一定的差异。自贸区应着重从以下方面进行参照管理：一是经全国人大或国务院赋权，提升自贸区及其所在省市的地方立法权限地位；二是实现自贸试验区、综合改革试验区、科技产业园区、服务贸易综合保税区等制度、政策叠加优势；三是加大自贸区对海关商检、口岸、银行、税务、市场监管部门的行政统一协调权限；四是在风险可控的前提下授权自贸区管理机构自主开展贴近市场的离岸税制和离岸金融创新业务。

第四，容错试验。自贸区的制度与政策创新是一项崭新的试验，临港新片区的《总体方案》明文规定"容错"条款，设计了容错机制。自贸区可根据问题导向、质量导向和效率导向原则，建立研究机构或"智囊团"研拟方案；在具体的制度和政策出台前，设定审慎的专家咨询和论证程序、企业与社会听证制度，以及订立试点试验纠错裁撤规定；在创新试验与风险防控之间建立平衡机制。

（二）功能差异化试验

第一，行政管理差异化试验。自贸区应当根据"五个重要"功能设计和

《总体方案》要求，布置自贸区的行政管理改革试验。按照"集聚海内外人才开展国际创新协同""统筹发展在岸业务和离岸业务""企业走出去发展壮大""更好利用两个市场两种资源""参与国际经济治理"的功能设计，设立"国际创新协同办公室""离岸业务服务与管理办公室""企业对外投资促进办公室""综合业务推进协调办公室"和"国际经济治理论坛"。

第二，空间功能差异化试验。自贸区可依据习总书记提出的"五个重要"和对上海提出的"四大功能"要求，面向海内外业务发展和合作需要设立"国际创新协同区""离岸业务集聚区""企业对外投资促进区""现代服务业集聚区"。在强化全球资源配置功能、科技创新策源功能、高端产业引领功能、开放枢纽门户功能基础上，形成带动"长三角""长江经济带""粤港澳大湾区"乃至全国经济高质量发展的"增长极"与"发展极"。

第三，社会服务差异化试验。自贸区可根据需要建立对应的半官方机构、全民间组织与志愿者服务社会团体。

（三）产业差异化试验

第一，新兴产业的国际差异化试验。为适应全球第四次产业与技术革命的新趋势并占据差异化的比较优势先机，《总体方案》特别强调先进制造业与现代服务业的优先发展地位。为此，自贸区应密切关注大数据与人工智能、新能源和新材料、生物工程等领域全球产业与技术革命新动向，从打造国际"研发链"目的着眼，推动高端人才签证与居留权制度改革，构筑重要基地；从扩展全球"产业链"要求着手，创造在岸业务和离岸业务的在地节点，形成重要枢纽；从促进企业"走出去"发展壮大、嵌入全球"价值链"高端需要着力，搭建重要跳板；从占据国内外两个市场、两种资源"供应链"有利位势着意，开辟重要通道；从培育基于产业竞争力和经济总量优势的国际话语权着想，培植参与国际经济治理的重要试验田。

第二，传统产业转型升级的国内差异化试验。作为发展中大国，我国制造业与服务业的技术含量偏低，新一代自贸区担负着传统产业转型升级"示范区"的功能。在新兴产业的带动下，自贸区传统产业通过配套"补链"、参与

"扩链"和服务"造链",将获得良好的转型升级效益。

第三,产城融合的差异化试验。《总体方案》提出要通过产城融合发展,将自贸区建设成为社会主义现代化新城。李克强总理指出,自贸区建设不仅要对标香港地区与新加坡,还要对标东京。从世界范围内以超大城市为核心的大都市、大湾区建设经验观察,产城融合实现相得益彰的振兴发展是一条普遍的规律。依靠自贸区制度、政策创新促进新兴产业的国际差异化比较优势,推动传统产业转型升级,就可望带动自贸区、区域大都市与"长三角"、大湾区的共同繁荣。

二、"特殊经济功能区"和"特殊综合保税区"的制度内涵

2019 年 8 月 20 日,中央在批复上海自贸试验区临港自贸区的《总体方案》中,明确要求加快"差异化试验",建设"特殊经济功能区"和"特殊综合保税区"。在中外文献中,"特殊经济功能区"通常是指"自由经济区"特别是自由港。从《总体方案》的构想分析,我们认为临港自贸新片区布局上大致可分为"特殊经济功能区"与"特殊综合保税区"两个部分,其中前者可理解为"自由经济区"或自由贸易港区延伸区(监管缓冲区),后者则为核心区或称之为自由贸易港区(境内关外)。二者之间及其与其他邻接区域的差异可图示如下:

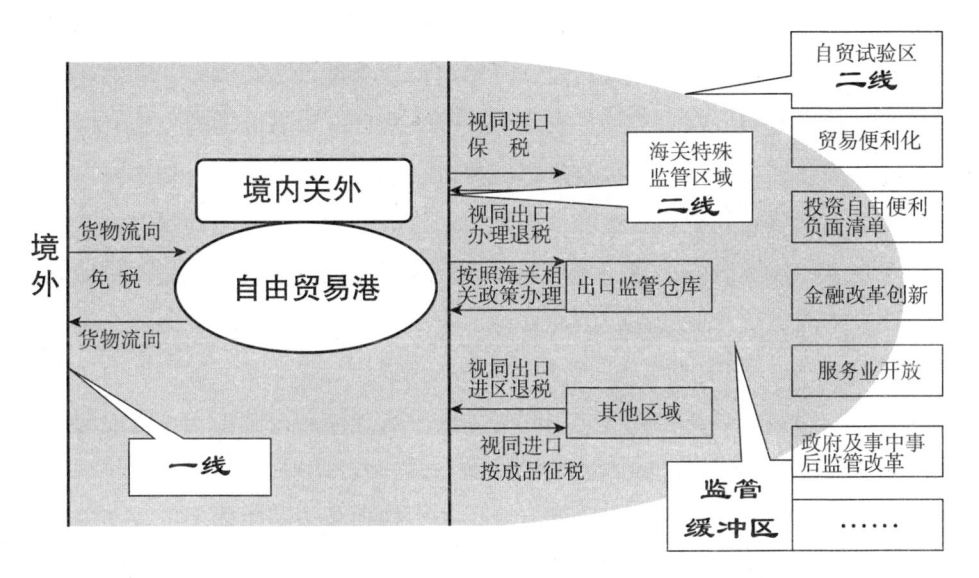

图 1 自贸港(境内关外)与自贸港区延伸区(监管缓冲区)关系

（一）"特殊综合保税区"或自贸港

1. 自贸港的国际经验

自由贸易港可追溯到 1228 年法国在马赛港区设立的自由港，迄今已历由第一代到第五代的形态演化。根据世界银行文献，目前全球约有 3500 个运行中的特殊经济区，分布于 135 个国家，大约创造了 6600 万个就业岗位和 6000 亿美元的全球直接贸易增加值。自由贸易港具有多种形态，既有香港模式的整体性高度自由的"自由港"，也有新加坡模式的自由贸易区与 7 个"点"功能各异的"自由港"，还有迪拜、伦敦模式的内陆（陆地）"自由贸易港"。美国共设立了 700 多个对外贸易区，被冠以"特殊经济区"的自由港数量也达到 267 个。从全球自贸港的成功经验来看，从区位优势（转口贸易）转向政策（法律制度）优势、功能（产业技术）优势，最终形成包括贸易、制造、服务、投资、金融、科技、总部经济等在内的综合优势，是自贸港建设的一般规律性路径。

从国外不成功的案例观察，全球自贸港建设也曾暴露出一些明显的缺陷。主要是：第一，功能定位不当。一些自由贸易港缺乏科学的产业规划和配套政策，仅简单地以低税负来吸引全球投资者，由此带来诸多问题。例如，一些自由贸易港成为国际犯罪高发地，洗钱活动猖獗；或成为国际走私和假冒伪劣产品的集聚地，招致国际制裁或报复；一些自由贸易港沦为跨国公司利润转移的"避税天堂"，并被 OECD 列入"黑名单"；一些自由贸易港内的土地、房产价格或租金高企，部分抵消了税收优惠的好处。第二，产业规划不切实际。一些自由贸易港产业规划脱离所在城市或港口的产业发展水平和当地禀赋优势，难以培育强大的集散服务功能、完善的基础设施条件以及吸引专业化的供应商和服务商，不能实现产业集聚，因而处于"不活跃"状态。例如，迪拜共设立了 30 多个自由区，其中活跃的只有十个左右。在美国 267 个自贸区中约有 100 个也存在同样问题。第三，管理体制问题。由于管理体制设置不当，可能导致自贸港和中央政府部门之间或者区域之间的利益与政策冲突。如迪拜，每一个自由区是事实上高度自治的实体，拥有立法自主权和独立司法体系，从而难以避免与中央或其他地区之间的利益和政策冲突。跨国公司还可能利用自由贸易港管理体制、税制差异和征管漏洞从事利润转移和合法避税,使母国和东道国都可能面临税基侵蚀。

全球自贸港建设最新的动向是英国"脱欧"后,2020年2月9日公布的年内建设10个"创新型自由港"计划。英国规划将拥有交通优势、土地面积足够大的海港、空港和铁路港口开辟为自由港,意在依托金融帝国优势建立便捷高效的人才签证制度以解决劳动人口短缺、优化投资环境来发展制造业高端价值链,降低综合成本以整体提升英国国际贸易、服务业和制造业的竞争力。英国"创新型自由港"的具体创新点是:(1)创新海关监管。参考国际上的最佳实践,英国政府希望设计一套适用自由港的新型海关制度。在新制度下,自由港关区内的企业能够享有涉及海关申报、境内货物流转、特定货物和消费品贸易、贸易救济和反制措施等一系列便利,并获得提高其国际竞争力的新机会;(2)创新金融和新科技运用。包括运用监管沙盒,促进金融新技术运用和获得绿色科技试验机会;(3)创新税收政策。提供税收激励、放低监管门槛,从而刺激私有部门增长、提高就业率和企业创新效益。(4)运用大数据,为创新者寻求实际业务场景和解决方案提供支持。

全球自贸港发展的一般规律、失败教训,以及英国出现的自贸港建设最新动向及其模式设计,对于正积极探索差异化试验和建设"特殊综合保税区"的上海自贸新片区和海南自贸区而言,无疑包涵着有益的启示和借鉴意义。

2. 自贸港的基本内涵

2017年10月,时任副总理汪洋撰文指出"自由港是设在一国(地区)境内关外,货物资金人员进出自由,绝大多数商品免征关税的特定区域,是目前全球开放水平最高的特殊经济功能区。"这是目前为止最为权威的定义,表明了自贸港固有的"境内关外""四大自由""最高开放水平"的经济属性。

(1)"境内关外"。"特殊综合保税区"主要以划定区域、物理围网的方式实现,其本质属性是"境内关外"的自贸港。进入自贸港区内的货物与服务贸易、制造与加工业务、运输仓储和拆装、金融交易等均以保税的方式进行。相关商务人员通过落地签证管理的形式实现进出自由。

(2)"四大自由"。货物、服务、金融、人员自由流动是自由贸易港的本质特征。换言之，自由贸易港应当是"开放程度最高"的实现模式，是要素报酬最大化的区域经济组织模式与制度形态。作为"经济飞地"的自由贸易港应同时具备自由贸易、自由投资、自由金融和自由运输这四大功能。

（3）"五不"机制。一是从港口的货物功能来说，转关货物不报关；二是转口货物不报检；三是转口货物价值量不统计，但是物理量和吞吐量要统计；四是"不税"，即作为境内关外，自由贸易港实施同国内其他地区不同的竞争性的税收与制度安排。包括免征关税及进口环节增值税，区内的法人进行交易时免征增值税；五是"不核销"，即不设外汇管制。

但事实上，世界主要的自由贸易港并不存在绝对化的"五不"。所谓转关货物不报关，是指货物"转口""转运"部分免予报关，而对经过自由贸易港内加工或利用本地包括境内、关内原材料、半成品生产贸易的货物，仍然必须报关。在香港，即便是转口、转运部分，也要求货主必须提前备案具体货物性质，以免货物最终目的地对转口、转运货物涉及犯罪而造成转口、转运港的商业名誉损害。所谓转口货物不统计，是指监管部门免予统计，而统计部门仍然需要统计备案当年度的转口货物量和价值。又如不报检，是对于烟酒、甲醇、枪支弹药之外的货品而言。此外不课税，也包括了香港地区曾经课征特定货品（如化妆品）的消费税、新加坡扣除一定免征数额（30万元）后必须缴纳的企业与个人所得税等。所以，不同的自由贸易港对于所谓的"五个不"都有不同品类、不同程度的差别处理规定，并非一味绝对的"不"。

3. 我国"特殊综合保税区"的创新内涵

从《总体方案》的文本分析，上海自贸新片区超越了一般意义上的自贸港范畴，"特殊综合保税区"被赋予一些重要的创新内涵，体现为通常所说的"5+1+2"。其中，"5大自由"除货物、服务、金融、人员自由流动外，还包含了信息自由流动；"1"则是指有效监管下的数据移动自由；"2"乃是指实施国家安全管理与信用分级管理。"5+1+2"的监管体制既体现了国际通行的自贸港的管理规则或惯例，也反映了科技革命与产业技术发展前沿的要求，同时也兼顾了中国国情的特殊性。

（二）"特殊经济功能区"或自贸港延伸区

"特殊经济功能区"或称"自由经济区"，是自贸港区的延伸区。延伸区覆盖自贸区除物理围网区外的其余区域，其本质上属于"海关特殊监管区"。在本区域内施行的主要是自贸区海关监管下，以"单一窗口"措施为主的贸易便利化、以"负面清单+准入前国民待遇"为基础的投资便利化、以政府职能转变和"放管服"为内涵的事中事后监管，以离岸金融与外包业务为引领的服务业开放，以及以地方立法权为支撑的法制化建设。相对于以境内关外、差异化制度和政策创新试验为本质特征的"特殊综合保税区"而言，"特殊经济功能区"是一个境内关内、大部分制度和政策创新成果为可为，其余自贸试验区复制、推广的海关特殊监管区，它也是介于自贸港区与内陆其他地区之间的制度和政策缓冲区。

三、差异化试验下的产业升级动能塑造

围绕"特殊经济功能区"与"特殊综合保税区"开展"差异化实验"的制度创新，自贸区必须加快建设深层次、广领域和大力度对外开放的产业经济体系，通过改造传统产业、发展新兴产业、深化改革、创新驱动、扩大开放和制度创新等六个层面塑造产业升级新动能。

（一）改造传统产业形成新动能

临港自贸区以发展装备制造业基地为核心，一直聚焦改造提升传统产能，形成新能源装备、船舶关键件、海洋工程装备、汽车整车及零部件、大型物流及工程机械、民用航空设备及关键零部件和节能环保等制造产业为主。一方面，对上海电气等传统企业加强技术改造与技术创新，打造"上海智造"品牌和以高端装备制造为核心的先进制造战略高地；另一方面，通过引进中船动力研究院、中船瓦锡兰发动机、中车水下机器人、科大讯飞人工智能等重大产业项目，重塑产业链、价值链、创新链，激发区域创新活力、发展潜力和转型动力。临港自贸区电动汽车行业在原有每年200亿元产值基础上，积极开发氢能

源汽车，并引进全国第一家独资特斯拉上海超级工厂。同时自贸区还成功完成第一台商用发动机核心机装配业务，改变集成电路行业300mm硅片完全依赖进口的局面；另外，积极发展生产性服务业，提升服务业与制造业融合进程加快传统产业优化升级，形成支撑产业发展的新动能。

（二）发展新兴产业培育新动能

目前临港新区新兴产业发展迅速，互联网工厂、个性化定制等新业态、新模式不断涌现，但总体体量较小，对经济增长所起带动作用尚存不足，需要以新技术、新产业、新业态、新模式为核心，以知识、技术、信息、数据等新生产要素为支撑，以新一代信息技术、跨境电商、离岸业务、新能源新材料、现代海洋、医疗健康为重点，发挥新型贸易、投资、研发、产业、服务等新经济形态引领创造作用，推动互联网+、大数据、人工智能等与实体经济深度融合，提升制造业服务化水平，打造战略性新兴产业集群与生产性服务业集聚区，吸引跨国公司地区总部或者功能总部入驻。自贸区出台支持人工智能技术与相关产业深入融合、推动新产业新业态发展的具体奖励措施，并对引领产业发展或颠覆性突破项目给予资金支持（最高2000万元，特别重大项目可以连续支持3年）。金融机构按照市场化原则为临港自贸区内企业开展新型国际贸易提供高效便利金融服务，支持新型国际贸易发展，拓展跨境金融服务功能，加快发展飞机、船舶等融资租赁业务，鼓励发展环境污染责任保险等绿色金融业务。

（三）深化改革激发新动能

临港自贸区进一步创新要素市场配置机制。实施人员从业自由，放宽现代服务业高端人才从业限制，实施12项国内科技创新人才引进新政，在居住证积分、缩短"居转户"年限和紧缺急需人才直接落户三个政策实现突破创新，加大对紧缺急需技能人才的扶持力度；实施具有国际竞争力的税收制度，对产业关键领域的核心环节，实施特定情况减按15%的税率征收企业所得税，对境外人才个税税负差额进行补贴；构建最便利的国际营商环境，以一体化信息管理服务平台为核心的风险防控体系，运用人工智能、区块链、5G、大数据先进技术手段，聚焦"重点领域监管""特殊领域监管"，推进各类数据互联互通共享与监管互动机制，聚焦跨境资金流动、跨境数据流动等重点风险领域加强信息化管理。

（四）创新驱动增强新动能

临港自贸片区致力于激发各市场主体科技创新活力，不断提升自主创新能力。一是吸引高端创新型企业的创新前沿，针对集成电路、人工智能、生物医药与航空航天四大主导产业研发设计针对性出台一系列多层次、全方位的科技创新补助政策。对承担并完成核心技术突破任务的单位给予50%研发费用资助，其中集成电路行业按照实际发生额50%给予电子设计自动化软件（EDA）购买年度资助（最高200万元）和EDA研发费用资助（最高3000万元），对高端芯片研发按照实际支付费用50%给予IP购买年度资助（最高800万元），对开展工程样片测试验证及相关认证单位按照实际发生费用50%给予年度资助（最高不超过200万元），对适用多项目晶圆流片（MPW）进行研发企业按照直接费用给予年度资助（最高300万元），对首次完成全掩膜工程产品流片企业给予流片企业费用最高50%的年度资助（最高2000万元），对销售自主研发设计的芯片，或自主研发生产的集成电路关键核心设备和材料的，按照销售金额一定比例给予奖励（单款芯片产品年度奖励不超过500万元，设备和材料一次性奖励最高1000万元）；二是在人工智能领域，对应用到5G等信息设备进行研发生产的，对信息运营服务费用给予10%比例、最高10万元年度补贴，对重点领域创新资源库、产教融合项目、人工智能领域顶级活动提供奖励或者补贴。支持建设研发外包与服务中心，按实际服务额给予10%资助（最高500万元）；三是在生物医药领域，对取得新药临床、药品生产和上市批件许可的，每项批件/许可最高给予300万元资助，已上市药品再开发新增适应症的最高资助200万元（同一企业年度最高1000万元），支持建设研发外包与服务中心，按实际服务额给予10%资助（最高500万元）；四是在航空航天领域，也采取了相应的政策激励核心技术和产品攻关。

（五）扩大开放挖潜新动能

临港自贸片区为践行习近平总书记"五个重要"讲话精神，为上海强化全球资源配置、科技创新策源、高端产业引领、开放枢纽门户等四大功能提供助力，有助于上海从单纯的转口贸易、来料加工的加工港口转变成为离岸贸易与金融为核心，以重点产业为支撑带动长三角新一轮改革开放，更好地激发市场主体参与国际市场的活力。积极发挥"一带一路"桥头堡作用，构建对外投融资中心，通过双向 FDI 及贸易与投资相互促进发展，不仅能够解决沿线国家和地区面临的全球价值链"中低端锁定"风险，也能够有效发挥沿线国家和地区的资源禀赋和产业结构差异化优势，通过实施产能合作、自贸协定等，带动铁路、电力和通信等优势行业的相关技术和标准"走出去"，提升企业的全球资源配置能力，推动产业跨境转移与优化升级。

临港自贸片区在构建对外开放高地方面，加紧实施投资经营、货物进出、资金流动、运输开放、人员执业、信息联通六大开放政策，提升营商环境：1. 投资自由。重点产业领域加大开放力度，通过商事主体登记确认制、完善民商事争议解决机制等保障投资经营，实施具有国际竞争力的税收制度和全面风险管理制度；2. 贸易自由。鼓励洋山特殊综合保税区、新型国际贸易、跨境电商、服务贸易发展，在试验区内，统筹统一各类账户，使得账户能够统筹进行管理，账户内可以自由兑换，极大方便市场主体。3. 资金自由。支持开展跨境金融活动，试点自由贸易账户本外币一体化，支持境外投资者设立金融机构。自贸区探索自由贸易账户本外币一体化功能试点，探索自贸区内资本自由流入流出和自由兑换为区内企业和非居民提供跨境发债、跨境投资并购和跨境资金集中运营等跨境金融服务，支持符合条件的金融机构开展跨境证券投资、跨境保险资产管理业务。4. 运输自由。提升拓展全球枢纽港功能，支持国际船舶登记、起运港退税、国际航运服务进一步扩大开放。临港自贸区将实施高度开放的国际运输管理，提升拓展全球枢纽港功能和建设高能级全球航运枢纽，这将极大完善上海国际航运中心的建设。5. 从业自由。通过特殊的人才引进机制，建设成为高端人才的重要汇聚地，有利支撑上海国际科创中心建设。6. 信息自由。推动数据资源开放共享与信息便捷联通，加强互联网基础设施建设，促进跨境数据安全流动,加强知识产权和数据保护,率先探索建设全球数据港。

(六)产业政策创新集聚新动能

临港自贸区对标 CPTPP、USMCA 等国际最高水平贸易协定和新加坡、香港地区、迪拜、日本等国际高水平自贸园区,构建最前沿的制度创新体系,制度创新打造特殊经济功能区"上海样本"。自贸区发布"1+4"产业政策,包含支持先进制造业、战略性新兴产业和科创融合在内的 16 项核心支持政策,重点支持新一代信息技术、高端装备制造、智能网联汽车、新材料、新能源、节能环保等战略性新兴产业领域的重大项目,集聚发展集成电路、人工智能、生物医药和航空航天四大重点产业共 40 条支持措施。产业政策优惠幅度大、涵盖环节广,支持性措施涉及企业落户、采购、研发、销售、资质认证、并购重组、外部环境建设、人才发展等多个环节,体现出专业化、全方位与精准化产业规划,积极发挥引领作用。

临港自贸区制定的促进产业发展若干整体性政策,涉及关键核心技术与产品突破、产业能力建设与提升、自主创新能力与产业创新环境建设等四个层面。其中,在关键核心技术与产品突破支持方面,涉及关键核心技术研发项目、重大技术装备或核心部件、区内非关联研发、制造产品及服务采购年度补贴;在产业能力建设及提升领域,包括战略新兴产业项目、企业智能化、技改项目、企业节能减排补贴和特殊重大项目建设支持;在自主创新能力建设方面,包括高新技术企业认定奖励、科技"小巨人"补助、主导或参与国际国内标准制定奖励和知识产权示范企业或优势企业认定奖励;在产业创新环境建设领域,则包括了功能性平台、研发机构等创新载体、行业协会联盟建设和创新资源集聚及创新创业活动支持(孵化器与创新创业大赛支持)。

四、"特殊综合保税区"的重点突破领域与路径

1. 确立"境内关外"的地位。目前,国家或者地方层面立法没有明确赋予任何自贸试验区或者片区"境内关外"法律地位。只有明确了"境内关外"地位,临港自贸区才能够进一步缓解复杂海关监管和税负较高的约束,最大限度

提升贸易投资便利化水平，释放贸易自由、投资自由、资金自由、运输自由、人员流动自由等方面潜力。

2. 允许更多形式和更大范围的自由贸易。贸易有多种形式，离岸贸易和转口贸易是其中的两种。自贸区自由贸易不应局限于一般贸易、加工贸易这样的直接贸易形式，也应允许自由离岸贸易和转口贸易，以更好地实现贸易自由和运输自由，并促进投资自由、资金自由和人员流动自由。

3. 进一步提升贸易便利化水平。简化海关监管可以考虑以下几种途径。第一种在区内不设置海关机构，只保留简易的报关通关程序；第二种是淡化海关与自贸区之间的监管和被监管关系，转为强调服务和合作关系；第三种是减少监管的量，可以将"监管货物"改为"监管企业仓库（可以是虚拟仓库）"，并且设置一定的比例进行抽查；第四种是在监管中引入新技术和促进数据共享。

4. 塑造有国际竞争力的税收政策。临港自贸区实施具有国际竞争力的税收制度和政策是我国自贸区的重大突破，"区内符合条件的从事集成电路、人工智能、生物医药、民用航空等关键领域核心环节生产研发的企业，自设立之日起5年内减按15%的税率征收企业所得税"。如果放在国际范围内比较的话，自贸区还有大幅度提高的减税和提升纳税便利化的空间。

5. 拓展FT账户功能，进一步提升投资自由化水平，更大程度实现经常项下的资本自由流动。FT账户是上海自贸区金融改革的核心，一线基本放开，可以办理经常项下和直接投资项下的跨境资金结算；二线连通境内账户，有限渗透。但是在实际操作中，一线和二线的外汇管理往往更严格。未来，需要进一步拓展FT账户投资功能，简化资金划转，个人账户也可以适时开通。

6. 探索开放资本账户。自贸区定位包括在岸业务与离岸业务的双向连通，因而需要探索开放资本账户。例如，启动境内个人QDII2渠道、加大资本账户双向投资范围和渠道、允许企业境外母（子）公司境内发行人民币债券、支持民营资本进入金融业等，推动实现上海全球资源配置功能和开放枢纽门户功能。同时搭建金融要素国际交易平台，吸引国际资本集聚，推动形成国际化金融市场。

参考文献

[1]《中国（上海）自由贸易试验区临港新片区总体方案》国发【2019】15号。

[2] 中共中央、国务院《海南自由贸易港建设总体方案》。

[3]《国务院关于在中国（海南）自由贸易试验区暂时调整实施有关行政法规规定的通知》国函〔2020〕88号。

疫情冲击下的数字文化贸易：国际格局和中国策略[*]

方 英 郑国华 马思瑛[**]

摘要：当前新一轮科技革命和产业变革加速演进，人工智能、大数据、物联网等新技术新应用新业态方兴未艾，数字技术成为发展新引擎，加速推动文化贸易的数字化发展，出现了数字文化贸易新形式。2020年新冠疫情全球蔓延，对传统国际服务贸易产生重大影响，但处于数字科技时代下的数字文化贸易却迎来新的发展机遇。本文从流媒体视频、在线教育、移动游戏、音乐流媒体、数字旅游领域详细分析疫情冲击下全球数字文化贸易的发展趋势和国际格局，并为我国后疫情时代数字文化贸易的发展提出相应的中国策略。

关键词：疫情 数字化；文化贸易；文化市场

一、引言

习近平总书记在2018年世界互联网大会的致辞中说道，当今世界正在经历一场更大范围、更深层次的科技革命和产业革命。随着第四次科技革命序幕的缓缓拉开，数字化成为科技推动生产力发展的重要动力。由此，继第一阶段的传统贸易和第二阶段的全球价值链贸易之后，全球经济发展进入了第三阶段"数字贸易"时期。数字技术应用推动了跨境数据自由流动，改变了产品和服务的生产和交易方式，推动了国际贸易的数字化发展。

---

[*] 本文是国家社会科学基金重点项目"中国文化走出去效果评估研究"（17AZD035）的阶段性研究成果。

[*] 作者简介：方英，中国传媒大学经济与管理学院教授；郑国华、马思瑛，中国传媒大学经济与管理学院研究生。

2020年新型冠状肺炎COVID-19相继在中国及世界各地爆发，为人类安全和全球经济发展敲响警钟，全球经济放缓对全球服务贸易造成较大的下行风险。但新冠疫情的迅速传播与此前全球疫情永久性地重塑地球相比，由于信息共享和科学技术的原因，其带来的影响可能会更小一些。对于"互联网+"时代下的数字文化贸易来说，不仅受疫情的实质性影响较小，而且疫情也为数字文化贸易的发展带来了更广泛的机遇。

疫情发生以来，旅游、线下娱乐等聚集性、接触式文化服务行业受冲击较大，但依托数字技术的文化服务业新动能加快涌现，如流媒体视频、在线教育、移动游戏、数字音乐、数字旅游等取得快速发展，数字文化贸易迎来新的发展机遇。当然，由于数字服务贸易正处于发展的初级阶段，数字文化贸易壁垒及对数字文化贸易规则的争议也层出不穷，需要世界各国携手在用户数据隐私保护、知识产权保护、跨境数据流动规则等方面积极合作，完善规则，共同推进全球数字文化贸易的自由化与便利化发展。

二、疫情冲击下的全球文化市场发展趋势

（一）数字化

目前，数字文化产业已成为全球文化市场的发展主流，数字化已渗透至全球文化市场的各个细分市场。截至2017年，数字音乐收入增长19.1%，达94亿美元，而实体音乐行业总收入则自1999年开始几乎一路下滑，2010年跌破三位数，2017年已跌至52亿美元，市场占比下滑到30%。[①] 在游戏市场上，AR游戏日渐受到广大玩家喜爱，2019年，《精灵宝可梦GO》年收入达14亿美元，2020年1—2月份，我国规模以上互联网游戏服务营业收入同比增长7.7%。[②] 此外，流媒体视频、数字旅游、在线教育等名词也逐步进入人们的视野。

疫情当前，"云旅游""云演艺""云博物馆""云音乐会"等多种数字文化活

[①] 李怀亮，方英：《国际文化市场报告2018》，首都经济贸易大学出版社，2019年第1版，第2—3页。
[②] 《工信部：今年1至2月全国移动互联网累计流量达到235亿GB，同比增长44.2%》，环球网，https://www.sohu.com/a/383054396_162522，访问时间2020年5月13日。

动不断涌现，移动游戏、短视频平台、在线教育等媒介在全民居家时期全线爆发。可见，数字化无疑将是国际文化市场在后疫情时代最重要的发展趋势。

（二）实时化

疫情期间，人们越来越渴求在居家时间里随时随地进行文化消费，对泛娱乐内容需求加大，加速了在线视频、音乐、游戏的发展。近年来，随着移动终端的普及，在线观看视频成为人们主要的休闲娱乐方式之一。根据 StreamElements 和 Armatal.gg 的年度流媒体报告，2019 年 Mixer 的流媒体内容观看小时数增长 149%。观众在该平台上总共观看 3.537 亿小时的视频，高于 2018 年的 1.422 亿小时。[①] 同时，Media Partners Asia（MPA）分析指出，由于订阅费的增加，中国在线视频收入将每年增长 14%，并在 2024 年达到 700 亿美元；中国在线平台收入占总收入的份额将从 2019 年的 29% 扩大到 2024 年的 44%。[②] 此外，在音乐市场，消费者可以通过互联网及时下载聆听来自世界各地的最新歌曲。在游戏领域，游戏设置实时升级，游戏数据随时更新，为玩家带来良好的游戏体验。2019 年全球移动游戏收入达 640 亿美元，占全球游戏总收入的一半以上，比 2018 年同比增长 13.3%。

（三）移动化

移动游戏是近年来游戏市场的主要发展趋势之一。目前，移动端游戏消费支出指数远高于 PC 和 Mac、家用游戏机和掌上游戏机，已迅速远超 2016 年 10% 的市场占有率在全球范围内占据前沿和核心地位。

移动视频市场发展迅猛。便携式智能设备的普及为移动视频平台提供了海量的用户基础，移动视频也满足了用户碎片化时间的需求。近年来，移动视频市场逐渐分化，出现了综合性长视频、聚合视频、垂直视频、网络电视、移动

[①]《StreamElements：2019 年视频流报告》，199IT 互联网数据中心，http://www.199it.com/archives/990125.html，访问时间 2020 年 5 月 17 日。

[②]《MPA：亚太地区在线视频市场将在五年内翻番》，199IT 互联网数据中心，http://www.199it.com/archives/870151.html?weixin_user_id=a5o6ETQjnlHLut6AD4OSpUSex0AkzE，访问时间 2020 年 5 月 17 日。

短视频等细分领域。其中,门槛低、时间短、易传播的短视频受到广大用户的喜爱。①国外的YouTube、Snapchat短视频平台,以及国内的快手、抖音等都拥有大量用户,备受"Z世代"追捧。

(四)社交化

音乐流媒体与社交媒体平台的融合以及社交电视的出现是文化市场社交化趋势的典型代表。数字科技的发展促使融媒体时代的到来,音乐流媒体平台中歌手、唱作人的作品能够更加高效地被分享,粉丝也可以随时随地分享对音乐作品的感受,这正是社交媒体高效人际传播的体现。据统计,2019年Amazon Music Unlimited在全球范围内的订阅付费客户已超过5500万,Apple Music宣布其订阅人数已超过6000万,Spotify则拥有不低于1.15亿订阅者。②此外,社交电视也兼具电视与媒体特性,使用户在观看节目的同时通过社交媒体发表感受,通过分享和参与,为用户提供了良好的互动性观看体验。

(五)多元化

数字文化产业多元化特征凸显,主要表现为形式、主体、地域多元化三个方面。疫情+互联网,创造了众多数字文化新形式,在线音乐会、网络音乐节、云演出等在疫情形势之下大放异彩。短视频拍摄者也是来自世界各地,从事各行各业的不同主体。云技术使得众多传统文化形式打破地域限制,将世界各地的演出、名胜风景等展现在人们面前,为世界人民带来一场视觉盛宴。

根据云计算公司Zuora和市场调查公司YouGov联合发布的调查显示,有78%的英国人(约4000万人)至少会为一项订阅服务买单;40%的英国人称,相比五年前,他们如今使用更多付费服务;超过25%的英国人认为,在未来五年中,他们还将使用更多付费服务。其中,流媒体视频服务是最受欢迎的付费订阅类型,有超过27%的被调查者会选择订阅这一服务。至于音乐流媒体

---

① 李怀亮,方英:《国际文化市场报告2018》,首都经济贸易大学出版社,2019年第1版,第8页。
② 《2019年亚马逊音乐用户超过5500万》,199IT互联网数据中心,http://www.199it.com/archives/1002222.html,访问时间2020年5月27日。

Spotify 和 Apple Music，付费订阅比例分别是 11% 和 5%，付费习惯逐渐养成的趋势格外明显。①

三、全球数字文化贸易发展的国际新格局

（一）全球流媒体视频服务贸易迎来新机遇

受新冠疫情影响，线下影院纷纷关闭，影视娱乐行业遭受重创。但是在传统影业经历寒冬的同时，疫情期间全球流媒体视频访问量迎来全面增长，可以说人气居高不下的流媒体视频似乎能够成为影视娱乐行业的救世主。

1. 长视频市场争夺激烈

Netflix 是全球视频用户最青睐的流媒体视频平台，在全球处于领先地位。根据 Netflix 发布的 2020 年一季度财报显示，第一季度 Netflix 全球付费订户新增 1580 万，远超公司之前预期的 700 万和分析师预期的 847 万，会员数量增长 1550 万，累计全球超过 1.8 亿会员。第一季度上线的纪录片《养虎为患》，获得 6400 万的观看人数，由马克·沃尔伯格主演的《斯潘瑟机密》，也获得 8500 万的观看人数。同样，Netflix 的竞争对手迪士尼流媒体平台增长也较为可观，在美国推出仅 5 个月，就已赢得 5000 万付费用户。② 而苹果公司正在收购较旧的电影和电视节目，以建立一个内容库来加强其流媒体视频服务 Apple TV+ 的内容供应。

全球疫情爆发，国内外电影院纷纷关闭，网络电影迎来了前所未有的窗口期。截至 4 月，国内全网破千万的网络电影已共有 26 部，突破两千万的作品共有 5 部，爱奇艺共 16 部影片破千万，同比翻两番。4 月份各视频平台上线网络电影共计 69 部。其中独家作品 68 部，包括爱奇艺 31 部、优酷 20 部、腾讯

---

① 李怀亮，方英：《国际文化市场报告 2018》，首都经济贸易大学出版社，2019 年第 1 版，第 10—11 页。
② 《流量、会员分别大增，YouTube 与 Netflix 上演疫情争夺战》，百度，https://baijiahao.baidu.com/s?id=1665856751049283934&wfr=spider&for=pc，访问时间 2020 年 5 月 20 日。

视频 14 部、PPTV2 部和搜狐视频 1 部①。院线电影转投网络，长视频平台开始加强电影内容生态的建设，如爱奇艺、腾讯推出电影免费看活动，再加上网络电影近年来的发展基础建设，深受用户喜爱的"网络院线"指日可待。

2. 短视频平台流量激增

短视频作为移动视频市场最受欢迎的细分市场，是互联网时长红利增长的唯一贡献者。在短视频行业，中国早已领先全球，从 2017 年 4 月到 2019 年 4 月，中国短视频 App 日均使用时长已从不到 1 亿小时增长到 6 亿小时，两年的增长率高达 600%。②同时，抖音国际版 TikTok、快手国际版 Kwai 以及 YY、腾讯系、阿里系等一系列产品也走出国门，在世界各地掀起热潮。

2020 年 4 月，快手推出海外版 SnackVideo，其卡点音乐视频制作平台 MVMaster，中短视频社区产品 UVideo、VStatus 与图文社区产品 Lolita 四款产品在海外已收获超过 1 亿的活跃用户，总日活跃已突破 2000 万。②据 Sensor Tower 商店情报数据显示，截至 2020 年 5 月，字节跳动旗下抖音及海外版 TikTok 在全球 App Store 和 Google Play 的总下载量已经突破 20 亿次，应用内购收入已经达到 4.56 亿美元。在该应用达到 15 亿次下载里程碑时，其内购总收入为 1.75 亿美元，即过去 5 个月收入增长 1.5 倍。抖音及海外版 TikTok 在 2019 年就进入加速增长通道，2020 年第一季度，在疫情全球蔓延的背景下，其热度达到前所未有的水平，其在全球 App Store 和 Google Play 共获得 3.15 亿次下载，是全球下载量最高的移动应用（见图 1）③。中国短视频的发展带来了巨大的市场效益，因此 Facebook、亚马逊 Prime Video、Twitter 等互联网巨头也纷纷布局短视频平台，未来全球流媒体视频市场竞争将愈发激烈。

---

① 《网络电影 4 月：全网上线 69 部，2 部"鬼吹灯"撑起票房，非独家渠道正在关闭》，36 氪，https://36kr.com/p/715350504304901，访问时间 2020 年 5 月 20 日。

②②《流量、会员分别大增，YouTube 与 Netflix 上演疫情争夺战》，百度，https://baijiahao.baidu.com/s?id=1665856751049283934&wfr=spider&for=pc，访问时间 2020 年 5 月 12 日。

③《Sensor Tower：抖音和 TikTok 全球总下载量突破 20 亿次》，199IT 互联网数据中心，http://www.199it.com/archives/1043433.html?weixin_user_id=a5o6ETQjnlHLut6AD4OSpUSex0AkzE，访问时间 2020 年 5 月 12 日。

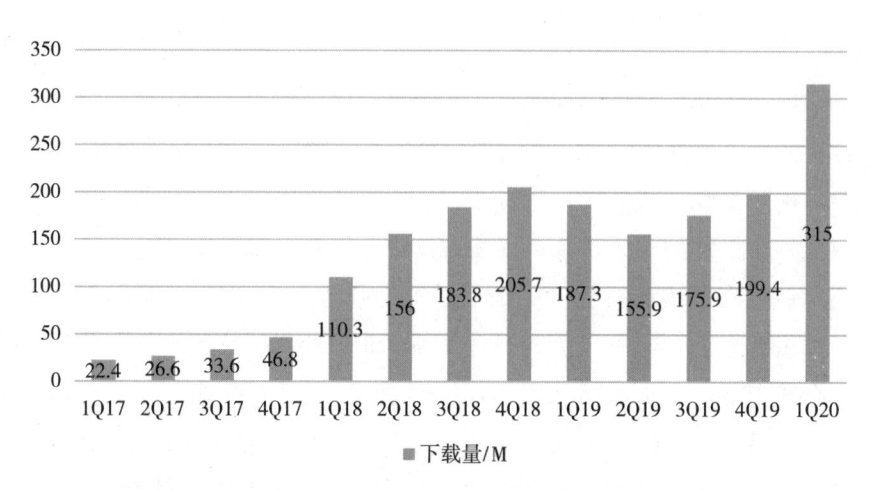

图 1　2017Q1-2020Q1 抖音海外版 TikTok 季度全球下载量①

数据来源：Sensor Tower（数据不包括中国及其他地区第三方安卓市场）。

（二）在线教育服务贸易爆发式增长

疫情导致在线教育流量激增，截至 2020 年 3 月，我国在线教育用户规模达 4.23 亿，较 2018 年年底增长 110.2%，占网民整体的 46.8%②。日活跃用户数达到千万以上已经是疫情期间众多教育平台的常态，行业呈现爆发式增长态势。随着新冠肺炎在世界各地爆发，我国出海在线教育平台也迎来了快速增长。阿里旗下的产品钉钉成功出海日本；猿辅导旗下印度在线教育平台 Oda Class 疫情期间也实现持续增长；抖音国际版 TikTok 在平台上推出 EduTok 项目，专为印度在线学习而开设，疫情期间随着 TikTok 下载量的爆发式增长，EduTok 也变得十分火热；U-Dictionary 是网易有道的首款出海产品，现在覆盖133 个国家和地区，实现 108 种语言之间的互译，位列 App Annie 2020 年印度用户规模十大教育 App 的首位。

---

① 《Sensor Tower：抖音和 TikTok 全球总下载量突破 20 亿次》，199IT 互联网数据中心，http://www.199it.com/archives/1043433.html?weixin_user_id=a5o6ETQjnlHLut6AD4OSpUSex0AkzE，访问时间 2020年 5 月 12 日。

② 《我国网民破 9 亿抗击疫情加速互联网产业发展》，人民网，http://paper.people.com.cn/zgcsb/html/2020-05/04/content_1985352.htm，访问时间 2020 年 5 月 18 日。

美国在线教育平台 Udemy 2020 年 2 月个人课程注册量激增 400%以上，随着世界各国陆续封锁，3 月下旬的注册量增长了 425%，4 月增长率基本保持在 300%以上。根据 Udemy 的统计，在美国，人们一直倾向于学习创意课程，Adobe Illustrator 的课程注册量增长了 326%。而在印度，商业基础知识课程注册量增长了 281%，沟通技能课程则增长了 606%。与此同时，在意大利，吉他课程学习者增加了 431%，其次是文案写作（418%）和 Photoshop（347%）[1]。此外，雅思、托福等考试全部取消使美国在线教育平台多邻国（Duolingo）推出的英语测试也受到世界各国留学生群体的广泛关注。

（三）全球移动游戏跨境服务贸易快速增长

App Annie 与 IDC 联合发布的《2018 年度游戏回顾报告》显示，2018 年已经有 1/3 的世界人口成为移动游戏玩家。全球移动游戏用户支出分别是 PC/Mac 游戏以及家庭主机游戏的 2.1 倍和 2.8 倍，移动游戏明显占有领先优势[2]。2019 年移动游戏稳坐最大游戏市场宝座，占据全球游戏市场规模 45%，预计市场收入将达到 685 亿美元。近几年来，游戏厂商将那些曾被视为太过复杂的游戏类别搬到了移动设备上，成功推出几款移动游戏，如《王者荣耀》、《堡垒之夜》和《绝地求生》，其兼具角色扮演游戏（RPC）的体验性和 MOBA 游戏的竞技性使得移动端口越来越受欢迎，为日后更大型的游戏造势。

据移动数据研究机构 App Annie 发布报告显示，受疫情影响，全球严格的社交隔离政策使得 2020 年第一季度全球游戏应用的下载量超过 130 亿次。Google Play 上的游戏下载量在 2020 年第一季度达到了近 100 亿次，同比增长 25%。对于 iOS，新游戏下载量达到 30 亿次，同比增长亦为 25%，其中中国和美国是最大的 iOS 市场。在游戏应用占总体应用的下载量方面，Google Play 的表现优于 iOS，两者占比分别达到 45% 和 35%。与前一季度相比，2020 年第一季度用户在游戏上的支出超过 167 亿美元，增加 5%。对于 Google Play，美国、

---

[1]《Udemy 发布数据，疫情期间其在线课程注册量激增 425%》，搜狐网，https://www.sohu.com/a/393862104_282711，访问时间 2020 年 5 月 18 日。

[2]《App Annie：2018 年度游戏回顾报告》，Useit 知识库，https://www.useit.com.cn/thread-22663-1-1.html，访问时间 2020 年 5 月 18 日。

日本和韩国是 2020 年第一季度用户支出的主要贡献者。而对于 iOS，中国则是最大的用户支出市场，与 2019 年第四季度相比增长了 15%。2020 年 2 月，中国 iOS App Store 平均每周的游戏下载量较 2019 年增长了多达 80%。下载量增加产生的溢出效应，推动了用户支出的增长。①

（四）音乐流媒体付费用户创纪录增长

国际音乐市场中，数字音乐开始进入音乐消费者的视野并悄然改变着人们的音乐欣赏方式，成为全球音乐产业发展的"核心动力"。据国际唱片协会（IFPI）《2019 全球音乐报告》显示，2017 年流媒体收入在全球范围内超过了实体唱片，2018 年流媒体收入占全球总收入的 46.8%，达到实体唱片收入的 1.89 倍。流媒体以其音乐消费者的快速增长以及音乐产品营销商业模式的创新成为数字音乐行业的主要业务模式。目前，全球流媒体市场最大的平台是 Spotify，其 2020 年第一季度月活跃用户 (MAUs) 达 2.86 亿，同比增长 31%。订阅用户为 1.3 亿，同比增长 31%，超出了该公司的预期。其他主流音乐流媒体平台 Apple Music、Amazon Music Unlimited、YouTube、Deezer 以及中国的网易云音乐、酷狗音乐、腾讯旗下的 QQ 音乐等付费用户群体也大大增加。据腾讯音乐娱乐集团财报显示，2020 年第一季度在线音乐付费用户达 4270 万，同比增长 50.4%。在线音乐付费率为 6.5%，比 2019 年同期增长 2.2%。②

受疫情大环境的影响，线上演唱会大受欢迎，世界卫生组织和 Global Citizen 组织联合举办"One World Together At Home"；腾讯推出 TME live，通过 QQ 音乐、酷狗音乐、酷我音乐等音乐流媒体呈现，为林俊杰和刘若英等著名歌手举办了五场线上音乐会，广受好评。

---

① 《App Annie：2020 年 Q1 全球用户在移动游戏支出超 167 亿美元》，199IT 互联网数据中心，http://www.199it.com/archives/1032194.html，访问时间 2020 年 5 月 14 日。

② 《腾讯：1Q20 财报电话会议概要 拥抱结构性变化》，199IT 互联网数据中心，http://www.199it.com/archives/1049574.html?weixin_user_id=a5o6ETQjnlHLut6AD4OSpUSex0AkzE，访问时间 2020 年 5 月 18 日。

（五）数字科技开启旅游服务贸易新体验

疫情当前，为避免人群聚集，世界各地的旅游景点陆续关闭，"云旅游"一词进入人们视野。例如，泰国绿山动物园举办了"动物园到你家"线上活动，通过直播将动物的生活常态展现给观众；英国诺森伯兰郡国家公园的在线众筹、提前买年票；澳大利亚的"云领养考拉""为考拉种树"等线上活动都获得了不小的关注度，疫情中的这一创举或成为为旅游业未来的发展新趋势。

以 AR、VR 技术为支撑的虚拟旅游进入人们的视野，依托 AR 技术独特的视觉效果为游客提供了一种前所未有的新体验。以"VR+ 语音导览 + 图文"为模式的"玩转故宫"导览小程序备受欢迎；国内八大博物馆通过直播开展"一起线上看展"活动，开辟了博物馆文创产品营销新渠道；阿里巴巴旗下旅游平台飞猪自 2 月以来，已连续推出约 7500 场直播，观看人次超 3000 万。英国、德国和美国等发达国家 VR 旅游已经成为旅游体验中的一部分，而在我们中国，虚拟旅游也正在快速发展。[1]

四、发展机遇与挑战

（一）机遇

1. 疫情推高数字文化消费

疫情期间居家防护成为人民生活的常态化，使得移动视频、音乐、游戏等数字娱乐服务需求激增。据《金融时报》报道，中国在全国范围实施隔离措施后，二月份前两周的应用程序周平均下载量比 2019 年整年的平均下载量跃增 40%。同月，苹果设备上的周游戏下载量较 2019 年增长 80%。[2]

依托数字技术的广泛应用，我国数字文化消费继续保持较快增长。从文化及相关产业细分行业看，文化新业态特征较为明显的 16 个行业小类实现营业

---

[1]《VR+ 旅游，正在一步步实现的虚拟现实，改变人们旅游的新方式》，百度，http://www.szar.org.cn/n)，访问时间 2020 年 5 月 13 日。

[2]《了解媒体的价值：消费者和行业视角》，199IT 互联网数据中心，https://mp.weixin.qq.com/s/fRF6828nsxwl–6jPGk–OXQ，访问时间 2020 年 5 月 13 日。

收入5236亿元，比上年同期增长15.5%；占规模以上文化及相关产业企业营业收入的比重为31.0%，比上年同期提高8.1个百分点。其中，互联网广告服务、互联网其他信息服务、多媒体游戏、动漫、数字出版软件开发、广播电视集成播控、可穿戴智能文化设备制造等行业的营业收入均实现两位数增长[①]。

2. 文化贸易成本降低

数字技术的推广和使用降低了传统的贸易成本。传统意义上的文化产品，如胶片电影、印刷品（图书、报纸、期刊、地图等）、唱片等，其成本大致分为运输、过境、交易和信息成本以及贸易政策壁垒带来的成本。而数字技术的应用改变了文化产品的生产和交付方式，数据流的信息共享性更是减少了信息不对称的情况，从而有效匹配供求关系，降低成本，提高效率。

3. 文化贸易突破地域局限

数字贸易打破传统贸易地域局限，将文化市场扩展至世界各地，甚至是偏远山村，市场份额扩大，并且能够保证与客户之间的交易和服务更加简单、高效，为数字文化贸易的发展提供持续强大的动力。此外，就贸易流程而言，很难想象一家中小企业独立面对从报关到配送的各个环节。而现在，下单、通关、退税、结汇等环节正开始形成一体化的综合服务平台，极大地便利中小企业的参与。

（二）挑战

1. 疫情冲击下全球数字服务贸易限制加剧

OECD运用数字服务贸易限制性指数（DSTR）评估36个经合组织成员国和10个发展中国家的数字贸易壁垒，DSTR取值在0到1之间，越接近于1，表示限制性越强。2014-2019年DSTR指数逐年增加（见图2），其中非OECD的10个发展中国家DSTR得分大体为OECD国家的2倍，并且增速快于发达国家，可见2014-2019年间，全球数字服务贸易限制性措施呈现增多态势，发展中国家比发达国家设置了更高的数字贸易壁垒。

[①]《企业营业收入下降"互联网+文化"逆势上行》，中国信息报，http://www.zgxxb.com.cn/xwzx/202005060003.shtml，访问时间2020年5月13日。

影响数字服务贸易发展的壁垒包括，基础设施和连通性、电子交易、支付系统、知识产权保护和其他影响数字服务贸易的壁垒五大领域。2019年各国限制性措施集中在基础设施和连通性领域（见图3），这两项得分占DSTR总得分的一半以上，对46个国家DSTR的贡献平均达到56.2%。基础设施和连通性主要指跨境数据流动和数据本地化政策等内容，其中哥伦比亚和南非限制程度最高，得分0.2279，其次是中国、俄罗斯、沙特阿拉伯和阿根廷，得分为0.2382，英国、德国并列第6位，美国和日本并列第7位。电子交易领域的贸易限制对DSTR指数的贡献排第二位，占比为21.9%，主要包括发放电子商务活动许可证的歧视性条件、对非居民公司进行在线税务登记和申报的限制、偏离国际惯例的电子合同规则、禁止使用电子身份验证等措施。中国等发展中国家在该领域的限制性措施最多，其次是美国等发达国家。支付系统和知识产权保护领域的限制性措施相对较少，在DSTR中的占比2.91%和1.72%，分别只有11和7个国家在这两个领域中设有限制性措施。其他影响数字服务贸易的壁垒主要指影响跨境数据下载和流媒体限制、商业或当地存在要求、缺乏针对网上反竞争实践的有效补偿机制等。[①]

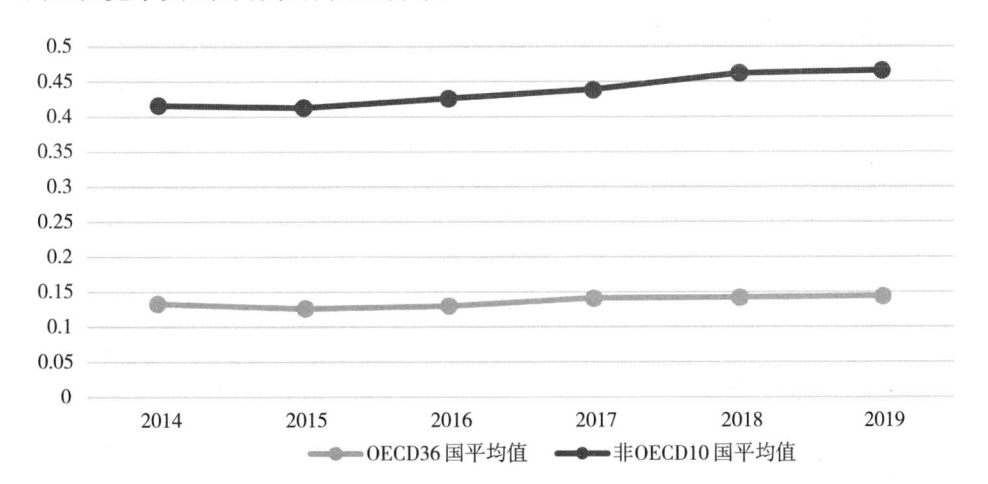

图2 2014-2019年OECD与非OECD国家数字服务贸易限制性指数发展趋势

数据来源：根据OECD数字服务贸易限制性指数数据库整理。

---

① 王拓. 数字服务贸易及相关政策比较研究[J]. 国际贸易, 2019(09):80-89.

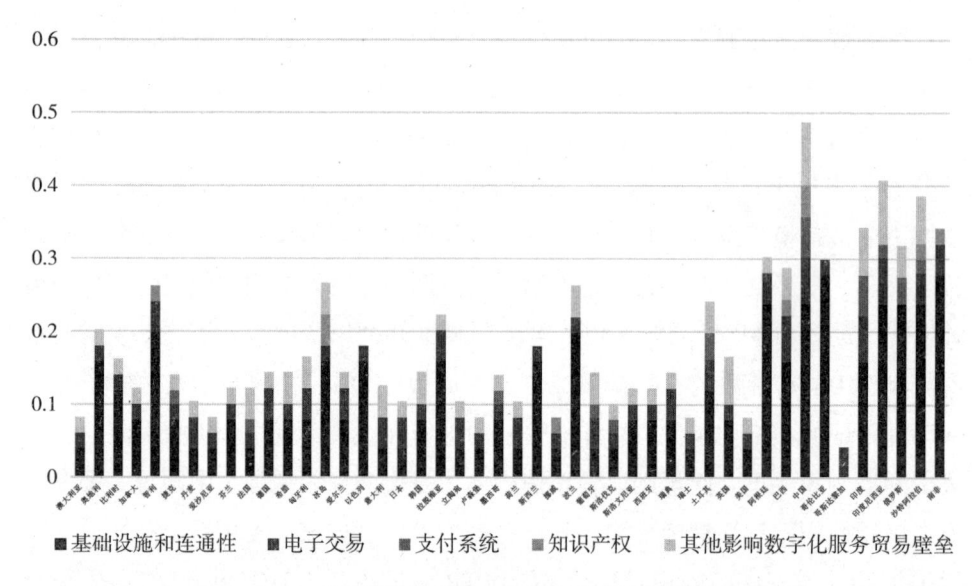

图3 2019年46国数字服务贸易限制性指数分值分布图

数据来源：根据OECD数字服务贸易限制性指数数据库整理。

同时，疫情影响下全球经济放缓，各国出于恢复本国经济发展的目的，将减少数字产品和服务进口。日本或将投入22亿美元帮助日本企业搬回本国，而美国国家经济委员会主任拉里·库德洛也公开呼吁美国企业撤回本国。显然，疫情加剧了数字服务贸易限制，国际数字文化贸易的发展障碍重重。

2. 数字贸易规则体系尚未建立

目前，全球数字贸易规则尚未完全建立，各国纷纷展开激烈的博弈，以为本国谋求更大利益。在数据安全和个人信息保护方面，各国对于跨境数据自由流动存在不同程度的限制。而且，有些国家已经实施了数据本地化措施，这些在一定程度上限制了以数字信息和数据为载体的文化贸易发展。此外，数字文化贸易的标的多为知识密集型产品，知识产权保护问题成为各国关注的焦点。关于知识产权保护问题，世界各国都处于积极探索阶段中，统一标准还未建立，不利于国际文化贸易中知识产权的保护和创新，给主要依靠版权、靠IP生存的文化产业发展带来很大阻碍。

五、促进中国数字文化贸易发展策略

面对新冠肺炎疫情严重冲击，我国疫情防控取得积极成效，经济社会运行秩序加快恢复。中国作为第四次工业革命的领军者，其在全球数字文化贸易中有着举足轻重的地位和作用。但是，我国数字文化贸易发展仍处于起步阶段，仍需借鉴国际先进的数字贸易治理经验，全面提升数字文化贸易发展能力和水平。

（一）后疫情时代加快推动数字文化服务优化升级

互联网技术的发展，给企业带来众多新机遇。我国各类文化企业可以利用大数据、云计算、各类信息数据库等充分了解消费者新需求，把握新的增长点，以"新基建"为依托，助力数字文化产业升级，重视市场格局变化，提升竞争壁垒，从而更好应对疫情防控常态化的发展趋势。此外，企业还可以通过整合线上和线下传播，利用各大数字平台，进行产品营销推广，树立品牌形象，提升品牌价值。

疫情期间，中国对世界各国的积极援助极大提升了我国国家形象，为我国国家文化形象输出迎来了发展新机遇。因此，我们要借势加快推动数字文化服务优化升级，使我国数字文化服务贸易在国际舞台大展风采。

（二）积极参与数字贸易国际规则制定

当前，全球数字贸易规则还未完全确立，各国纷纷抢占主导权，其中美国、欧盟等发达国家意图尤为明显。我国作为全球数字技术的主要参与者之一，也要积极参与规则的制定，为我国日后在数字贸易市场上赢得主动权。一方面，我国要积极参与国际数字贸易规则的谈判和制订，促使规则真正有利于世界各国的经济发展。另一方面，我国要抓住"一带一路"契机，寻求与沿线国家建立互利共赢的数字贸易规则。

（三）促进数字文化贸易政策逐步开放

根据 OECD 数字服务贸易限制性指数数据显示，中国该指数在 46 个国家中得分最高，意味着限制性政策和措施最多。在 OECD 给出的五大领域 42 项限制性措施中，中国的数字服务贸易限制性措施数目达 18 条。但在全球化大势之下，合理开放发展更有利于经济的繁荣。

因此，我国需要不断完善与数字贸易有关的政策法规，促进数字文化贸易政策逐步在合理范围内开放，并适当考虑逐步放松文化领域的外资准入，激发我国文化市场的经济活力。同时在制定新的数字文化贸易政策时，还要及时对政策体系进行系统性梳理，避免出现新旧政策并存的现象。在面对疫情冲击下的国际文化市场格局，面对发达国家各种竞争和贸易壁垒的阻碍，中国要及时关注国际疫情动态，与"一带一路"沿线国家携手合作，构建自己的数字文化贸易体系，增强国际话语权，实现沿线国家间的经济社会共同繁荣。

六、结束语

文化多样性让世界缤纷绚丽、异彩纷呈。文化交流让各民族求同存异，共同发展。数字科技为文化贸易的发展打开了新篇章，新的文化产品和服务、新的贸易形式、新的国际格局都在焕发着无限生机。疫情当前，在线视频、移动游戏、电竞、数字音乐、数字旅游等数字文化贸易快速发展。面对疫情冲击下的机遇与挑战，我国要与世界各国加强合作，积极参与世界数字文化贸易规则的制订，逐步提升我国数字文化贸易的自由化与便利化。企业要加快推动数字文化服务优化升级，提升竞争优势，促进中国文化产品和服务走出去，提升中国文化的软实力。

参考文献

[1] 李嘉珊, 王伯港. 新时代构建我国对外文化贸易新格局的有效策略 [J]. 国际贸易, 2019(3):73-80.

[2] 王拓. 数字服务贸易及相关政策比较研究 [J]. 国际贸易, 2019(09):80-89.

[3] 白丽芳, 左晓栋. 欧洲"数字贸易限制指数"分析 [J]. 网络空间安全, 2019,10(02) : 41-48.

[4] 江小涓. 高度联通社会中的资源重组与服务业增长 [J]. 经济研究, 2017(03):6-19.

[5] 江小涓, 罗立彬. 网络时代的服务全球化——新引擎、加速度和大国竞争力[J]. 中国社会科学, 2019(02):68-91+205-206.

[6] 兰虹, 赵佳伟. 新冠疫情背景下新零售行业发展面临的机遇、挑战与应对策略[J/OL]. 西南金融:1-14[2020-05-22].

[7] 李韵, 丁林峰. 新冠疫情蔓延突显数字经济独特优势[J]. 上海经济研究, 2020(04):59-65.

[8] 陆菁, 傅诺. 全球数字贸易崛起:发展格局与影响因素分析[J]. 社会科学战线, 2018(11):57-66+281+2.

[9] 杨巧. 互联网普及对服务贸易的影响——来自全球152个国家的经验证据[J] 首都经济贸易大学学报, 2018,20(02):62-71.

[10] 殷凤. 中国服务贸易比较优势测度及其稳定性分析[J]. 财贸经济, 2010(06):81-88.

[11] 王恕立, 刘军. 外商直接投资与服务贸易国际竞争力——来自77个国家的经验证据[J]. 国际贸易问题, 2011(03):79-88.

[12] 宋加强, 王强. 现代服务贸易国际竞争力影响因素研究——基于跨国面板数据[J]. 国际贸易问题, 2014(02):96-104.

[13] 田珍, 葛顺奇. 全球价值链背景下的数字经济与投资政策[J]. 国际经济合作, 2017(06):13-17.

[14] 李怀亮, 方英. 国际文化市场报告2018[R]. 北京:首都经济贸易大学出版社, 2019.

[15] 王晓红, 柯建飞. 全球服务贸易形势分析及展望[J]. 国际贸易, 2018(01):52-59.

[16] López González, J. and J. Ferencz. Digital Trade and Market Openness[R/OL]. OECD Trade Policy Papers, 2018, No. 217. https://doi.org/10.1787/1bd89c9a-en.

[17] Martina Francesca Ferracane, Hosuk Lee-Makiyama and Erik van der Marel. Digital Trade Restrictiveness Index[R]. European Center for International Political Economy, 2018.

[18] OECD. Going Digital in a Multilateral Word[R/OL].[2020-05-20]. https://www.oecd.org/going-digital/CMIN-2018-6-EN.pdf.

[19] U.S. International Trade Commission (USITC). Global Digital Trade 1: Market Opportunities and Key Foreign Trade Restrictions[R/OL].[2020-05-28]. https://www.usitc.gov/publications/industry_econ_analysis_332/2017/global_digital_trade_1_market_opportunities_and.htm.

[20] Wolfe, R. Learning about digital trade: Privacy and e-commerce in CETA and TPP[J]. World Trade Review, 2019, 18(S1):63-84.

[21] Gao H. Digital or Trade? The Contrasting Approaches of China and US t-o Digital Trade[J]. Journal of International Economic Law, 2018, 21（2）: 297-321.

后疫情时期发达国家外资安全审查发展趋势与中国应对研究

陈 忠 余官胜[*]

摘要：外资安全审查是发达国家实施国际投资保护行为和限制外资进入的重要手段，在逆全球化态势下呈现出更为严格化的特征。新冠疫情对世界经济格局造成较大冲击，发达国家为保护本国产业将进一步限制外资进入，因而后疫情时期外资安全审查将呈现出新的发展趋势。主要体现在对医疗资源和金融稳定提出更高要求、泛政治化特征更为明显以及国际投资协定的约束力更弱等方面。为了有效应对后疫情时期发达国家外资安全审查严格度提升的不利影响，中国商务管理部门和企业应从内部提升对外直接投资质量和社会责任承担，在外部应加强与发达国家之间的沟通合作并优化投资区位布局。

关键词：后疫情时期；外资安全审查；发达国家；对外直接投资

一、引言

外资安全审查在名义上是发达国家出于保障国家安全而对外资进行审查的政策措施，而实际上却被频繁用于针对性限制外资，对全球对外直接投资造成很大阻碍。逆全球化以来，发达国家主导了国际投资保护行为的盛行，其中外资安全审查被广泛运用于其中（宗芳宇，2019）。随着新冠疫情的爆发，世界经济秩序和国际经济关系均将受到较大影响（李晓和陈煜，2020），也会通过破坏全球价值链分工体系更进一步对全球化产生负面影响（刘志彪，2020）。在这种背景下，发达国家将出于保护本国产业的动机而更为深层次地限制外资

---

[*] 作者简介：陈忠、余官胜，福建师范大学经济学院教授。

进行，为达到这一目的，外资安全审查也将呈现出新的发展趋势。中国企业作为近年来在国际投资领域最为活跃的参与者，因发达国家外资安全审查已遭受较大损失（冀承和郭金兴，2019；寇蔻和李莉文，2019）。后疫情时期，发达国家外资安全审查将趋于严格化，势必会对中国企业对外直接投资造成更为严峻的考验，因而也需对此进行有效应对。

基于这种背景，本文紧扣发达国家外资安全审查现有特征和疫情对世界经济产生的影响，研究后疫情时期发达国家外资安全审查的发展趋势，并以此为依据分析中国商务管理部门和对外直接投资企业的应对措施。本文分析表明，总体上后疫情时期发达国家外资安全审查将在医疗资源、金融稳定等方面提出更高的要求，泛政治化特征更为明显，而国际投资协定对此的约束也更为有限。对中国而言，为保持对外直接投资可持续发展，不仅应从内部提升企业对外直接投资质量和社会责任，还需从外部加强与发达国家之间的沟通合作并优化投资区位布局。

二、发达国家外资安全审查现状特征

在二战后的全球化时代，跨国投资开始兴起，流入发达国家的外资不断增加，其中包括发达国家之间流动的资本和从发展中国家流入的资本。外资流动的增多也促使发达国家进行一定程度的外资管制，其中国家安全审查是最为常用的政策手段。发达国家认为部分外资可能会对国家安全或公共利益产生威胁，因而需要进行安全审查。早期这种安全审查主要集中在军事和国防相关项目中，但随着政策措施的运用不断扩展至其他部门，包括技术和公共设施等。2008年全球金融危机爆发后，发达国家经济陷入衰退，保护主义开始盛行，国际投资行为在全球蔓延（Sauvant，2009；UNCTAD，2012），大大阻碍了全球对外直接投资的发展（Quang et al.，2018）。在这种情况下，为了更进一步限制外资，美国和欧盟主要国家均对外资安全审查政策制度进行了改革，提升了审查范围和严格程度（石岩，2018；董静然，2019），遭受发达国家安全审查的外资项目数量不断增加。以美国为例，由外国投资委员会（CFIUS）以国家安全为由进行审查的外资项目从2014年不到150项增加到2018年的近230项。

在限制外资动机的推动下，发达国家安全审查逐渐脱离初衷，成为"合法"实施国际投资保护行为的依据（张怀岭，2019）。在该过程中，当前发达国家外资安全审查也呈现出与以往的不同特征。

1. 外资安全审查改革频度增加

根据联合国贸发会（UNCTAD）统计，全球共有28个国家实施外资安全审查政策，其中17个为发达国家。发达国家基于立法实施安全审查，随着外资流入的增多和经济复苏缓慢，以往的法律框架无法适应国际经济形势变化的需求，因而较多发达国家对外资安全审查法律政策进行改革。2011—2019年间，至少有5个发达国家引入了新的外资安全审查管制框架，其他国家则对现有框架进行了至少45项修改（UNCTAD，2019）。在这些改革中，仅有9项涉及放松审查管制，其他均从不同方面提升外资安全审查的严格程度，而且多数是在2014—2019年间修订的，恰好是逆全球化形成和发展的同一时期。在这些改革中，美国于2018年对外资安全审查政策的修订最具有代表性，涉及多个部门，不仅扩大了安全审查范围，还降低了审查的最低门槛要求；与之类似，英国、法国、德国和芬兰等欧洲发达国家也进行了类似改革修订，目的均在于增强对外资的安全审查，以进一步保障本国在各个领域的安全以及保护本国特定部门企业的竞争力。

2. 国家安全概念范围不断扩大

国家安全是一个具有不确定性的概念，包含多个维度，因此也成为不同解释的概念，体现在外资审查中导致东道国根据不同限制需求而作不同的解释。以美国为例，早期的外资安全审查仅涉及国防生产，到了2007年正式出台《外国投资与国家安全法》时已将与外资相关的国家安全范围扩展至包含基础设施、能源等行业以及是否被外国政府所控制等范围。当前，国际形势变化迅速，对国家安全也呈现出不同的内涵，金融安全和信息安全等成为发达国家更为关注的领域，因而与外资相关的国家安全概念也进行了相应的扩展。比如，日本将经济平稳运行纳入国家安全范围；英国将金融体系的稳定纳入国家安全范围；而美国、澳大利亚等冠以国家利益覆盖国家安全，将有损包括经济利益在内的国家利益行为均纳入国家安全范围内。随着国际竞争的加剧，部分发达国家也将技术因素纳入国家利益中，将国家安全概念延伸至技术流失中。

3. 外资安全审查严格程度不断加剧

尽管发达国家外资安全审查以政策法规为依据，但执行部门在实施过程中也存在较大的自主操作空间。逆全球化态势的出现促使较多发达国家在外资安全审查实施中纷纷提升了严格程度，主要集中在三个方面。第一，降低安全审查的外资份额门槛。比如英国于2018年将高科技部门进行安全审查的外资门槛从7000万英镑降到100万英镑；德国于同年将高科技、关键基础设施等行业进行安全审查的最低外资占比从25%降到10%；美国更是要求对技术、基础设施以及其他敏感行业进行投资的任何外资均进行安全审查，不存在资金规模或比例门槛。第二，延长外资安全审查的时间范围，审查时间越长不仅为东道国执行部门提供充足时间调查外资，而且也干扰了外资项目的及时落地。比如，2015年加拿大在原有外资安全审查时间范围的基础上增加45天的额外通知送达时间；德国于2017年将最长审查时间从2个月延长至4个月；意大利于2019年将审查程序从13天延长至45天。第三，增加对国有背景外资企业的额外安全审查，出于对外国政府控制本国关键行业的顾虑，较多发达国家出台政策对国有背景或与母国政府有关联的外资企业进行额外安全审查，比如美国、澳大利亚等均要求国有背景外资企业披露与政府相关的业务内容并对之进行审查，审查严格程度也高于非国有背景外资。

三、后疫情时期发达国家外资安全审查趋势

新冠疫情爆发前，因国际经济形势的不确定和国际投资保护行为的蔓延，全球对外直接投资规模已呈现多年递减的趋势（见图1）。在该过程中，发达国家外资安全审查趋严也构成不利因素之一。新冠疫情爆发后，因控制不利，部分发达国家经济遭受较大损失，跨国公司利润收益所受负面影响也较大。联合国贸发会于2020年3月底的调查显示，全球前5000强跨国公司因疫情预计将损失30%的利润，相比于3月初9%的预计利润损失有大幅度的提升。这种悲观预期不仅降低跨国公司的投资能力，也减弱了跨国公司的投资动机。因此，联合国贸发会也将对2020年全球对外直接投资的预测从减少5%-15%调整至

减少30%-40%。新冠疫情不仅对跨国投资产生不利影响，也改变了发达国家对待外资的态度。

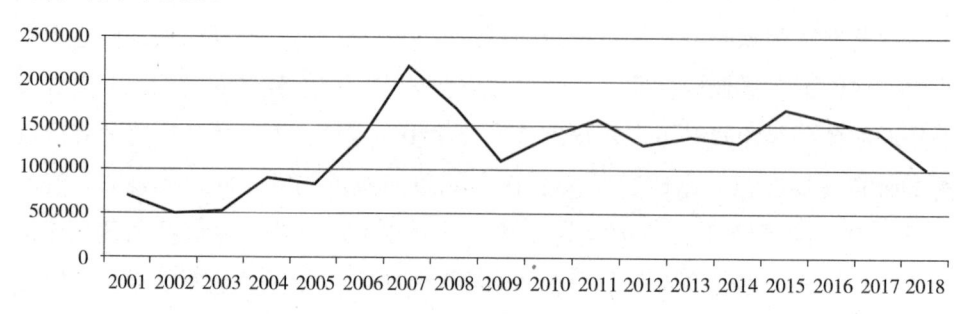

图1 全球对外直接投资规模趋势（百万美元）

数据来源：联合国贸发会（UNCTAD）。

疫情的蔓延破坏了全球产业链，中断了国际贸易，再次导致以促进本国产业发展为动机的国际投资保护行为盛行。2020年3月，已有发达国家新设了外资限制措施，欧盟委员会宣布为保护欧盟企业和关键资产，尤其是健康、医疗、生物以及基础设施等行业的安全和公共秩序，限制外资进入此类行业。法国、西班牙等均对此进行了响应，采用现有外资安全审查政策对外资进入这些行业开展更为严格的限制。同时，美国、加拿大、澳大利亚等发达国家也颁布了疫情爆发后的外资安全审查措施，均指出出于国家安全目的，在经济从疫情中复苏前加强对外资的审查力度。在这种背景下，作为限制外资的重要手段，发达国家外资安全审查将呈现出新的发展趋势。

1. 医疗资源将被纳入国家安全概念范围

新冠疫情爆发前，与外资相关的国家安全范围已从国防军事领域扩展至技术、金融以及基础设施等在内更为广泛行业范围。疫情爆发后，医疗能力在抗击病毒中的重要性开始凸显，各国意识到医疗资源和技术是应对公共卫生突发事件的关键因素之一，因而医药研发等有益于增加医疗资源的行业开始被认为属于国家安全的概念范畴内。在疫情的突发冲击下，欧盟国家已经开始限制医疗行业的外资进入，发达国家制定保护本国医疗行业政策措施已被提上日程。因此，发达国家在未来的外资安全审查中也将重点审查是否会减少本国医疗资源，尤其是涉及医疗科技企业的跨国并购行为。同时，医疗设备和物资也将被列入国家安全概念范围。此类外资也将遭受发达国家严格的安全审查。提升医疗科技竞争力将成为后疫情时期各国之间经济政治竞争的焦点，发达国家势必收紧对医疗核心科技的掌控，防止技术被他国企业获取，因而对外资进入医疗行业的安全审查将会成为后疫情时期的常态。

2. 对金融稳定的外资安全审查将进一步加强

国际货币基金组织（IMF）于2020年4月发布的《世界经济展望》报告认为，2020年全球经济规模会急剧收缩3%，比2008-2009年全球金融危机期间还严重。在经济迅速下滑影响下，全球金融波动会趋于频繁，这在此次疫情对原油价格波动的影响中已有体现，因而保障宏观金融稳定也是后疫情时期各国关注的重点。发达国家金融市场化程度较高，更易受系统风险的影响，2008年金融危机的爆发已为发达国家敲响警钟，因而各国均将金融稳定视为国家安全的重要组成部分。发达国家认为金融业外资的进入更易扰乱本国金融秩序，造成波动；外资企业对金融资源的控制则会减弱政府金融稳定政策的实施效果。后疫情时期，发达国家在经济恢复过程中更需要避免金融波动带来的不确定性，将进一步加强对金融业的监管，不可避免地将在外资安全审查中强化对金融稳定的要求，并逐步常态化。

3. 外资安全审查将趋于泛政治化

外资安全审查本身是一项经济行为，防范外资对国家安全的危害，但由于存在概念模糊性，东道国往往出于政治目的而提升对特定国家的外资审查力度，因而具有一定的政治性。当今世界，发达国家与发展中国家之间的差距逐步缩小，竞争趋于激烈，因而发达国家出于维护国际政治地位刻意限制发展中国家的崛起，其中手段之一便是利用外资安全审查阻碍发展中国家的技术和战略资源获取型跨国投资，呈现出了外资安全审查中的泛政治化特征。因体制原因，发达国家对疫情的防控较为缓慢，因此而产生的经济负面影响周期也更长，消费、就业等民生保障也受到较大影响，因此更易引发民众的不满。同时，疫情防控中的争端也降低了国家之间的沟通和信任程度，从而更容易产生经济行为中的政治针对性。在这种情况下，发达国家将出于政治目的增加对外资的限制，国家安全审查将更具有标榜经济安全的政治动机，泛政治化特征将更为明显。

4. 国际投资协定应对外资安全审查的功效趋于减弱

签订国际投资协定是调节两国或多国间跨国投资摩擦的重要方式,在外资安全审查趋于严格时可提供互惠互利的便利途径。在外资安全审查实践中,各国也倾向于为投资伙伴国企业提供同等的国民待遇。然而,疫情的爆发对此造成了两方面不利影响。一方面,疫情阻碍了各国之间的经济交流,当前全球已有部分正在谈判的国际投资协定因疫情影响而延缓甚至取消,国际协调发展滞后于发达国家对外资安全审查的严格化改革。另一方面,后疫情时期各国为了保障本国产业链完整性将更为突出"本国优先"原则,基于国民待遇的国际投资协定相比于疫情前更难达成。同时,在各国优先保护本国企业的前提下,已达成国际协定对限制外资的约束力也将有所下降,发达国家将更为注重本国企业的利益免于遭受外资的竞争。发达国家倾向于在内部联盟达成一致的投资协定,限制其他国家外资的进入,这在疫情后欧盟医疗产业的外资政策中已有体现。在这种情况下,后疫情时期发达国家外资安全审查政策措施所受的国际约束将更小,国际投资协定的应对功效相比于以往将大为减弱。

四、中国应对发达国家外资安全审查的措施

经济实力的增强和国家政策的支持使中国企业在过去十余年出现"走出去"热潮,对外直接投资规模迅速跃升至全球前三,中国跨国企业在全球的影响力不断增强。与此同时,中国快速增长的对外直接投资引发了发达国家针对性的限制,致使中国企业成为国际投资保护行为的最大受害者(UNCTAD,2018)。近年来,较多发达国家在外资安全审查政策改革中增加对中国企业的针对性,比如美国在2018年《外国投资风险审查现代法案》中引入"特别关注国"概念并规定"中国投资报告制度",对中国企业的安全审查更为严格(张怀岭,2019)。在联合国贸发会发布的2017–2019因外资安全审查而受阻或放弃的5000万美元以上的21个大型对外直接投资项目案件中,仅有4个不是中国企业项目。在美国外国投资委员会(CFIUS)开展的外资安全审查中,在金融危机后针对中国企业的审查数和占比数均不断增加,并在2012年后一直

排在被审查数的国别第一位（表1）。产生这种现象不仅是因为中国企业在美国对外直接投资规模的快速增长，也是美国对中国企业的歧视性审查所致（潘圆圆和张明，2018）。后疫情时期，发达国家外资安全审查将更为严格，并可能对中国企业具有更大的针对性，对中国企业对外直接投资的可持续发展将产生更大的不利影响。为了对此进行应对，中国商务管理部门和对外直接投资企业应内外兼顾，通过内涵性的质量提升和外延性的双边合作加以有效应对。

表1 美国外国投资委员会发起的外资安全审查项目状况

内容	2009	2010	2011	2012	2013	2014	2015	2016	2017
全部项目数	65	93	111	114	97	147	143	172	237
中国项目数	4	6	10	23	21	24	29	54	60
中国占比	6.15%	6.45%	9.01%	20.18%	21.65%	16.33%	20.28%	31.40%	25.32%
中国排位	6	5	3	1	1	1	1	1	1

数据来源：根据美国外国投资委员会历年报告整理。

1. 加强对外直接投资质量管控与风险监测

在"走出去"战略提出实施之初，中国商务部门以行政审批简化为主线鼓励企业开展对外直接投资，在增加总体投资规模的同时也造成部分高风险低质量的对外直接投资项目。其中，部分项目因缺乏事前考虑进入发达国家敏感行业，极易被冠以影响国家安全而受阻。2017年以后，中国商务部门开始以"质优"替代"量增"转变行政管理方向，出台的政策措施更为注重对企业对外直接投资质量和风险的管理，取得一定成效。后疫情时期，发达国家外资安全审查趋严导致全球对外直接投资风险提升，针对中国企业的审查广度和深度均高于以往。因而中国企业应先具备能经得起安全审查的质量条件后再开展对外直接投资，并实施监测因安全审查而产生的风险。首先，商务管理部门应进一步加强分类管理，对进入发达国家敏感行业的投资项目进行事先分析评估；其次，管理部门应随时掌握发达国家外资安全审查政策动态并对相关企业进行指导，提前应对发达国家可能变更的安全审查政策；最后，对外直接投资企业应遵照相关政策规定及时向管理部门反馈因外资安全审查产生的风险，形成企业和管理部门之间风险防范的联动。

2. 加强与发达国家之间的投资沟通合作

发达国家对中国企业发起的歧视性外资安全审查,一方面出于对中国经济快速崛起的刻意限制,另一方面也因缺乏沟通合作所致。发达国家认为中国企业的对外直接投资具有强大的政府背景,为防止中国政府本国关键产业的控制而采取严格的国家安全审查,其原因在于对中国市场经济发展的误解,这种主观偏见将随着疫情时期防控的跨国差异而更为固化。事实上,改革开放经历四十余年,中国市场化程度已大幅度提升,大部分企业开展对外直接投资是基于市场动机,而非政府操控。后疫情时期,发达国家外资安全审查发展趋势对中国企业对外直接投资的不利影响更为突出,需要进一步的沟通合作加以缓解。首先,中国商务部门应以开放合作原则加强与发达国家之间的双边协定谈判沟通,消除发达国家对中国企业市场行为的误解;其次,中国对外直接投资企业应依法配合发达国家安全审查,投资敏感行业则应依法主动提请安全审查;最后,中国商务管理部门应进一步改革国内外资安全审查法规,以国际准则为基础获取与发达国家之间的对等待遇。

3. 有效落实对外直接投资企业的社会责任

相比于发展中国家,发达国家对企业社会责任的要求较高,缺乏社会责任也是中国企业被发达国家东道国及社会所指责的原因之一,也因此而导致更多针对性的安全审查。中国经济发展和发达国家之间存在较大差异,企业社会责任理念和建设也相对较为落后,社会差异也导致中国企业在东道国环境保护、用工标准等方面无法达到东道国社会责任的要求。后疫情时期,对再次出现公共危机的担忧将促使发达国家更为关注公共利益,对企业承担社会责任的要求也将进一步提升,也可能将此体现在外资安全审查中。基于此,为了保障中国企业在发达国家的可持续发展以及有效应对外资安全审查,在对外直接投资中应有效落实社会责任建设。首先,商务管理部门应建立对外直接投资企业社会责任建设的评估机制,将社会责任建设视为激励措施的衡量标准之一;其次,对外直接投资企业自身应建立社会责任意识,依东道国文化及政策承担相应的社会责任,有效融入东道国社会;最后,就社会责任问题加强与东道国政府及社会组织之间的沟通,提升双边之间的文化尊重和认同,消除因文化差异而产生的社会责任误解。

4. 优化对外直接投资区位布局

疫情爆发前，在国际经济增长疲软和发达国家限制政策影响下，中国企业对外直接投资已呈现出递减趋势；后疫情时期，进一步的减少也将难以避免。不同的是，中国企业对"一带一路"沿线国的对外直接投资却逆势增长，2020年一季度中国对外直接投资总额以美元计同比下降2.8%，而对"一带一路"沿线国的投资却逆势同比增长11.7%。后疫情时期，在发达国家提升外资安全审查严格程度的情况下，因良好的合作关系和前期卓有成效的建设，"一带一路"沿线国在吸收中国产能中的重要地位将更加突出。因此，后疫情时期，中国应优化对外直接投资区位布局，更进一步促进对"一带一路"沿线国的投资，缓解发达国家外资安全审查造成的不利影响。首先，引导企业在对外直接投资区位选择中重视外资安全审查因素，考虑对此进行规避的替代选择。其次，继续加强与"一带一路"沿线国的基础设施建设合作，以完善东道国基础设施的方式构建吸引中国对外直接投资的区位优势。最后，增加企业对"一带一路"沿线国对外直接投资时的系统风险防范意识，提前预防沿线国因制度不完善产生的经济政治波动风险，提升投资稳定性和安全性。

五、结语

新冠疫情无论对世界还是中国经济都是严重的外部冲击，这场冲击恰好发生在国际经济格局动荡和逆全球化背景下，所造成的影响将更进一步加重保护主义行为。在国际投资领域，这种冲击将体现在发达国家外资安全审查的严格程度和政治导向进一步提升，中国企业对外直接投资将面临更大的阻碍。然而，即便如此，中国经济长期增长的内在动力不会因疫情冲击发生根本变化，在经济实力增强的推动下，企业对外直接投资质量提升的发展趋势也不会因疫情而逆转。只要采取有效的应对措施，中国企业对外直接投资也将会克服发达国家外资安全审查严格化的不利影响。

参考文献

[1] 董静然.美国外资并购安全审查制度的新发展及其启示——以《外国投资风险审查现代化法案》为中心,国际经贸探索,2019(3):99-112.

[2] 冀承,郭金兴.美国外国投资国家安全审查制度的历史变迁、制度设计及中国的应对[J].国际贸易,2019（6）:69-78.

[3] 寇蔻,李莉文.德国的外资安全审查与中企在德并购面临的新挑战[J].国际论坛,2019(6):96-111.

[4] 李晓,陈煜.疫情冲击下的世界经济与中国对策[J].东北亚论坛,2020(3):43-57.

[5] 刘志彪.新冠肺炎疫情下经济全球化的新趋势与全球产业链集群重构[J].江苏社会科学,2020(4):1-8.

[6] 潘圆圆,张明.中国对美投资快速增长背景下的美国外国投资委员会[J].国际经济评论,2018,(5):32-48.

[7] 石岩.欧盟外资监管改革:动因、阻力及困局[J].欧洲研究,2018(1):115-134.

[8] 张怀岭.美欧强化外资安全审查及其影响[J].国际问题研究,2019(5):65-85.

[9] 宗芳宇.全球跨境投资政策变化、影响及中国的对策[J].国际贸易,2019(3):50-56.

[10] Quang, N., T. Kim., and M. Papanastassiou. Policy uncertainty, derivatives use, and firm-level FDI[J]. Journal of International Business Studies, 2018,49(1): 96-126.

[11] Sauvant, K. FDI protectionism is on the rise[R]. World Bank Policy Research Working Paper, 2009.

[12] UNCTAD. World investment report 2012: Towards a new generation of investment policies[R]. United Nations Publication, 2012.

[13] UNCTAD. World investment report 2018: Investment and new industrial policies[R]. United Nations Publication, 2018.

[14] UNCTAD. National security-related screening mechanisms for foreign investment[R]. United Nations, 2019.

新冠肺炎疫情对中国制造业分工地位和服务增加值的影响及对策分析

齐俊妍　强华俊[*]

摘要：新冠肺炎疫情造成制造业企业停工停产，对全球价值链形成负向冲击。本文利用全球价值链参与度、分工地位以及进出口依赖度分析中国六类制造业行业在全球价值链中的重要地位，并采用灰色系统理论 GM(1,1) 模型，以 2 月份制造业从业人员指数、新订单指数、采购经理指数（PMI）、生产指数相比 1 月份的下降程度作为疫情冲击的代理变量，模拟预测新冠疫情对该六类制造业行业全球价值链参与度、分工地位、进出口和服务增加值的影响。研究发现，中国全球价值链前向参与度高于后向参与度，国际分工地位在不断攀升；中国制造业出口中的国内服务增加值比重逐渐增高，国外服务附加值逐渐降低，且这种增幅和降幅远高于世界平均水平。同时，国内服务增加值比重远低于欧美发达国家。疫情冲击下，2020 年，中国制造业全球价值链参与度和分工地位将会下降，但不会下降到低于 2016 年的水平。进出口相比正常情况（未有疫情发生）时分别下降 6.91% 和 6.67%，国内和国外服务增加值占比分别下降 11.75% 和 3.45%。最后从复工复产、数字化服务、全球价值链重塑以及产业融合等方面对中国制造业企业生产与发展提出政策建议。

关键词：疫情；国际分工地位；制造业；进出口；服务增加值

一、引言

2020 新年伊始，中国爆发"新型冠状病毒疫情"（以下简称"疫情"），导

---

[*] 作者简介：齐俊妍，天津财经大学经济学院教授、博导；强华俊，天津财经大学经济学院研究生。

致中国制造业行业出现大规模的停工停产。中国作为全球制造业大国，在全球价值链体系中扮演着重要角色。疫情推迟了人员返岗时间，企业出现生产中断、出口受阻、资金链断裂等一系列状况。中国作为全球价值链中的重要参与国，全球重要的制造业中间品出口国，疫情带来的供给端和需求端的双侧冲击，不可避免地会通过影响中国的外贸出口而冲击全球价值链。同时，由于疫情传播速度之快，日本、韩国、意大利、英国、法国、美国等全球价值链重要参与国、中国重要的贸易伙伴国在国内出现了疫情蔓延之势，这无疑将会加深全球价值链受到疫情冲击的深度和广度。那么中国制造业在全球价值链中处于什么地位？疫情对制造业进出口和作为制造业生产中的中间服务投入带来多大影响？具体制造业行业和国家受到的影响程度有多大？对这些问题的回答，将为疫情背景下我国制造业转型升级、制造业和服务业的融合发展提供思路。

当前，全球经济发展已从"工业型经济"向"服务型经济"转变，与传统的制造业活动不同，现代制造业越来越多地在生产中使用服务（OECD，2014年；Lodefalk，2015），将服务嵌入其制造业产品生产中。制造业和服务业的共生融合是制造型企业专业化升级和企业绩效提高的一种途径，同时也有利于制造业出口以及国际竞争力的提高（陈丽娴和沈鸿，2017；刘斌等，2016；吕云龙和李小萌等，2017）。制造业出口中的服务增加值反映了一国制造业服务化的发展以及在全球价值链中的获利能力，获取服务增加值越多的国家一般处于"微笑曲线"的两端，在全球价值链生产中所获得利润就越多。作为制造业生产中重要的服务投入，将会受疫情下服务贸易限制的影响波及到制造业的生产，对制造业全球价值链产生冲击。

二、中国在全球价值链中的重要地位

1. 主要测度指标

（1）分工地位和参与度：基于增加值贸易统计框架，Koopman等（2010）分别构建指标对一国在全球价值链中的参与程度和分工地位进行衡量。指标公式如下：

$$\text{gvc\_forv} = \frac{IV}{EX} \tag{1}$$

$$\text{gvc\_back} = \frac{FV}{EX} \tag{2}$$

$$\text{gvc\_po} = \ln(1 + \frac{IV}{E}) + -\ln(1 + \frac{FV}{E}) \tag{3}$$

gvc_forv、gvc_back、gvc_po 分别表示全球价值链前向参与度、后向参与度和分工地位。IV 代表某国某产业的间接增加值出口，即某国某产业出口的中间产品中经过进口国加工后又出口给第三国的本国增加值；FV 代表某国某产业出口中包含的国外增加值，即本国出口中包含的外国价值增量，E 代表某国某产业的总出口。

（2）进出口对外依存度：进出口对外依存度反映了一国经济对外贸的依赖程度，出口对外依存度可以用出口货物额除以 GDP 计算得出，进口对外依存度可以用进口额除以 GDP 计算得出，具体公式如下：

$$FRE = EX/GDP*100\% \tag{4}$$

$$FRI = IM/GDP*100\% \tag{5}$$

其中 FRE 为产业出口对外依存度，FRI 为产业进口对外依存度，EX 为产业实际出口额，IM 为产业实际进口额，GDP 为产业实际国内生产总值。

（3）服务增加值占比：制造业中的服务增加值有两个来源，分为来自国内服务投入的国内服务增加值和来自国外服务投入的国外服务增加值，国内服务业增加值份额（DVA_share）衡量国内服务业在制造业生产中的贡献，而国外服务业增加值份额(FVA_share)则反映了国外服务业供应商的贡献，所以采用制造业出口中服务增加值的份额作为制造业服务化的代理变量。

$$DVA_{share} = \frac{DV}{EX} \tag{6}$$

$$FVA_{share} = \frac{FV}{EX} \tag{7}$$

其中，DV 表示国内服务增加值，FV 表示国外服务增加值，EX 表示制造业总出口额。

本文计算制造业全球价值链前向参与度、后向参与度、分工地位、服务增加值占比所需数据来源于 OECD-TIVA 数据库；计算进出口依赖度所需数据来源于 OECD-TIVA 数据库和 WITS 数据库；计算中国制造业外国服务增加值来源占比所需数据来源于 OECD-TIVA 数据库和 UNCTAD-Eora GVC 数据库。

2. 指标计算和数据分析

鉴于中国在全球价值链中的特殊位置，选取可能受疫情影响较大的六类制造业行业[①]作为研究对象，计算包括中国、美国、日本、韩国、英国、德国、印度、意大利在内的中国重要的贸易伙伴国，同时也是受疫情影响较大的国家的六类行业 2006 年、2016 年的全球价值链参与度和分工地位，具体结果如下表 1 所示。

表 1 分行业和国别的 GVC 参与度与分工地位

国家	行业	2006 年			2016 年		
		gvc_forv	gvc_back	gvc_po	gvc_forv	gvc_back	gvc_po
中国	a	0.482	0.238	0.179	0.529	0.202	0.241
	b	0.366	0.427	−0.043	0.480	0.314	0.119
	c	0.500	0.292	0.149	0.574	0.200	0.272
	d	0.454	0.240	0.160	0.454	0.240	0.160
	e	0.434	0.221	0.161	0.533	0.179	0.263
	f	0.463	0.193	0.204	0.527	0.146	0.288
美国	a	0.470	0.192	0.210	0.526	0.179	0.258
	b	0.278	0.127	0.126	0.152	0.083	0.062
	c	0.360	0.170	0.150	0.365	0.173	0.151
	d	0.376	0.190	0.145	0.376	0.193	0.143
	e	0.396	0.246	0.113	0.452	0.250	0.150
	f	0.392	0.137	0.203	0.394	0.126	0.214
日本	a	0.443	0.222	0.167	0.396	0.258	0.104
	b	0.363	0.148	0.172	0.363	0.165	0.157
	c	0.410	0.148	0.206	0.409	0.180	0.178
	d	0.408	0.122	0.227	0.364	0.136	0.183
	e	0.437	0.107	0.261	0.371	0.128	0.195
	f	0.459	0.134	0.252	0.439	0.162	0.214

① 六类制造业行业包括：基本金属制品（a），计算机、电子、光学产品（b），电气设备制造（c），机械设备制造（d），机动车辆、拖架及半拖架制造（e），家具制造、修理、安装机械设备及其他制造（f）。

续 表

国家	行业	2006年 gvc_forv	gvc_back	gvc_po	2016年 gvc_forv	gvc_back	gvc_po
韩国	a	0.241	0.418	−0.133	0.266	0.433	−0.123
	b	0.210	0.371	−0.125	0.206	0.367	−0.126
	c	0.313	0.342	−0.023	0.311	0.336	−0.019
	d	0.338	0.316	0.017	0.329	0.316	0.010
	e	0.330	0.298	0.024	0.308	0.304	0.003
	f	0.319	0.252	0.053	0.398	0.315	0.061
英国	a	0.409	0.321	0.064	0.420	0.326	0.068
	b	0.315	0.288	0.021	0.280	0.254	0.020
	c	0.328	0.275	0.041	0.300	0.280	0.016
	d	0.344	0.233	0.087	0.356	0.254	0.078
	e	0.417	0.316	0.074	0.357	0.296	0.046
	f	0.351	0.174	0.141	0.306	0.156	0.122
德国	a	0.377	0.310	0.050	0.387	0.325	0.046
	b	0.307	0.211	0.076	0.250	0.226	0.019
	c	0.296	0.232	0.050	0.272	0.236	0.028
	d	0.321	0.224	0.076	0.296	0.231	0.052
	e	0.355	0.258	0.075	0.265	0.254	0.009
	f	0.366	0.177	0.149	0.327	0.193	0.106
意大利	a	0.397	0.364	0.024	0.433	0.361	0.052
	b	0.302	0.324	−0.017	0.301	0.271	0.023
	c	0.377	0.314	0.047	0.344	0.339	0.003
	d	0.395	0.284	0.083	0.360	0.279	0.061
	e	0.419	0.327	0.067	0.384	0.322	0.046
	f	0.406	0.218	0.143	0.385	0.205	0.139
印度	a	0.375	0.369	0.004	0.386	0.373	0.010
	b	0.281	0.379	−0.074	0.284	0.380	−0.072
	c	0.360	0.352	0.006	0.320	0.382	−0.045
	d	0.352	0.280	0.055	0.349	0.309	0.030
	e	0.408	0.271	0.103	0.402	0.297	0.078
	f	0.483	0.275	0.151	0.454	0.306	0.107

注：根据 OECD-TIVA 数据库中的相关数据计算所得。

现代制造业越来越多地在生产中使用服务，制造业通过将服务作为中间品用于产品的生产和供给，发挥了服务在制造业生产中价值创造、价值增值、降低成本和技术创新的功能，有利于提高产品的生产效率和附加值。制造业出口中的服务增加值被看做是一个制造业企业在全球价值链中获利能力的重要指标。

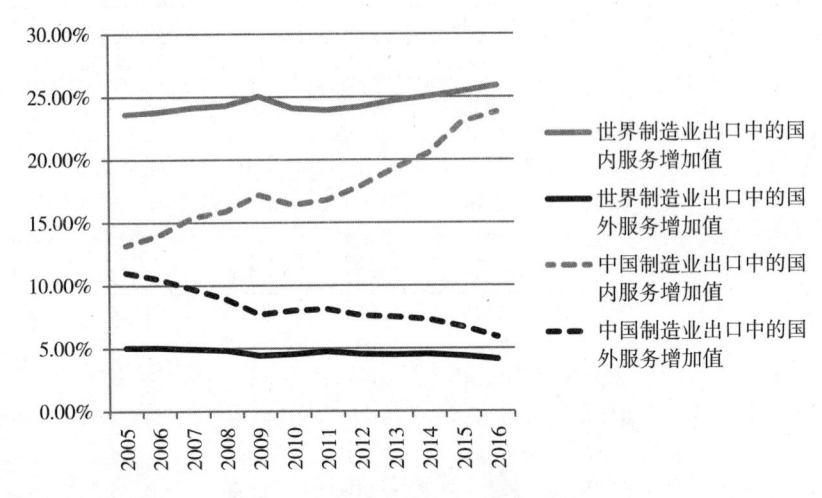

图1 制造业出口中的服务增加值

资料来源：OECD-TIVA 数据库。

接着，细化分析四个样本国家的六类制造业2006年、2016年的服务增加值情况，具体数据如下表2所示：

表2 分行业和分国别的制造业服务增加值

国家	年份	行业	国内服务增加值（%）	国外服务增加值（%）
中国	2006	a	12.3	7.72
		b	12.5	16.1
		c	15.1	10.7
		d	13.8	8.9
		e	13.8	8.36
		f	14	7.31
	2016	a	23.2	5.47
		b	22.2	9.2
		c	25.1	6
		d	24.6	5.3
		e	24.3	5.58
		f	22.8	4.39

续 表

国家	年份	行业	国内服务增加值（%）	国外服务增加值（%）
美国	2006	a	24.2	5.99
		b	20.8	4.7
		c	21.5	5.8
		d	23.2	6.8
		e	25.4	9.2
		f	24.8	4.9
美国	2016	a	29.2	5.88
		b	12.2	3.2
		c	22	5.8
		d	24.3	6.9
		e	28.8	9.09
		f	25.3	4.43
日本	2006	a	26.8	6.35
		b	23.8	5.7
		c	21.9	5.2
		d	22.5	4.4
		e	26.1	3.98
		f	26.5	4.94
	2016	a	26.1	6.45
		b	23.7	5.2
		c	22	5.2
		d	19.7	3.9
		e	22.5	3.88
		f	26.3	4.86
韩国	2006	a	10.8	12.19
		b	12.1	14.7
		c	13	12.2
		d	13.1	11.8
		e	13.6	10.91
		f	13.5	9.12
	2016	a	12.8	13.25
		b	12.1	13.7
		c	14	11.6
		d	14.1	12
		e	13.9	10.95
		f	18.6	11.48

数据来源：OECD-TIVA 数据库。

全球化的生产与分工是中国对外贸易的重要基础,中国作为"世界工厂",在全球化生产与分工中的作用尤为凸显,据此,计算2018年世界重要经济体对中国的制造业产品的进口依赖度以及中国对各国的制造业产品出口依赖度,以此来反映中国在全球生产供应链中的重要地位。

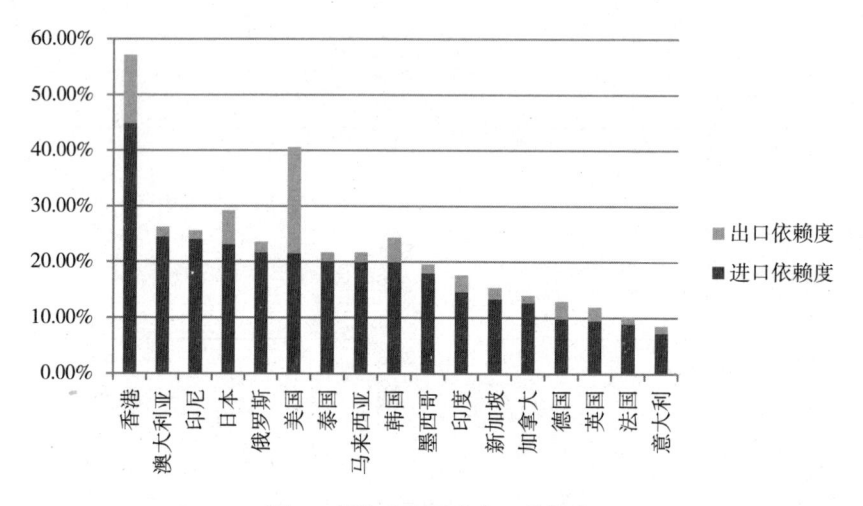

图3 制造业产品进出口依赖度

资料来源:OECD-TIVA数据库、WITS数据库。

从图4中国制造业外国服务增加值来源占比看,中国香港、美国、韩国、日本等是主要的制造业服务中间品进口来源国和地区。海外疫情继续扩散,引发各国采取高级别的相应措施,限制人口流动和企业生产,中国对外贸易供给和需求双边承压,全球价值链首尾不能相顾,面临断裂的风险。

总体来看,中国、美国、欧盟分别作为亚洲、美洲、欧洲产业链中的中心国,而欧洲产业链、美洲产业链、亚洲产业链构成全球产业链的重要组成部分,疫情在深度参与全球价值链国家,如美国、日韩、德国、英国、意大利等国的蔓延,会从产业链的上游和下游对中国制造业生产造成双向冲击,供需两侧受到的影响,将通过涟漪效应直接导致制造业外贸订单锐减,生产停滞、企业资金链断裂等一系列问题。

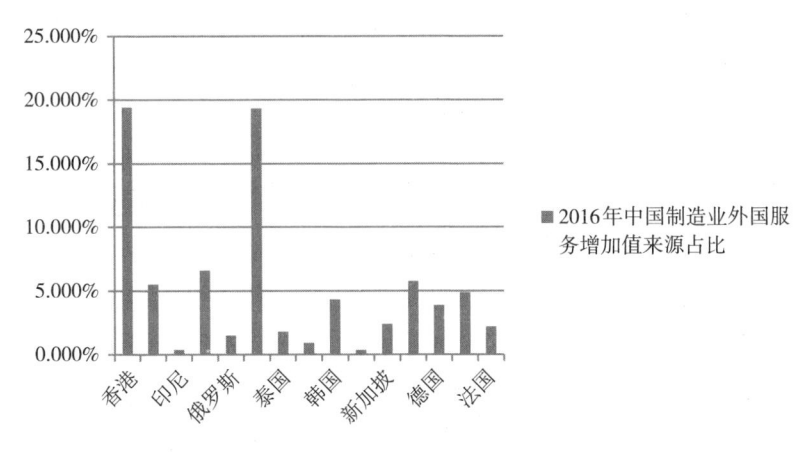

图 4　中国制造业外国服务增加值来源占比

资料来源：OECD-TIVA 数据库、UNCTAD-Eora GVC 数据库。

三、疫情对中国制造业分工地位和服务增加值的影响

1. 灰色系统理论预测模型

本文采用灰色系统理论中的 GM(1,1) 模型对 2020 年中国制造业分工地位和制造业出口中的服务增加值进行模拟预测。灰色系统理论提供了"小样本"、"贫信息"的数据处理方法，鉴于我国制造业出口和服务增加值可采集的年份数据有限，所以对数据要求较少的灰色系统理论对于本文的预测尤为使用。在建模前，首先对原始数据进行紧邻均值生成序列，冉进行对数变化，这样的预处理可以有效提高模型拟合精度。

$$V(i) = \frac{W(i)+W(i+1)}{2}, i=1,2,\cdots,n \quad (8)$$

$$V_{ln}(i) = \ln V(i), i=1,2,\cdots,n \quad (9)$$

模型构建和求解如下：

（1）假定经过预处理的数据序列为：$W^{(0)} = [w^{(0)}(1), w^{(0)}(2), \cdots, w^{(0)}(n)]$

（2）对步骤（1）中的数据序列进行一次累加，得到一次累加序列：

$$W^{(1)} = [w^{(1)}(1), w^{(1)}(2), \cdots, w^{(1)}(i)], \ i=1,2,\cdots,n$$

$$w^{(1)}(k) = \sum_{i=1}^{k} w^{(0)}(i), k=1,2,\cdots,n \quad (10)$$

（3）对原始数据序列做光滑性检验。设 $q(k) = \frac{w^{(0)}(k)}{w^{(1)}(k-1)}$，$k=1$, 2, $\cdots$, n。若 $k > \infty$ 时，有 $\frac{q(k+1)}{q(k)} < 1$，且 $q(k) < 0.5$，则说明 $k > \infty$ 时原始数列具有准光滑条件。当序列为准光滑序列时，一次累加生成的序列具有准指数规律，模型预测拟合较为准确。若序列符合准光滑条件，则进行下一步处理，若不符合，则重复步骤2，再进行累加处理。

（4）对 $w^{(1)}$ 进行紧邻均值生成得到紧邻均值序：

$$M^{(1)} = [m^{(1)}(2), \cdots, m^{(1)}(n)]$$

其中，$m^{(1)}(k) = \frac{w^{(1)}(k)+w^{(1)}(k-1)}{2}, k=2,3,\cdots,n$ （11）

（5）GM(1,1) 的基本形式为 $w^{(0)}(k) + bm^{(1)}(k) = d$，其中参数向量记为 $\delta = [b,d]^T$，构建矩阵，$E = \begin{bmatrix} -m^{(1)}(2) & 1 \\ \vdots & \vdots \end{bmatrix}$，$V = \begin{bmatrix} w^{(1)}(2) \\ \vdots \end{bmatrix}$，由最小二乘法估计得到 $\delta = (E^T E)^{-1} E^T V$。可求出参数 b, d 的值，并得到 GM(1,1) 模型方程，模型的解为：

$$w^{(1)}(k+1) = \left(w^{(1)} - \frac{d}{b}\right)e^{-bd} + \frac{d}{b} \quad (12)$$

在此基础上可以对原始数列的下一个数据进行估算。灰色系统理论预测模型和疫情冲击的代理变量数据来源于 OECD-TIVA 数据库、中国国家统计局以及中国商务部。

2. 模拟预测及结果分析

（1）疫情对全球价值链参与度和分工地位的影响

利用前文计算的 2005-2016 年中国制造业在全球价值链中的参与度①和分工地位为预测的样本数据，囿于数据的可获得性，无法计算得到 2017-2019 年的数据，所以先利用 GM(1,1) 预测模型对 2017-2019 年的中国六类制造业行业参与度和分工地位进行了预测，接着再以 2005-2019 的年度数据为原始数据样本，对 2020 年的数据进行模拟预测。为了模拟疫情对参与全球价值链的冲击，以 2 月份中国制造业从业人员指数相比 1 月份下降程度（表明制造业企业用工水平降低）作为疫情对中国制造业全球价值链参与度的影响，用 2 月份中国制

---

① 参与度 = 前向参与度 + 后向参与度。

造业新订单指数相比1月份下降程度（表明制造业市场需求回落）作为疫情对中国制造业全球价值链分工地位的影响。由国家统计局3月份发布的数据显示，从业人员指数为31.8%，比上月下降15.7个百分点，新订单指数为29.3%，比上月下降22.1个百分点。具体预测计算数据如下表3所示：

表3 中国六类制造业行业2020年国际分工地位预测

行业	参与度	分工地位	疫情影响下的参与度	疫情影响下的分工地位
a	0.759	0.263	0.640	0.205
b	0.823	0.311	0.694	0.242
c	0.811	0.299	0.684	0.233
d	0.733	0.315	0.618	0.245
e	0.741	0.286	0.625	0.223
f	0.701	0.31	0.591	0.241

数据来源：作者计算所得。

由于疫情的冲击，中国制造业行业在全球价值链中的参与度和分工地位将会出现不同程度的下降，但与2016年的全球价值链参与情况和分工地位相比，疫情的冲击不会使中国制造业的全球价值链参与和位置发生明显的下滑，相反，相较于2016年，参与度和分工地位仍然是提高的。具体分行业而言，基本金属制品，计算机、电子光学产品，电气设备制造，机械设备制造，机动车辆制造，家具安装机械设备制造的全球价值链参与度和分工地位相比2016年，将分别提升3.89%、3.66%、4.86%、0.79%、4.07%、4.13%和9.25%、160.91%、10.07%、11.02%、8.72%、7.81%。

（2）疫情对制造业进出口的影响

a、b、c、d、e、f六类制造业样本行业是依据OECD-TIVA数据库的行业分类，该数据库的最新年份行业进出口数据只更新到2016年，而中国商务部发布的制造业行业进出口数据更新到了2019年。所以，为了预测中国2020年这六类制造业行业的进出口数据，本文进行了OECD-TIVA数据库和中国商务部数据库行业的匹配[①]。由于中国商务部缺少行业b（计算机、电子、光学产品）的数据，所以b行业使用OECD-TIVA数据库中的数据，该行业2017-2019的年度数据也用灰色系统理论模型进行预测。

本文收集了2005-2019年中国六类制造业行业的进出口数据，并采用灰色系统理论中GM(1，1)模型对数据进行建模拟合，根据模型方程对2020年正常情况下的六类制造业行业进出口进行预测。同样，为了预测中国六类制造业行业国内和国外服务增加值，我们以2005-2016年的增加值数据为原始数据预测样本[②]，对2017-2020年的服务增加值数据进行预测。为了分析疫情的冲击，采用中国国家统计局发布的2月份制造业采购经理指数（PMI）相较于1月份的变化作为疫情对中国制造业产生负向冲击的代理变量，受疫情影响，中国制造业2月份采购经理指数（PMI）为35.7%，比上月下降14.3个百分点。接着本文假设疫情对中国制造业进出口持续影响到6月份，也就是疫情将对2020年前两个季度中国制造业进出口、服务增加值产生冲击，以2019年上半年中国制造业进出口占全年进出口的比重C作为正常情况下（未有疫情发生的情况）中国2020年制造业上半年进出口占全年进出口的比重，所以2020年中国制造业进出口受情影响将下降14.3%。具体预测数据如下表4所示：

表4 中国六类制造业行业进出口额预测

（单位：百万美元）

行业	年份	出口额	进口额	疫情影响下出口额	疫情影响下进口额
a	2020	139520.2	90909	130085.2	84627.41
b	2017	480576.9	384699.3	\	\
	2018	494483.2	40023.1	\	\
	2019	508389.5	45513.2	\	\
	2020	548713.1	61664.6	511606.5	57403.72

[①] 中国商务部行业匹配：a(金属制品)、c(电力机械、器具及其电气零件)、d(动力机械及设备、特种工业专业机械、金工机械、通用工业机械设备及零件、办公用机械自动数据处理设备)、f(家具及其零件)。

[②] OECD-TIVA数据库增加值数据只更新到2016年，2017-2019的年度数据无法获得。

[③] 2019年上半年中国制造业进口和出口占全年进口和出口的比重分别为47.29%、48.32%。

续 表

行业	年份	出口额	进口额	疫情影响下出口额	疫情影响下进口额
c	2020	275788.2	60345.8	257138.1	56176.05
d	2020	225944.9	133134	210665.4	123934.8
e	2020	72313.8	104425.9	67423.6	97210.32
f	2020	160985.9	40190.4	150099.3	37413.34

数据来源：作者计算所得。

（3）疫情对制造业服务增加值的影响

为了量化分析疫情对制造业国内服务增加值和国外服务增加值的影响，运用中国国家统计局2月份发布的生产指数相较于1月份变化的比率作为疫情对国内服务增加值冲击的代理变量（生产指数为27.8%，比1月份下降23.5个百分点），运用上表3中受疫情影响的进口额相较于正常情况下的进口额下降比例作为疫情对国外服务增加值冲击的代理变量，然后模拟疫情影响持续半年时间，且假设2020年上半年和下半年国内服务增加值和国外服务增加值相同，疫情通过影响上半年服务增加值情况进而影响到2020年全年服务增加值情况。具体预测数据如下表5所示：

表5 中国六类制造业行业服务增加值预测

行业	年份	国内服务增加值（%）	国外服务增加值（%）	疫情影响下国内服务增加值（%）	疫情影响下国外服务增加值（%）
a	2017	23.7	5.03	\	\
	2018	24.3	4.96	\	\
	2019	25.1	4.77	\	\
	2020	26.6	4.12	23.47	3.98
b	2017	22.8	8.9	\	\
	2018	23.6	8.5	\	\
	2019	24.1	8.3	\	\
	2020	24.9	7.7	21.97	7.43

续 表

行业	年份	国内服务增加值（%）	国外服务增加值（%）	疫情影响下国内服务增加值（%）	疫情影响下国外服务增加值（%）
c	2017	26.3	5.6	\	\
	2018	27.2	5.3	\	\
	2019	27.7	5.2	\	\
	2020	28.3	4.9	24.97	4.73
d	2017	25.1	5.2	\	\
	2018	26.2	4.9	\	\
	2019	26.7	4.63	\	\
	2020	26.9	4.04	23.74	3.90
e	2017	24.9	5.66	\	\
	2018	25.6	5.21	\	\
	2019	26.1	5.14	\	\
	2020	26.8	4.96	23.65	4.79
f	2017	23	4.12	\	\
	2018	23.6	4.01	\	\
	2019	23.9	3.88	\	\
	2020	24.5	3.69	21.62	3.56

数据来源：作者计算所得。

通过以上的模拟预测数据分析可以发现，若疫情持续到6月份，中国制造业在进出口方面将会比没有疫情发生的情况下，下降将近7个百分点，作为"世界工厂"，中国制造业产能下降、供需锐减的影响会通过涟漪效应波及到全球价值链中的上下游国家。同时作为制造业重要的服务中间品投入，制造业国内服务增加值和国外服务增加值将会下降12和4个左右的百分点，这将直接影响到中国制造业企业服务化进程和转型升级。

结论及政策建议

中国制造业在全球价值链体系中具有重要作用，联系着全球其他国家制造业的生产。通过数据模拟预测分析，证实了此次疫情对中国制造业国际分工地位、进出口、服务增加值造成不同程度的负面影响。国内疫情风险尚未解除，国外疫情逐渐蔓延，对于中国制造业将如何发展以度过疫情危机，从以下几个方面提出政策建议：(1)政府要积极指导制造业企业进行复工复产。在疫情低风险地区，适当放宽限制政策，帮助企业做好工人回流、职工到岗工作，避免一刀切式的行政命令对疫情较轻地区的制造业企业造成不必要的冲击；(2)强化金融支持。对受疫情影响较大的制造业企业，灵活运用无还本续贷、应急转贷等措施，支持相关企业特别是中小微企业稳定授信，其次银行等金融机构要优化企业金融业务审批流程，为企业提供优质快捷高效的金融服务；(3)以数字化改造制造业行业服务中间品的供给侧。推动制造业企业智能化创新，提高制造业企业中间服务投入品的供给质量和保障；(4)以全球价值链重塑为契机，积极推动国内劳动密集型生产向外转移。在优化本国营商环境基础上积极引进国外高资本密集度和高技术密集度企业在中国投资，其次在价值链中，中国向海外提供重要中间品的制造业企业可在跨国企业加快全球分散布局的进程，通过担当配套企业，积极布局海外；(5)重视产业融合。竭力推进制造业的服务化和服务型制造，鼓励制造业把自身的产业链条向服务业延伸，提供更多增值服务。

参考文献

[1] OECD. Global value chains : challenges, opportunities, and implications for policy[R]. OECD Working Paper, 2014.

[2] Lodefalk, M. Servicification of Manufacturing Firms Makes Divides in Trade Policymaking Antiquated[R]. OECD Working Paper, 2015.

[3] 陈丽娴，沈鸿. 生产性服务贸易网络特征与制造业全球价值链升级 [J]. 财经问题研究，2018（4）：39-46.

[4] 刘斌，魏倩，吕越，祝坤福. 制造业服务化与价值链升级 [J]. 经济研究，2016（3）：151-161.

[5] 吕越，李小萌，吕云龙. 全球价值链中的制造业服务化与企业全要素生产率 [J]. 南开经济研究，2017（3）：88-110.

[6] Wang Z, Wei S.J..Value Chains in East Asian Production Networks—An International Input-

Output Model Based Analysis[R].U.S.International Trade Commission, Office of Economics. Working Paper, No.2009-10-C, 2009.

[7] Koopman R., Wang H.I., Wei S.J..Estimating Domeistic Content in Exports When Processing Trade is Pervasive[J].Journal of Development Economics, 2012, 99（1）：178-189.

[8] 赖伟娟，钟姿华.中国与欧、美、日制造业全球价值链分工地位的比较研究 [J].世界经济研究，2017（1）：125-134.

[9] 戴翔，李洲全球价值链下中国制造业国际竞争力再评估——基于 Koopman 分工地位指数的研究 [J].上海经济研究，2017（8）：89-100.

[10] 刘艳，王诏怡.全球价值链下中国制造业的国际分工地位研究——基于区分加工贸易和分加工贸易的国际投入产出表 [J].国际商务研究，2018（2）：39-47.

[11] 黄光灿，王珏，马莉莉.中国制造业全球价值链分工地位核算研究 [J].统计与信息论坛，2018（12）：20-29.

[12] Macpherson A. . Producer Services Linkages and Industrial Innovation：Results of a Twelve-Year Tracking Study of New York State Manufacturers[J]. Growth and Change, 2008（1）：1-23.

[13] Rodrik D. What's so special about China's exports[R]. NBER Working Paper, 2006, NO.11947.

[14] Lodefalk M. The Role of Servces for Manufacturing Firm Exports[J]. Review of World Economics, 2014, 150（1）：59-82.

[15] 刘玉荣，刘芳.制造业服务化与全球价值链提升的交互效应——基于中国制造业面板联立方程模型的实证研究 [J].现代经济探讨，2018（9）：46-55.

[16] 肖奎喜，万松，徐世长.新冠肺炎疫情对广东外贸的影响及对策 [J].广东经济，2020（2）：9-14.

[17] 刘棣斐，田洪川，吴文昊，刘阳.工业互联网：制造业的疫情应对之策 [N].人民邮电，2020-02-27（004）.[18] 南开大学 SARS 对经济影响研究课题组.SARS 对中国社会的影响与对策研究 [J].南开学报，2003（4）：1-5.

[18] Koopman R., Powers W.,, Wang Z., Wei S. J. Give Credit Where Credit Is Due: Tracing Value Added in Global Production Chains[R]. NBER Working Paper, 2010(16426).

新冠肺炎疫情下国际投资协定例外条款的可适用性研究

张倩雯[*]

摘要：新冠肺炎疫情的全球大流行给各国人民的生命和健康带来严重威胁。抗击疫情过程中各国采取的停工停产等措施可能损害外国投资者的合法利益，且违反该国缔结的国际投资协定。国际投资协定中的一般例外、根本安全例外和特定条款的例外给予了东道国在新冠肺炎疫情这一特殊时期豁免其协定义务的可能性，但例外条款的适用应当受到严格限制。考察东道国为抗疫所采取的措施是否违反了其承担的国际投资协定义务应当结合例外条款的具体措施、东道国规制措施意在保护的价值、疫情不同时期国民生命和健康面临的威胁程度以及国家经济遭受的损害实际等因素具体考察，且援引例外应当符合善意原则等习惯国际法基本原则。

关键词：新冠肺炎疫情；国际投资协定；一般例外；根本安全例外；习惯国际法

2020年初，新冠肺炎如潮水般席卷全球。3月11日，世卫组织宣布，新冠肺炎疫情的爆发已经构成一次全球性"大流行"。[①] 根据世卫组织公布的数据显示，截至2020年7月底，全球各国感染新冠肺炎病例数累计超过1500万人，死亡超过60万人。[②] 新冠肺炎病毒以其强烈的传染性和比一般流感病毒高得多

---

[*] 作者简介：张倩雯，西南交通大学讲师。

[①] World Health Organization: WHO Director-General's opening remarks at the media briefing on COVID-19 - 11 March 2020, see https://www.who.int/dg/speeches/detail/who-director-general-s-opening-remarks-at-the-media-briefing-on-covid-19---11-march-2020.

[②] 世界各国的感染数据可参见世界卫生组织的官方网站：https://covid19.who.int

的致死率给全世界人民正常生活生产带来严重的威胁。对此，世界各国相继采取各种措施防控疫情扩散，这些措施对国际投资可能产生消极的影响，甚至严重损害外国投资者的利益。在此情况下，外国投资者或可依据国际投资协定对采取措施的东道国提起国际投资仲裁。东道国正面对前所未有的投资仲裁风险，而投资仲裁的威胁在未来几年内都很可能笼罩在一些国家之上。[①]

一、疫情下东道国援引国际投资协定例外条款的可选择性

（一）新冠肺炎疫情下外国投资者的可能指控

新冠疫情的持续蔓延除了挑战全球公共卫生治理体系，也对世界经济运行带来全面冲击，造成就业岗位减少、消费需求骤减、实体经济不振等问题。各国的应对措施可能对建筑、公共事业、航空、娱乐和制药等领域的外商投资造成负面影响。[②]为避免经济衰退，一些国家宣布对本国企业提供贷款担保、融资支持等援助。法国等国家为了支持本国的关键性产业发展，提出会"在不得已情况下对相关企业实行暂时国有化"。[③]甚至有美国学者主张美国政府可借机没收中国在美国的财产，并拒绝给予中国投资者赔偿，以补偿美国人在新冠疫情中的损失。考虑到中国在"一带一路"沿线国家进行了大量的投资，该学者甚至主张美国在沿线国的盟友也没收中国的投资。[④]

观察各国为应对因疫情造成的经济影响而采取的措施可知，这些措施可能违反其缔结的国际投资协定中的国民待遇、公平与公正待遇、禁止征收、充分的保

[①] Nathalie Bernasconi-Osterwalder, Sarah Brewin & Nyaguthii Maina, "Protecting Against Investor-State Claims Amidst COVID-19: A call to action for governments", 2020-06-20, IISD, https://www.iisd.org/itn/2020/06/20/protecting-against-investor-state-claims-amidst-covid-19-a-call-to-action-for-governments-nathalie-bernasconi-osterwalder-sarah-brewin-nyaguthii-maina/, last visited on July 29, 2020.

[②] Nicholas J. Diamond, Pandemics, Emergency Measures, and ISDS, Kluwer Arbitration Blog, http://arbitrationblog.kluwerarbitration.com/2020/04/13/pandemics-emergency-measures-and-isds/.

[③] 中国国际贸易促进委员会驻法国代表处：法国政府采取系列措施避免经济衰退，http://www.ccpit.org/Contents/Channel_4111/2020/0416/1254161/content_1254161.htm.

[④] John Yoo, Rober J. Delahunty, How to make China pay for COVID-19, The American Enterprise Institute, https://www.aei.org/op-eds/how-to-make-china-pay/.

护和安全等条款。目前世界上大多数国家仍处于紧张抗疫的阶段，新冠疫情对国际投资仲裁带来的影响或许要等到疫情结束后一段时间才能显现。重大的灾难或经济危机之后往往伴随着大量的诉讼案件，若外国投资者对东道国提起投资仲裁，东道国又是否可以在这样的抗疫特殊时期豁免其承担的国际投资协定义务？

（二）东道国援引例外条款的可能选择

根据《国际卫生条例(2005)》第十二条的规定，某一疾病若被认定为"国际关注的突发公共卫生事件"，意味着疾病的国际传播会对其他国家构成公共卫生风险。[①] 新冠疫情在全球的"大流行"，使得其区别于一般的公共卫生事件，因为它对经济、人权甚至国家安全都可能造成影响。[②] 对此，东道国或可合法采取对经济干预的抗疫措施，而豁免其依据国际投资协定义务。

针对投资者的仲裁请求，东道国主要可以从适用国际投资协定的例外条款和运用习惯国际法两方面进行抗辩。[③] 在例外条款方面，东道国可适用的条款主要有以下三类：一是一般例外条款，尤其是包含有"维护国家公共政策或公共秩序"和"保护人类、动植物生命或健康"的例外条款；二是根本安全例外或国家安全例外条款；三是特定条款的例外，例如针对东道国禁止征收和提供给外国投资者国民待遇义务专门规定的例外。[④]

[①] International Health Regulations (2005)(3rd edition), World Health Organization, 2016, Article 13. See https://www.who.int/ihr/publications/9789241580496/en/.

[②] Nicholas J. Diamond, Pandemics, Emergency Measures, and ISDS, Kluwer Arbitration Blog, http://arbitrationblog.kluwerarbitration.com/2020/04/13/pandemics-emergency-measures-and-isds/.

[③] Nicholas J. Diamond, Pandemics, Emergency Measures, and ISDS, Kluwer Arbitration Blog, http://arbitrationblog.kluwerarbitration.com/2020/04/13/pandemics-emergency-measures-and-isds/.

[④] 对于何为一般例外条款，国际投资协定和学界均无一致定义。Andrew Newcombe 教授认为以《关税及贸易总协定》第 XX 条和《服务贸易总协定》第 XIV 条为蓝本发展而来的条款是一般例外条款，而国内一些学者则认为能够使东道国为实现正当的公共政策目标而豁免其实体性条约义务的条款均为一般例外条款。本文采前者定义。参见 Andrew Newcombe and Luis Paradell, Law and Practice of Investment Treaties (Kluwer Law International 2009) 504. 曾建知 .《国际投资条约一般例外条款研究——兼论我国的选择》[J]. 武大国际法评论，2018(1)，第 309 页。

二、一般例外条款适用的合法性

在新冠肺炎疫情构成全球"大流行"的背景下，国际投资协定中的一般例外条款与新冠肺炎疫情相关的内容主要是东道国或可因维护"公共秩序和安全""公共卫生或公共道德""人类、动植物生命或健康"而豁免其条约义务。但依据多数国际投资协定文本的规定，东道国若要合法援引此类一般例外，还需要符合一定的要求，这主要包括东道国的规制措施应具备"合理性"和"必要性"。[①]

（一）合理性

一般例外条款要求东道国的行为不武断或具备合理性，起着安全阀的作用，避免东道国滥用一般例外。[②]绝大多数国际投资协定未对"武断"或"合理"的内涵进行界定，多数投资仲裁庭对"武断"或"合理"的认定和公平与公正待遇条款相结合。[③]从文义解释角度，"Ronald S. Lauder 诉捷克案"仲裁庭援引《布莱克法律大辞典》中的定义，认为"武断即基于偏见，而非基于理性或事实的个人判断"。[④]在其它仲裁庭界定何为武断的东道国行为时，该行为是否理性、并非任意妄为是重要的判断标准，[⑤]所有武断的行为都非合理的行为。[⑥]针对东道国无视法治的行为是否能够武断措施的这一问题，仲裁庭尚未有一致

[①] 例如 2012 年《中国和加拿大双边投资协定》第三十三条"一般例外"的第二款。

[②] Andrew Newcombe and Luis Paradell, Law and Practice of Investment Treaties (Kluwer Law International 2009) 504; Lars Markert. 'The Crucial Question of Future Investment Treaties: Balancing Investors Rights and Regulatory Interests of Host States' in M. Bungenberg, J. Griebel and S. Hindelang (eds.), European Yearbook of International Economic Law, Special Issue: International Investment Law and EU Law (Springer 2011) 167.

[③] 例如 S.D. Myers, Inc. v. The Government of Canada, UNCITRAL (NAFTA), Partial Award, 13 November 2000, para. 263. CMS Gas Transmission Co. v. The Republic of Argentina, ICSID Case No. ARB/m/8, Decision on Annulment, 25 September 2007.

[④] Ronald S. Lauder v. Czech Republic, UNCITRAL, Final Award, 3 September 2001, para.221.

[⑤] Cervin Investissements S.A. and Rhone Investissements S.A. v. Republic of Costa Rica, ICSID Case No. ARB/13/2, Award, 7 March 2017, para.523.

[⑥] Glencore International A.G. and C.I. Prodeco S.A. v. Republic of Colombia, ICSID Case No. ARB/16/6, Award, 27 August 2019, paras.1446, 1450.

结论。"Mobil Exploration 诉阿根廷案"仲裁庭认为东道国仅仅是简单的无视法治并不能构成武断的措施,[①]而"Mondev 诉美国案"仲裁庭则提出,东道国故意忽视正当法律程序是一种武断的行为。[②]

  虽然仲裁庭对于怎样的东道国措施具备合理性并无一致理解,但均认定应当审视该措施的判断基础。判断新冠肺炎疫情下东道国措施的合理性亦是如此。2020 年 4 月 11 日,缅甸投资委员会宣布,将加快对劳动密集型产业和基础设施项目投资的批准。同时,缅甸投资委员会还将加快对口罩制造等医疗保健和医疗设备相关业务的批准,并在投资项目中优先考虑制药企业和医疗服务提供商。[③]口罩等医疗物资和医疗设备对于抗击疫情的作用无可否认。2020 年 1 月 29 日,世界卫生组织在其发布的《在新型冠状病毒(2019-nCoV)爆发的背景下,对于社区、家庭护理和医疗环境中使用口罩的临时指南》,也肯定了医用防护口罩对于降低新冠病毒感染风险的重要作用。[④]鉴于此,缅甸投资委员会加快对口罩制造等医疗保健和医疗设备相关业务的批准是基于客观和理性,而非个人主观的偏见,该措施对于维护东道国的公共卫生或国民的生命或健康有益,具备合理性。此外,在新冠肺炎疫情下,如果国家在评估对外国投资者不利的政策时征求了利益相关者的意见,允许公众审查和评论提出的法规草案,邀请相关投资者参加了立法过程并允许其在立法过程中发表意见,东道国的措施更有可能符合正当法律程序而具备合理性。

---

  ① Mobil Exploration and Development Inc. Suc. Argentina and Mobil Argentina S.A. v. Argentine Republic, ICSID Case No. ARB/04/16, Decision on Jurisdiction and Liability, 10 April 2013, paras.874, 878.

  ② Mondev International Ltd. v. United States of America, ICSID Case No. ARB(AF)/99/2, Final Award, 11 October 2002, para.127. Christoph Schreuer 教授也认为东道国故意忽视正当法律程序是一种武断的行为,参见 EDF (Services) Limited v. Romania, ICSID Case No. ARB/05/13, Award, 8 October 2009, para.303.

  ③ Myanmar Times: MIC to accelerate approvals for labour-intensive, healthcare investments, see https://www.mmtimes.com/news/mic-accelerate-approvals-labour-intensive-healthcare-investments.html.

  ④ World Health Organization: Advice on the use of masks in the context of COVID-19, https://www.who.int/publications-detail/advice-on-the-use-of-masks-the-community-during-home-care-and-in-health-care-settings-in-the-context-of-the-novel-coronavirus-(2019-ncov)-outbreak.

(二) 必要性

与新冠疫情相关的多数一般例外条款规定的是东道国有权采取措施保护"公共卫生或公共道德""人类、动植物生命或健康"。因此，该措施应该是保护"公共卫生或公共道德"或"人类、动植物生命或健康"所必要的。虽然《国家对国际不法行为的责任条款草案》第 25 条规定了"危急情况"（"necessity"）可作为排除国家责任的情形之一，但国际投资协定中一般例外条款对东道国采取措施必要性的要求应与习惯国际法的"危急情况"不同。习惯国际法的"危急情况"仅适用于国家根本利益遭受实质性威胁的极端情况下，[①]条件十分严苛。[②] 而国际投资协定中的必要性要求重在强调东道国采取的手段对于达到目的合理可行，不要求该措施造成的限制效果在所有的可替代措施中最低。[③] 在"Enron 诉阿根廷案"撤销裁决中，仲裁庭也指出应区分习惯国际法的"危急情况"和国际投资协定例外条款，例外调控允许东道国采取措施达到其合法目标，即使这些措施对于外国投资者会带来负面影响。考察东道国措施是否具备必要性的关键在于这些措施是否具有价值，东道国是基于怎样的信息而决定采取了该措施。[④]

在新冠肺炎爆发期间，欧盟率先宣布对外商投资采取更严格的审查措施。2020 年 3 月 25 日，欧盟委员会发布《有关外商直接投资（FDI）和资本自由流动、保护欧盟战略性资产收购指南》（以下简称《指南》），称其为保护欧盟核心资产和技术的行动纲领，提出欧盟国家应当确保在公共卫生危机和经济脆弱时期，保护重要的卫生、医学研究、生物技术和基础设施等领域的欧盟企业

[①] See Addendum to the Eighth Report on State Responsibility, by Mr. Roberto Ago, U.N. Doc. AICN.4/318/ADD.5-7, reprinted in 1980 Y.B. INT'L L. COMM'N vol. II, para. 12, U.N. Doc. A/CN.4/SER.A/1980/Add.1.

[②] Roman Boed, State of Necessity as a Justification for Internationally Wrongful Conduct, 3 Yale Hum. Rts. & Dev. L.J. 1 2000, pp.12-18.

[③] Aharon Barak, Proportionality: Constitutional Rights and Their Limitations, New York: Cambridge University Press, 2012, pp.409, 411.

[④] Enron v Argentine, ICSID Case No ARB/01/3, Decision on the Application for Annulment of the Argentine Republic, 30 July 2010, para.371.

核心资产。①《指南》的重点是医疗保健领域，主要涉及医疗防护设备以及疫苗的开发。《指南》的出台主要是由于新冠肺炎期间，诸多欧洲国家发现本国深度依赖医疗物资的进口，急于实现战略自主。然而，若以保护人类的生命和健康为重，充足的医疗防护设备不仅可为奋战在一线的医护人员提供不可或缺的物资，也可为普通民众提供更加充分的防护。疫苗的开发更是关系所有欧盟百姓的生命和健康。3月下旬，新冠肺炎已在意大利、法国、西班牙、英国、德国等诸多欧盟国家肆虐，多国的新冠肺炎感染人数已逾万名。在此背景下，欧盟将医疗保健领域纳入战略领域而强调对该领域外商投资的严格审查，难以令人信服该措施对于保护欧盟国家人民的健康、生命或公共利益具备必要性。

三、根本安全例外条款适用的合法性

（一）新冠肺炎疫情与根本安全利益

新冠肺炎疫情是否为一国投资协定例外条款中所指的根本安全利益应是因协定而异的。如果投资协定仅仅规定了与国家军事安全相关的利益作为国家的根本安全利益，则国家与新冠肺炎疫情相关利益难以落入上述范畴。但一些投资协定中笼统地规定根本安全利益包括国际关系中的其它紧急情况，则有可能涉及疫情内容。"其它紧急情况"措辞含糊，这里的根本安全利益指的是一国人民的生命和健康还是国家的经济利益并不明确。若是指一国人民的生命和健康或许较容易获得各国认可，但是否可以包含国家经济利益则存在较大争议。针对经济危机是否威胁到一国的根本安全利益，国际投资仲裁庭曾做出截然相反的裁决。例如，2005年"CMS公司诉阿根廷案"仲裁庭将经济危机认定为威胁到了一国的根本安全利益，而在案情几乎完全的一样的"LG&E诉阿根廷

---

① The European Commission, Guidance to the Member States concerning foreign direct investment and free movement of capital from third countries, and the protection of Europe's strategic assets, ahead of the application of Regulation (EU) 2019/452 (FDI Screening Regulation), 25 March 2020, see https://trade.ec.europa.eu/doclib/docs/2020/march/tradoc_158676.pdf.

案"中，仲裁庭却认为经济危机不构成危急情况，因此不威胁一国根本利益。[1] 除此之外，由于疫情对各国的经济影响差异也较大，不同国家应对新冠肺炎疫情的措施和力度也有差异。新冠肺炎疫情对国家经济的消极影响是否能够构成对一国根本安全利益的威胁，裁量权很可能存在于具体案件的投资仲裁庭，在实践中存在较大的不确定性。

（二）根本安全例外的自裁性

若根本安全例外条款未约定根本安全利益包含国际关系中的其它紧急情况，或根本没有进一步阐释根本安全利益的内容，那么应当由哪一方来决定新冠肺炎疫情的影响是否属于一国根本安全利益？这涉及根本安全例外条款是否具有自裁性的问题。

目前越来越多的国际投资协定开始在例外条款纳入自裁决措辞。[2] 但没有明确纳入自裁决措辞的例外条款是否具有自裁性尚存争议。由于根本安全例外条款具备自裁性会导致对法院和仲裁庭认定公共利益的适当路径难有规律可循，在阿根廷经济危机引发的系列投资仲裁案中，根本安全例外条款的自裁性屡次被否定。"CMS 诉阿根廷案""LG&E 诉阿根廷案""Enron 诉阿根廷案""Sempra 诉阿根廷案""Continental Casualty 诉阿根廷案"等多个阿根廷经济危机引发的系列仲裁案仲裁庭均裁定根本安全例外条款不具备自裁性。[3] 在

---

[1] See CMS Gas Transmission Company v. The Republic of Argentine, ICSID Case No. ARB/01/8, 2005, Award, para.360. LG&E Energy Corporation v. The Republic of Argentine, ICSID Case No. ARB/02/1, 2006, Decision on Liablity, para.257. 对于这两个仲裁庭矛盾裁决的详细分析可参见王楠.《危急情况之习惯国际法与投资条约中的不排除措施条款——兼论 CMS 案和 LG &E 案》[J].《比较法研究》2010(1)，第 115-117 页．

[2] 韩秀丽：《双边投资协定中的自裁决条款研究——由"森普拉能源公司撤销案"引发的思考》，《法商研究》2011 年第 2 期，第 18 页。

[3] See CMS Gas Transmission Company v. Republic of Argentina, ICSID Case No. ARB/01/8, Award, 12 May 2005, paras.366-373; LG&E Energy Corp, LG&E Capital Corp. and LG&E International Inc. v. Argentine Republic, ICSID Case No. ARB/02/1, Decision on Liability, 3 October 2006, paras.212-214; Enron Creditors Recovery Corporation (formerly Enron Corporation) and Ponderosa Assets, L.P. v. Argentine Republic, ICSID Case No. ARB/01/3, Award, 22 May 2007, paras.332, 335-339; Sempra Energy International v. Argentine Republic, ICSID Case No. ARB/02/16, Award, 28 September 2007, paras.374-388.

最近的"Deutsche Telekom 诉印度案"中，仲裁庭仍然遵循之前的裁判，指出例外条款应当由仲裁庭进行实质审查，而非东道国自裁决。[1]

即使根本例外条款具备自裁决性质也不意味着该条款具备"不可裁判性"。虽然自裁决条款在很大程度上限制了仲裁庭审查东道国措施的权限，但并不可就此否定争端可提交仲裁。[2]联合国贸易和发展委员会以及"Sempra 诉阿根廷案"等投资仲裁庭也肯定了仲裁庭对东道国援引具备自裁决性质的根本安全例外条款的合法审查权。[3]

联合国贸易和发展委员会的统计数据显示，目前多数国际投资协定并未纳入自裁决措辞。面对新冠肺炎疫情对国民健康和国家经济造成的严重影响，多国或许会大力主张根本安全例外条款的自裁决性，尤其是美国，因为美式双边投资协定已呈现支持国家安全利益相关事项由本国自裁决的趋势。[4]笔者认为新冠肺炎疫情是否可以由一国自裁决应首先审视该国投资协定的具体措辞，再由仲裁庭结合善意原则等国际法基本原则考察东道国对根本安全例外条款的适用，避免以疫情为借口滥用根本安全例外，变相地对国际投资进行限制。

四、特定条款的例外适用的合法性

东道国适用一般例外和根本安全例外可豁免其整体条约义务，而适用某些条款的特定例外可豁免该条款义务，例如，投资待遇条款和禁止征收的例外规定。由于国民待遇和公平与公正待遇、最惠国待遇均具有密切联系，故许多双

---

[1] Deutsche Telekom v. India, PCA Case No. 2014-10, Judgment of the Swiss Federal Tribunal, 11 December 2018, paras.3.2.3.1–3.2.3.4.

[2] 韩秀丽：《双边投资协定中的自裁决条款研究——由"森普拉能源公司撤销案"引发的思考》，《法商研究》2011 年第 2 期，第 18 页。刘京莲：《国际投资条约根本安全例外条款研究》，《国际经济法学刊》2010 年第 1 期，第 194 页。

[3] See United Nations Conference on Trade and Development, the Protection of National Security in IIAs, UNCTAD Series on International Investment Policies for Development, United Nations, New York and Geneva, 2009, pp.40–41.

[4] 韩秀丽：《双边投资协定中的自裁决条款研究——由"森普拉能源公司撤销案"引发的思考》，《法商研究》2011 年第 2 期，第 19 页。

边投资协定对投资待遇约定共同的例外。新冠肺炎疫情下东道国较为可能援引的是保护合法公共利益的例外，即因保护合法的公共利益而行使警察权。[1]

（一）合法的公共利益

无论国民待遇条款还是禁止征收条款均允许东道国为了保护合法的公共利益而采取规制措施。有的国际投资协定明确列举了何为合法的公共利益，例如，《中国与加拿大双边投资协定》在"征收"部分列举了合法公共目的包括健康、安全和环境。[2]对于没有列举公共利益内涵的投资协定，考虑到新冠肺炎病毒对人民健康的危害性以及由于停工停产对经济发展带来的消极影响，东道国也不难论证其采取的措施是为了保护合法的公共利益。

（二）善意原则

东道国合法行使警察权和援引根本安全例外的行为均必须符合善意原则。许多法院和仲裁庭都曾提出善意原则与合理期待联系密切。[3]外国投资者可基于东道国某一特定、清晰的行为表示，而非普遍性立法享有合理期待。[4]即使一国随时有权修改其国内法，也不能免除其对于剥夺投资者合理期待造成损失应当承担的赔偿责任。[5]因此，若东道国援引例外条款剥夺了投资者的合理期待，应当给予其合理赔偿。

---

[1] 2018年《欧盟与新加坡自由贸易协定》第2条第3款第3项，规定国民待遇不适用于东道国为维护"公共安全、公共道德和公共秩序必要的措施"。也有部分国际投资协定将此类投资待遇例外纳入一般例外中，将这些例外情形不仅适用于国民待遇义务，也适用于协定其它条款，例如2014年《英国与哥伦比亚双边投资协定》。

[2] 参见2012年《中国与加拿大双边投资协定》第二部分第十条的附录第三条。

[3] International Thunderbird Gaming Corporation v. United Mexican States, NAFTA/UNCITRAL, Award of 26 January 2006, para. 147.

[4] Philip Morris SARL v. Oriental Republic of Uruguay, ICSID Case No. ARB/10/7, Award, 8 July 2016, para. 426. Andrew Newcombe & Lluis Paradell, Law and Practice of Investment Treaties: Standards of Treatment 279 (1st ed. 2009). Metalclad, supra note 129, at 30.

[5] Isolux Infrastructure Netherlands, BV v. Kingdom of Spain, SCC Case No. V2013/153, Dissenting Opinion of Arbitrator Prof. Dr. Guido Santiago Tawil, 12 July 2016, para.9–11.

2020年3月17日，西班牙颁布第8/2020号《西班牙皇家法令》（以下简称"《法令》"），要求来自非欧盟国家或未签署《欧洲自由贸易协定》的国家的投资者，对西班牙能源、通信、航空等战略领域进行外商直接投资必须首先获得西班牙政府的行政审批。[①]《法令》的整体规定与将于2020年10月生效的《欧盟外商直接投资审查条例》一致，意在避免投机者在新冠肺炎疫情期间趁西班牙公司的股权价值下跌而对其收购。与西班牙《法令》类似，2020年3月29日开始，澳大利亚临时更改了其对外商投资的审查框架，要求在新冠肺炎疫情期间，所有的外商投资无论其性质或价值如何，都需要接受外国投资审查委员会的审批。且外国投资审查委员会的审批期限从30天延长至六个月。[②]西班牙的《法令》与澳大利亚新生效的审查框架不同的是，《法令》还特别指出，这里的行政审批要求不仅适用于未来的外商投资，还适用于"已进行"或"已执行"的外商直接投资，而澳大利亚则规定新生效的审查框架不适用于2020年3月29日22时30分之前已经生效（包括未完成）的合同。相较之下，《法令》规定溯及既往效力对于外商投资者的合理期待会造成严重损害，不符合善意原则。此外，即使西班牙得以论证由于新冠肺炎疫情影响，该国已因投机者的收购行为造成巨大的经济损失，也不能免除因该《法令》剥夺了外商投资者合理期待，西班牙政府应当对投资者造成的损失承担赔偿责任。

（三）非歧视原则

歧视意味着基于投资者国籍的不合理区分。[③]"Saluka诉捷克案"仲裁庭指出，非歧视原则中的合理性要求东道国的行为应与国内的某些理性政策间具备合理联系，基于此才可能将东道国的区别对待行为合法化。[④]仲裁庭在审查东

[①] Spain: Royal Decree-Law 8/2020 of March 17, 2020 launches urgent and extraordinary measures to confront the economic and social impact of COVID-19, see https://www.garrigues.com/en_GB/new/spain-royal-decree-law-82020-march-17-2020-launches-urgent-and-extraordinary-measures-confront.

[②] Australian Government Foreign Investment Review Board: Temporary measures in response to the coronavirus [GN53], see https://firb.gov.au/guidance-resources/guidance-notes/gn53.

[③] Restatement (Third) of the Foreign Relations Law of the United States §712(f) (1987).

[④] See Saluka v. Czech Republic, Partial Award of 17 March 2006, para. 460.

道国援引例外的合法性时，应考量该例外条款是否在东道国国内法有据可依，且对外国投资者一视同仁，而非歧视性适用。

面对新冠肺炎疫情对经济造成的严重打击，各国针对外商投资采取了不一样的做法。法国、澳大利亚等国收紧了本国的外商投资政策，而中国在基本控制住疫情后，则大力统筹做好经济发展工作。2020年3月9日，中国国家发展和改革委员会印发《关于应对疫情进一步深化改革做好外资项目有关工作的通知》，提出在防控新冠肺炎的同时应做好外资项目服务工作，包括近期国家发展改革委将会同商务部等部门修订《鼓励外商投资产业目录》，优化鼓励类外资项目进口设备免税确认流程，进一步扩大鼓励外商投资范围提高外资项目备案便利化程度等。[①] 其中第八条专门提出，"各项支持企业和项目的政策，应当平等适用于内外资企业、内外资项目。"其后，2020年3月24日，商务部办公厅印发了《关于统筹做好新冠肺炎疫情防控和经济发展全面做好国家级经开区工作的通知》（以下简称"《通知》"），[②] 提出从推动企业复工复产、加大政策支持和落实力度、加强投资促进工作等十个方面协调解决企业复工复产在投资、生产、经营中遇到的实际问题，做好"一手抓疫情防控，一手抓经济发展"。《通知》第二点提出"对国家和地方应对疫情出台的助企纾困政策梳理打包，加大政策宣传解读，送政策上门"，其中专门提到了，应"确保内外资企业及时同等享受"。可见，《通知》意在充分发挥国家级经开区稳外贸稳外资工作示范带动作用。其中支持企业复工复产的经济措施对内外资企业均是平等适用的，符合非歧视原则。可见，中国在复工复产过程中制定经济恢复政策时特别注重非歧视原则，即这些政策对于内外资企业的平等适用。

（四）比例原则

在"Tecmed诉墨西哥案"中，比例原则在国际投资仲裁中得到开创性的适

[①] 中华人民共和国政府网：国家发展改革委印发《关于应对疫情进一步深化改革做好外资项目有关工作的通知》，http://www.gov.cn/xinwen/2020-03/12/content_5490205.htm。

[②] 中华人民共和国商务部：《关于统筹做好新冠肺炎疫情防控和经济发展全面做好国家级经开区工作的通知》，http://www.mofcom.gov.cn/article/difang/202004/20200402951733.shtml。

用。①东道国为了维护其公共利益而采取的管制措施与其意在达成的目标相比应当合乎比例。②③对一国所采取措施是否符合比例原则的判断应当结合具体情景具体分析,④应综合考量国家面临何种紧急情况、社会是否处于危机或动荡。⑤由此,对东道国所采取的措施进行利弊分析,权衡措施带来的收益和弊端是判断行为是否符合比例原则的核心要义。⑥

在权衡东道国措施的利弊时,可借鉴德国联邦法院对一般公共利益、重要公共利益和极重要公共利益的划分,保护国民健康和人身安全的相关措施因属于保护极重要的公共利益而被置于极高的位阶,在利弊平衡中占据极大比重。例如,在武汉被封城后,虽然市民在城市间的流动受到限制以防止病毒的跨城传播,但个人因病就医或采购必要生活物资等事项仍然是被允许的,这正是国家采取抗疫措施不应超过必要限度的体现。⑦但在涉及经济发展的事项中,国内经济发展与外商投资利益同属于经济利益,即重要公共利益范畴,孰轻孰重难有标准。东道国采取的措施是否符合比例原则往往较难衡量,这也很可能成为日后投资仲裁中的争议焦点。2020年4月,秘鲁国会通过一项法案,要求对该国的公路暂停收取通行费。根据秘鲁官方表示,由于秘鲁很多工人受到疫情影响而收入减少,这项法案是为了缓解基础物资的运输压力。秘鲁并非所有

---

① Técnicas Medioambientales Tecmed, S.A. v. United Mexican States, ICSID Case No. ARB (AF)/00/2, Award, 29 May 2003, para.122.

② LG&E Energy Corp., LG&E Capital Corp. and LG&E International Inc. v. Argentine Republic, ICSID Case No. ARB/02/1, Decision on Liability, 3 October 2006, para.195. Azurix Corp. v. Argentine Republic, ICSID Case No. ARB/01/12, Award, 14 July 2006, para.311-312. Tza Yap Shum v. Republic of Peru, ICSID Case No. ARB/07/6, Award, 7 July 2011, para.174.

③ Deutsche Bank AG v. Democratic Socialist Republic of Sri Lanka, ICSID Case No. ARB/09/2, Award, 31 October 2012, para.355, 391.

④ 赵宏:《疫情防控下个人的权利限缩与边界》,《比较法研究》,2020年第2期,第16页。

⑤ Técnicas Medioambientales Tecmed, S.A. v. United Mexican States, ICSID Case No. ARB (AF)/00/2, Award, 29 May 2003, para.133, 139, 146-147, 149.

⑥ PL Holdings S.A.R.L. v. Republic of Poland, SCC Case No V2014/163, Partial Award, 28 June 2017.

⑦ 赵宏:《疫情防控下个人的权利限缩与边界》,《比较法研究》,2020年第2期,第16页。

收费公路都是国有，也有部分公路由外国公司根据特许经营协议经营。[1] 秘鲁政府通过该项法案单方面地更改了特许经营协议，这项法案不仅将影响秘鲁本国的企业，也将影响在秘鲁经营公路的外国投资者。虽然该法案最终导向是为了缓解基础物资的运输压力，与抗击疫情和保护国民的生命和健康具备一定联系，但政府是否可以通过补贴运输工人等其它对外国投资者造成损害更小的办法缓解物资运输压力有待商榷，因此秘鲁政府该项法案的手段和比例的相称性可能遭遇质疑。而某些美国学者主张的美国政府可借新冠肺炎疫情之由没收所有中国在美国的财产，并拒绝给予中国投资者赔偿，[2] 对于缓解疫情毫无帮助，而对于中国投资者的合法财产权则会造成严重侵害，既不符合非歧视原则，也不符合比例原则。

五、结论

新冠肺炎疫情作为2020年的"黑天鹅"，对国际投资和国际投资仲裁都将带来巨大挑战。国际投资协定中的例外条款虽然给予东道国豁免其条约义务的可能性，但援引例外条款也应受到严格限制。东道国为了保护国民的生命和健康及公共秩序可援引一般例外，但需证明其规制措施对于抗击疫情合理且必要。新冠肺炎疫情及其影响是否威胁到一国的根本安全例外应当结合投资协定界定的根本安全范围、是否具有自裁决措辞等和具体案情综合考虑。当东道国采取规制措施是为了保护该国合法的公共利益，且符合善意原则、非歧视原则和比例原则时，则可能豁免某些条约义务。因此，考察东道国为抗疫所采取的措施是否违反了其承担的国际投资协定义务应当结合例外条款的具体措辞、东道国规制措施意在保护的价值、疫情不同时期国民生命和健康面临的威胁程度

---

[1] Sanderson, C., "Peru warned of potential ICSID claims over covid-19 measures", Global Arbitration Review (2020),

https://globalarbitrationreview.com/article/1225319/peru-warned-of-potential-icsid-claims-over-covid-19-measures.

[2] John Yoo, Rober J. Delahunty, How to make China pay for COVID-19, The American Enterprise Institute, https://www.aei.org/op-eds/how-to-make-china-pay/.

以及国家经济遭受的损害实际等因素具体考量，且援引例外应当符合善意原则等习惯国际法基本原则。

　　疫情对国际投资法将带来长久而深远的影响。一方面，各国忙于抗击国内疫情和振兴本国经济，对缔结国际投资协定的热情大幅减退。另一方面，一些国家的国际投资协定中缺乏必要的例外条款，这将限制这些国家的调控政策范围，把它们置于被诉至国际投资仲裁的风险之中。[①] 当前已有国家或国际组织呼吁通过多边合作减缓因新冠肺炎疫情该国可能遭受提起投资仲裁的压力，[②] 或鼓励各国政府联合终止与新冠肺炎疫情相关措施的投资仲裁。[③] 但如何保护外国投资者的损失也是不应忽视的问题。在"后新冠肺炎时代"，各国将会比以往更加重视国际投资协定中例外条款的作用，但这或许会导致"卡尔沃主义"一定程度的复活。新冠肺炎疫情给世界各国的经济发展均带来挑战，在"蝴蝶效应"下没有一国可以独善其身。对此，各国更应坚定地推进全球化进程，加强国际间协作，共同抗击疫情并且恢复经济的发展。

[①] UNCTAD: Investment Policy Responses to the COVID-19 Pandemic, United Nations Publication, 2020, p.11, see https://unctad.org/en/PublicationsLibrary/diaepcbinf2020d3_en.pdf.

[②] See Bernasconi-Osterwalder, N., Brewin, S., and Maina, N. "Protecting Against Investor‑State Claims Amidst COVID 19: A call to action for governments", IISD Commentary, https://www.iisd.org/sites/default/files/publications/investor-state-claims-covid-19.pdf. Columbia Center on Sustainable Investment: Call for ISDS Moratorium During COVID-19 Crisis and Response, http://ccsi.columbia.edu/2020/05/05/isds-moratorium-during-covid-19/.

[③] Nathalie Bernasconi-Osterwalder, Sarah Brewin & Nyaguthii Maina, "Protecting Against Investor‑State Claims Amidst COVID-19: A call to action for governments", 2020-06-20, IISD, https://www.iisd.org/itn/2020/06/20/protecting-against-investor-state-claims-amidst-covid-19-a-call-to-action-for-governments-nathalie-bernasconi-osterwalder-sarah-brewin-nyaguthii-maina/.

对外直接投资改善了企业内资源配置吗？

——基于产品层面成本加成率视角的实证分析

王培志　郑郁寒[*]

摘要：本文参考 De Loecker 等（2016）的方法测算中国多产品出口企业产品层面成本加成率，利用《中国工业企业数据库》和《中国海关数据库》中出口企业数据，采用 PSM-DID 方法探究对外直接投资对企业核心产品和非核心产品成本加成率的差异化影响，并通过延长样本期的上市公司数据证实结果稳健可信。研究发现：1. 企业对外直接投资显著提高产品成本定价能力，且具有一定持续性效应，对不同产品的差异化影响可以缩小企业核心产品与非核心产品的差距，达到优化企业内资源配置的效果。2. 这种影响对于独立法人和港澳台资本、东部沿海地区以及加工贸易企业更为显著。3. 相较于非经营型投资，以产品销售和生产研发为目的的对外直接投资更有利于企业出口产品成本定价方面形成更多优势，且对向高收入国家的投资效用更大。4. 企业对外直接投资主要通过边际成本和市场定价能力两个渠道促进出口产品成本加成率提升。借助成本加成率，从对外直接投资的视角寻找一条优化企业内资源配置的道路，为优化资源配置，促进企业协调发展提供新的思路。

关键词：对外直接投资；成本加成率；资源优化配置

一、引言

2001 年以来，中国企业在国家"走出去"战略的引导下，越来越多的将目光投向海外市场，通过不断地对外投资，逐步融入全球价值链的生产当中。伴

---

[*] 作者简介：王培志，山东财经大学教授、院长；郑郁寒，山东财经大学学生。

随着中国对外直接投资流量和存量的大幅度增长,中国出口商品贸易额也日益攀升。但是近年来随着生产成本和贸易成本的不断增加,以及生产效率和汇率因素的制约,中国企业出口产品竞争力在主要出口目的地产品市场中出现明显下降,甚至在原有优势行业中显示出弱化趋势(茅锐和张斌 2013)。

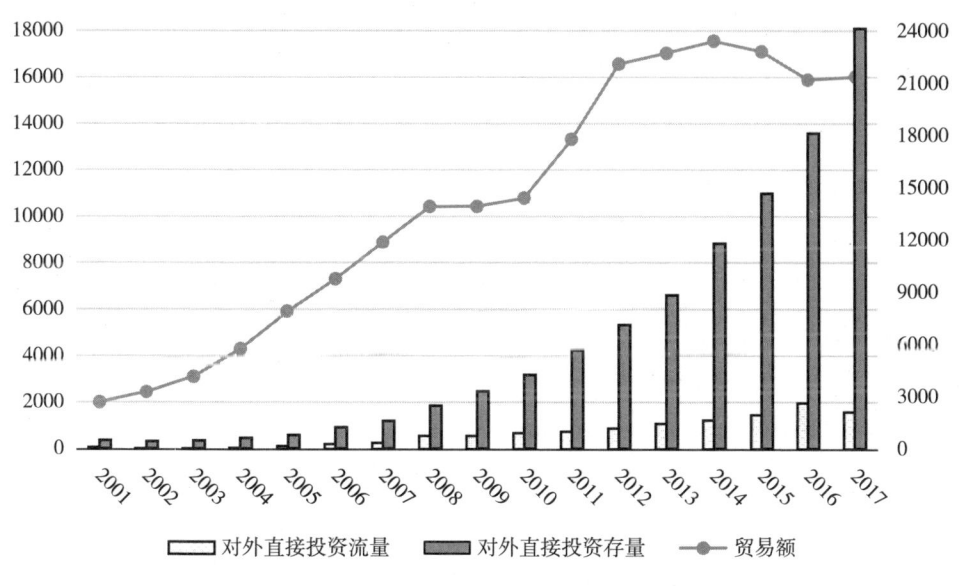

图1 中国对外直接投资与出口贸易情况(单位:亿美元)

以企业异质性为核心的新新贸易理论的提出和发展,使得对外直接投资的相关研究逐渐从宏观深入微观层面。Head 和 Ries(2002)、Hansson(2004)分别选取 1956-1990 年日本跨国企业和 1990-1997 年瑞典跨国公司的对外直接投资数据,证明了企业对外投资对母公司的生产效率存在正向促进作用。这一理论很快在国内也被证实,常玉春(2011)以中国国有大型企业为样本,揭示我国企业对外直接投资绩效存在"门槛效应"以及非线性影响等动态特征。蒋冠宏和蒋殿春(2014)采用倾向得分匹配-双重差分法检验了中国工业企业对外直接投资的"生产率效应"。现有文献基于企业产出的角度对于企业对外直接投资的生产率效应的研究已经十分完备,学者们开始把研究重点转向企业的产品定价优势——成本加成率。邱立成、刘灿雷和盛丹(2016)以成本加成率为视角,证明中国企业对外直接投资能够通过提高母公司的成本加成率,改善母公司的经营绩效。毛其淋和许家云（2016）得出同样结论，并进一步检验对外直接投资对企业加成率的影响机制。可以发现，已有研究大多停留在企业层面成本加成率的影响因素考察，并未有学者将对外直接投资对母公司的影响深入到产品层面成本加成率，并借此反映企业内资源配置情况，本文以产品层面成本加成率为视角探究对外直接投资对企业内资源配置的影响，在优化资源配置作为企业改革重点的今天，具有很强的现实意义。

二、变量和模型设定

（一）识别策略

为了研究对外直接投资对企业成本加成率的影响，采用倾向得分匹配方法（PSM），将企业年龄等协变量作为匹配标准，将样本期内从未进行对外直接投资的企业设为对照组，以此反映OFDI企业在没有进行投资时的成本加成率情况。同时，采用双重差分法（DID）来识别OFDI对企业－产品成本加成率的因果效应。

因此，借鉴Lu和Yu（2015）与Liu和Qiu（2016）的做法，构建双重差分法模型：

$$\mathrm{mkp}_{iht} = \alpha + \beta_1 OFDI\_after_{it} + \beta_2 OFDI_{it} + \beta_3 after_{it} + X_{it} + fe_t + fe_{ih} + \varepsilon_{iht} \quad (1)$$

其中，mkp_{iht}为i企业t年度h产品的成本加成率，$OFDI_{it}$表示企业是否进行对外直接投资的虚拟变量，$after_{it}$表示企业进行对外直接投资前后的虚拟变量，$OFDI\_after_{it}$为企业是否进行对外投资和企业对外投资前后的时间虚拟变量的交互项，X_{it}为本文的控制变量合集，包括企业规模（size）、企业年龄（age）、企业工资水平（lwage）、资本密集度（lklratio）、市场竞争（hhi）、出口密集度（export）、财务成本（cost）、资产收益率（roa）和销售净利润（lnim），fe_t为时间固定效应，fe_{ih}为企业－产品固定效应，ε_{iht}为误差项。

（三）变量选择

1. 成本加成率（mkp）。借鉴De Loecker等（2016）的生产函数法，估算多产品出口企业产品层面的成本加成率。作为产品价格偏离边际成本的程度，i 企业 t 年份 h 产品的成本加成率可以表示为：

$$\mu_{iht} = \ln(\theta_{iht}^m (\alpha_{iht}^m)^{-1}) \tag{2}$$

其中，$\theta_{iht}^m = \frac{\partial Q_{iht}(.)}{\partial V_{iht}^m} \frac{V_{iht}^m}{Q_{iht}}$ 为中间要素投入 M_{iht} 的产出弹性，$\alpha_{iht}^m = \frac{W_{iht}^m V_{iht}^m}{P_{iht} Q_{iht}}$ 为 i 企业 t 年份 h 产品的支出份额。由于支出份额可以由数据库中已有指标直接计算获得，因此只需求出企业可变投入的产出弹性，即可求出企业-产品层面成本加成率 μ_{iht}。首先借助非参数回归和 GMM 矩估计解决内生性问题，估算得到生产函数系数 $\hat{\beta}$=($\beta_l, \beta_k, \beta_m, \beta_{ll}, \beta_{kk}, \beta_{mm}, \beta_{lk}, \beta_{lm}, \beta_{mk}$)，得到企业层面可变要素投入弹性 A。进一步得到 $\widehat{\theta_{iht}^m} = \widehat{\beta_m} + 2\widehat{\beta_{mm}}(\widehat{\rho_{iht}} + m_{it}) + \widehat{\beta_{lm}}(\widehat{\rho_{iht}} + l_{it}) + \widehat{\beta_{mk}}(\widehat{\rho_{iht}} + k_{it})$ 为 i 企业 t 年份产品 h 的投入产出弹性，其中 $\rho_{iht} = \ln(X_{iht}/X_{it})$ 为产品 h 的投入产出份额，X_{iht} 为 i 企业 t 年份 h 产品的出口额，X_{it} 为 i 企业 t 年份的总销售收入。由于中国大多数企业并不是纯出口企业，无法直接获得企业国内销售和产品出口所占总收入比重，导致 De Loecker 等（2016）的假定不成立（Fan, 2017），因此参照 Kee 和 Tang（2016）、樊海潮和张丽娜（2019），将企业生产 h 产品中 X 要素的投入份额的对数形式定义为 $\rho_{iht}^X = x_{iht} - x_{it}$（其中投入要素 X 包括：L 劳动力、M 中间要素投入和 K 资本），其中小写字母表示各指标的自然对数形式。带入式（2）得到：

$$\widehat{\mu_{iht}} = \ln(\widehat{\theta_{iht}^m}(\alpha_{iht}^m)^{-1}) = \ln\widehat{\theta_{iht}^m} \frac{P_{iht} Q_{iht}}{\exp(\widehat{\rho_{iht}}) P_{iht}^m V_{iht}^m} \tag{3}$$

其中，$P_{iht} Q_{iht}$ 为 i 企业 t 年份 h 产品的出口总额；$\exp(\widehat{\rho_{iht}}) P_{iht}^m V_{iht}^m$ 为经过调整后的生产 h 产品的材料分配。

2. 控制变量设定。为了更好地识别自变量与因变量的因果关系，加入如

---

① 本文参照 De Loecker 和 warzynski（2012）第一阶段的做法，设定超越对数形式的生产函数：
$y_{it} = \beta_l l_{it} + \beta_k k_{it} + \beta_m m_{it} + \beta_{ll} l_{it}^2 + \beta_{kk} k_{it}^2 + \beta_{mm} m_{it}^2 + \beta_{lk} l_{it} k_{it} + \beta_{lm} l_{it} m_{it} + \beta_{mk} m_{it} k_{it} + \varphi_{it} + \varepsilon_{it}$
其中，y_{it} 表示企业产出，l_{it}、k_{it} 和 m_{it} 分别是企业劳动投入、资本投入和中间要素投入。
第二阶段，根据生产率冲击与当期资本投入、滞后一期劳动力和中间要素投入不相关，得出生产函数的矩条件，求解得出系数 β：$E(\varepsilon_{it} \cdot Z'_{it-1}) = 0$

下控制变量以尽可能控制自变量以外能引起因变量变化的因素：（1）企业规模（size）：本文以工业企业数据库中资产总计的对数值来表示。（2）企业年龄（age）：首先去除不符合现实的企业样本（包括企业建立时间在建国以前的年份和超过当前年份的样本），利用工业企业数据库中当期年份与企业开业年份的差，加一计算得到企业年龄的虚岁。（3）企业工资水平（lwage）：以应付职工薪资与本年应付福利费之和，除以职工总人数并取自然对数来衡量企业的工资水平（盛丹和刘竹青，2017）。（4）资本密集度（lklratio）：以固定资产净值的对数值来衡量企业的资本密集度。（5）市场竞争（hhi）：采用四分位行业代码下赫芬达尔－赫希曼指数控制市场竞争情况，即通过不同行业中各企业销售额占行业总销售额的平方和来测算行业中的企业规模离散程度。（6）出口密集度（export）：与毛其淋和许家云（2016）相同，采用出口交货值和销售收入的比值定义企业出口密集度。（7）财务成本（cost）：借鉴李兵等（2016），定义企业财务成本为利息支出和负债合计的比值，从企业收支角度控制财务情况对企业成本加成率的影响。（8）资产收益率（roa）和销售净利润（lnim）：借鉴阳佳余（2012）的方法，定义企业资产收益率为企业息税后收益与总资产的比值，用来衡量企业每单位资产创造利润的能力；销售净利润为企业当期利润净额的对数形式，是企业生产和盈利能力的反映。

三、结果分析

（一）变量描述性统计分析

表1列出变量的描述性统计，可以看出，在匹配前，进行对外直接投资的企业各出口产品平均成本加成率明显高于未进行对外直接投资企业，其余各变量同样差异化明显，证明确实可能存在对外直接投资企业的自选择效应问题，进行psm是必要的。经过倾向得分匹配以后，所有变量标准化偏差小于10%，并且t检验结果无法拒绝对外直接投资企业和非进行对外直接投资企业无系统差异的原假设，因此选择的匹配变量和匹配方法是有效的，估计结果也是可靠的。

表 1 变量统计特征说明

变量符号	变量名称	是否进行OFDI	平均数 匹配前	平均数 匹配后	标准差 匹配前	标准差 匹配后
mkp	成本加成率	是	0.8015	0.8015	0.1845	0.1845
		否	0.7115	0.7818	0.1989	0.2190
roa	资产收益率	是	0.0626	0.0626	0.0724	0.0724
		否	0.0528	0.0608	0.2107	0.0927
lnim	销售净利润	是	4.7443	4.7443	2.9203	2.9203
		否	2.7083	4.1877	2.1361	2.4713
export	出口密集度	是	0.5754	0.5754	0.3635	0.3635
		否	0.6474	0.5839	0.4977	0.3905
size	企业规模	是	12.5771	12.5771	2.3387	2.3387
		否	10.6332	11.9763	1.5972	2.0097
age	企业年龄	是	11.0148	11.0148	7.7251	7.7251
		否	9.5810	10.7691	7.6324	8.4252
lwage	企业工资水平	是	−1.6059	−1.6059	0.7045	0.7045
		否	−1.9328	−1.8225	0.6470	0.6743
lklratio	资本密集度	是	6.2259	6.2259	2.2260	2.2260
		否	4.4910	5.7418	1.8429	2.1258
cost	财务成本	是	0.0253	0.0253	0.2027	0.2027
		否	0.0168	0.0129	0.2454	0.4014
hhi	市场竞争	是	0.2514	0.2514	0.0470	0.0470
		否	0.0178	0.2112	0.0452	0.0428

（二）基准回归结果

针对倾向得分匹配的结果，对（1）式中的基准模型进行估计。结果如表2所示，（1）（3）列分别控制企业固定效应和产品固定效应，（2）（4）列进一步控制企业－产品固定效应和年份固定效应，（3）（4）两列加入控制变量。可以看出，交互项OFDI_after均在1%显著性水平下显著为正，表示OFDI对企业－产品成本加成率有显著积极影响，即对外直接投资可以有效促进企业－产品成本加成率的提升。此外，各控制变量无论是系数和符号均符合预期，且有很强的显著性，而且随着控制变量的加入交互项系数有一定程度的提高且显著性不变，证明控制变量的选取合理，实证结果稳健可信。

在基准回归的基础上，为了进一步探究对外直接投资对多产品出口企业内资源配置的影响，参考樊海潮和张丽娜（2019）的方法，按照某产品出口额占该企业所有产品出口总额的比例对企业不同出口产品进行排序，PR=1 表明该产品为企业的核心产品，PR 越大代表该产品距离企业核心产品距离越远。表 2 第五列加入了对外直接投资与产品排序的交互项，通过（5）列回归结果可知，OFDI_PR 在 1% 的显著性水平下表现为正，说明对外直接投资对企业非核心产品成本加成率的影响要高于企业核心产品，即对外直接投资可以缩小企业非核心产品与核心产品的成本加成差异，优化企业在不同产品间生产的资源配置，提升出口企业的整体竞争力。

表 2　基准回归结果

VARIABLES	（1）	（2）	（3）	（4）	（5）
OFDI_after	0.078***	0.0862***	0.067***	0.0820***	0.0482***
	(0.0193)	(0.0189)	(0.0189)	(0.0186)	(0.0186)
OFDI	0.006**	−0.00644	0.007**	−0.00329	−0.00425
	(0.00444)	(0.00441)	(0.00429)	(0.00428)	(0.00435)
after	−0.049***	−0.0741***	−0.064***	−0.0768***	−0.0693***
	(0.0189)	(0.0189)	(0.0188)	(0.0186)	(0.0185)
OFDI_PR					0.00163***
					(8.47e−05)
roa			0.315***	0.236***	0.263***
			(0.0428)	(0.0434)	(0.0435)
lnim			0.006**	0.00843***	0.00536**
			(0.00257)	(0.00257)	(0.00262)
export			−0.050***	−0.0613***	−0.0652***
			(0.00957)	(0.00955)	(0.00951)
size			0.042***	0.0329***	0.0389***
			(0.00577)	(0.00612)	(0.00607)
age			−0.002***	−0.00237***	−0.00294***
			(0.000501)	(0.000512)	(0.000538)
lwage			0.043***	0.0434***	0.0377***
			(0.00454)	(0.00474)	(0.00464)

续 表

VARIABLES	（1）	（2）	（3）	（4）	（5）
lklratio			0.006***	0.00452***	0.00446***
			(0.00138)	(0.00149)	(0.00150)
cost			−0.001*	−0.00137***	−0.000718**
			(0.000337)	(0.000344)	(0.000282)
hhi			0.263***	0.350***	0.391***
			(0.0661)	(0.0763)	(0.0794)
Constant	0.790***	0.754***	0.299***	0.431***	0.368***
	(0.00417)	(0.00820)	(0.0677)	(0.0695)	(0.0688)
控制变量	N	N	Y	Y	Y
产品固定效应	Y	N	Y	N	N
企业固定效应	Y	N	Y	N	N
企业–产品固定效应	N	Y	N	Y	Y
年份固定效应	N	Y	N	Y	Y
样本数量	29198	29198	29198	29198	29198
R2	0.034	0.013	0.103	0.106	0.147

注：括号内为估计系数的稳健标准差；*、**、*** 分别代表 10%、5%、1% 的统计显著性水平，下表同。

（三）动态效应检验

通过对外直接投资的"逆向技术溢出"效应，企业将资本投入海外市场可以吸收国外先进的技术和管理经验，有效促进自身发展，进而促进企业生产效率的提高。但是企业对外直接投资的这种"生产率效应"存在滞后作用，企业对外直接投资从接触到国际上的先进技术和管理经验，一直到企业可以学习并掌握，具有一段时间的滞后效应（蒋冠宏和蒋殿春，2014）。上节基准回归中可以看出，对外直接投资能够有效提升企业–产品成本加成率，那这种影响是否也会存在一定的时滞性呢？为了探究这种动态效应，设定虚拟变量 D_j（j=1,2,3）表示企业开始进行对外直接投资滞后 1 年、2 年和 3 年，生成新的交互项 $OFDI\_after\_D_j$，将基准模型扩展为：

$$mkp_{iht} = \alpha + \beta_j \sum_{j=1}^{3} OFDI\_after\_D_j + \beta_4 OFDI_{it} + \beta_5 after_{it} + X_{it} + fe_t + fe_{ih} + \varepsilon_{iht} \quad (4)$$

动态效应检验结果如表3所示,(1)–(4)列先后加入控制变量、控制企业–产品固定效应和年份固定效应,实证结果具有较好的稳健性。通过观察(4)列结果可以发现,滞后1年、2年和3年的交互项系数均显著为正,证明对外直接投资可以持续促进企业–产品成本加成率显著提升,并且这种显著的积极作用具有逐年递增的趋势。这也从侧面证明了上文的推测,企业通过对外直接投资带来国外先进的知识,带动自身技术进步,以逐步改善原有产品质量并进行新产品研发。无论是原有产品质量的提升,还是新产品研发的实现都需要一定的时间,才能最终作用于企业–产品的成本定价。因此,对外直接投资对企业–产品成本加成率的促进作用具有显著滞后效应。

表3 动态效应检验结果

VARIABLES	(1)	(2)	(3)	(4)
OFDI_after_D1	0.0154***	0.00901**	0.00746	0.0135**
	(0.00453)	(0.00437)	(0.00468)	(0.00561)
OFDI_after_D2	0.0297***	0.0187**	0.0185*	0.0231**
	(0.0102)	(0.00954)	(0.00998)	(0.0112)
OFDI_after_D3	0.0889***	0.0636***	0.0433**	0.0393**
	(0.0211)	(0.0203)	(0.0191)	(0.0193)
OFDI	−0.0193***	−0.0271***	−0.00117	−0.000165
	(0.00288)	(0.00268)	(0.00427)	(0.00426)
after	0.0480***	0.0332***	0.00610	0.00500
	(0.00265)	(0.00244)	(0.00384)	(0.00526)
roa		0.118***	0.268***	0.236***
		(0.0220)	(0.0429)	(0.0434)
lnim		0.0163***	0.00752***	0.00804***
		(0.00127)	(0.00259)	(0.00259)
export		−0.0795***	−0.0613***	−0.0600***
		(0.00336)	(0.00955)	(0.00955)
size		0.0232***	0.0450***	0.0351***
		(0.00189)	(0.00573)	(0.00622)
age		0.000519***	−0.00235***	−0.00248***
		(0.000147)	(0.000509)	(0.000514)

续　表

VARIABLES	(1)	(2)	(3)	(4)
lwage		0.0242***	0.0440***	0.0421***
		(0.00224)	(0.00458)	(0.00472)
lklratio		−0.00788***	0.00506***	0.00462***
		(0.00123)	(0.00137)	(0.00148)
cost		−0.00103	−0.000980***	−0.00138***
		(0.00115)	(0.000359)	(0.000354)
hhi		−0.160***	0.261***	0.332***
		(0.0321)	(0.0659)	(0.0760)
Constant	0.763***	0.557***	0.293***	0.390***
	(0.00175)	(0.0186)	(0.0673)	(0.0702)
控制变量	N	Y	Y	Y
企业-产品固定效应	N	N	Y	Y
时间固定效应	N	N	N	Y
样本数量	29198	29198	29198	29198
R2	0.015	0.248	0.217	0.207

（四）异质性检验

进一步区分企业的不同性质、不同地区、不同贸易方式以及企业对外直接投资的类型和投资国别，将不同特征的企业样本分类进行异质性分析。异质性检验结果发现：1.对外直接投资对独立法人和港澳台企业出口产品的成本加成率的促进效应更为显著，但不同所有制企业对外直接投资均有助于缩小企业内非核心产品与核心产品的差距，达到优化企业内部资源配置的效果。2.从事加工贸易的企业相较于一般贸易，对外直接投资的促进作用更强，而一般贸易企业资源配置的优化作用要强于加工贸易企业。3.由于缺少东部地区的便利化条件和政策支持，中西部地区企业对外直接投资对企业出口产品成本加成率的影响并不显著，也并未检验出对于企业内部资源配置的优化效果。4.相比于开拓市场等辅助业务，企业出于进出口贸易和产品生产研发的目的进行对外直接投资对企业-产品成本加成率的提升作用更大。5.由于高收入国家代表了先进的生产力，企业投资的国家收入水平越高，对自身产品成本定价能力的提升越大。因篇幅原因，计量结果无法呈现，如有需要可向作者索要。

（五）延长样本期的上市公司稳健性检验

为了弥补《工业企业数据库》和《中国海关数据库》数据年份的严重缺失，选取万德数据库中2007-2017年上市公司相关财务数据，借鉴袁堂军（2009）、朱荃和张天华（2015）的方法，利用上市公司财务数据计算得到企业增加值和中间投入[①]，劳动投入采用当年员工数目，资本投入采用当年固定资产净值。对于上市公司的稳健性检验采用De Loecker和Warzynski（2012）的方法测算得到上市公司企业层面成本加成率，利用国泰安（CSMAR）数据库中上市公司对外直接投资流量数据，设定回归方程如下：

$$\text{mkp}_{it} = \alpha + \beta_1 lOFDI_{it} + X_{it} + fe_t + fe_i + \varepsilon_{it} \tag{5}$$

其中，mkp_{it}表示上市公司企业层面成本加成率；$lOFDI_{it}$表示上市公司对外直接投资流量的对数值；X_{it}为控制变量，包括资产收益率（roa）、企业规模（size）、企业年龄（age）、资本密集度（lklratio）和财务成本（cost），并加入融资约束项（fuzhai）= 企业负债总计与企业总资产的比例来控制上市公司的资金流动；fe_t为时间固定效应，fe_i为个体固体效应，ε_{it}为误差项。由于对外直接投资具有一定的持续性效应，企业成本加成的惯性作用不可避免，上一期成本加成率往往会影响本期的成本定价。因此，本文在面板固定效应回归的基础上，构建动态面板数据计量模型，以解决可能的双向因果关系：

$$\text{mkp}_{it} = \alpha + \beta_1 \text{mkp}_{it-1} + \beta_2 lOFDI_{it} + X_{it} + fe_t + fe_i + \varepsilon_{it} \tag{6}$$

回归结果如表4所示，表中（1）-（3）列为面板固定效应回归，先后控制了个体固定效应和年份固定效应以及加入控制变量。对外直接投资项系数在1%显著性水平下表现为正，证明上市公司对外直接投资也对企业成本加成率有显著积极作用。表中（4）-（5）列为动态GMM结果，采用系统GMM动态

[①] 其中，企业增加值 = 固定资产折旧、油气资产折耗、生产性生物资产折旧 + 支付给职工以及职工支付的现金 + 营业税金及附加 + 净利润，中间要素投入 = 主营业务成本 + 销售费用 + 财务费用 + 管理费用 - 固定资产折旧、油气资产折耗、生产性生物资产折旧 - 支付给职工以及职工支付的现金。

面板回归，AR(2)检验 p 值无法拒绝扰动项无自相关性的原假设且 Sargan 检验 p 值也无法拒绝所有工具变量都有效的原假设，故本次结果有效可信。实证结果表明，代表滞后效应的被解释变量的一阶滞后项有正向影响且在 1% 显著性水平下显著，证明上一期成本加成率确会对当期企业成本定价产生持续的促进作用。对外直接投资项系数同样显著为正，结论与面板固定效应回归一致且系数更大，证明动态面板模型的使用是正确且必要的。

表4 基于上市公司稳健性检验结果

VARIABLES	（1）	（2）	（3）	（4）	（5）
lOFDI	0.00707***	0.00352***	0.00210**	0.00441***	0.00363***
	(0.00103)	(0.00102)	(0.00104)	(0.00132)	(0.000775)
L.mkp				0.715***	0.653***
				(0.0396)	(0.0158)
roa			0.438**		0.514***
			(0.188)		(0.0425)
fuzhai			−0.123***		−0.0125
			(0.0341)		(0.0122)
size			0.00508		−0.00891***
			(0.00409)		(0.00281)
age			0.00588***		0.00147***
			(0.00119)		(0.000380)
lklratio			0.00935		0.0114***
			(0.00722)		(0.00224)
cost			−0.00883***		−9.03e−05
			(0.00184)		(0.00273)
Constant	0.526***	0.557***	0.362***	0.106***	0.00472
	(0.0193)	(0.0195)	(0.105)	(0.0280)	(0.0253)
控制变量	N	N	Y		
个体固定效应	Y	Y	Y		
年份固定效应	N	Y	Y		
样本数量	9173	9173	9173	9173	9173

续 表

VARIABLES	（1）	（2）	（3）	（4）	（5）
R2	0.044	0.055	0.859		
AR(1)				0.0000	0.0000
AR(2)				0.2432	0.5859
Sargan 检验				100.7561	305.2932
				0.0000	0.0000

五、相关机制探究

通过上述实证结果，得出结论，中国企业对外直接投资可以有效促进出口产品成本加成率的提升，并通过缩小企业非核心产品与核心产品之间的差距，实现企业内资源的优化配置。理论分析表明，企业成本加成率主要由市场定价能力和边际成本所决定（De Loecker 等，2016），边际成本一定时，企业出口产品的市场定价能力越强，企业该产品的成本加成率就越高；企业市场定价能力不变时，企业出口产品的边际成本的大小将决定该产品的成本加成率水平。因此，主要通过边际成本和市场定价能力两个角度来探究企业对外直接投资如何影响出口产品成本加成率，进而实现企业内资源的优化配置。

借鉴温忠麟和叶宝娟（2013）的做法，设定中介变量 M_{it}，选用中介效应模型验证上述两种机制的合理性，模型构建如下：

$$\mathrm{mkp}_{iht} = a_0 + a_1 OFDI\_after_{it} + a_2 OFDI\_PR_{iht} + a_3 OFDI_{it} + a_4 after_{it} \\ + X_{it} + fe_t + fe_{ih} + \varepsilon_{iht} \tag{7}$$

$$M_{it} = b_0 + b_1 OFDI_{after_{it}} + b_2 OFDI_{PR_{iht}} + b_3 OFDI_{it} + b_4 after_{it} \\ + fe_t + fe_{ih} + \varepsilon_{iht} \tag{8}$$

$$\mathrm{mkp}_{iht} = c_0 + c_1 M_{it} + c_2 OFDI\_after_{it} + c_3 OFDI\_PR_{iht} + c_4 OFDI_{it} + c_5 after_{it} \\ + X_{it} + fe_t + fe_{ih} + \varepsilon_{iht} \tag{9}$$

1.基于边际成本渠道的机制检验。由于工业企业数据库中未含有企业边际成本的相关信息，为了保证结果的稳健性，参考两种方法进行检验。企业生产的边际成本主要取决于企业生产率的变化，因此首先参考 De Loecker 和 Warzynski（2012）、Lu 和 Yu（2015）的做法，选用企业全要素生产率代替企业边际成本作为中介变量对模型进行识别。由于本文因变量为产品层面成本加成率，故采用 Olley 和 Pakes（1996）的 OP 法测算企业全要素生产率。回归结果如表5所示。表5中（1）列为基准回归结果，用于符号和系数的比对，（2）-（3）列为生产效率代替边际成本变化的中介影响机制检验结果。可以发现，对外直接投资显著提升企业生产率，并且在基准回归的基础上加入全要素生产率变量之后，交互项 OFDI_PR 系数明显存在一定幅度的降低，这说明企业对外直接投资确实可以通过边际成本渠道影响出口产品成本加成率，进一步优化企业内资源配置。

为了更好地识别边际成本作为中介机制的作用，借鉴 Fan（2017）、樊海潮和张丽娜（2019）的做法，定义企业-产品层面边际成本 $mc_{iht} = \ln(P_{iht}) - mkp_{iht}$，其中 P_{iht} 为 i 企业 t 年度 h 产品出口总额。表5中（4）-（5）列展示了边际成本视角的中介影响机制检验结果，实证结果同样支持上述结论。

表5 边际成本渠道中介影响机制检验结果

VARIABLES	基准回归	生产效率		边际成本	
	mkp	tfp_op	mkp	mc	mkp
	（1）	（2）	（3）	（4）	（5）
tfp_op			0.0224***		
			(0.00245)		
mc					2.70e−07***
					(4.92e−08)
OFDI_after	0.0482***	0.175*	0.0438**	−16,574	0.0528***
	(0.0186)	(0.0946)	(0.0180)	(10,758)	(0.0183)
OFDI_PR	0.00163***	0.00604***	0.00152***	678.8***	0.00144***
	(8.47e−05)	(0.000509)	(8.37e−05)	(181.4)	(8.51e−05)
OFDI	−0.00425	0.00910	−0.00445	1,772	−0.00482
	(0.00435)	(0.0306)	(0.00430)	(3,249)	(0.00420)
after	−0.0693***	−0.358***	−0.0620***	6,044	−0.0707***
	(0.0185)	(0.0934)	(0.0180)	(10,293)	(0.0183)
roa	0.263***		0.216***		0.256***
	(0.0435)		(0.0419)		(0.0429)

续 表

VARIABLES	基准回归 mkp (1)	生产效率 tfp_op (2)	mkp (3)	边际成本 mc (4)	mkp (5)
lnim	0.00536**		0.00475*		0.00593**
	(0.00262)		(0.00255)		(0.00258)
export	−0.0652***		−0.0758***		−0.0643***
	(0.00951)		(0.00972)		(0.00927)
size	0.0389***		0.0429***		0.0369***
	(0.00607)		(0.00604)		(0.00601)
age	−0.00294***		−0.00260***		−0.00290***
	(0.000538)		(0.000515)		(0.000531)
lwage	0.0377***		0.0197***		0.0392***
	(0.00464)		(0.00533)		(0.00460)
lklratio	0.00446***		0.00797***		0.00493***
	(0.00150)		(0.00154)		(0.00142)
cost	−0.000718**		−0.000665***		−0.000592**
	(0.000282)		(0.000243)		(0.000273)
hhi	0.391***		0.250***		0.401***
	(0.0794)		(0.0699)		(0.0797)
Constant	0.368***	0.490***	0.272***	24,751***	0.384***
	(0.0688)	(0.0522)	(0.0691)	(3,625)	(0.0679)
控制变量	Y	N	Y	N	Y
企业–产品固定效应	Y	Y	Y	Y	Y
年份固定效应	Y	Y	Y	Y	Y
样本数量	29198	29198	29198	29198	29198
R2	0.147	0.837	0.206	0.016	0.188

2. 基于市场定价能力的机制检验。对外直接投资的"逆向技术溢出"效应可以通过推动母公司的产品研发和技术创新，通过提高企业自身产品和市场中其余产品差异进而制定相对较高的价格水平（毛其淋和许家云，2016）。因此，首先定义新产品创新项（新产品产值占工业总产值比重）间接反映企业在产品市场上的定价水平，结果如表6中（2）-（3）列所示。可以看出，新产品创

新项并不显著,且加入基准回归后对交互项系数影响不大。可能的解释是,新产品创新项是母公司企业层面的共同反映,并不能反映出口企业在不同产品间的差异性,因此,不能直观的反映企业不同产品的市场定价水平。

为了进一步探究市场定价能力作为中介机制的作用,旨在寻找替代变量更好地反映多产品企业不同出口产品的市场定价渠道,以更好地检验对外直接投资对成本加成的影响机制。理论模型部分已经证明,企业 – 产品成本加成是市场份额的增函数,而产品所占市场份额是企业出口产品在同行业其余产品中竞争力水平的直接体现,可以反映企业该产品的市场定价能力。因此,本文根据《中国海关数据库》中 CIC 4 分位行业编码进行分类,定义企业 – 产品层面市场份额等于企业本年度该产品出口额占该行业出口总额的比例,作为企业市场定价能力的代理变量。表 6 中(4)-(5)列实证结果可以发现,交互项系数大小明显下降,这证明企业对外直接投资可以通过市场定价渠道对多产品企业内资源配置进行调整和优化。

表 6 市场定价渠道中介影响机制检验结果

VARIABLES	基准回归 mkp (1)	研发创新 new (2)	mkp (3)	市场定价 hs (4)	mkp4 (5)
new			0.0126		
			(0.0137)		
hs					0.490***
					(0.0103)
OFDI_after	0.0482***	−0.00410	0.0481***	−0.0389*	0.0691***
	(0.0186)	(0.0226)	(0.0186)	(0.0213)	(0.0134)
OFDI_PR	0.00163***	0.000385*	0.00163***	0.00196***	0.000633***
	(8.47e−05)	(0.000211)	(8.49e−05)	(9.18e−05)	(7.28e−05)
OFDI	−0.00425	0.00260	−0.00429	−0.00418	−0.00272
	(0.00435)	(0.0267)	(0.00435)	(0.00477)	(0.00355)
after	−0.0693***	0.0740***	−0.0696***	0.0129	−0.0754***
	(0.0185)	(0.0280)	(0.0185)	(0.0212)	(0.0133)
roa	0.263***		0.270***		0.255***
	(0.0435)		(0.0450)		(0.0400)

续　表

	基准回归		研发创新		市场定价
VARIABLES	mkp	new	mkp	hs	mkp4
	（1）	（2）	（3）	（4）	（5）
lnim	0.00536**		0.00513*		0.00744***
	(0.00262)		(0.00266)		(0.00232)
export	−0.0652***		−0.0643***		−0.0571***
	(0.00951)		(0.00943)		(0.00810)
size	0.0389***		0.0393***		0.0379***
	(0.00607)		(0.00616)		(0.00510)
age	−0.00294***		−0.00293***		−0.00275***
	(0.000538)		(0.000538)		(0.000416)
lwage	0.0377***		0.0381***		0.0416***
	(0.00464)		(0.00475)		(0.00399)
lklratio	0.00446***		0.00437***		0.00589***
	(0.00150)		(0.00151)		(0.00115)
cost	−0.000718**		−0.000695**		−0.00123***
	(0.000282)		(0.000281)		(0.000260)
hhi	0.391***		0.391***		0.417***
	(0.0794)		(0.0794)		(0.0742)
Constant	0.368***	0.115***	0.363***	0.803***	−0.0254
	(0.0688)	(0.0108)	(0.0697)	(0.00874)	(0.0590)
控制变量	Y	N	Y	N	Y
企业－产品固定效应	Y	Y	Y	Y	Y
年份固定效应	Y	Y	Y	Y	Y
样本数量	29198	29198	29198	29198	29198
R2	0.147	0.147	0.177	0.078	0.215

六、结论

理论分析表明，出口企业不同产品的成本加成率可以间接的反映企业内资源配置情况，核心产品相较于非核心产品拥有更高的成本加成率，距离核心产品越远，非核心产品的成本加成率越低。因此，选取《中国工业企业数据库》、

《中国海关数据库》与《中国对外直接投资企业（机构）名录》合并得到的企业样本，基于 De Loecker 等（2016）关于企业不同出口产品成本加成率的测算方法，通过构建倾向得分匹配 – 双重差分模型，以成本加成率为媒介，探究对外直接投资对企业内资源配置的作用。

实证研究表明：对外直接投资不仅可以显著促进企业不同出口产品成本加成率，而且能够缩小非核心产品与核心产品间成本加成率的距离，优化企业在不同产品间生产的资源配置，提升出口企业的整体竞争力。对外直接投资的促进作用存在一定程度的时滞性。通过改变匹配比例和拓展样本时期的上市公司样本等形式的稳健性检验，证明了结论的稳健可信。相关机制的探究方面，通过边际成本和市场定价能力两个渠道探究了企业对外直接投资促进出口产品成本加成率提升，从实现企业内资源优化配置的中介影响机制。

在企业层面成本加成率的基础上，进一步深入探究对外直接投资对多产品出口企业不同产品间成本加成率的因果效应，并通过分析核心产品与非核心产品的调整差异性，找到一条出口企业通过对外直接投资提升企业整体竞争力的途径，对于研究中国企业对外直接投资的经济绩效具有一定的贡献，同时也具有较强的现实意义。首先，政府应进一步推动和鼓励出口企业对外直接投资，通过学习国外先进技术和管理经验，提高自身产品在市场中的成本定价能力，并通过更好地"走出去"使得多产品出口企业优化企业内资源配置，带动中国出口企业在全球贸易中的地位进一步攀升；其次，政策导向应积极引导企业向人均收入更高的国家和地区、着重进行以生产研发和产品销售为目的的投资，通过学习这些国家更为先进的技术，更好的发挥对外直接投资的"逆向技术溢出"效应，以弥补在研发和技术上的差距；第三，政府可以推出相关优惠政策，减少要素投入成本和完善市场环境，使得对外直接投资的母公司效应能够更好地改善企业内资源配置，给出口企业带来更多收益。

参考文献

[1] 包群,邵敏,侯维忠.出口改善了员工收入吗?[J].经济研究,2011,46(09):41-54.

[2] 樊海潮,张丽娜.贸易自由化、成本加成与企业内资源配置[J].财经研究,2019,45(05):139-152.

[3] 葛顺奇,罗伟.中国制造业企业对外直接投资和母公司竞争优势[J].管理世界,2013(06):28-42.

[4] 蒋冠宏,蒋殿春.中国工业企业对外直接投资与企业生产率进步[J].世界经济,2014,37(09):53-76.

[5] 毛其淋,许家云.中国对外直接投资如何影响了企业加成率：事实与机制[J].世界经济,2016,39(06):77-99.

[6] 茅锐,张斌.中国的出口竞争力：事实、原因与变化趋势[J].世界经济,2013,36(12):3-28.

[7] 钱学锋,潘莹,毛海涛.出口退税、企业成本加成与资源误置[J].世界经济,2015,38(08):80-106.

[8] 朱荃,张天华.中国企业对外直接投资存在"生产率悖论"吗——基于上市工业企业的实证研究[J].财贸经济,2015(12):103-117.

[9] 叶宝娟,温忠麟.有中介的调节模型检验方法：甄别和整合[J].心理学报,2013,45(09):1050-1060.

[10] 袁堂军.中国企业全要素生产率水平研究[J].经济研究,2009,44(06):52-64.

[11] De Loecker, J. and Warzynski, F., Markups and Firm-Level Export Status. American Economic Review, Vol.102, No.6, 2012.

[12] De Loecker, J., Goldberg, P. K., Khandelwal, A. K. and Pavcnik, N., Prices, Markups, and Trade Reform. Econometrica, Vol.84, No.2, 2016.

[13] Fan H C, Li Y A, Yeaple S R. Trade liberalization, quality, and export prices[J]. Review of Economics and Statistics, 2015a, 97（5）: 1033－1051.

[14] Fan H C, Gao X, Li Y A, et al. Trade liberalization and markups: Micro evidence from China[J]. Journal of Comparative Economics, 2017, 46（1）: 103－130.

新冠肺炎疫情对中国外贸出口的影响及应对建议

王　丽　黄德海　翟立强[*]

提要：对中国外贸出口而言，2020年是极具挑战的一年。外贸企业受到国内和国外新冠疫情的供需双重冲击，国际贸易环境复杂，出口压力较大。在短期内，受疫情冲击，中国外贸出口规模大幅下降，湖北省等疫情相对严重的省份出口下降更为明显，劳动密集型出口产品受到的直接影响最大，中国对美国出口遭受的负面冲击相对较大。在长期内，世界疫情形势严峻，中国外贸企业面临"二次冲击"风险，虽然中国外贸出口动力强劲，但2020年和2021年中国外贸出口复杂性大大加剧。为应对海外疫情持续带来的冲击，保持外贸稳定，从政府角度，应增强政府间的沟通，创造良好的国际贸易环境；增强对外贸中小企业的融资支持，纾解企业资金压力；加强各项政策的协同性，发挥政策组合的最大作用；有序推进"新基建"，充分发挥其多重效应。为帮助外贸企业在后疫情时代纾困发展，企业应开辟国际贸易新市场，分散出口贸易风险；综合运用多种手段，降低汇率风险；加快企业数字化、智能化转型，提升出口竞争力；积极拓展国内销售渠道，充分运用"国外+国内"两个市场。

关键词：新冠肺炎；出口；新基建；数字化

中图分类号：F752　文献标识码：A　文章编号：

---

[*] 作者简介：王丽，清华大学一带一路战略研究院助理研究员；黄德海，清华大学一带一路战略研究院副教授；翟立强，黑河学院经济管理学院副教授

一、引言

2019年末，新型冠状病毒肺炎在湖北省武汉市首先爆发，随后蔓延到全国各个省（市），确诊人数不断增加。为了应对新型冠状病毒肺炎（以下简称：新冠肺炎，COVID-19），全国各省（市）采取极其严格的交通和人员管控措施，最大限度地减少人员流动，住宿、餐饮、物流、旅游等行业几乎"静止"，工人延迟复工，工厂延迟生产，无法按照原进度完成出口订单，出口产品供应受到了直接冲击。在2020年3月份之后，世界其他国家（地区）新冠肺炎确诊人数急剧增加，国外疫情形势持续恶化。

在此次突发国际公共卫生大流行事件中，中国率先取得阶段性胜利，中国企业全面复工复产，但世界其他国家（地区）尤其是主要发达经济体疫情仍然较为严重，世界经济陷入深度衰退，国际市场需求大幅萎缩，产业链、供应链断裂风险加剧，国际贸易活动秩序彻底扰乱，新冠肺炎疫情将继续对中国外贸出口产生影响，2020年和2021年出口形势异常严峻。

二、疫情对外贸出口的短期影响分析

（一）贸易出口规模大幅下降

为防控新冠肺炎，各地区采取的封闭管理、禁止人员流动等措施对工厂生产、出口订单、国际物流产生了一定的不利影响。工人无法按时复工，外地返工人员面临隔离期，工厂生产进度延迟，企业按时履行国际合同难度增大。根据北京大学汇丰商学院的"中国企业复工调查研究Ⅰ"报告显示，截至2020年2月13日，605家样本企业的复工情况并不乐观，75%以上员工复工的企业比例只有5.3%，500万以下的微型企业中86.6%的企业只有零星员工返回办公室。虽然许多企业采取居家办公、远程办公的方式复工，但各地方政府防控疫情的具体规定有所不同，不同企业复工的进度存在较大差异。湖北省作为此次疫情的重灾区，截至3月10日，湖北省各类企业尚未复工。

与2019年同期和2019年11-12月相比，中国出口额均出现大幅度下降。

根据海关总署的统计数据显示，2019 年 11-12 月，我国进出口总值为 8332.5 亿美元，出口 4593.9 亿美元，进口 3738.6 亿美元。2020 年前 2 个月，我国进出口总值 5919.9 亿美元，比 2019 年 11-12 月下降 28.95%，比 2019 年同期下降 11%。其中，出口 2924.5 亿美元，比 2019 年 11-12 月下降 36.34%，同比下降 17.2%；进口 2995.4 亿美元，同比下降 4%；贸易逆差 70.9 亿美元，去年同期为顺差 421.7 亿美元。[1]

除了货物贸易以外，旅游、运输、文化娱乐等服务贸易出口也受到了较大的不利影响。根据国家统计局 2019 年的统计数据显示，中国出境旅游人数和境外旅游支出位居世界第一。疫情爆发时恰逢中国传统的春节假期，出境旅游需求旺盛。因疫情防范需要，韩国、俄罗斯、菲律宾、马来西亚、新加坡、印度尼西亚等多个国家对中国公民采取禁止或限制入境措施，多家航空公司的直飞航班取消，航班恢复时间未定，这些措施对中国旅游服务贸易造成较大冲击。2020 年 1 月 30 日，新冠肺炎被世界卫生组织（WHO）列为国际关注的突发公共卫生事件（PHEIC），引起了国际社会对中国疫情的高度关注，加剧了国外民众对疫情的恐慌情绪，同时意味着来自中国的集装箱、货物将有可能受到目的国更严格的检疫，大大降低了通关效率，提高了国际物流成本。

（二）疫情严重的省份外贸出口下降更为明显

中国 31 个省（市）均存在新冠肺炎确诊病例，但各省疫情的严重程度存在显著差异，出口降幅存在较大差别。根据中国疾控中心的统计数据，截至 2020 年 3 月 16 日，湖北、广东、河南、浙江、湖南的累计新冠肺炎确诊人数均超过 1000 人，其中湖北省累计确诊病例占中国累计总确诊病例的比重超过 80%。五省 2020 年前两月的出口全部负向增长，增速大幅下滑（见表 1）。根据各省海关分署的统计数据，2020 年 1-2 月，广东省进出口 8427.5 亿元，同比下降 15.2%，其中，出口 4903.7 亿元，下降 17.5%；进口 3523.8 亿元，下降 11.8%。河南进出口总值 594.8 亿元，比去年同期下降 12.1%。其中出口 362.6

---

[1] 数据来源：中国海关总署——2020 年 1 至 2 月全国进出口总值表（美元值）。 http://www.customs.gov.cn/customs/302249/302274/302275/2879098/index.html

亿元，下降23.6%；进口232.2亿元，增长14.7%。1-2月浙江省进出口总值4014.7亿元，同比下降12.3%。其中，出口总值2819.3亿元，下降17.6%，进口总值1195.4亿元，增长3.2%。湖南进出口总值472.5亿元人民币，比上年同期下降了10%，出口280.3亿元人民币，下降22.7%；进口192.2亿元人民币，增长18.5%。山东（-11.7%）、吉林（-10%）、福建（-16.2%）等省（市）的出口额都有所下降，但下降幅度小于五省。

表1 部分省（市）2020年1-2月出口额

单位：亿元

省份（市）	出口额	出口增速（%）	省份（市）	出口额	出口增速（%）
湖北省	229.9	-29.2	北京市	769.1	8.7
广东省	4903.7	-17.5	上海市	1851.44	-8.0
河南省	362.6	-23.6	山东省	1387.6	-11.7
浙江省	2819.3	-17.6	江苏省	3204.3	-18.5
湖南省	280.3	-22.7	福建省	1000.8	-16.2

数据来源：根据各省（市）海关已公布数据整理。

（三）劳动密集型产品受到的直接影响最大

纺织、服装、玩具等劳动密集型产品出口受到疫情的直接影响最大。根据海关总署的统计数据，2020年1-2月，我国出口纺织纱线、织物及制品137.725亿美元，同比下降19.9%；1-2月，我国出口服装及衣着附件160.623亿美元，同比下降20.0%。中国玩具产品在2019年各月的同比增速都呈现上升趋势，而2020年前两月的玩具产品出口额仅相当于2019年12月的出口额，同比下降幅度达到26.8%。家具及其零部件出口下降幅度为22.8%。与劳动密集型产品的出口形成鲜明对比的是，部分产品出口逆势增加。2020年1-2月，集成电路产品出口量同比增长13.6%，出口额同比增长8.9%，汽车出口数量略有上升，出口金额同比下降幅度低于1.5%。

（四）对美贸易出口遭受冲击相对较大

经过多轮磋商后，2020年1月15日，中美两国签署第一阶段贸易协议，提振了中国外贸企业对美国的出口信心，有利于扩大中美经贸合作。随后新冠疫情在中国爆发，受疫情影响，中国出口美国的贸易额出现大幅度下降。2020年1-2月，中国出口前三大贸易伙伴分别是欧盟（15.48%）、东盟（15.16%）、美国（14.69%），①中国对美国的出口额为429.72亿美元，同比下降27.7%，同比下降幅度远超于中国-欧盟出口（-18.4%）和中国-东盟出口（-5.1%）。2020年1-2月中国与美国的贸易出口额与2019年1-2月相比，减少了163.23亿美元，是同时期中国与欧盟减少出口额的1.6倍，中国与欧盟减少出口额的6.5倍。

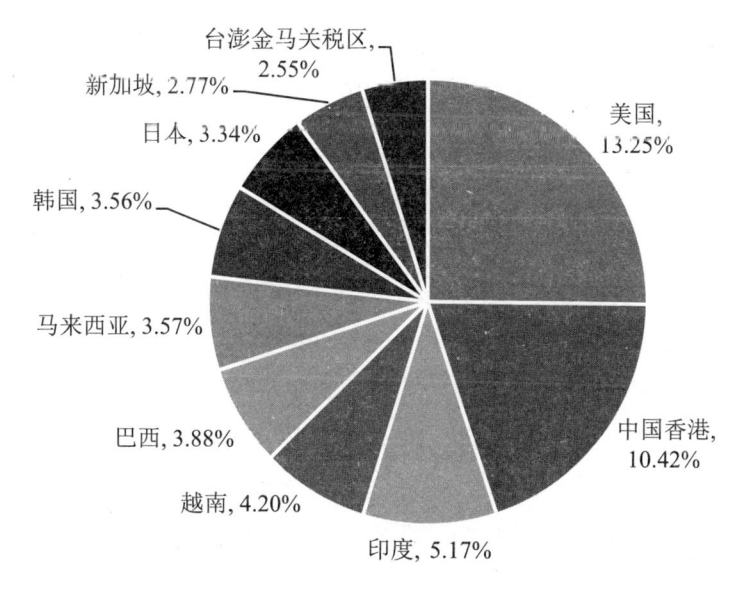

图1 2019年湖北省出口排名前10位的国家（地区）

数据来源：根据武汉海关公布的湖北省2019年贸易数据整理。

美国在湖北省出口贸易对象中也占据重要位置，短期内与美国贸易伙伴紧密合作的湖北省外贸企业受损严重。根据湖北省贸易数据计算，2017-2019年，美国、中国香港、印度、巴西都位于湖北省出口目的国的前5位，2018年，美国是湖北省第一大出口目的国。2019年，湖北省贸易关系最为密切的国家（地区）包括美国、中国香港、印度、越南、巴西等国家，湖北省与美国的出口额

---

① 括号内百分比为2020年1-2月中国对该国（地区）出口额占中国总出口额的比重。

占当年湖北省总出口额的 13.25%（见图 1），出口排名前 10 位的国家（地区）的出口额占 2019 年湖北省总出口额的 52.71%。结合以上数据分析，预估湖北省与美国、中国香港、印度等国家（地区）的出口贸易受此次疫情冲击影响较大。

三、中国外贸出口长期形势分析

（一）世界疫情形势，加剧中国外贸出口复杂性

从 2020 年 2 月底开始，新冠肺炎开始在中国以外的国家蔓延，美国、意大利、西班牙、德国等国家新冠肺炎确诊人数急剧增加，根据世界卫生组织（WHO）的统计数据，截至 2020 年 7 月 28 日，全球共有 215 个国家（地区）存在确诊病例，累计确诊人数超过 1600 万人，累计死亡人数约为 65 万人（见图 2），疫情防控形势异常严峻。世界各国相继采取关闭口岸通道、限制旅客入境、居家隔离等措施，国际和国内经济活动大幅度减少，国际市场需求下降的趋势非常明显，国际市场预期不明朗，将对国际贸易产生进一步的冲击。世界贸易组织（WTO）预测，疫情对世界贸易的影响将超过 08 年金融危机对贸易的影响，2020 年商品贸易额将减少 13%-32%。联合国 5 月 13 日发布的《2020 年中世界经济形势展望》指出，预估 2020 年世界经济将萎缩 3.2%，发达国家的 GDP 增长率在 2020 年下降 5.0%，发展中国家的产出将减少 0.7%。各国政府实施的边境封锁、国界关闭规定，使得地区经济活动陷于瘫痪，2020 年和 2021 年累计产出损失接近 8.5 万亿美元。全球疫情持续时间的不确定性、各国疫情严重程度的差异性以及各国应对疫情的相关措施，影响中国外贸企业的出口预期，增加了 2020 年中国外贸出口形势的复杂性。

（二）中国外贸企业面临"二次冲击"风险

开放经济条件下，世界各国经济联系愈加紧密，一国经济不可能孤立。在全球疫情形势愈加严峻的情况下，世界市场供给和需求的不确定性显著增大。供给主要指的是中国从世界其他国家进口中间产品。根据联合国贸发会

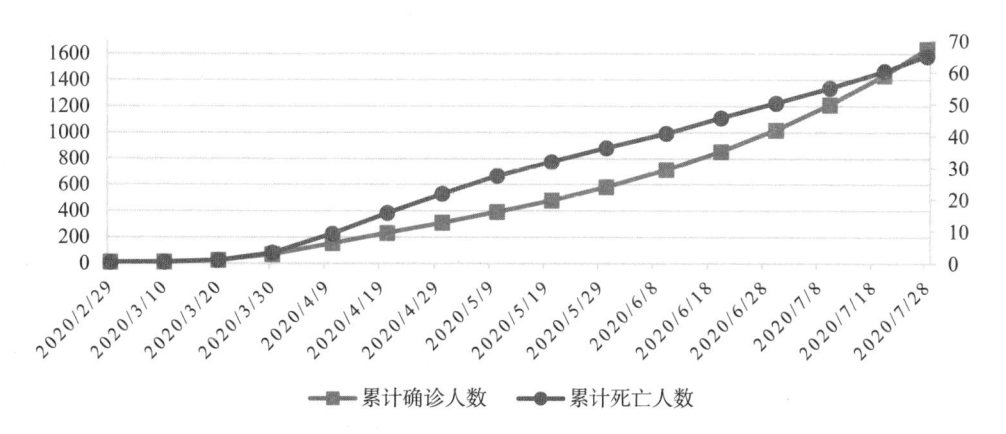

图 2　全球新冠肺炎确诊与死亡人数变化趋势

注：主坐标轴标记累计确诊人数，次坐标轴标记累计死亡人数，单位为万人。
数据来源：世界卫生组织（WHO）新冠疫情每日报告。

议（UNCTAD）的统计资料显示，中国占据了全球制造业中间产品贸易约20%的份额。在亚洲地区，日本和韩国是我国重要的中间产品进口贸易伙伴国。根据商务部的统计数据，2018年韩国、日本是中国第一和第二大进口来源国，在2018年中国进口总额中的比重分别为9.58%和8.45%，其中机械和运输设备产品是中国自韩国和日本进口的主要种类，分别占自两国进口总额的61.84%和57.76%。根据OECD数据库的统计数据，2005-2015年期间，从日本和韩国进口机械设备中间品占中国机械设备中间品总进口的比重分别在25%和10%左右。在北美洲地区，美国是中国的重要进出口贸易伙伴。2018年美国是中国第一大出口目的国、第四大进口来源国。根据海关总署的统计数据显示，截至2019年欧盟已经连续16年保持我国最大贸易伙伴的地位。在此次新冠疫情中，美国、欧盟、日本、韩国等中国主要的贸易伙伴受新冠疫情影响严重，国外企业很有可能因不可抗力因素无法履行出口合约，中间品供应短缺且不稳定，供应链和产业链断裂的风险急剧上升。

由于新冠肺炎的大流行，大多数国家宣布进入紧急状态，各国对人员流动进行严格限制，零售业、旅游服务、餐饮等行业停业，失业人口大幅增加，消费者收入减少，消费支出急剧下降，消费品进口需求减弱。根据国际劳工组织的报告显示，新冠疫情对不同收入群体的影响远远大于08年金融危机的影响，目前已有接近26亿劳动人口受到新冠疫情影响,其工作场所被全部或部分关闭。报告还指出,疫情将使2020年第二季度全球劳动人口总工时缩减6.7%,相当于1.95亿名全职雇员失业。同时新冠肺炎对全球金融市场造成了较大冲击,全球金融市场剧烈波动,美股在3月9日–18日出现了4次熔断,全球股市2020年一季度损失较大,其中纽约股市的道琼斯工业平均指数下跌23%,是自1987年以来季度的最大跌幅,标准普尔500种股票指数下跌20%,金融市场将通过信贷和投资进而影响实体经济活动,2020年全球经济下行风险急剧增大。

(三)中国外贸出口仍然保持强劲动力

新冠肺炎疫情在短期内对中国外贸出口造成不利影响,使得中国外贸出口增速降幅较大,但中国经济发展具有十足韧性,完整的国民经济体系为外贸出口提供坚实支撑,中国产业结构层次的不断提高推动了出口产品供给种类多元化水平的显著提升。在2012年,第三产业增加值占国内生产总值的比重首次超过第二产业增加值占国内生产总值的比重,2015年,第三产业增加值占国内生产总值(GDP)的比重超过50%,2019年,中国第三产业增加值占GDP的比重为53.9%,服装、玩具等七大类劳动密集型产品出口占比总体呈现下降趋势,部分附加值较高的机电产品和装备制造产品的外贸出口增速较快,出口占比稳步上升。历经3个月,新冠疫情在中国已经得到了全面控制,疫情最为严重的湖北省也已经解封,新冠疫情目前已经进入"外防输入,内防反弹"阶段,各行业企业已经全面复工复产,截至2020年3月25日,在全国采购经理调查企业中,大中型企业复工率为96.6%,较2月调查结果上升17.7个百分点,3月份中国制造业采购经理指数(PMI)为52.0%,比上月回升16.3个百分点。[①]中国制造业新出口订单指数和进口指数分别为46.4%和48.4%,与2019年3月的制造业新出口订单指数和进口指数差距较小,比2020年2月分别提高17.7%和16.5%,中国外贸出口的恢复性增长的趋势明显,中国外贸企业具备较强的

---

① 资料来源:国家统计局——2020年3月中国采购经理指数运行情况 http://www.stats.gov.cn/tjsj/zxfb/202003/t20200331_1735877.html。

国际竞争力和出口活力。

四、应对

新冠肺炎疫情对 2020 年中国外贸出口的负面影响非常显著,由于国外疫情态势的严峻性和反复性,新冠肺炎增大了 2021 年中国外贸企业出口面临的风险。为应对国外供给和需求的中长期冲击,保持外贸稳定,从政府和企业角度分别提出以下几点建议。

(一)政府角度

第一,增强政府间的沟通

此次疫情为中国外贸企业按时交付 2020 年 2 月份和 3 月份的出口订单增添了较大难度,一些外贸企业面临被合作商索赔违约金的问题。4 月份中国外贸企业全面复工复产,产能逐渐恢复,截至 4 月 7 日,在全国 8776 家外资重点企业中,制造业企业复产率超过 70% 的比例为 76.8%。而同一时间新冠疫情在全球范围内大规模爆发,国外买方要求延期发货,受疫情影响严重的国家的合作方甚至减少订单、取消订单,中国外贸企业面临国外买方拒收货物、拒付货款等问题,产品积压风险提高,出口成本上升。作为世界范围内"大流行"事件,应对新冠肺炎疫情需要各国协力合作,最大程度地降低疫情对世界贸易的不利影响。各国政府应增强相互间的沟通和对话,进一步降低、减免关税,取消各类非关税壁垒,特别是医疗防护用品,减轻新冠疫情对国际贸易的冲击,共同维护世界经济秩序的稳定。

第二,增强对外贸中小企业的融资支持

此次多个行业受疫情冲击较大,全国各行业封闭的时间至少为 2 个月,与大企业相比,中小企业规模较小,资金不充足,且长期面临"融资难、融资贵"问题,所以中小企业在疫情冲击下资金链断裂的可能性较高,承受的破产、倒闭风险更大。应继续下调中小企业的贷款利率,增加中小企业贷款产品供应,适度降低贷款门槛,增加专项信贷额度。对于已贷出的款项,给予还款延期、利息减免或降低的支持,通过多项措施纾解外贸中小企业的资金压力。

除此之外，建议国有资本联合优质社会资本设立中小企业疫情专项扶持基金，拓宽中小企业的融资渠道，有效支持特殊时期中小企业恢复和开展正常的生产经营活动。建议政府在员工社保和薪资、房屋租金等方面给予补贴或减免，为中小企业在疫情期间的顺利过渡提供保障。虽然政府已经出台了部分相关支持政策，但需要切实推动政策落地，使得中小企业得到真正受益，解决企业的融资难题。

第三，加强各项政策的协同性

为尽快推动企业复工复产，中央各部门和各地方政府都出台多项支持政策和措施，例如中国人民银行、财政部、工业和信息化部、国家税务总局、国家发展和改革委员会等。在中央政府层面，各部门之间应加强沟通，增强各部门政策的协调性；在地方政府层面，系统梳理中央各部门已出台的有关政策措施，根据本地企业发展实际情况，在中央政策的指导下，出台地方细化支持措施，与国家政策共同发挥作用，避免出现政策同向叠加和政策实施效率低下问题，使得"中央＋地方"政策组合的最大作用得到有效发挥。

第四，有序推进"新基建"

"新基建"并不是传统的"铁公基"，而是新一代数字基础设施建设。新基建包括7个产业方向，分别是：5G基站建设、新能源汽车充电桩、大数据中心、人工智能、工业互联网、特高压、城际以及城轨交通。在2020年全国各省（市）已公布的重点建设项目计划中，新型信息通信、轨道交通等"新基建"项目的比重大幅度提高。"新基建"通过增加投资和促进科技研发，改变资本投入和技术创新水平，提高全要素生产率，为未来经济增长提供新动能，提升经济增长质量。"新基建"对上下游产业链具有较强的带动效应，促进硬件供应、软件研发、平台应用等各个环节的更新，助推传统产业转型升级，实现产业结构高端化，从供给侧提高产品供应质量，促进出口产品技术复杂度提升。

（二）企业角度

第一，开辟国际贸易新市场

根据目前全球疫情的爆发情况，2020-2021年世界经济形势前景不明朗，多个国际组织已经下调了 2020 年世界经济增长率的预期水平，全球经济将陷入深度衰退。在面临更加严峻的国际形势下，中国企业首先要认清经济贸易发展的国际形势，密切关注世界各国（地区）的疫情变化情况，预判企业与原合作方的出口订单走向；其次，企业根据已有贸易联系、出口倾向和形势预判，有选择地发展新的贸易合作伙伴。比如，在 2020 年 1-3 月，中国对外贸易总额总体呈现下降态势，中国对东盟国家的进出口贸易逆势上扬，比 2019 年同期增长 3.9%，其中出口增长 0.4%。企业应该充分利用疫情期间的时间，做好贸易新市场调研，搜集、整理和分析贸易新市场的经济、政治、文化、法律信息，制定新市场开拓方案，提升企业出口市场的多元化水平，提高企业出口的稳定性。

第二，综合运用多种手段降低汇率风险

外贸企业在进行国际交易结算时，通常采用的是国际支付货币，受疫情影响，国际外汇市场已经出现较大波动，且目前许多国家疫情仍处于初级阶段，世界范围内疫情结束时间的不确定性，将继续对国际金融和外汇市场造成冲击的可能性较大。由于外贸出口的收付款不是即时，且受各国疫情控制影响，整个出口周期——合同签订→订单生产→交付产品→收到货款大大延长，所以汇率风险较平时大大提高，对企业收益造成的不确定影响将增大。建议企业密切关注合作方所在国家的进口政策变动，提高风险管理水平。在与合作方签订合同时加入汇率调整条款，约定汇率风险的承担责任。企业还可以通过购买信用保险，保障企业收汇安全。衍生金融工具也是帮助企业降低汇率风险的有效方法之一，企业应根据实际业务内容和交易需要，合理选择外汇远期合约、期权合约和掉期交易等衍生金融工具进行套期保值。

第三，加快企业数字化、智能化转型

中国数字经济发展势头迅猛，2018 年，我国数字经济规模达到 31.3 万亿元，占 GDP 比重达 34.8%，对 GDP 增长的贡献率超过三分之二。[①] 数字化技术改变了传统的国际贸易方式，降低贸易时间和空间成本，为贸易新业态新模式的发展创造了有利条件。根据《2018 年度中国跨境电商市场数据监测报告》显

---

① 数据来源：《中国数字经济发展与就业白皮书（2019）》。

示，2018年，中国跨境电商交易规模达9万亿元，其中出口的比重为78.9%，进口的比重为21.1%。数字化深刻的改变了人们的生活方式，在此次疫情期间传统消费基本"静止"，而线上新型消费增长迅速，各种类型的互联网平台极大地满足了居家防控期间的购物、餐饮、娱乐、医疗需求。数字化同时改变了企业生产方式和资源配置方式，数字变革对企业冲击影响深远，企业应结合自身发展实际和未来规划，将数字化技术运用到产品生产和服务中，革新企业管理规则，建立高效的资源配置管理系统，提升企业数字化生产效率，提高新技术和新产品开发能力，提升企业产品的出口质量和国际竞争力。

第四，积极拓展国内销售渠道

外贸企业仍要与合作方保持良好沟通，表达合作意愿，稳定原有合作关系，并根据出口目的国疫情管控规定，重新协商出口合同条款，签订出口订单合同。除了国外市场外，外贸企业应该积极拓展国内销售渠道，充分利用国内市场，将部分出口产品转为内销。根据国家统计局的数据显示，2019年，全国居民人均可支配收入为30733元，比2000年增长7.26倍，全国居民人均消费支出为21559元，比2000年增长5.35倍，中国居民收入水平不断提高，消费能力显著提升，国内消费市场潜力巨大。外贸企业可以通过电子商务开拓国内市场，与淘宝、京东、1号店、拼多多、网易严选等多家电商平台进行合作，利用主播带货、线上团购、社交营销等方式增加产品曝光率和知名度，开设网上店铺，进行线上销售，提高产品的国内销量。

参考文献

[1] 陈甬军.复工达产与"一带一路"：稳定全球供应链产业链[J].党政研究,2020(04):1-3.

[2] 邓世专,林桂军.新冠疫情全球蔓延对亚洲工厂的影响研究[J].国际贸易问题,2020(07):32-45.

[3] 姜卫民,范金,张晓兰.中国"新基建"：投资乘数及其效应研究[J].南京社会科学,2020(04): 20-31.

[4] 金碚.关于应对新冠肺炎疫情的经济学理解[J].人民论坛·学术前沿,2020(12):6-13.

[5] 李桂芳. 疫情下的中国供应链：思考与对策 [J]. 商业经济研究, 2020(08): 28-30.

[6] 李晓, 陈煜. 疫情冲击下的世界经济与中国对策 [J]. 东北亚论坛, 2020(03): 43-57+127.

[7] 李雪, 刘传江. 新冠疫情下的中国产业链风险及重构和现代化 [J]. 经济评论, 2020(04):54-60.

[8] 梁艳芬. 新冠肺炎疫情对世界经济的影响分析 [J]. 国际经济合作, 2020(02): 4-11.

[9] 刘志彪. 新冠肺炎疫情下经济全球化的新趋势与全球产业链集群重构 [J]. 江苏社会科学, 2020(03): 1-8.

[10] 沈国兵. 新冠肺炎疫情全球蔓延对国际贸易的影响及纾解举措 [J]. 人民论坛·学术前沿, 2020(07):85-90.

[11] 田素华, 李筱妍. 新冠疫情全球扩散对中国开放经济和世界经济的影响 [J]. 上海经济研究, 2020(04): 109-117.

[12] 王树柏, 张勇. 外贸企业数字化转型的机制、路径与政策建议 [J]. 国际贸易, 2019(09): 40-47.

[13] 吴垠. 新冠肺炎疫情的经济冲击与中国应对 [N]. 中国社会科学报, 2020-03-25(003).

[14] 张复恒. 新冠肺炎疫情对中小微外贸企业的影响及其应对 [J]. 产业经济评论, 2020(03):27-37.

[15] 张宇燕, 倪峰, 杨伯江, 冯仲平. 新冠疫情与国际关系 [J]. 世界经济与政治, 2020(04):4-26+155.

[16] 周新辉, 李昱喆, 李富有. 新冠疫情对中小服务型企业影响评估及对策研究——基于回归算法优化模型的分析预测 [J]. 经济评论, 2020(03):102-120.

海南自贸港跨境资本管理的国际经验及路径设计

徐德顺　王　豪[*]

摘要：跨境资本管理是海南自贸港实现要素自由流动的重要议题。本文梳理了前人研究成果，在此基础上，分析海南自贸港跨境资本现状和发展基础，比较研究新加坡、中国香港和上海等国际自贸港发展的历史经验，针对存在的短期资本投机套利、贸易投资平衡、"影子银行"等风险，提出海南自贸港跨境资本管理思路，建议构建岛内整体数据统筹、信息共享机制，在管住的前提下分阶段放开资本管制，规范"影子银行"涉外资金的操作行为，以及提升自由贸易港的海内外金融与经济辐射能力。

关键词：海南自贸港；跨境资本管理；自由贸易账户；资本风险防范

一、引言及文献综述

2020年6月，中国政府发布《海南自由贸易港建设总体方案》。作为海南自由贸易港（以下简称"海南自贸港"）建设中的跨境资本管理是制度设计实现要素自由流动的重要议题。

作为开放试验区，跨境资本的流入可以降低海南企业融资成本，提高运营效率；跨境资本的流出可以扩大投资机会，促进企业走出去，推动海南自贸港成为直接投资的重要目的地和来源地。开放试验区也意味着需要承担对应的金融风险。虽然成熟的国际自由贸易港的外汇制度都是宽松、自由、开放的，但

---

[*] 作者简介：徐德顺，商务部国际贸易经济合作研究院研究员；王豪，商务部国际贸易经济合作研究院研究生

并不意味着短时间实现汇兑自由的政策可行且安全。相反,短时间内资本账户贸然开放将引起国际资本流动格局的变化,对海南的经济金融造成冲击,从而对中国金融系统的稳定性产生不利影响。因此,海南一方面要吸取上海、新加坡和中国香港的经验教训,促进离岸金融业务的发展;另一方面要立足国内环境和自身情况,促进跨境资本流动,并积极防范跨境资本引致的金融风险。

已有的文献对海南自贸港的研究多聚焦于宏观层面,包括发展困境、区域协同以及建设思路等内容。马国强、赵晓彤(2018)分析了海南自贸港整体的金融环境,认为海南的金融条件和建设目标差距较大,法律保障制度不够完善,应当建立区域资本流动相对宽松的环境。林昆勇(2018)通过对海南自贸区发展机遇的研究,发现海口江东新区的建立带动广西北部湾经济区,提升中国—东盟的开放合作,有利于区域借势转型。曹晓路、王崇敏(2020)结合海南自贸港建设的难点和困境,包括旅游行业的附加值低、利用外贸外资的效率低以及金融业创新开放度不够等问题,根据国际经验建议海南差异化竞争。李善民、史欣向(2020)从区位优势、制度优势和后发优势分析了海南自贸港的建设优势,并给出了与国内其他自贸区、大湾区以及"一带一路"国家联动共振的发展路径。

也有不少学者就跨境资本的风险及管理提出了真知灼见。罗素梅、赵晓菊(2014)分析了上海自贸区开放的背景下短期和长期资本的流动需求,认为自贸区跨境资本流动风险是叠加在传统风险之上的特殊风险,要防止大量套利资金的涌入。袁达松(2016)对自贸区资本流动的研究偏向于货币政策的有效性,认为央行的货币定价权会受到资本流动的影响,使得区内利率、汇率和货币供应量难以稳定。李桂花(2017)认为自由贸易账户的外币服务功能具有创新性,但是分业监管和以账户为核心的监管模式会成为自贸区的瓶颈。总体来说,中国自贸区的跨境资本的管理取得较大进展,但风险防范和监管问题依然不容忽视。

二、海南自贸港跨境资本现状及发展基础

（一）海南自由贸易港跨境资本现状

近些年来，海南省持续受到外资青睐，外商直接投资不断上升。2018年，实际利用外资为8.19亿美元，2019年，上升到15.20亿美元，增长85.67%。尽管受疫情等外部环境的影响，2020年上半年，实际利用外资累计值达到3.20亿美元，同比2019年上半年增长98.69%。同时，海南省对外直接投资额逐年上升，对外经济关系日益紧密，2018年，非金融类OFDI为33.75亿美元，环比增长7.17%。外商直接投资剧增，表明海南自贸港的建设引起了境外机构的高度重视，海南建设自由贸易港的政策红利预期正在释放。

海南自由贸易港的外商投资增长迅速，并且用途趋于合理。一般来说，跨境资本的短期流入会对地区的金融市场产生冲击，形成以房地产为代表的资产泡沫。海南自由贸易港吸取历史教训，建设之初即严控房地产市场，建立和完善房地产长效机制。海南2019年的统计年鉴显示，海南的外商直接投资中，房地产业占比26%，租赁和商务服务业占比58%，制造业占比11%。目前海南自由贸易港的外资投资结构趋于合理，基本符合旅游业、现代服务业和高新技术产业的发展战略。

海南外资前三大来源国（地区），分别是中国香港、英属维尔京群岛和新加坡。2018年，三地累计投资6.82亿元，占比分别为77%、14%和1%。新加坡和中国香港与海南联系紧密，具有天然的地理位置优势，2018年跨境贸易总额分别达到57.24亿元、45.86亿元，居于第三和第四位（美国、法国分别为197.20亿元、80.26亿元，居于第一和第二位）。在海南自贸港便利化政策的支持下，预计新加坡、香港和海南三地的贸易投资将迎来新发展、新机遇。

（二）海南自贸港跨境资本发展基础

1. 天然的离岛优势

跨境资金流动便利是保障贸易投资便利的基础，是中国开放资本项目兑换

的重要试验。与国内其他自贸区不同，海南地理单元独立，具有天然的离岛优势，方便实行"一线放开、二线管住、岛内自由"的海关政策，构建"电子围网"的风险隔离墙，从而推动离岸金融的发展。因此，海南尽管目前面临着外贸结构单一、外资利用率低、经济金融发展缓慢等困境，但发展潜力大，可以成为典型的开放试验区。

2. 自由贸易账户的汇兑便利

海南以国内本外币账户和自由贸易账户（FT账户）为基础，实行金融账户隔离，构建资金"电子围网"，建立多功能自由贸易账户体系，以此推动跨境资金的自由流动。FT账户是可自由兑换的本外币一体化账户，具有分账核算、自由兑换、适用离岸汇率、一线放开、二线管住的特征。2019年海南FT账户覆盖整个自贸区，账户收支金额达到138.2亿元，凭借自贸港的政策优势迅速吸引外资。2020年6月28日，中国银行三亚分行成功为境外基金开立非居民FT账户，完成了海南非居民FT账户流入单笔最大资金2000万美金。

3. 海上丝绸之路的战略要点

从经济地理学分析，离岸金融中心一般分布在岛屿或沿海地区、大洲的交汇处，以便于贸易往来和资金汇集。海南自由贸易港是面向太平洋和印度洋的重要门户，是21世纪海上丝绸之路重要战略支点，同时也是国际国内双循环的重要支点，辐射东盟和印太地区，可以吸收来自世界各国的资本。

（三）海南自贸港跨境资本风险

1. 短期资本投机套利风险

自由贸易账户的套利机会，易成为短期资本的投机目标。由于存在人民币升值预期和境内外利差，境内外套利资金可通过转口贸易企业虚增额度、转移定价、更改收付汇时间差等形式不断流入且难以发现。根据人民银行上海总部2016年跨境人民币业务数据统计，自由贸易账户贷款的平均利率普遍低于境内基准利率，1年期、1至3年期和3至5年期的利率相差分别为0.6%、0.8%和0.55%。另如图1所示，自由贸易账户适用离岸汇率，明显高于中行的汇买价。

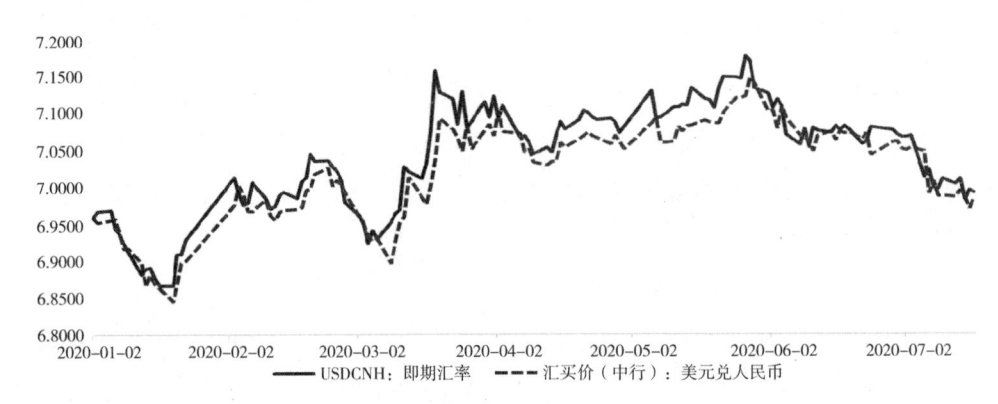

图 1　离岸汇率与中行汇买价的比较

数据来源：WIND 数据库 (2020)。

海南自由贸易账户的开放，定位于主要服务实体经济。境内企业可入驻自由贸易港（区）或设置分支机构，改变投融资和收付汇的路径，合理运用内保外贷、外保内贷等方式，用于企业的实体经营。然而，短期资本"逐利"的天性易导致跨境资金快进快出，1997 年东南亚一些国家资本账户受到国际游资攻击，引发亚洲金融危机，经济发展成果被洗劫一空。自由贸易港与全球经贸往来更为紧密，涉及大量结算资金流动，提高了短期资本投机套利的隐匿性。海南自由贸易账户立足于境内关外，扩大了投机范围，减少了境内资本的套利成本。海南曾经历三次投机浪潮，第一次是地下高价购汇倒卖进口汽车、导致国内外汇储备流失严重，后两次投机房地产、导致房地产泡沫破裂危及当地银行系统与金融市场。故自贸港建设之初，就应该提高防范热钱意识，防止贸易港成为金融投机的热土。

2. 贸易投资平衡风险

海南 FT 账户兼具了在岸和离岸的特点，准备金、税收制度和交易清算遵循在岸账户体系管理要求，而本外币资金敞口离岸市场（含区内）自求平衡体现了离岸账户的优势。自由贸易港的进出口贸易及投资若无法"自求平衡"，可能会影响人民币离岸汇率的波动。对比目前结售汇情况发现，海南的外汇收入和支出比上海少一个数量级，但结售汇差额与结汇的比值是上海的 7—10 倍。结汇体现了赚取外汇的能力，而售汇则体现了外汇的需求。从下表中可以看出，目前海南自身的外汇收入远小于外汇需求的缺口。

表 1 海南与上海的结售汇情况

	上海结售汇差额	上海结售汇差额/结汇	海南结售汇差额	海南结售汇差额/结汇
2019 第 1 季度	-349.43	-0.57	-12.05	-3.85
2019 第 2 季度	-417.94	-0.70	-19.96	-4.49
2019 第 3 季度	-426.40	-0.65	-18.02	-4.55
2019 第 4 季度	-435.69	-0.73	-14.83	-2.41
2020 第 1 季度	-264.06	-0.41	-10.39	-2.00
2020 第 2 季度	-207.58	-0.32	-13.70	-3.87

单位：亿美元。

数据来源：国家外汇管理局。

不同于上海，海南的产业底子薄，创汇能力薄弱，经济发展主要依靠内地紧密的经贸联系。随着自由贸易港的开放，岛内大型投资将逐渐由政府对基础设施的投资，转向市场主体对旅游业、现代服务业和高新技术产业等方面的重点投资，其中包括外商直接投资。本外币账户的外汇需求缺口将转变为自由贸易账户的外汇需求缺口，从而对人民币的离岸汇率产生影响。当海南自由贸易港进出口贸易及投资自主平衡后，则标志其达到国际先进自贸港水准，海南自由贸易账户则接近于离岸账户效果。

3."影子银行"风险

海南自由贸易港通过制度集成创新，加快金融开放的步伐，推动离岸金融中心的建设。然而，截至目前，海南普遍存在金融组织单一、金融产品创新不足、金融人才缺乏等现象，总部设在海南的股份制银行、证券公司、期货公司和保险公司均只有两家，海南的金融业对标自由贸易港金融业的要求还存在较大差距。现实中金融基础设施的匮乏跟不上制度的集成创新，可能会催生地下钱庄为代表的"影子银行"，从而将外汇风险传递至国内的货币银行体系，影响全国货币政策的有效性。

地下钱庄为代表的影子银行游离于政府部门的监管体系之外，可利用自由贸易账户的兑换便利，采用境内外、关内外联动的方式，为异常资金流动提供便利。境外资本流入过度导致国内资金充裕，商业银行形成错误判断，盲目扩张信贷总量,进一步影响到货币体系的稳定性。同时,海南金融市场的广度和深度有限,若外国货币当局收紧银根,异常资金出现回调,海南银行系统缺少安全的缓冲,将会直接影响海南自由贸易港的金融稳定性,是系统性金融风险的重要隐患。

三、国际先进自贸港吸引跨境资本经验借鉴

(一)"简并税制"吸引外来资本和人才

国际资本流动的内在规律之一是利润的驱动性,当投资者预期该国(地区)的资本收益率高于他国(地区),资本就会从他国(地区)流向该国(地区),因此国际自由贸易港的税率普遍较低,特别是避税型离岸金融中心的税收政策更为宽松。海南自由贸易港推行"零关税、简税制、低税率",旨在形成具有国际竞争力的税收制度,减轻入驻企业的落地成本和经营负担。同时,与开曼群岛、维尔京群岛不同,海南自由贸易港坚持金融发展服务实体经济,避免发展成为只注册不经营的"避税天堂"。

通过海南、上海、香港、新加坡最新的税率单个方面比较,海南自贸港已具有优势:关税政策方面,与香港、新加坡接近,海南自由贸易港对负面清单以外的商品免征进口关税,而上海自贸区享受免征关税的范围不包括生活性服务类及负面清单内的商品。企业所得税方面,海南自由贸易港鼓励类企业减按15%征税,低于香港16.5%、新加坡17%的税率。个人所得税方面,海南自由贸易港高端紧缺人才的实际税负与香港、新加坡相近,且人员进出海南自由便利,极大地吸引国内外高端人才。

海南自由贸易港优惠的税收政策是发展总部经济的基础,尤其对有亚太地区发展需求的跨国公司更具吸引力。国际经验表明,税率越低的地方越容易成为总部经济的聚集地,比如新加坡拥有6000多家企业总部,其数量远超北京和上海。海南自由贸易港已吸引内地包括中兴集团、中旅集团等多个总部入驻。总部经济的发展,是海南成为全球产业链布局的关键平台,有利于吸引国际长期资本的战略性流入和推动形成跨境资金营运管理中心。

（二）差异化经营"离岸金融中心"

海南作为中国金融业对外开放的试验田，建设有国际能源、航运、产权、股权等交易场所，虽然目前金融业的规模、产品远不及上海，但是将来应发展成为"国际功能型金融中心"，以配合离岸贸易中心的规划与安排。相较于上海，海南自贸港发展离岸金融的路径应依赖以下比较优势：与上海错位竞争，中国的离岸金融业务尚有较大的发展空间；原生金融环境简单，资本开放的经验易于观察和积累；构建"电子围网"，减轻金融系统风险的传导；地理位置具有天然的离岸优势，避免影响全国范围的经济环境。

相较于新加坡、中国香港，海南自由贸易港发展离岸金融的现实基础在于自由贸易账户。一方面，自由贸易账户实现了跨境结算的便利自由，实现了境外资金的自由汇兑；另一方面，自由贸易账户和境内账户关系紧密，有限渗透规则的变动赋予海南更多的可能性。目前，海南自贸港应严格把控风险，充分体现"一线放开、二线管住"，充分使用电子围网作为境内外金融系统的边界，而有限渗透程度取决于"网眼"的大小，从而决定本外币账户和自由贸易账户跨境资金兑换的便利程度。随着资本项目开放进程的推动和有限渗透的规则变动，未来海南FT账户或可促进离在岸人民币的流通，改变中国资本项流动的路径，提高国际资本的利用效率，推动海南成为跨境资金链的重要节点。

（三）联动粤港澳大湾区共同发展

海南自由贸易港吸引跨境资本的独特优势在于腹地经济支持，是国内大循环和国内国际双循环的重要支点，无论是高新技术，还是资金支持，海南自贸港的建设都离不开粤港澳大湾区的支持。在跨境资本方面，海南和新加坡、中国香港的外商直接投资和对外直接投资长期可保持协同共振的关系，而非相互取代的零和博弈。图2反映了新加坡和中国香港的资本流动呈现同向发展关系。

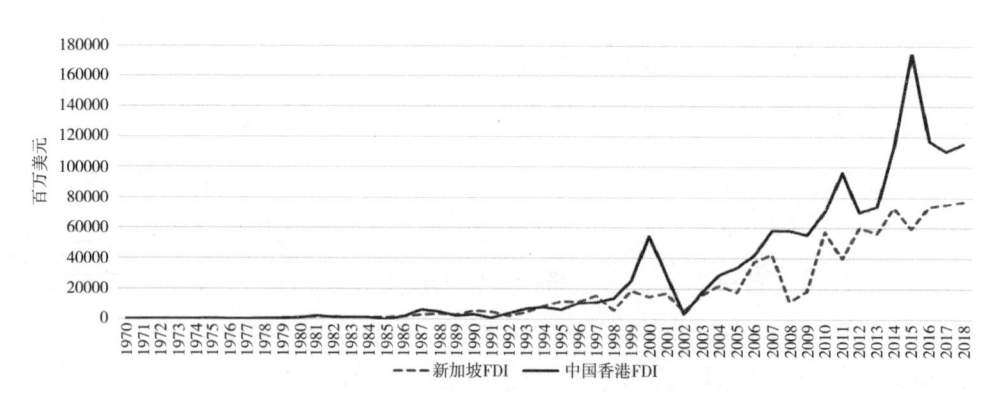

图 2　新加坡和中国香港 FDI 发展趋势

根据 1970 至 2018 的数据，新加坡和中国香港的资金流入和流出具有同增同减的趋势，通过计算，两者资金流入的相关性系数为 0.918，资金流出的相关性系数为 0.922，即随着新加坡外商直接投资的增加，中国香港的外商直接投资额也在增加，新加坡的崛起并没有影响到中国香港的资金链条，而是两者相互协同，共同扩大了东南亚离岸金融市场的影响力，这种协同效应得益于新加坡差异化经营策略。反观海南自贸港，产业政策与两地存在明显差异，聚焦旅游、现代服务和高新技术制造业；资金端需求也不一样，海南自由贸易港的主要结算货币是人民币。因此海南自由贸易港应立足自身优势，联动粤港澳大湾区，协同新加坡、中国香港等亚洲金融中心，形成互补大于竞争、创新促动发展的新局面。

四、海南自贸港跨境资本管理路径设计

（一）海南自贸港跨境资本管理思路

通过分析，海南自贸港资金进出的五种路径分别为海南自贸港的境内外资金流入和流出、关内外资金流入和流出以及自贸港内资金的自循环，如下图 3。

海南自贸港跨境资本管理的国际经验及路径设计

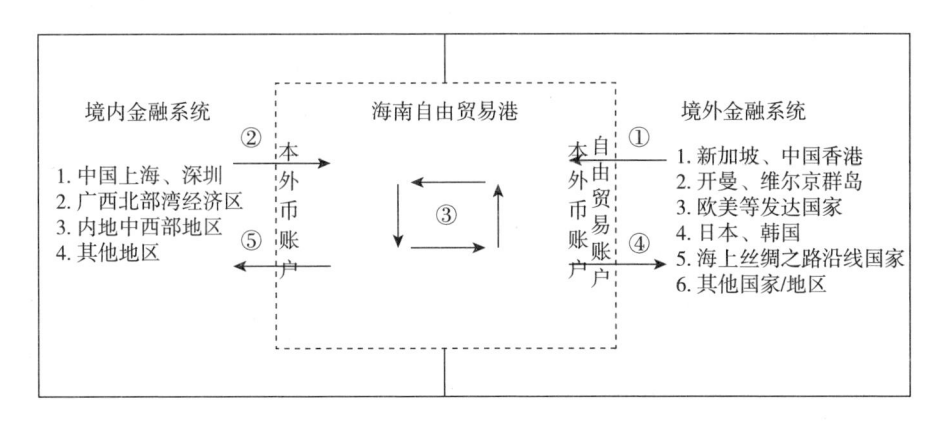

图3 海南自贸港跨境资金流动图

根据海南自贸港跨境资本发展基础和风险所在，借鉴新加坡、中国香港等国际先进自贸港的发展经验，海南自贸港跨境资本管理应主要聚焦促进跨境资本流动和防范跨境资本风险两个方面。本文基于上文海南自贸港资金流向的分析，并结合海南自贸港建设初级、发展、成熟各阶段的特点，提出海南自贸港跨境资金的管理路径，如图4所示。

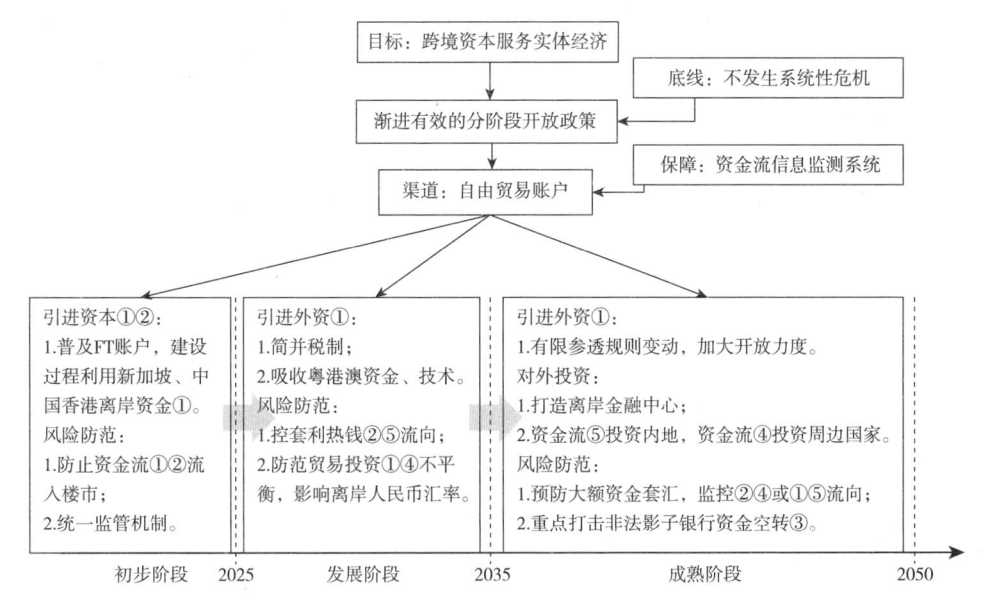

图4 海南自贸港跨境资本管理思路

133

（二）构建岛内整体数据统筹、信息共享机制

中国现行账户系统较为复杂，增加了防范短期资金投机的难度，解决的关键在于数据统筹、信息共享，通过整合账户将热钱的防范聚焦于开户个体。人民币银行账户系统由人民银行总行管理，外币银行账户系统由外汇管理局管理，自由贸易账户（FT）系统由人民银行总行上海总部管理，彼此账户信息、业务信息相互独立。由于 FT 账户的特殊性，人民银行上海总部要求标识分设、分账核算、独立出表、专项报告。单一账户由专门部门管理，是实务工作效率的要求，提高相应部门的责任心和专业性。然而，三类账户不同的监管要求会对商业银行的合规和风险管理带来困难，现实中还可能会出现交叉监管、监管空白的情况，难以从整体上把握系统性风险。目前上海自贸区已建设自由贸易账户监测管理信息系统（FTZMIS），并建立了一套宏观审慎管理的政策框架。

海南自由贸易港的监测框架，应在吸收上海自贸区经验的基础上，以全岛的"风险"和"目标"为导向，整合银行的本外币账户和自由贸易账户体系，风险把控的微观基础从银行账户转向开户主体。同时，地方政府与人民银行机构加强协作，维持自由贸易港稳定的金融体系，防范岛内系统性风险的发生。人民银行内部加强机构之间的合作，外部和地方政府形成良好互通的机制，在商业银行的辅助下逐渐实现以开户个体为基础的功能监管和行为监管，技术层面表现为数据统筹、信息共享机制，从而构建海南自由贸易港的金融风险防控体系，及时化解岛内风险隐患。

（三）在管住前提下分阶段放开资本管制

目前，海南自由贸易港的进出口的体量较小，逆差数额不大，且大多通过本外币账户兑换。但在全国免税港的背景下，进口额势必要大幅提升，对自由贸易账户的使用也趋于频繁，失衡问题将会成为海南自贸港不得不考虑的问题。解决问题的根本在于提高创汇能力，一靠出口，二靠投资。显然，在海南自贸港建设之初，吸引外国直接投资是最直接、最有效的手段。上海自贸区是中国内陆的一块特殊区域，很难做到贸易及投资上的内外分离，而海南自由贸易港的离岸特征，使其实施"一线放开、二线管住"具有天然的优势，可以降

低外资进入的门槛，提高外国投资的审核效率。

资本项目开放是海南自贸港跨境资金流动便利的必然要求，但自贸港的建设也应处理好"放开"与"管住"之间的关系。海南作为中国资本项目兑换的试点区域，以尚未完全可兑换的人民币作为流通货币和主要结算货币，当人民币汇率不稳定或者国际形势发生变化时，海南自由贸易港可能会成为境内外资金流转的重要中转点。因此，海南自由贸易港的开放应在不发生重大风险的前提下，一线有序放开，最大限度地利用国际金融资源，对标国际高水平经贸规则，缓解自由贸易账户的逆差；二线适度管住，缓冲、分解境外资金风险，构建防火墙防止境外资本流入境内。海南开放的前景分为两个阶段：第一阶段，自由贸易账户体系惠及海南，推动跨境贸易和投融资的自由化和便利化，以吸引外资为主；第二阶段，海南离岸金融中心形成初步规模，有限渗透规则分阶段放开，海南成为跨境资金链的重要节点。

（四）规范"影子银行"涉外资金的操作行为

针对海南金融基础薄弱，当地政府应引导影子银行进入合理发展轨道，通过制度改革与发展，对良性经营的融资机构予以支持，对从事非法活动的地下钱庄予以打击，促进多层级金融市场的发展，满足海南自贸港建设中多元化的资金需求。同时，市场监管部门有针对性地开展对非金融企业现场检查，核查注册企业的真实运营情况，核查其外汇申报的真实性，防止资金空转的风险。

人民银行和银保监部门应要求商业银行和"影子银行"降低关联性，防止"影子银行"的风险传导至商业银行，影响货币政策效果，从而诱发系统性危机。另外，积极防范银行表外融资业务的风险，对于表外融资产品套利、套汇的路径和机制进行调查，从而将游离于统计之外的"外债"纳入监管范围。

（五）提升自由贸易港的海内外金融与经济辐射能力

海南自由贸易港与粤港澳大湾区的联动发展，增加中国的区域辐射能力，深度融入全球经济体系的前沿地带。海南处于国内国际双循环的重要支点，对内辐射广西北部湾经济区等国内中西部地区，对外联接东盟和其他海上丝绸之路沿线国家。随着国际政治格局的变化，海南在降低对美欧日等传统贸易伙伴依赖度的同时，更应该做好周边国家的产业对接，做到名副其实的海上丝绸之路的中心。

中国率先走出疫情影响，成为公认的国际短期资本的避风港，短期资金的大量涌入在所难免。从长期来看，海南自由贸易港将成为资本的蓄水池，聚集海内外投融资的需求。海南自由贸易港应在上海经验的基础上，采取产业、资本差异化发展策略，打造新型亚太离岸金融中心，与新加坡、中国香港共同繁荣发展。

参考文献

[1] 田珍.中国建设自由贸易港的战略意义与发展措施[J].国际经济合作,2017(12):29-34.

[2] 曹晓路,王崇敏.建设自由贸易港的国际经验与海南路径[J].国际贸易,2020(04):48-55.

[3] 曹晓路.海南自由贸易港金融创新的法律规制[J].海南大学学报人文社会科学版,2020(05):38-44.

[4] 项卫星,王达.国际资本流动格局的变化对新兴市场国家的冲击[J].国际金融研究,2013(2):90-94.

[5] 罗素梅,赵晓菊.自贸区金融开放下的资金流动风险及防范[J].现代经济探讨,2014(07):60-63.

[6] 李娜.自贸试验区离岸金融业务的配套税收政策研究[J].国际税收,2019(02):17-20.

[7] 中国银行研究院.海南自贸港以制度创新打造开放新高地[J].宏观观察,2020(06):1-15.

[8] 杨叠涵,陈瑛.全球离岸金融中心（OFCs）地理特征研究[J].世界地理研究,2013(03):97-103.

[9] 王应贵,姚静,杨婕.香港离岸金融中心的国际地位与竞争力分析[J].亚太经济,2012(2):139-144.

[10] 周诚君.关于我国银行账户体系的若干思考——兼论FT账户和海南自贸区（港）账户选择问题[J].上海金融,2018(11):1-6.

[11] 杜鹏.我国跨境资金流动现状与特征分析[J].上海金融,2011(06):10-14.

[12] 田拓.后危机时代对跨境资金流动管理的思考——兼论IMF关于管理资本流入的政策框架[J].国际金融研究,2011(08):50-55.

[13] 崔琳,周方伟,李军林.统一监管还是分业监管——基于不完全契约的视角[J].金融评论,2009(06):68-86.

[14] 田拓,马勇.中国短期跨境资金流动——波动性测度及影响力因素分析[J].金融研究,2013(12):87-99.

[15] 喻海燕,范晨晨.资本账户开放、制度质量与资本外逃:基于"金砖五国"的研究[J].国际金融研究,2018(10):45-54.

[16] 李思敏.跨境资金流动中的风险监管[J].中国金融,2011(03):24-25.

[17] 廖儒凯,任啸辰.中国影子银行的风险与监管研究[J].金融监管研究,2019(11):68-83.

[18] 林昆勇.海南自贸区建设新机遇下广西北部湾经济区发展策略研究[J].广西大学学报(哲学社会科学版),2018(4):61-67.

[19] 李善民、史欣向.高质量高标准建设自由贸易港的现实路径[J].人民论坛,2018(19):58-41.

[20] 袁达松.论自由贸易区试验下中央银行的货币定价权[J].社会科学,2016(5):88-95.

[21] 马国强.建设中国特色海南自由贸易港的金融环境分析[J].海南大学学报人文社会科学版,2018(4):26-32.

[22] 李桂花.上海自贸区账户监管模式、路径依赖与顶层设计创新[J].上海经济研究,2017(4):98-104.

新冠疫情冲击背景下中国对日本出口贸易增长的动态波动研究

——基于引入贸易扩张边际分析的恒定市场份额模型分解

郭俊晖 章秀琴[*]

提要：以与中国出口贸易紧密联系的重要市场——日本为研究对象，在分析疫情冲击中国对外贸易的作用机制的基础上，利用原创的引入贸易扩张边际分析的恒定市场份额模型，分别从三元边际与产品线结构角度对疫情期间中国对日出口的各个动态效应进行分解。结果表明：一方面，新冠疫情发展事态的严重化确实对于中国出口的增长造成源于不同效应的冲击；另一方面，国际市场需求总量虽然低迷，但与中国对外出口结构上的互补性还是较强，而在国内的供给侧，虽然中国对国际市场的出口总量竞争实力依旧较强，但在结构层面却存在着非常严重的失衡。

关键词：三元边际；产品线结构；恒定市场份额分析；核密度估计

1. 引言

2020年年初爆发的新型冠状病毒感染的肺炎（以下简称"新冠肺炎"）所引发的疫情显著地冲击了中国的对外贸易出口，并严重地影响了世界的国际贸易发展。准确地判断并分析此次国际突发公共卫生事件对于中国对外贸易的影响是调整今后中国对外贸易发展方向的重要基础。同时，作为世界上国内生产总值国家排名第三且与中国的贸易伙伴关系长期保持紧密的日本也受到了疫

---

[*] 作者简介：郭俊晖，安徽工程大学管理工程学院学生；章秀琴，安徽工程大学管理工程学院教授。

情的冲击。中日两个邻国的经贸合作在许多领域都有着巨大空间，因而在分析中国对外出口贸易增长时以东亚国家日本作为研究对象非常具有代表性与研究意义。

在"新型冠状病毒疫情"爆发后，学界学者们纷纷基于专业知识，对当前中国经济所面临的境遇给出了自己的看法与建议。纵观现有研究，虽然文献数量比较丰富，但仍可作以下拓展：首先，在研究视角方面，学者们在考察新冠疫情对于中国的影响之时往往侧重于对宏观层面的经济分析，少数分析对于国际贸易影响[1]与我国对外贸易的影响[2]的研究却大多集中在总量或者定性分析层面，对于中国对外贸易发展的具体波动态势缺少量化的考量；其次，在研究对象方面，学者们往往会结时事分析全球产业链[3]以及中国与世界之间的经济联系[4]会遭遇何种波澜，但是对于中国与其周边重要贸易伙伴的关系研究却甚少；最后，在研究方法方面，一方面，有学者采用了可计算的一般均衡模型[5]、投入产出架构[6]以及因子增广向量自回归模型[7]等定量方法分析当下中国经济的处境，以此来给出比较精确的结论，另一方面，也有学者通过将"新冠"与"非典"等历史上著名的疫情进行比较[8]，以此来定性阐述当下中国经济可能会面临的困难并提出相关的建议。

边际贡献主要表现在两个方面：从理论角度看，在梳理了新冠疫情冲击中国对外贸易作用机制的基础上，创新性地将包含三元边际与产品线结构的贸易扩展边际方法引入至恒定市场份额分析之中，此可视作是对传统贸易增长数量测度与效应分析方法在视角与维度上的一种拓展与综合；从实证角度看，自技术结构与要素阶梯视野切入并对疫情期间中国对日本出口贸易增长的贸易流量结构进行分析，有助于分析产生此种增长模式的起源，研判更符合中国出口贸易实际的跨期变化态势，进而预期因此宏观背景而引致的经济震荡对于中国对外贸易扩张模式的动态分布演进影响究竟如何。

2. 新冠疫情冲击中国对外贸易的作用机制分析

在2020年"新型冠状病毒引发的肺炎"蔓延前期（1-2月），中国国内抗疫形势相对来说比较严峻。有研究表明，人口流动的管制可在短时间内最大程

度地降低疫情传播 [9]，因而出于抗击疫情的需要，在流行病学上最为有效的方法就是通过"停产停工""居家隔离"等措施来阻断病毒的传播途径，这在经济系统中将会直接地导致社会中大量的劳动者的劳动与生产资料相分离，使得供给面的生产停摆，进而直接导致出口货物贸易数量与金额的下降。在国际贸易学中，无论是从盈利能力角度还是从市场占有率角度来看，出口情况都是反映一国产业国际竞争力的非常重要的指标，因而在此时期，疫情的冲击在国际市场供给侧的主要表现便是中国对外商品出口的贸易竞争力水平将会有所下降。

在 2020 年 3-4 月，中国国内的抗疫形势相对好转，但疫情却在国际上开始大范围地扩散与蔓延。先前，世界贸易组织等多方势力通过诸多努力促进了世界市场的不断扩大与贸易壁垒的消除，使得国际市场愈发地向充分自由、完全竞争的态势转变。但此时，国际抗疫形势的严峻则直接导致了国际贸易中原本高效运作的国际市场交易机制遭到了显著的破坏，使得国际市场中商品流动的速率变缓，故从需求侧来看，市场结构性效应所引致的增长作用相对减弱。在这种情况下，虽然由于中国国内抗疫形势的好转而通过"复产复工"恢复了对于国际市场的供给，但由于疫情蔓延对于国际市场需求侧的冲击，使得中国的对外贸易出口也遭到了相应的波动。

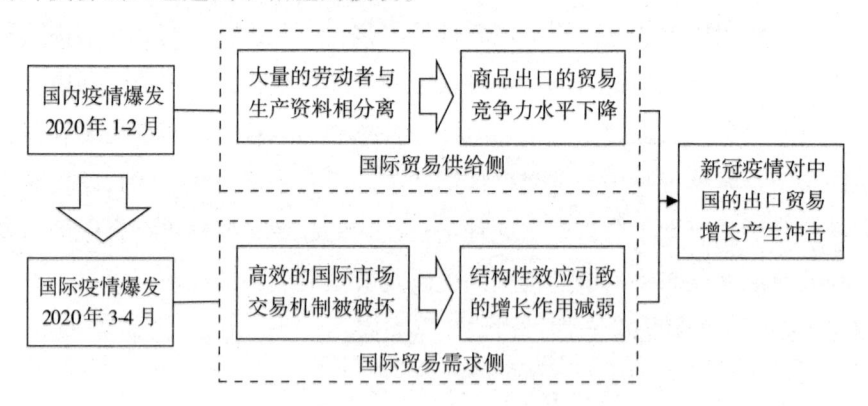

图 1 新冠疫情冲击中国对外贸易的作用机制

3. 引入贸易扩张边际分析的恒定市场份额模型构建

3.1 贸易扩张边际分析方法概述

3.1.1 出口方式视角——H-K 指数分解法

出口扩张边际的二元划分已经为贸易经济学界所广为接受，其基本含义即是贸易"多样性与单一性的分野"。考虑到研究的主题与分析对象，本文选择从市场 – 产品层面进行切入。根据 HKIM 与 HKEM 指标（下文简称"IM"与"EM"），双边层次的边际等式（Hummels 与 Klenow，2005）[10]为：

$$s_{ij} = \mathrm{IM}_{ij} \times \mathrm{EM}_{ij} = \frac{\sum_{i \in I_j} p_{ij} x_{ij}}{\sum_{i \in I} p_{ij} x_{ij}} \qquad (1)$$

式中，r 指代参考国，在本文中为整个世界，j 指代对象国，在本文中为日本国。该式表明中国对日本出口 i 商品占日本自国际市场 i 商品进口额的比重为产品广度与产品深度的乘积，即若报告期相比于基期增加了出口商品的种类或者数量均将导致出口国在目标市场贸易份额的扩张。

3.1.2 产品线视角——A-F 数量分解法

在上述基础上，考虑到测算结果的完善性，本文决定还将参考 Amiti 与 Freund（2007）[11]分解测度法的基本思想并引入动态的时间概念，即将一国的总贸易增长率按照产品线结构边际分解为三类：①源自内涵边际扩张的持续产品（T、T-1 两个时期均有出口的产品）、②消亡产品（T 时期不再出口的产品）、③源自外延边际扩张的新进产品（T 期相对于 T-1 期新增出口的产品），故总贸易增长可如下式所示进行分解：

$$\frac{\sum_i V_{ti} - \sum_i V_{0i}}{\sum_i V_{0i}} = \frac{\sum V_{ti}(I_{t0}^E) - \sum V_{0i}(I_{t0}^E)}{\sum V_{0i}} - \frac{\sum V_{0i}(I_{t0}^D)}{\sum V_{0i}} + \frac{\sum V_{0i}(I_{t0}^N)}{\sum V_{0i}} \qquad (2)$$

0 表示基期，t 表示报告期，i 表示某种类型的产品，I_{t0}^E 表示"原有产品出口的变化"，I_{t0}^D 表示"消失产品的变化"，I_{t0}^N 表示"新产品出口的变化"，V_{ti} 与 V_{0i} 分别表示报告期与基期的贸易额。

3.2 引入贸易扩张边际分析的恒定市场份额模型构建

3.2.1 经典恒定市场份额模型

目前，在国际贸易学中，根据具体市场的性质不同，学者们已经对恒定市场份额模型进行了三次重要的分解，包括：假定出口商品去向是无差别的"单一层次分解"（Tyszynski, 1951）、将出口视作一组由较大异质性产品所组成集合的"双层次分解"（Baldwin, 1958；Leamer, 1970；Richardson, 1976）与继续引入对外贸易地理方向情形的"三层次分解"（Jepma, 1986）[12]。最终确立了经济意义为："出口增长变动 = 世界贸易影响（增长效应）+ 商品构成影响（商品效应）+ 市场分布影响（市场效应）+ 竞争力残差（二阶效应）"的恒等式。

3.2.2 引入 H–K 指数分解法的恒定市场份额模型

在上述概念阐述的基础上，借鉴 H–K 指数方法的核心思想，将传统的恒定市场份额模型从贸易扩张边际分析的角度重新进行市场层面的"三层次"分解：

$$\Delta q = \sum_i \sum_j s_{ij}^0 \Delta Q_{ij}^t + \sum_i \sum_j \Delta s_{ij}^t Q_{ij}^0 + \sum_j \Delta s_{ij}^t \Delta Q_{ij}^t$$

$$= \underbrace{\sum_i \sum_j IM_{ij}^0 EM_{ij}^0 \Delta Q_{ij}^t}_{\text{结构效应}} + \underbrace{\sum_i \sum_j \Delta(IM_{ij}^t EM_{ij}^t) Q_{ij}^0}_{\text{竞争力效应}} + \underbrace{\sum_j \Delta(IM_{ij}^t EM_{ij}^t) \Delta Q_{ij}^t}_{\text{二阶效应}} \quad (3)$$

式中，Δq 表示两期内一国出口额的变化量，j 表示国家，在本文中指代日本国。故 s_i^t 与 s_i^0 分别表示报告期与基期中国 i 类商品出口额在日本自国际市场进口 i 类商品总额中所占份额，Q_i^t 与 Q_i^0 分别表示报告期与基期日本自国际市场进口 i 类商品总额。二元边际分解结果表明，在出口贸易增长的结构效应、竞争力效应与二阶效应中均存在着源自不同时期的集约边际效应与扩展边际效应。

3.2.3 引入 A–F 数量分解法的恒定市场份额模型

继续引入上述 A–F 分解测度法的基本思想，同时参考李萍（2015）[13] 从出口变动的绝对值角度与刘岩（2018）[14] 从市场份额变动的角度所进行的三层次分解过程，对经典的恒定市场份额模型进一步进行"四层次（Four-Level）

分解"，以便将研究视角更加细分至产品 – 市场层面，出口增长的分解具体结果如下：

$$\Delta q = [IM^0 EM^0 \Delta Q + S^0(-Q^0)]$$
增长效应

$$+ \left[\sum_i\sum_j IM_{ij}^0 EM_{ij}^0 \Delta Q_{ij} + \sum_i\sum_j S_{ij}^0(-Q_{ij}^0) - \sum_j IM_j^0 EM_j^0 \Delta Q_j - \sum_j S_j^0(-Q_j^0)\right]$$
市场效应

$$+ \left[\sum_i\sum_j IM_{ij}^0 EM_{ij}^0 \Delta Q_{ij} + \sum_i\sum_j S_{ij}^0(-Q_{ij}^0) - \sum_i IM_i^0 EM_i^0 \Delta Q_i - \sum_i S_i^0(-Q_i^0)\right]$$
商品效应

$$+ \left[\sum_i IM_i^0 EM_i^0 \Delta Q_i + \sum_i S_i^0(-Q_i^0) - IM^0 EM^0 \Delta Q - S^0(-Q^0)\right]$$

$$- \left[\sum_i\sum_j IM_{ij}^0 EM_{ij}^0 \Delta Q_{ij} + \sum_i\sum_j S_{ij}^0(-Q_{ij}^0) - \sum_j IM_j^0 EM_j^0 \Delta Q_j - \sum_j S_j^0(-Q_j^0)\right]$$
结构交互效应

$$+ [\Delta(IM^t EM^t)Q^0 + (-S^0)Q^0]$$
整体竞争力效应

$$+ \left[\sum_i\sum_j \Delta(PM_{ij}^t XM_{ij}^t EM_{ij}^t)Q_{ij}^0 + \sum_i\sum_j (-S_{ij}^0)Q_{ij}^0 - \Delta(PM_{ij}^t XM_{ij}^t EM_{ij}^t)Q^0 - (-S^0)Q^0\right]$$
具体竞争力效应

$$+ \left[\left(\frac{Q^t}{Q^0} - 1\right)\left(\sum_i\sum_j \Delta(IM_{ij}^t EM_{ij}^t)Q_{ij}^0 + \sum_i\sum_j (-S_{ij}^0)Q_{ij}^0\right)\right]$$
二阶效应

$$+ \left[\sum_i\sum_j \Delta(IM_{ij}^t EM_{ij}^t)\Delta Q_{ij} + \sum_i\sum_j S_{ij}^0 Q_{ij}^0\right]$$

$$- \left[\left(\frac{Q^t}{Q^0} - 1\right)\left(\sum_i\sum_j \Delta(IM_{ij}^t EM_{ij}^t)Q_{ij}^0 - \sum_i\sum_j (-S_{ij}^0)Q_{ij}^0\right)\right] \quad (4)$$
动态结构效应

143

式中以大写字母S表示消亡产品所占市场份额。同时根据研究实际，在考察具体竞争力效应时，还进一步地借鉴了施炳展（2010）[16]设计的关于贸易增长的三元分解框架，即将商品深度分解为商品数量与商品价格的乘积，故中国对日本市场的出口份额可再分解为贸易广度、贸易数量与贸易价格。商品价格指数与商品数量指数由下式表示：

$$PM_{ij} = \prod_{i \in I_j} \left(\frac{p_{ij}}{p_{ir}}\right)^{w_{ij}}, XM_{ij} = \prod_{i \in I_j} \left(\frac{x_{ij}}{x_{ir}}\right)^{w_{ij}} \tag{5}$$

指数的权重 w_{ij} 计算方法如下：

$$w_{ij} = \frac{\frac{s_{ij}-s_{ir}}{\ln s_{ij} - \ln s_{ir}}}{\sum_{i \in I_j} \frac{s_{ij}-s_{ir}}{\ln s_{ij} - \ln s_{ir}}} \tag{6}$$

其中，s_{ij} 与 s_{ir} 分别表示在中国对对象国的出口总额中与对象国自参考国的进口总额中 i 类商品所占比重：

$$s_{ij} = \frac{p_{ij}x_{ij}}{\sum_{i \in I_j} p_{ij}x_{ij}}, \quad s_{ir} = \frac{p_{ir}x_{ir}}{\sum_{i \in I_j} p_{ir}x_{ir}} \tag{7}$$

根据定义可知，上述恒等式中除了将部分项中的中国对日本出口占日本自国际市场进口的比重划分为多元边际外，还均在各分解项后引入了消亡效应，即与 A–F 数量分解法中的消失产品负效应相对应，表示在该项的效应中两期间产品的消亡引致了一定的负作用，其余符号含义同上。

4. 疫情期间中国对日本出口贸易增长的动态波动分解

4.1 时段划分与数据选取

考虑到上述疫情在中国传播的不同时间段特征。将选取2019年11月–12月、2020年1月–2月、2020年3月–4月三个时期对疫情期间中国对日本出口贸易增长的动态波动进行研究。实证研究中所需的有关中国对外贸易进出口的数据来源于 DRCNET 对外贸易数据库，有关于日本对外贸易进出口的数据来源于联合国商品贸易数据库与日本财务省贸易统计数据库，同时，为仔细考察不同经济性质大类下的消亡商品对出口贸易变动所带来的影响，选择采用 HS

六位码数据进行测算。

更进一步地,在考察产品－市场层面的具体竞争力效应分解时,本文考虑到 Lall（2000）[17] 所提出的发展中国家出口技术复杂度重要性的观点与学界关于"Rodrik 悖论"（2006）的讨论 [18],决定在参考经济合作组织（OECD）划分技术产品的标准的基础上,借鉴陈晓华与黄先海（2010）[19]、周禄松（2014）[20] 等的处理方法,将协调制度下的商品统计分类分为资源密集型商品 RP、劳动密集型商品 LP、资本密集型 CP、技术密集型 TP 商品四类,以便从商品要素禀赋与出口结构技术含量的角度来更仔细地观察各效应的作用,同时以 C 指代各个效应的贡献率,以 D 指代商品消亡率。

4.2 总量层面的分解——增长效应与整体竞争力效应

"增长效应"主要表示中国的出口额随着贸易伙伴国（日本国）的市场进口规模的扩大而变动的情况,而"整体竞争力效应"则反映了中国对日本整体出口竞争力变动的趋势。由图 2 可知,自 2020 年初新冠疫情爆发以来,中国对日本出口增长的增长效应对出口增长的贡献率先增加后减少,同时,整体竞争力效应的贡献率趋势在 2020 年 1–2 月跌至低谷,然后自 2020 年 3–4 月后有所恢复。

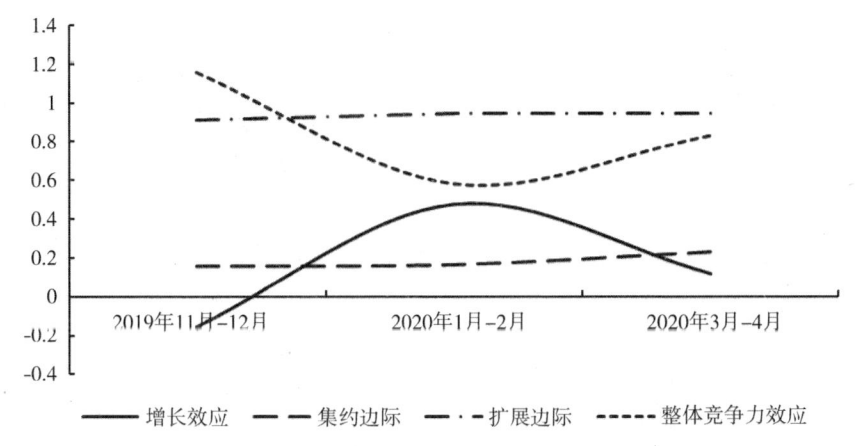

图 2 疫情期间中国对日本出口增长的增长效应与整体竞争力效应贡献率变化

除此之外,在报告期的二元边际中,扩展边际一直处于高位运行态势,而在集约边际方面，数值一直很低，且这两种效应并无明显的波动，这说明在疫情期间中国对日本贸易的增长主要归因于出口商品种类变动的影响，而出口商品的贸易深度很低。因此，在疫情期间，虽然从供给端看疫情事态的严重化的确对中国出口日本的贸易整体竞争力产生了一定的影响，但中国对日本出口贸易增长较为低迷的主要原因也同样由需求端所引致，即日本国内市场消费总体不振的作用。

4.3 需求侧的结构分解——商品效应

"商品效应"说明在疫情期间中国的出口是更多地集中在了需求快速增长的商品种类上面还是在需求增长缓慢的种类上面，也就是说，这一部分将考察在疫情期间，中国出口的贸易产品与日本市场需求结构的互补性究竟如何。

在疫情传播的前期（2019年11月–12月）中国的大部分商品的对日出口其实是在很大程度上满足了日本国内市场增长的需求的，其中，中国出口的矿类产品（T05）与日本的市场需求具有强互补性，其他商品，如动物类产品（T01）、汽车船舶等运输类设备（T17）、杂项制品（T20）等也在很大程度上满足了日本市场的需求。此外，纺织类制品（T11）与机械制造类产品（T16）对中国出口增长的贡献是绝对不利的，从区域产业发展的角度看，前者是由于中国劳动密集型产业生产成本提升而引致的新一轮的国际产业转移，使得日本可以从东南亚等国获取大量的、更为适合的替代品，进而影响了中国对日出口纺织类制品的竞争；后者则主要是由于日本国自身的机械制造竞争力强势，可以在较大的程度上不依赖于从中国的进口。

表1 疫情期间中国对日本出口增长的商品效应分解结果

商品大类	2019.11–2019.12			2020.1–2020.2			2020.3–2020.4		
	C	IM	EM	C	IM	EM	C	IM	EM
T01	52.40%	0.0981	0.8929	−45.80%	0.0988	0.9643	−11.24%	0.0814	0.8400
T02	2.22%	0.1207	0.8833	−47.29%	0.1249	0.8000	−11.01%	0.1100	0.8571
T03	15.96%	0.0043	0.8333	−47.68%	0.0050	0.7500	−11.71%	0.0053	0.8000
T04	13.79%	0.2349	0.9231	−44.98%	0.2385	0.9423	−10.44%	0.2372	0.9184

续 表

商品大类	2019.11–2019.12			2020.1–2020.2			2020.3–2020.4		
	C	IM	EM	C	IM	EM	C	IM	EM
T05	124.12%	0.0212	0.8667	−47.39%	0.0182	0.9111	−12.26%	0.0122	0.8810
T06	−65.84%	0.1175	0.9461	−47.33%	0.1235	0.9760	−10.35%	0.0939	0.9755
T07	−53.96%	0.1898	1.0000	−46.74%	0.2215	0.9730	−10.70%	0.1991	0.9722
T08	31.32%	0.1693	0.9200	−47.24%	0.1751	0.9200	−12.37%	0.2665	0.9583
T09	11.84%	0.0702	0.9583	−47.54%	0.0740	0.9583	−11.58%	0.1049	1.0000
T10	26.61%	0.1494	0.8857	−47.23%	0.1535	0.9429	−11.60%	0.1879	0.9394
T11	−801.92%	0.2891	0.9799	−44.06%	0.2767	0.9866	−3.55%	0.4291	0.9730
T12	−34.38%	0.2438	1.0000	−48.70%	0.2202	1.0000	−12.15%	0.3338	0.9474
T13	−7.47%	0.2003	1.0000	−47.37%	0.2169	1.0000	−11.29%	0.3119	1.0000
T14	16.57%	0.0044	1.0000	−47.70%	0.0067	1.0000	−11.72%	0.0056	0.8125
T15	−11.82%	0.2137	0.9366	−44.22%	0.2318	0.9577	−10.88%	0.2095	0.9565
T16	−696.75%	0.3267	0.9923	−15.09%	0.3477	1.0000	−0.68%	0.2887	1.0000
T17	87.58%	0.1439	0.8667	−42.47%	0.1383	0.8667	−10.14%	0.1484	0.9878
T18	−24.10%	0.1492	1.0000	−46.06%	0.1534	1.0000	−11.52%	0.1195	0.9811
T19	16.45%	0.0198	0.7500	−47.70%	0.0121	0.7500	−11.73%	0.0127	1.0000
T20	52.03%	0.5731	1.0000	−37.09%	0.6202	1.0000	−9.96%	0.4491	1.0000
T21	17.59%	0.0179	0.8000	−47.70%	0.0101	0.4000	−11.73%	0.0027	1.0000
T22	26.16%	0.0394	1.0000	−47.33%	0.0397	1.0000	−11.75%	0.0399	1.0000

在疫情爆发并大面积地蔓延后（2020年1-2月），中国对日本出口增长的商品效应对于中国出口增长的贡献率全部变为了高位负值，说明此时，中国对日的商品出口以及不能够与日本市场形成良性的互补关系了。而在中国国内"新冠疫情"的发展得到了比较明显的控制后（2020年3-4月），中国对日本出口增长的商品效应对于中国出口增长的贡献率虽然依旧还是负值，但在态势上已经有了明显的好转。

在二元边际的视角下，中国对日本出口增长各类商品的扩展边际一直很高，而集约边际均较低.具体而言，在三期内，杂项制品（T20）的集约边际水平一直最高，而动、植物油、脂及其分解产品（T03）最低，武器、弹药及其零件的扩展边际水平（T19）最低。

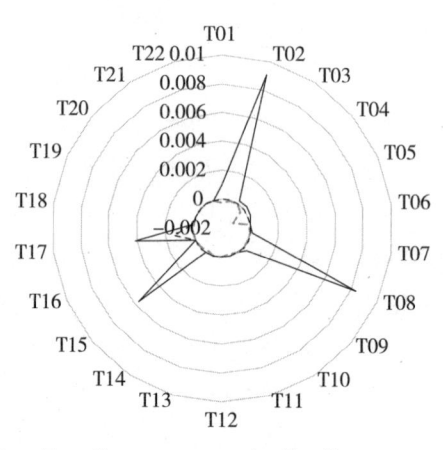

图 3　疫情期间中国对日本出口增长中商品效应的消亡作用分解

从消亡产品的类别上看，第 17 类商品——"车辆、航空器、船舶及有关运输设备"在两期内存在着消亡作用的重叠，说明日本国对于自中国进口的这类商品的需求并不稳定；从消亡作用的数值上看，在疫情期间，商品效应的消亡作用非常小且在疫情中后期贸易中的各类商品几乎无消亡，说明中日两国之间的贸易关系较为紧密且消亡现象的发生概率不大；从消亡作用的变化趋势上看，消亡产品作用的高峰集中在 2019 年 11 月 –12 月，这主要是受周期性的经贸波动——中国的年度春节假期的影响，故其先于"新冠疫情"的爆发而出现。

本节的分析说明，"新冠疫情"的冲击还是在很大程度上影响到了中国对日出口的贸易产品与日本市场需求结构的互补性，不过随着疫情的好转，这种态势有所回升。

4.4 供给侧的结构分解——具体竞争力效应

由上述测算结果可知，在疫情发展的态势得到了比较明显的遏制后，中国对日出口的贸易产品与日本市场需求结构的互补性是有所增强的。不过，这种分析主要是基于日本市场的需求结构而展开的，中国对日贸易的出口结构对于这种"增强态势"的影响究竟几何还需要进一步展开分析。

从先前的整体竞争力效应分析我们可以得知，在总量层面，疫情事态的严重化对中国出口日本的贸易整体竞争力产生的一定的影响。具体地从各类商品的层面来考察，在疫情传播的前期（2019年11月-12月），除了资本密集型商品CP（如化学工业及其相关工业的产品、机械器具类制品、运输设备等）呈较高的正值外，其余要素梯队商品的具体竞争力效应对于对日本出口增长的贡献率其实多为负值，说明在疫情爆发进而对外贸行业带来冲击以前，中国对日本市场的出口在技术结构上就其实已经是朝着较为不利的方向发展了。

表2 疫情期间中国对日本出口增长的具体竞争力效应分解结果——产品线视角

产品要素类型	2019.11-2019.12 C	2019.11-2019.12 D	2020.1-2020.2 C	2020.1-2020.2 D	2020.3-2020.4 C	2020.3-2020.4 D
RP	-135.24%	2.1732‰	-56.64%	0.1718‰	-81.64%	0.008‰
LP	-65.64%	1.4474‰	-59.28%	0.0162‰	-80.26%	0.0044‰
CP	298.43%	1.3694‰	-43.42%	0.0155‰	-73.83%	0.2389‰
TP	-101.77%	0.0005‰	-56.69%	40.6501‰	-82.34%	0.0003‰
均值	-1.06%	1.2476‰	-54.01%	10.1116‰	-79.52%	0.0629‰

与上述商品效应分解的结果类似，在疫情爆发并大面积地蔓延后（2020年1-2月），中国对日本出口增长的所有产品的具体竞争力效应对于中国出口增长的贡献率全部变为了高位负值。不过，与商品效应分解结果所不同的是，在中国国内"新冠疫情"的发展得到了比较明显的控制后（2020年3-4月），中国对日本出口增长的所有技术阶梯商品的具体竞争力效应的贡献率并没有所提升，出口结构仍然是朝着不利于中国出口增长的方向发展。此外，消亡效应依旧一直在这三期的出口变动过程中维持着极低的作用，不过疫情爆发后，中国对日本出口的技术密集型商品TP的消亡现象最为显著。

表3 疫情期间中国对日本出口增长的具体竞争力效应分解结果——出口方式视角

产品要素类型	2019.11-2019.12 EM	2019.11-2019.12 PM	2019.11-2019.12 XM	2020.1-2020.2 EM	2020.1-2020.2 PM	2020.1-2020.2 XM	2020.3-2020.4 EM	2020.3-2020.4 PM	2020.3-2020.4 XM
RP	0.8735	0.1040	0.8726	0.8593	0.0955	0.8607	0.9286	0.1118	0.8758

续 表

产品要素类型	2019.11–2019.12			2020.1–2020.2			2020.3–2020.4		
	EM	PM	XM	EM	PM	XM	EM	PM	XM
LP	0.9738	0.2207	0.9923	0.9559	0.2511	0.9876	0.9841	0.3632	0.9935
CP	0.9476	0.2404	0.9042	0.9878	0.2272	0.8654	0.9756	0.2610	0.9023
TP	0.7167	0.0593	0.9954	0.9937	0.0458	0.9933	0.7833	0.0618	0.9947
均值	0.8779	0.1561	0.9411	0.9492	0.1549	0.9268	0.9179	0.1994	0.9416

除了从产品线视角来观察，在出口方式方面各技术阶梯的商品出口也表现出了一定的差异性。从均值上看，在疫情期间中国对日本出口增长的过程中，扩展边际效应与数量边际效应的作用最强，且始终如此，价格边际的水平一直较低；而按商品的技术水平划分，在三期内，资源密集型商品 RP 的三元边际表现最为稳定，劳动密集型商品 LP 的价格边际水平一直有所提升，技术密集型商品 TP 的扩展边际不降反升且提升幅度最高，同时 TP 的数量边际也一直是各个技术阶梯中数值最高的存在。

通过对疫情期间中国对日本出口的每一大类产品增长的具体竞争力效应分解，我们可以得知，一方面，短期内"新冠疫情"的冲击确实不利于中国对日出口具体竞争力效应对于出口增长贡献的提升，但另一方面，我们也可以发现，疫情前后中国出口的这种不利的具体竞争力效应态势其实并没有实质性的趋势上的变化，这说明，此种问题出现的根本原因其实是来自于中国国内供给面的长期结构性失衡所导致的。

4.5 动态分布演进对比——非参数核密度估计

运用 Stata 16，选择一般认为能使积分均方误差最小化的伊凡柯尼科夫（Epanechnikov）核函数对上述测算所得的数据进行非参数核密度估计（KDE），以此通过对不同时点样本分布的对比分析来更加直观、全面地刻画疫情期间中国对日本出口贸易增长的动态分布演进与边际扩张特征。

(a) 集约边际　　(b) 扩展边际

(c) 价格边际　　(d) 数量边际

—— 2019年11月–12月　—·— 2020年1月–2月　---- 2020年3月–4月

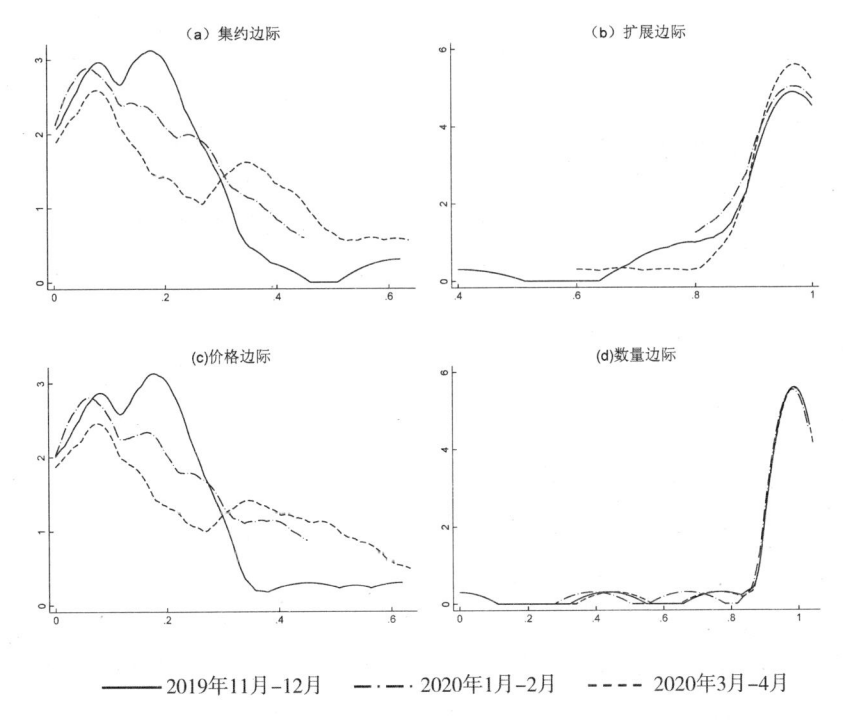

图 4　疫情期间中国对日本出口贸易增长的动态分布演进

集约边际动态演化情况（图 4（a））。从波峰形态看，2019 年 11-12 月呈现一个主峰并一个侧峰形态，2020 年 1-2 月小侧峰消失，2020 年 3-4 月再次呈现一个主峰并一个侧峰形态，这表明疫情期间中国对日本出口各类商品的贸易增长在初期出现了微弱的两极分化现象，至疫情中期该现象逐渐隐退，而国内疫情蔓延高潮过后再次出现；从峰度与跨度看，疫情前中期密度函数曲线相对靠左，表明此时集约边际水平相对较低，而国内疫情后期，曲线继续右移，且峰度逐步下降，跨度变大，表明在此期间集约边际水平有所提升，但部分产品的发展速度较慢。

扩展边际动态演化情况（图 4（b））。从波峰形态看，三期主峰均居右，说明扩展边际水平一直居于高位；而从峰度与跨度看，三期内峰度逐渐抬高且跨度变大，说明扩展边际水平呈平稳趋势且商品间差距持续扩大。

价格边际动态演化情况（图 4（c））。波峰形态与集约边际动态演化情况类似，可以说明疫情期间中国对日本出口贸易增长的集约边际主要由价格边际的作用决定。同时曲线几乎都分布在 1 的左侧，说明疫情期间中国对日出口贸易增长的商品价格水平同世界平均水平偏低。

数量边际动态演化情况（图 4（d））。三期内三条曲线几乎重叠，并未发生较为明显的变化，说明疫情期间中国对日出口贸易增长的数量边际水平很高且保持了非常稳定的态势。

5. 结论

在需求侧，扶助外贸企业（行业）渡过难关可以从两个市场方向予以实现：在国际市场方面，需要通过设立"自由贸易区"等措施加强与世界上各个经济体内部市场的合作，以尽可能地降低关税水平，消除国际市场的贸易壁垒，拓展国内商品的出口渠道。但在疫情期间，上述做法在经济学理论上虽然可行，但可能会加大流行病学意义上的病毒传播风险，因此，需要将更多的重心放在对于中国国内需求的刺激上，以此来分担原本预期向国际市场输送的过多产能，推动整个经济体"内循环"的顺利运行。在国内市场方面，考虑到货币政策相对于财政政策一般而言具有更长的时滞性，故当下各地区政府所采取的最为直接的刺激便是以"发放消费券""减费税"等为代表的对市场主体消费的促进。这种刺激消费的手段确实在总量上会显现出一定的效果，能够起到一定的预期增加市场消费的作用，但是在经济发展的时期来看，这确实是一次性或者说不可长期持续的，因为这会加大社会的债务风险，同时，在消费抵价券的发放上还是需要从结构的角度兼顾国家中不同地区、社会中不同群体的受惠待遇。

由于边际消费倾向递减规律的存在，使得这种政策对原本就可以基本满足发展资料消费甚至是享受资料消费的人群作用不会很大，他们反倒有极大的可能将原本用于消费支出的货币投向储蓄。故在这种情况下，其实可以更多地兼顾对于地区平衡发展的需求，即利用投资这一在不同时点上转移消费的工具，基于可能扩大的社会储蓄增加对于落后地区以"新基建"等为代表的基础设施建设的投资力度，结合国民收入决定理论与中国发展的现实，在社会有效需求不足的前提下，通过投资乘数效应的作用既能够通过增加就业促进消费，又可以加速中国落后地区的现代化发展。

而在供给侧方面，根据对于中国对日本出口贸易结构的分析，当下最为主要工作的并不是继续强力维持高数量的出口，而更应该在保持出口数量发展趋势稳定的前提下，对外贸的出口结构进行优化与调整。从中观层面，完全可以通过此次冲击完善对于市场中"僵尸企业"等负面主体的清理机制，加快对于国内落后产能的淘汰，以此提高行业经济增长的全要素生产率，促进国内的供给侧结构性改革；在微观层面，一方面需要对外贸行业中的"小微企业"进行扶持，这些市场主体以民营企业为代表，提供了大量的就业岗位，事关社会稳定；另一方面，根据比较优势理论，在对日本市场出口方面中国要充分发挥国家相关产业的比较优势，继续支持上述实证研究中提及的汽车船舶等运输类设备（T17）、杂项制品（T20）、贱金属类制品（T15）、机械器具类制品（T16）等产业的发展与出口，增强中国制造的国际竞争力，保证外贸增长的稳定收益。

此外，在疫情持续发展的背景下，对于中国这样一个人口、地域大国来说，能否补好公共卫生短板也是一项比较严峻的考验。政府需要向社会提供更加可靠和完备的医疗等公共服务体系与应急体系，加强医疗器材制造等产业的升级，增强在未来很长一段时期内的抗风险能力。同时，从地缘政治视角看，在保证内需的前提下，还可以适当增加对国际上遭受疫情严重的国际与地区出口医疗器材等行业的必需品，以便促进国际的交流与合作，为中国未来对外贸易的发展提供较为良好的外部环境。

参考文献

[1] 沈国兵,徐源晗.疫情全球蔓延对我国进出口和全球产业链的冲击及应对举措[J].四川大学学报(哲学社会科学版),2020(04):75-90.

[2] 朱京安,王海龙.新冠肺炎疫情对我国进出口贸易的影响及政策应对[J].国际贸易,2020(03):29-36.

[3] 刘志彪,陈柳.疫情冲击对全球产业链的影响、重组与中国的应对策略[J].南京社会科学,2020(05):15-21.

[4] 佟家栋,盛斌,蒋殿春,严兵,戴金平,刘程.新冠肺炎疫情冲击下的全球经济与对中国

的挑战 [J]. 国际经济评论 ,2020(03):9-28+4.

[5] 尹彦辉 , 孙祥栋 , 徐朝 . 新冠肺炎疫情与宏观经济波动：基于 DSGE 模型的分析及启示 [J]. 统计与决策 ,2020,36(07):85-90.

[6] 刘世锦 , 韩阳 , 王大伟 . 基于投入产出架构的新冠肺炎疫情冲击路径分析与应对政策 [J]. 管理世界 ,2020,36(05):1-12+51+263.

[7] 杨子晖 , 陈雨恬 , 张平淼 . 重大突发公共事件下的宏观经济冲击、金融风险传导与治理应对 [J]. 管理世界 ,2020,36(05):13-35+7.

[8] 项飙 . "流动性聚集" 和 "陀螺式经济" 假说：通过 "非典" 和新冠肺炎疫情看中国社会的变化 [J]. 开放时代 ,2020(03):53-60+6.

[9] 漆翠芳 , 杨力仁 , 杨子轩 , 尚丽 , 谢桂兰 , 王瑞奇 , 王珊珊 , 杨文方 . 影响新型冠状病毒肺炎省际传播与发展的因素：基于 30 个省市的数据分析 [J/OL]. 西安交通大学学报 (医学版):1-13[2020-06-20].http://kns.cnki.net/kcms/detail/61.1399.r.20200417.1413.002.html.

[10] Hummels, David and Peter J Klenow.The Variety and Quality of a Nation's Trade[J].American Economic Review,,2005,95(3):704-723.

[11] Mary Amiti, Caroline Freund.The Anatomy of China's Export Growth[C].China's Growing Role in World Trade.Chicago:University of Chicago Press,2007.35-56.

[12] Catrinus Jepma.An Application of the Constant Market Shares Technique on Trade between the Associated African and Malagasy States and the European Community (1958–1978)[J]. Journal of Common Market Studies,1981,20(2):175-191.

[13] 李萍 . 中国对金砖国家出口贸易增长动态波动研究——基于 CMS 模型的因素分解及测算 [J]. 国际贸易问题 ,2015(05):82-91.

[14] 刘岩 . 中国出口市场份额增长逆转的恒定市场份额模型分析——以日本市场为例 [J]. 国际商务 (对外经济贸易大学学报),2018(06):13-22.

[15] 范如国 , 王奕博 , 罗明 , 张应青 , 朱超平 . 基于 SEIR 的新冠肺炎传播模型及拐点预测分析 [J]. 电子科技大学学报 ,2020,49(03):369-374.

[16] 施炳展 . 中国出口增长的三元边际 [J]. 经济学 (季刊),2010,9(04):1311-1330.

[17] Lall.The Technological Structure and Performance of Developing Country Manufactured Exports, 1985-98[J].Oxford Development Studies,2000,28(3):337-369.

[18] 刘琳 . 中国出口存在 "Rodrik 悖论" 么 ?[J]. 国际经贸探索 ,2015,31(05):4-17.

[19] 陈晓华 , 黄先海 , 刘慧 . 中国出口技术结构演进的机理与实证研究 [J]. 管理世界 , 2011(03):44-57.

[20] 周禄松 , 郑亚莉 . 出口技术复杂度升级对工资差距的影响 : 基于我国省级动态面板数据的系统 GMM 分析 [J]. 国际贸易问题 ,2014(11):61-71.

新冠肺炎疫情下我国对外贸易格局稳定性研究

——基于空间非均衡与极化的实证分析

谢 晶 李 迪[*]

提要：选取 2019 年 1-2 月、2020 年 1-2 月我国与 23 个主要贸易国家（地区）的数据，以进出口商品总额作为衡量我国对外贸易格局的代理指标，从国家（地区）组别和商品类别维度，采用 Dagum 基尼系数改变量和 LU 极化指数改变量，分别测算我国对外贸易格局稳定性程度。研究表明：疫情爆发后我国对外贸易格局总体稳定性程度较强，且国家（地区）组别间稳定性的贡献率最大；通过二维矩阵法可将 21 类商品划分为紧密型、震荡型、松散型三大类，且第二类、第四类及第九类商品对改善我国对外贸易状况具有积极的作用。

关键词：对外贸易格局；稳定性；Dagum 基尼系数；LU 极化指数

一、引言

2019 年底，受春运期间人口大规模迁移的影响，由湖北省武汉市开始的新型冠状病毒肺炎疫情（简称新冠肺炎疫情），迅速蔓延扩散至全国。鉴于新型冠状病毒本身传染性强、辐射面广的特点，其传播范围跨越了国家（地区）界限，新冠肺炎疫情在全球范围也很快蔓延开。2020 年 2 月底全球除了南极洲外其余各大洲均有确诊病例，3 月 20 日约 170 个国家（地区）有确诊病例[1]。传染病疫情曾在历史上多次出现，且未来仍会发生。一般而言，传染病疫情的爆发具有持续时间不长、波及范围广的属性。虽然传染病疫情发生后的影响无法

---

[*] 作者简介：谢晶，上海海关学院讲师、硕导；李迪，上海建桥学院讲师。

精确衡量，但是其对经济的影响在短期内会集中体现，这并不是说传染病疫情对长期经济发展没有影响，而是相对而言短期影响更为突出[2]。

通过"大封锁"来减缓新型冠状病毒的蔓延，使卫生体系能够应对这种疾病，从而使经济活动得以恢复。在这个意义上，拯救生命与挽救经济之间不存在取舍关系，而且对外贸易恢复对挽救经济具有一定促进作用。如今新冠肺炎疫情已对我国对外贸易造成重大损失，如何在短期内减少贸易损失以保持原有发展水平已成为目前我国对外贸易发展亟待解决的问题。鉴于认清对外贸易格局对于制定外贸政策的重要意义，尤其是在此次新冠肺炎疫情强烈干预下，我国与主要贸易国家（地区）现有贸易关系能否承受如此强大冲击，以及在此冲击基础上，能否保持原有稳定的贸易关系就显得尤为重要。一般而言，针对具有较强抗"疫"贸易关系的国家（地区），可以通过加强现有贸易活动，寄希望于短期内降低损失的基础上，进一步挖掘相互间贸易潜力，实现对外贸易发展逆转；而对于具有较大波动贸易关系的国家（地区），更多的应是调整贸易活动以达到贸易止损，待疫情结束后再考虑长期的贸易发展战略，以期实现疫情特殊时期下有限资源的优化配置。

二、文献综述

目前，复杂多变的国际形势引发了学界对我国对外贸易格局稳定性的研究，如：李强等（2009）研究中美之间的贸易格局并通过构建描述商品贸易收支差额和价值量比重的标准化指数对其稳定性进行了分析，认为长期而言中美之间的贸易结构存在一定稳定性，但短期内中美贸易格局仍存在动态特征[3]。雷昭明（2015）采用区域内贸易关系的持续性来研究网络内国际分工格局的稳定性，贸易关系的持续时间越长就说明分工格局越稳定。利用区域内贸易数据从贸易关系持续时间、贸易关系生存函数进行实证分析[4]。黄庆波（2017）通过计算贸易结合度，将贸易结合度大于1的"一带一路"沿线国家视为贸易紧密型国家，实现对我国与"一带一路"沿线国家的贸易格局稳定性的分析[5]。国际贸易秩序演变是国际贸易格局分化的内在要求与外在反映[6]。可以看出，常用于描述对外贸易格局稳定性的定量方法包括：商品贸易收支差额标准化指数、贸易关系的持续时间、贸易结合度、违反贸易规则的频率等。关于对外贸易格局稳定性的定量测算，目前学界均未提出公认的测量方法。虽然不同学者所研究的具体问题不同而选择不同的方法，但是鉴于单个研究方法所反映内容的有限性，尤其是采用单个指数方法定量测度对外贸易格局稳定性时，容易使计算内容显得相对狭隘。

现有文献中，还没有学者将Dagum基尼系数、LU极化指数用于我国对外贸易格局稳定性研究。因此，基于我国对外贸易空间非均衡与极化的改变幅度，本文对新冠肺炎疫情爆发后我国对外贸易格局稳定性进行量化分析，并从区域和商品两个维度识别出与我国对外贸易关系较稳定的国家（地区）组别及商品类别，为新冠肺炎疫情爆发后促进我国对外贸易提速发展提供决策依据。

三、研究方法和数据

（一）研究方法

1. Dagum基尼系数

采用Dagum基尼系数，通过基尼系数的改变量构建表征新冠肺炎疫情前后我国与其他国家（地区）之间贸易关系紧密程度的测度指标，即：从空间非均衡视角对新冠肺炎疫情爆发后我国对外贸易格局稳定性进行定量分析。Dagum基尼系数和分解计算公式如下：

$$G = \frac{\sum_{j=1}^{k}\sum_{h=1}^{k}\sum_{i=1}^{n_j}\sum_{r=1}^{n_h}|y_{ji}-y_{hr}|}{2n^2\bar{y}} \quad (1)$$

式中：G是我国对外贸易商品总额的基尼系数，表示从空间非均衡视角衡量我国对外贸易格局的整体状况，该值越大表明我国与其他国家（地区）贸易伙伴的商品总额差异化程度越大；$y_{ji}(y_{hr})$是我国与$j(h)$国家（地区）之间贸易的商品总额；$\bar{y}$是我国对外贸易商品总额的平均值；n是我国贸易伙伴的个数；k是我国贸易伙伴划分的组数，本文将我国贸易伙伴划分为3个不同组别，即：金砖国家组、美欧日等发达国家组、东亚及东南亚等国家（地区）组，故k取3；$n_j(n_h)$是$j(h)$组别内国家（地区）的个数。在进行Dagum基尼系数计算时，需要先根据我国贸易伙伴划分组别中贸易商品总额的平均值进行排序。

$$\overline{y_h} \leq L \ \overline{y_j} \leq L \ \overline{y_k} \quad\quad (2)$$

根据 Dagum 基尼系数分解方法，可将其分为不同组别贸易伙伴间差距贡献 G_{nb}，即：一个贸易伙伴组别与另一个贸易伙伴组别在与我国贸易商品总额上的分布差异，这里主要指我国对外贸易伙伴中归属金砖国家组、美欧日等发达国家组、东亚及东南亚等国家（地区）组这三个组别之间的商品总额的分布差异；每组贸易伙伴内差距贡献 G_w，即：每个组别内部各国（地区）在与我国贸易商品总额上的分布差异，这里主要指在我国对外贸易伙伴中归属金砖国家组、美欧日等发达国家组、东亚及东南亚等国家（地区）组所包含国家（地区）之间商品总额的分布差异；以及超变密度的贡献 G_t，即：三个组别之间在与我国贸易商品总额上交叉影响的一种基尼系数余数，且满足：$G=G_w+G_{nb}+G_t$。此外，G_{jj} 表示我国对外贸易伙伴中归属第 j 组别的基尼系数；G_{jh} 表示我国对外贸易伙伴中归属第 j 组别与第 h 组别之间的基尼系数。G_{jh} 表示我国对外贸易伙伴中归属第 j 组别与第 h 组别之间商品总额的相对影响；p_{jh} 为我国对外贸易伙伴中归属第 j 组别与第 h 组别中所有满足 $y_{hr} - y_{ji} > 0$ 的样本值加总的数学期望；d_{jh} 定义为地区间商品总额的差值；F_j 和 F_h 分别是我国对外贸易伙伴中归属第 j 组别与第 h 组别的累积密度分布函数，一般通过梯形面积计算加总得到；在此基础上，得到如下计算公式：

$$G_w = \sum_{j=1}^{k} G_{jj} p_j s_j \quad\quad (3)$$

式中，$G_{jj} = \dfrac{\dfrac{1}{2\overline{y_j}} \sum_{i=1}^{n_j} \sum_{r=1}^{n_j} |y_{ji} - y_{jr}|}{n_j^2}$；$p_j = \dfrac{n_j}{n}$；$s_j = \dfrac{n_j \overline{y_j}}{n \overline{y}}$；

$$G_{nb} = \sum_{j=2}^{k} \sum_{h=1}^{j-1} G_{jh}(p_j s_h + p_h s_j) D_{jh} \quad\quad (4)$$

式中，$G_{jh} = \dfrac{\sum_{i=1}^{n_j} \sum_{r=1}^{n_h} |y_{ji} - y_{hr}|}{n_j n_h (\overline{y_j} + \overline{y_h})}$；$D_{jh} = \dfrac{d_{jh} - p_{jh}}{d_{jh} + p_{jh}}$；$d_{jh} = \int_0^\infty \int_0^y (y-x) dF_h(x) dF_j(y)$；$p_{jh} = \int_0^\infty \int_0^y (y-x) dF_j(x) dF_h(y)$；

$$G_t = \sum_{j=2}^{k} \sum_{h=1}^{j-1} G_{jh}(p_j s_h + p_h s_j)(1 - D_{jh}) \quad\quad (5)$$

最后，基于 Dagum 基尼系数的新冠肺炎疫情爆发后我国对外贸易格局稳定性的计算公式为：

$$\Delta_G = \left| G_{\text{疫情前}} - G_{\text{疫情后}} \right| \quad\quad (6)$$

$$\Delta_{G_w} = \left| G_{w-\text{疫情前}} - G_{w-\text{疫情后}} \right| \quad\quad (7)$$

$$\Delta_{G_{nb}} = \left| G_{nb-\text{疫情前}} - G_{nb-\text{疫情后}} \right| \quad\quad (8)$$

$$\Delta_{G_t} = \left| G_{t-\text{疫情前}} - G_{t-\text{疫情后}} \right| \quad\quad (9)$$

$$\Delta_{G_{jj}} = \left| G_{jj-\text{疫情前}} - G_{jj-\text{疫情后}} \right| \quad\quad (10)$$

$$\Delta_{G_{jh}} = \left| G_{jh-\text{疫情前}} - G_{jh-\text{疫情后}} \right| \quad\quad (11)$$

2. LU 极化指数

采用 LU 极化指数，通过极化指数的改变量构建表征新冠肺炎疫情前后我国与其他国家（地区）之间贸易关系紧密程度的测度指标，即：从空间极化视角对新冠肺炎疫情爆发后我国对外贸易格局稳定性进行定量分析。LU 极化指数计算公式如下：

$$LU = K \sum_{i=1}^{n} \sum_{j=1}^{n} v_i v_j v_i^{\alpha} \left| \mu_i - \mu_j \right| (1 - G_i)^{\beta} \quad\quad (12)$$

其中，n 表示我国贸易伙伴划分的组数；$v_i(v_j)$ 为组权重，它等于第 i（v_i^{α}）组别国家（地区）个数与所有国家（地区）个数的比值；v_i^{α} 表示我国对外贸易伙伴中归属第 i 组别的认同函数；μ_i（μ_j）为第 i（j）组别内我国与贸易伙伴国家（地区）商品总额的平均值；$|\mu_i - \mu_j|$ 表示我国对外贸易伙伴中归属第 i 组别与第 j 组别的疏远函数；G_i 为第 i 组别国家（地区）的基尼系数；K 为一个发挥标准化作用的常数，根据研究的需要可以自由选择；α 为反映极化敏感性的参数，根据 Esteban 和 Ray 的推算其取值范围为 [0,1.6]，按照研究惯例，为了更明显的反映极化趋势，取值一般为 1.5；β 为衡量组内聚合程度的敏感性参数，其取值大于零；在实际计算中，K 值、α 值、β 值均可以根据需要进行调整，以确保 LU 极化指数介于 0 与 1 之间。LU 极化指数值越大，表明极化程度越高，反之亦然。最后，基于 LU 极化指数的新冠肺炎疫情爆发后我国对外贸易格局

稳定性的计算公式为：

$$\Delta_{LU} = \left| LU_{疫情前} - LU_{疫情后} \right| \text{——} \qquad (13)$$

（二）指标、数据及组别划分

采用我国与其他国家（地区）的进出口商品总额作为衡量我国对外贸易格局的代理指标。根据海关总署统计分析司发布的关于改革年初进出口数据发布方式的通知，受春节因素影响，1、2月份外贸进出口数据差异显著，单个月份的名义增速不能反映外贸运行的实际数据，将1、2月份的外贸数据合并公布。因此，为了更好地满足研究目的，本文选取2019年1-2月份和2020年1-2月份两个时间段的数据，其中，2019年1-2月份的数据表示新冠肺炎疫情前我国对外贸易发展状况；2020年1-2月份的数据表示新冠肺炎疫情后我国对外贸易发展状况，数据均来源于海关总署官网①。另外，由于我国对外贸易伙伴众多，考虑到存在部分数据缺失的问题，本文选择与我国进出口商品往来密切的23个国家（地区）作为分析对象，同时，根据当前全球经贸格局的区域划分及胡兵（2009）的研究[7]，将其划分为3个组别，具体为：(1) 金砖国家组②，包括：巴西、俄罗斯、印度、南非，共4个；(2) 美欧日等发达国家组③，包括：美国、德国、荷兰、法国、意大利、英国、日本、澳大利亚、加拿大、新西兰，共10个；(3) 东亚及东南亚等国家（地区）组④，包括：泰国、印度尼西亚、菲律宾、马来西亚、中国香港、中国台湾、韩国、新加坡、越南，共9个。

---

① 该部分数据来源海关总署官网，具体网址为：http://www.customs.gov.cn//customs/xwfb34/302425/2879130/index.html。

② 全球最大的新兴市场国家。

③ 由于目前关于发达国家的界定还未统一，参考联合国（UN）、联合国贸易和发展会议（UNCTAD）以及经济合作与发展组织（OECD）中有关发达国家的名单，确定本文研究的发达国家范围。

④ 主要考虑亚洲四小龙、四小虎以及中国-东盟自由贸易区的国家（地区）。

四、我国对外贸易格局稳定性分析

（一）基于Dagum基尼系数的我国对外贸易格局稳定性测度

为了刻画我国对外贸易格局稳定性，将从国家（地区）组别和商品类别两个维度进行分析。借鉴郑蕾等（2016）研究[8]，采用HS编码对我国对外贸易商品进行分类，由于第19类商品——武器、弹药及其零件、附件，在疫情期间贸易量特别少，故将进出口商品划分为21类①。通过基尼系数改变量表征基于空间非均衡的我国对外贸易格局稳定性的程度，运用计算公式（1）–（11）及MATLAB软件，对我国对外贸易格局稳定性程度进行计算。计算结果如表1、表2所示。

表1 基于空间非均衡的我国对外贸易格局稳定性程度及其分解结果（出口方式下）

商品类别	总体	国家（地区）组别内			国家（地区）组别间			贡献率		
		金砖国家组	美欧日等发达国家组	东亚及东南亚等国家（地区）组	美欧日等发达国家组——金砖国家组	东亚及东南亚等国家（地区）组——金砖国家组	东亚及东南亚等国家（地区）组——美欧日等发达国家组	国家（地区）组别内	国家（地区）组别间	超变密度
所有商品	0.0281	0.0320	0.0147	0.0270	0.0019	0.0154	0.0373	19.38%	51.41%	29.21%

---

① 21类商品具体包括：（1）第一类商品为：活动物；动物产品；（2）第二类商品为：植物产品；（3）第三类商品为：动、植物油、脂、蜡；精制食用油脂；（4）第四类商品为：食品；饮料、酒及醋；烟草及制品；（5）第五类商品为：矿产品；（6）第六类商品为：化学工业机器相关工业的产品；（7）第七类商品为：塑料及其制品；橡胶及其制品；（8）第八类商品为：革、毛皮及制品；箱包；肠线制品；（9）第九类商品为：木及制品；木炭；软木；编结品；（10）第十类商品为：纤维素浆；废纸；纸、纸板及其制品；（11）第十一类商品为：纺织原料及纺织制品；（12）第十二类商品为：鞋帽伞等；羽毛品；人造花；人发品；（13）第十三类商品为：矿物材料制品；陶瓷品；玻璃及制品；（14）第十四类商品为：珠宝、贵金属及制品；仿首饰；硬币；（15）第十五类商品为：贱金属及其制品；（16）第十六类商品为：机电、音像设备及其零件、附件；（17）第十七类商品为：车辆、航空器、船舶及运输设备；（18）第十八类商品为：光学、医疗等仪器；钟表；乐器；（20）第二十类商品为：杂项制品；（21）第二十一类商品为：艺术品、收藏品及古物；（22）第二十二类商品为：特殊交易品及未分类商品。另外，后续正文中为书写方便，表格中统一用"第几类"表示；图中统一用对应的阿拉伯数字，即："1–18、20–22"表示，以及，"0"表示所有商品。

续 表

商品类别	总体	国家(地区)组别内			国家(地区)组别间			贡献率		
		金砖国家组	美欧日等发达国家组	东亚及东南亚等国家(地区)	美欧日等发达国家组——金砖国家组	东亚及东南亚等国家(地区)组——金砖国家组	东亚及东南亚等国家(地区)组——美欧日等发达国家组	国家(地区)组别内	国家(地区)组别间	超变密度
第1类	0.0165	0.0228	0.0337	0.0195	0.0502	0.0195	0.0005	26.30%	27.54%	46.16%
第2类	0.0064	0.0172	0.0163	0.0005	0.0742	0.0095	0.0251	13.80%	42.09%	44.11%
第3类	0.0467	0.0237	0.1212	0.0676	0.0707	0.1041	0.0390	25.96%	44.27%	29.78%
第4类	0.0110	0.0019	0.0099	0.0031	0.0344	0.0064	0.0552	51.16%	31.23%	17.61%
第5类	0.0369	0.1475	0.1616	0.0437	0.3244	0.0355	0.0614	8.09%	62.73%	29.18%
第6类	0.0163	0.0004	0.0069	0.0215	0.0036	0.0101	0.0405	53.23%	33.13%	13.64%
第7类	0.0057	0.0087	0.0002	0.0089	0.0040	0.0107	0.0053	1.80%	54.90%	43.30%
第8类	0.0410	0.0510	0.1006	0.0379	0.1022	0.0026	0.0405	17.28%	76.53%	6.19%
第9类	0.0072	0.0146	0.0288	0.0183	0.0172	0.0041	0.0441	1.69%	65.65%	32.66%
第10类	0.0118	0.0295	0.0017	0.0011	0.0108	0.0108	0.0329	9.32%	47.57%	43.11%
第11类	0.0386	0.0378	0.0455	0.0375	0.0087	0.0338	0.0381	39.79%	40.00%	20.21%
第12类	0.0259	0.0390	0.0142	0.0460	0.0207	0.0113	0.0825	7.32%	61.51%	31.17%
第13类	0.0176	0.0078	0.0005	0.0235	0.0182	0.0480	0.0099	10.90%	35.93%	53.17%
第14类	0.0124	0.0106	0.0087	0.0097	0.0359	0.0389	0.0030	19.69%	52.43%	27.88%
第15类	0.0037	0.0173	0.0097	0.0048	0.0117	0.0000	0.0038	25.00%	44.86%	30.14%
第16类	0.0314	0.0430	0.0274	0.0285	0.0108	0.0176	0.0385	18.66%	29.52%	51.82%
第17类	0.0234	0.0640	0.0143	0.0194	0.0242	0.0405	0.0169	11.61%	51.09%	37.30%
第18类	0.0158	0.0199	0.0108	0.0136	0.0382	0.0156	0.0200	32.01%	20.81%	47.18%
第20类	0.0369	0.0609	0.0287	0.0385	0.0112	0.0104	0.0380	22.60%	66.05%	11.36%
第21类	0.1878	0.0499	0.0486	0.2168	0.0170	0.2224	0.1034	17.43%	52.63%	29.94%
第22类	0.1044	0.0910	0.1351	0.1084	0.0994	0.1002	0.1417	44.41%	15.15%	40.43%

表2 基于空间非均衡的我国对外贸易格局稳定性程度及其分解结果（进口方式下）

商品类别	总体	国家（地区）组别内			国家（地区）组别间			贡献率		
		金砖国家组	美欧日等发达国家组	东亚及东南亚等国家（地区）	美欧日等发达国家组——金砖国家组	东亚及东南亚等国家（地区）组——金砖国家组	东亚及东南亚等国家（地区）组——美欧日等发达国家组	国家（地区）组别内	国家（地区）组别间	超变密度
所有商品	0.0103	0.0100	0.0090	0.0132	0.0206	0.0193	0.0044	20.60%	60.60%	18.80%
第1类	0.0070	0.0074	0.1104	0.0323	0.1407	0.0547	0.0168	30.42%	14.04%	55.54%
第2类	0.0045	0.0434	0.0310	0.0565	0.0304	0.0631	0.0380	48.24%	46.47%	5.29%
第3类	0.0187	0.0627	0.0725	0.0076	0.0663	0.0261	0.0255	45.02%	21.01%	33.97%
第4类	0.0058	0.0959	0.0452	0.0048	0.1505	0.0236	0.0662	2.63%	54.42%	42.95%
第5类	0.0217	0.0269	0.0013	0.0342	0.0242	0.0283	0.0325	12.97%	28.97%	58.06%
第6类	0.0052	0.0252	0.0129	0.0029	0.0108	0.0416	0.0193	6.38%	47.80%	45.82%
第7类	0.0014	0.0121	0.0123	0.0007	0.0981	0.0105	0.0032	5.38%	56.59%	38.03%
第8类	0.0256	0.0413	0.0490	0.0170	0.0706	0.0185	0.0203	40.12%	25.53%	34.35%
第9类	0.0072	0.0028	0.0226	0.0338	0.0174	0.0053	0.0095	6.63%	54.18%	39.19%
第10类	0.0232	0.0069	0.0766	0.0314	0.0213	0.0129	0.0105	1.49%	56.81%	41.71%
第11类	0.0280	0.0526	0.0297	0.0113	0.0054	0.0825	0.0063	15.62%	32.78%	51.60%
第12类	0.0139	0.0085	0.0147	0.0210	0.0043	0.0034	0.0108	3.85%	56.96%	39.19%
第13类	0.0015	0.0241	0.0001	0.0089	0.1306	0.0029	0.0085	3.12%	50.70%	46.18%
第14类	0.0087	0.0166	0.0107	0.0010	0.0059	0.0138	0.0440	24.88%	54.84%	20.28%
第15类	0.0213	0.0002	0.0370	0.0126	0.0255	0.0281	0.0692	26.33%	40.57%	33.10%
第16类	0.0044	0.0144	0.0067	0.0009	0.0069	0.0031	0.0075	9.38%	45.40%	45.22%
第17类	0.0015	0.0094	0.1796	0.0454	0.0363	0.0385	0.0651	27.23%	51.50%	21.27%
第18类	0.0014	0.0005	0.0011	0.0001	0.0024	0.0159	0.0295	2.34%	47.88%	49.78%
第20类	0.0121	0.0339	0.0573	0.0304	0.0918	0.0178	0.0330	6.19%	57.87%	35.95%
第21类	0.0834	0.0300	0.0975	0.0698	0.0695	0.1202	0.0975	46.63%	41.36%	12.01%
第22类	0.1137	0.0030	0.0277	0.1384	0.0538	0.0097	0.0446	9.19%	56.52%	34.29%

1. 疫情爆发后我国对外贸易格局总体稳定性分析

图1描述了不同贸易方式下我国对外贸易格局的总体稳定性程度。可以看出，若将所有商品看成一个整体，我国对外贸易格局稳定性程度较强，其中，出口方式下波动性较大，而进口方式下波动性较小，且稳定性程度相当。说

163

明疫情爆发后，短期内从进口方面寻求有效的危机改善措施具有较大的可能性；若将商品划分为21类，不同类别商品的对外贸易格局稳定性程度差异较大，其中，（1）出口方式下，第二类和第十五类稳定性最强，而第二十一类和第二十二类商品波动性特别大；（2）进口方式下，第七类、第十三类、第十七类和第十八类商品稳定性较强，而波动性较大的商品与出口方式类似，也是第二十一类和第二十二类商品。说明疫情爆发后，无论是进口还是出口方式，受到较大负面影响的商品类别一致，但是具有较强稳定性的商品类别却差异较大，从而更加强调从商品类别视角分析我国对外贸易格局稳定性的必要性，以便有效开展贸易复苏工作。

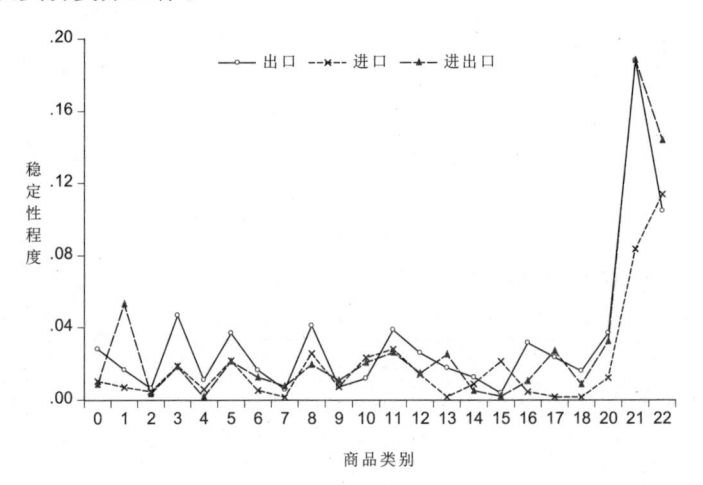

图1 基于空间非均衡视角的我国对外贸易格局的总体稳定性程度

2. 疫情爆发后我国对外贸易格局稳定性来源及其贡献率分析

图2-图3描述了不同贸易方式下我国对外贸易格局稳定性来源及其贡献率。从图2可以看出，在出口方式下，若将所有商品看成一个整体，我国对外贸易格局稳定性程度主要来源于国家（地区）组别间稳定性。说明疫情爆发后，我国贸易伙伴间的稳定关系对于出口贸易具有重要影响；若将商品划分为21类，我国不同类别商品对外贸易格局稳定性来源存在差异，但是多数以国家（地区）组别间稳定性占主导地位，且国家（地区）组别内稳定性占比最少。其中，第一类、第二类、第十六类及第十八类商品均出现了超变密度占我国对外贸易格局稳定性的主要来源。第四类和第六类商品出现了国家（地区）组别

内稳定性占主导地位。说明疫情爆发后，食品、饮料、化学工业机器等商品的出口贸易更加容易受国家（地区）组别的影响。

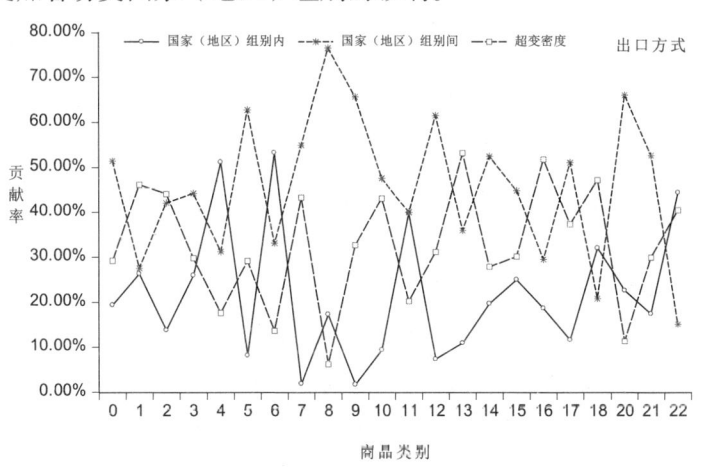

图2 我国对外贸易格局稳定性来源及其贡献率（出口方式下）

从图3可以看出，在进口方式下，若将所有商品看成一个整体，我国对外贸易格局稳定性程度主要来源于国家（地区）组别间稳定性。说明疫情爆发后，我国贸易伙伴间的稳定关系对于进口贸易具有重要影响；若将商品划分为21类，我国不同类别商品对外贸易格局稳定性来源存在差异，但是多数以国家（地区）组别间稳定性占主导地位，且国家（地区）组别内稳定性占比最小。

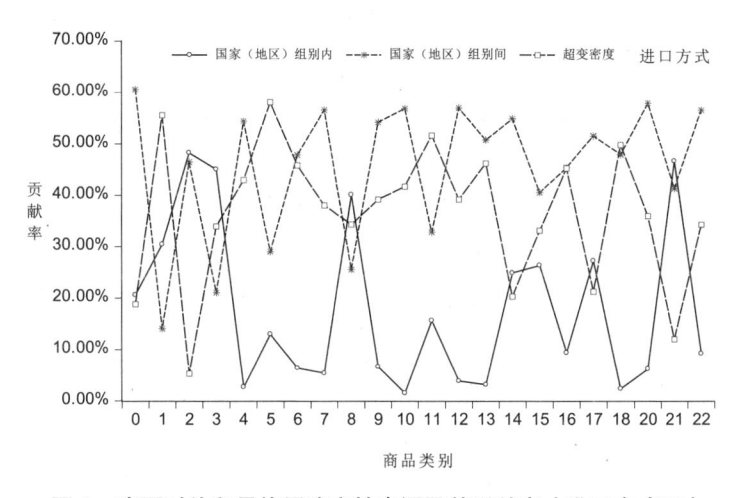

图3 我国对外贸易格局稳定性来源及其贡献率（进口方式下）

其中，第一类、第五类、第十一类及第十八类商品均出现了超变密度占我国对外贸易格局稳定性的主要来源。第二类、第八类及第二十一类商品出现了国家（地区）组别内稳定性占主导地位。说明疫情爆发后，植物产品、革、毛皮及制品、艺术品、收藏品及古物等商品的进口贸易更加容易受国家（地区）组别的影响。

（二）基于 LU 极化指数的我国对外贸易格局稳定性测度

进一步从空间极化视角通过极化指数改变量表征我国对外贸易格局稳定性的程度，开展定量分析。为满足 LU 极化指数处于 0 到 1 之间，需要根据实际计算过程，对相关参数给予调整，具体为：$K=10-6$、$\alpha=1.5$、$\beta=0.1$。在此基础上，运用计算公式（12）-（13）及 MATLAB 软件，对我国对外贸易格局稳定性程度进行计算，计算结果如表 4、图 4 所示。

表 4　基于空间极化的我国对外贸易格局稳定性程度

商品种类	出口方式 稳定性	进口方式 稳定性
所有商品	0.2454	0.0344
第 1 类	0.0010	0.0075
第 2 类	0.0005	0.0024
第 3 类	0.0001	0.0002
第 4 类	0.0015	0.0002
第 5 类	0.0119	0.0093
第 6 类	0.0039	0.0138
第 7 类	0.0098	0.0042
第 8 类	0.0040	0.0009
第 9 类	0.0025	0.0033
第 10 类	0.0034	0.0072
第 11 类	0.0248	0.0021
第 12 类	0.0148	0.0001
第 13 类	0.0036	0.0012
第 14 类	0.0044	0.0090

续 表

商品种类	出口方式 稳定性	进口方式 稳定性
第 15 类	0.0054	0.0034
第 16 类	0.0305	0.0280
第 17 类	0.0128	0.0393
第 18 类	0.0009	0.0002
第 20 类	0.0373	0.0000
第 21 类	0.0006	0.0000
第 22 类	0.0010	0.0045

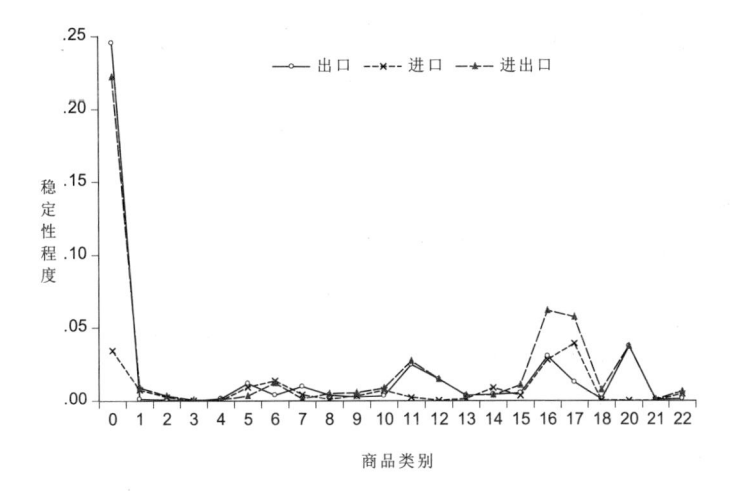

图 4 基于空间极化视角的我国对外贸易格局的总体稳定性程度

图 4 描述了不同贸易方式下我国对外贸易格局的总体稳定性程度。可以看出，若将所有商品看成一个整体，我国对外贸易格局稳定性程度差异较大，其中，进口方式下波动性较小，而出口方式下波动幅度较大。说明疫情爆发后，短期内从进口方面寻求有效的危机改善措施具有较大的可能性，这一点与本义基于空间非均衡视角描述的我国对外贸易格局稳定性结论一致。若将商品划分为 21 类，不同类别商品的对外贸易格局稳定性程度差异较大，其中，（1）出口方式下，第二类和第三类商品稳定性最强，而第十六类和第二十类商品波定性较大；（2）进口方式下，多数商品稳定性很强，尤其是第二十类和第二十一

类商品疫情前后未发生变化，而第十六类和第十七类商品具有较大波动幅度。说明疫情爆发后，相比于空间非均衡视角，基于空间极化视角所测度的我国对外贸易格局稳定性程度，无论是进口还是出口方式，不仅在受到较大负面影响的商品类别具有一致性，而且具有较强稳定性的商品类别也保持较高的相似性。

（三）基于空间非均衡与极化的我国对外贸易格局稳定性分析

鉴于空间非均衡与空间极化存在学理上的差异，以及上述对不同贸易方式下我国对外贸易格局稳定性的测度结果，采用中位数划分法，将所有类别商品进行象限定位，以便更加精准地刻画疫情爆发后我国对外贸易中具有较强稳定性的商品。其中，所划分的象限类型包括：紧密型（在空间非均衡与空间极化维度均具有较强稳定性的商品区域）、震荡型（在空间非均衡或空间极化维度具有较强稳定性的商品区域）、松散型（在空间非均衡与空间极化维度均不具有较强稳定性的商品区域），具体如图5–图6所示。

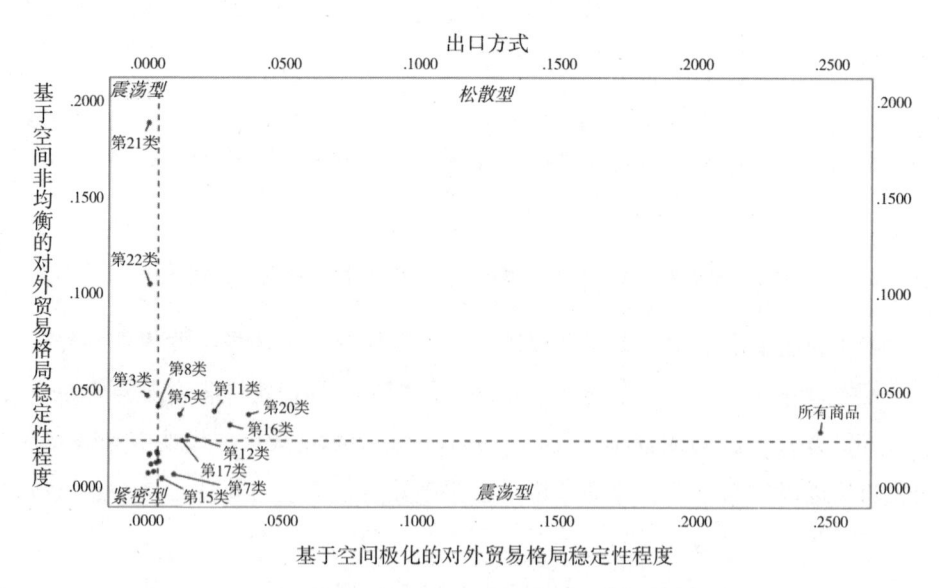

图5 出口方式下基于我国对外贸易格局稳定性程度的商品分布

新冠肺炎疫情下我国对外贸易格局稳定性研究

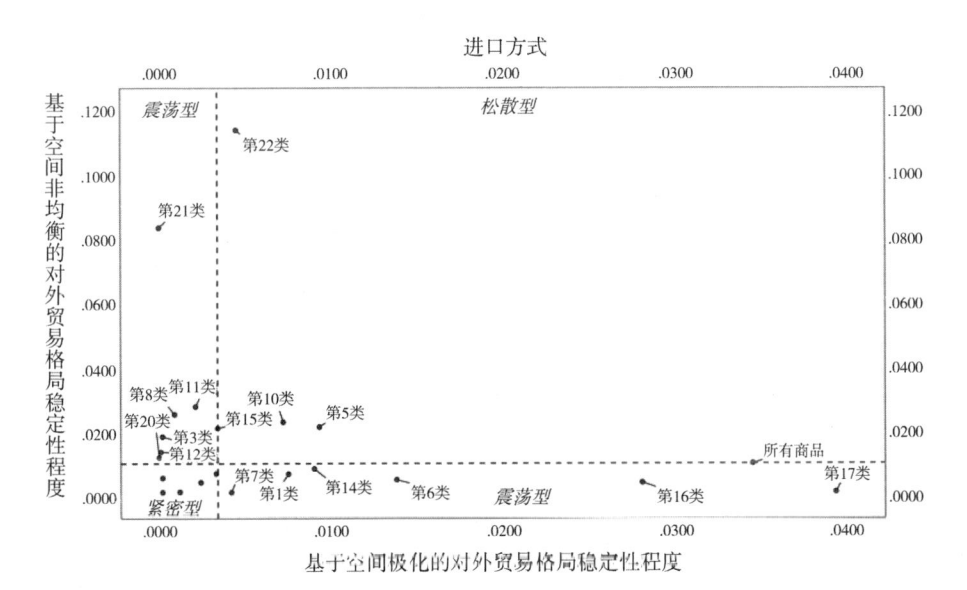

图 6　进口方式下基于我国对外贸易格局稳定性程度的商品分布

图 5- 图 6 描述了不同贸易方式下基于我国对外贸易格局稳定性程度的商品分布情况。可以看出，(1) 出口方式下商品分布的较为集中，而进口方式下商品分布相对分散；(2) 无论是进口还是出口方式，各象限商品分布均呈现归属震荡型商品种类数＞归属紧密型商品种类数≥归属松散型商品种类数；(3) 根据研究目的，稳定性较强的商品具有较强的抗"疫"能力，本文更加关注归属紧密型的商品，这些类别商品将成为疫情爆发后我国短期内摆脱外贸困境的有利突破口，具体如表 5 所示。

表 5　不同贸易方式下我国对外贸易商品类别象限分布情况

贸易方式	紧密型商品类别	紧密型商品数	震荡型商品数	松散型商品数
出口	第1类、第2类、第4类、第9类、第18类	5	9	7
进口	第2类、第4类、第9类、第13类、第18类	5	12	4

由表 5 可知，不同贸易方式下归属紧密型商品类别数均为 5，且第二类、第四类及第九类都同时出现在进口、出口贸易方式下，说明加强上述三类商品的进口或出口不仅能够对我国进口或出口状况给予改善，而且能够对我国整体

169

进出口状况存在的问题得到缓解。此外，疫情期间，鉴于第十八类商品的特殊性，其进口或出口对我国对外贸易状况的改进具有积极的作用。

五、结论

本文运用 Dagum 基尼系数、LU 极化指数、二维矩阵法等研究方法，使用我国与 23 个主要对外贸易伙伴国家（地区）2019 年 1-2 月、2020 年 1-2 月进出口商品总额的相关数据，对新冠肺炎疫情爆发后我国对外贸易格局稳定性进行实证研究。研究结论如下：（1）基于 Dagum 基尼系数改变量的稳定性测度结果表明，疫情爆发后我国对外贸易格局的总体稳定性程度较强，短期内从进口方面寻求有效的危机改善措施具有较大的可能性，具体而言，第七类、第十三类、第十七类和第十八类商品稳定性较强；短期内出口贸易改善的突破点仍是美欧日等发达国家，具体而言，第七类和第十三类商品具有较强的稳定性。无论是进口还是出口方式下，我国对外贸易格局稳定性程度主要来源于国家（地区）组别间稳定性的贡献，其中，食品、饮料、化学工业机器等商品的出口贸易更加容易受国家（地区）组别的影响；植物产品、革、毛皮及制品、艺术品、收藏品及古物等商品的进口贸易更加容易受国家（地区）组别的影响。（2）基于 LU 极化指数改变量的稳定性测度结果表明，疫情爆发后不同贸易方式下我国对外贸易格局的总体稳定性程度差异较大，进口方式下波动性较小，而出口方式下均波动幅度较大。这一点与基于空间非均衡视角描述的我国对外贸易格局稳定性结论一致。其中，出口方式下，第二类和第三类商品稳定性最强；进口方式下，多数商品稳定性很强，尤其是第二十类和第二十一类商品疫情前后未发生变化。（3）二维矩阵法分析结果表明，基于我国对外贸易格局稳定性程度，可将 21 类商品划分为紧密型、震荡型、松散型三大类。无论是进口、出口还是进出口方式，各象限商品分布均呈现归属震荡型商品种类数≥归属紧密型商品种类数≥归属松散型商品种类数；其中，第二类、第四类及第九类商品对改善我国对外贸易状况具有积极的作用。

从研究结果看，疫情爆发后不同贸易方式下我国对外贸易格局稳定性程度差异较大，并且针对不同国家（地区）组别、不同商品类别，其相应的贸易格局稳定性均有所不同。为进一缓解我国对外贸易受新冠疫情的影响，根据研究成果提出如下建议：(1)加强国际援助合作，推进疫苗研发的国际合作，及时共享科研成果，防范疫情持续蔓延给全球贸易秩序带来的进一步冲击，减少对我国贸易格局稳定性的干扰；(2)加速推动国内复工复产，加强重点产业链的"固链""强链"，尤其是积极推进第二类、第四类、第九类等商品的产业链、供应链恢复正常，同时做好产业区域经济布局的应对准备；(3)进一步推进更高水平对外开放，加大国际宏观经济政策协调力度，加强国际间上下游产销对接，推动对外贸易伙伴国家（地区）深度嵌入我国产业链分工体系，以期实现稳定的对外贸易关系。

参考文献

[1] 娄飞鹏. 新冠疫情的经济金融影响与应对建议——基于传染病视角的分析 [J]. 西南金融 ,2020(4):34-43.

[2] Ajay Mahal. Economic implication of inertia on HIV/AIDS and benefits of action[J]. Economic and Political Weekly,2004,39(10):1049-1063.

[3] 李强 , 唐磊 . 中美贸易结构的稳定性分析：基于产品周期理论的研究 [J]. 国际贸易问题 ,2009(6):47-55.

[4] 雷昭明 . 东亚生产网络内分工格局的稳定性——基于贸易关系持续时间分析 [J]. 江西社会科学 ,2015(7):67-71.

[5] 黄庆波 . "一带一路"倡议下我国与沿线国家的贸易格局重构分析 [J]. 国际贸易 ,2017(1):54-58.

[6] 张亚斌 , 范子杰 . 国际贸易格局分化与国际贸易秩序演变 [J]. 世界经济与政治 ,2015(3):30-46.

[7] 胡兵 , 乔晶 . 我国出口国际区域结构的实证分析 [J]. 山西财经大学学报 ,2009(4):21-27.

[8] 郑蕾 , 刘毅 , 刘卫东 . 全球整车及其零部件贸易格局演变特征 [J]. 地理科学 , 2016(5):662-670.

美国外商投资安全审查制度的发展态势研究

李 锋[*]

提要：以国家安全为由，美国逐渐建立起一套外商投资安全审查制度，并通过立法改革不断加以强化。这种制度的演进反映出美国利益的根本诉求，跟国家实力对比和投资格局变化也有关联。近几年的制度改革呈现出巩固权威、强调技术、关注国别等新特点，而且对中国企业的赴美投资有很大影响。

关键词：外商直接投资；国家安全；敏感技术

2018年8月，美国总统签署《外国投资风险审查现代化法案》（FIRRMA），其实施细则也于2020年2月正式生效。通过立法，美国进一步强化了其国家安全审查制度，以"国家安全"为由不断加强对外资企业的投资监管。

一、背景与成因

美国的外商投资审查委员会（CFIUS）以及国家安全审查制度，不管是从组织架构还是政策制度层面，都是随着形势发展和监管需要不断变化的，既体现出很强的时代特征，又有其贯彻始终的内在逻辑。

1. 固有的霸权思维

二战之后，美国作为超级大国的地位从未改变，但凡有其他国家对美国的霸主地位构成潜在威胁，美国便会动用一切手段进行打压，国家安全审查制度也是工具之一。1988年通过的《埃克森-佛罗里奥修正案》，从某种程度上看

---

[*] 作者简介：李锋，外交学院副教授。

也是对日本企业全球扩张的一种回应。

最近的一次重大政策调整:《外国投资风险审查现代化法案》发生在2018年,体现出美国对经济实力此消彼长的一种焦虑,尤其是对美国科技地位的担忧。一直以来,美国都很看重自己的霸主地位,经济领域如此,高科技行业更是如此。次贷危机以来,中国依然保持着较高的增长速度,对全球经济的影响力和参与度在不断深化,存在感十足甚至在部分领域可能引领未来的发展方向(如高科技行业5G领域)。在这一背景下,美国期望通过政策改革来抑制潜在的威胁国,并保持自身的世界领导力。

2. 根本的国家利益

国家安全审查不是美国所特有的政策制度,事实上很多国家都有类似的审查机制,如加拿大、澳大利亚、欧盟等。这一制度从本质上讲是为了保障东道国的国家安全,维护东道国的国家利益。

但究竟什么是"国家安全",美国也没有明确的概念界定,涵盖的范围和审查的领域在不断扩大,是基于产业发展诉求和国家利益考虑,有针对性地进行适时的调整,国家利益无疑是出发点也是落脚点。国家安全模棱两可,预留了足够的操作空间,让执法者享有很大的自由裁量权;国家利益坚定明确,给出了充分的监管理由,让执法者拥有强烈的利益维护欲。

3. 外商的刺激因素

伴随着广场协议和日元升值,日本企业携带大量资金涌入美国,冲击了美国的相关产业。面对蜂拥而至的日本财团,美国的应对举措之一便是始于《埃克森-佛罗里奥修正案》的外商投资国家安全审查制度。回顾过去,历次政策调整和法规完善都与外资并购有关,一定程度上讲是受了外商投资的刺激,而CFIUS作为执行机构,其审查的目标对象就是外资并购,确切地讲是敏感的外资并购。任何一项政策法规都不可能一开始把所有可能都考虑周全,在后续的发展变化中,随着新情况的出现,政策法规也在不断地更新换代。面对外资并购的新业态、新领域和新变化,美国的外商投资审查制度也通过新的政策法规加以约束和引导,以应对不断出现的新问题和新挑战。

2018年,特朗普在FIRRMA圆桌会议上直言不讳地指出,美国对中国的关注还远远不够，应严厉打击知识产权侵权、盗窃等不法行为，抵制所有不遵守规则的国家，特别是中国。事实上，FIRRMA 的确有很强的国家针对性，是对中国公司的过激反应。

表1 美国外商投资安全审查制度的发展变化

外商案例	安全质疑	政策应对	立法强化	制度影响
1987年，富士通收购仙童半导体	军用科技国防安全	审查国防安全	1988年：《埃克森-佛罗里奥修正案》	授权美国总统以最终否决权
1990年，中航技竞购MAMCO	国有企业政治色彩	约束企业性质	1992年：《伯德修正案》	增加对跨国公司的政府背景调查
2005年，中海油竞购优尼科	战略资产：石油、国家安全	全面审查国家安全	2007年：《2007年外国投资与国家安全法》（FINSA）	扩大审查范围细化审核流程强调全面安全
2006年，迪拜港口收购半岛东方航运	港口航运国家安全			
2014年，三一重工胜诉奥巴马	被判违宪威胁权威	审查权威性技术敏感性国家针对性	2018年：《外国投资风险审查现代化法案》等	强调关键技术特别关注国家扩大管辖强制申报
华为、中兴等企业的技术崛起	先进技术知识产权			

资料来源：根据相关数据资料整理。

4. 总统的执政风格

《外国投资风险审查现代化法案》的出台，可以读出特朗普执政风格的两个特点：精致的利己主义和强烈的权力欲望。商人出身的特朗普，有浓重的商业思维：利益至上，因此在经营国家事务的时候，简单粗暴地采取了很多零和博弈的举措，宁可美负天下人，绝不天下人负美。FIRRMA 的单边主义色彩很重，美国利益优先但有点矫枉过正，势必会牵连一些无辜的跨国公司。

权力欲望则反映出特朗普的个人风格，存在感十足，喜欢妄加评论并横加干预，享受大权在握的感觉。FIRRMA 的改革措施强化了 CFIUS 的执法权威和美国总统的无上权力。

关于权力欲望，不仅是个人风格，而且有诱发事件。2014年7月，三一集团胜诉美国时任总统奥巴马，法院判决美方违反了"程序正义"，这对于 CFIUS 的权威性和总统的公信力无疑是巨大冲击，势必要进行必要的改革，于是便有了 FIRRMA。

二、内容与特点

2018 年通过的《外国投资风险审查现代化法案》，从国家安全的角度加强了对外商投资的监管，除了一如既往地扩大审核范围、优化审核流程，FIRRMA 的新特点尤其体现在国家针对性和技术敏感性。

1. 巩固权威

回顾历次政策调整，美国通过安全审查机制的细化和深化，不断巩固 CFIUS 的权力和权威，FIRRMA 在这一方面的努力主要体现在三个方面：扩大管辖、改革流程、延长审查。

在此之前，CFIUS 的审查目标主要是跨国并购，即外国公司赴美进行的直接投资或控制性投资。FIRRMA 之后，管辖范围扩展至外国投资者未获控制权的特定投资，既包括合资企业，也包括间接投资，尤其是涉及关键技术的非控制性投资。另外，FIRRMA 还明确了哪些类型的不动产交易属于 CFIUS 的管辖范围。

在此之前，CFIUS 的审查程序是自愿申报，外国投资者需要提交详实的书面通知。FIRRMA 之后，一般性的交易可以选择简短的声明书进行申报，一定程度上简化了申报流程；但如果投资交易涉及关键基础设施、关键技术或敏感数据，则强制申报是必需的环节。

在此之前，CFIUS 的审查总期限最长为 90 天，包括 30 天初期审查、45 天深入调查和 15 天总统审查。FIRRMA 之后，审查总期限最长为 120 天，其中初期审查延长至 45 天，深入调查如情况特殊可延长至 60 天，总统审查依然是 15 天。

扩大管辖、改革流程、延长审查，FIRRMA 的新规定从不同角度进一步扩大了 CFIUS 的审查权力，强化了其执法力度和审查权威，用明确的法律规定降低了执法过程中可能遇到的司法挑战和公众质疑。

表2 国家安全审查制度的今昔国别对比

传统特点	国家	审查准则	法律依据
1. 冠冕堂皇但立法正名 2. 概念模糊且主观性大 3. 泛政治化 4. 体现国家利益之争	美国	国家安全	外国投资和国家安全法
	澳大利亚	国家利益	1975年外国并购法
	英国	公共利益	2002年企业法
	加拿大	净收益	加拿大投资法
最新动态	国家	日期	法案/文件
1. 更具国家针对性 2. 更有行业敏感性 3. 审查范围更广 4. 审查流程更严 5. 政府裁量权更宽泛 6. 抢占规则主动权	英国	2017.10	国家安全和基础设施投资审查绿皮书
	美国	2018.8	外国投资风险审查现代化法案
	美国	2018.10	关键技术试点计划的暂行条例
	德国	2018.12	对外贸易条例修订案
	欧盟	2019.3	欧盟外商直接投资审查框架
	美国	2020.1	FIRRMA实施细则

注：FIRRMA实施细则包括：《关于外国人赴美进行特定行业投资的规定》(31 C.F.R. § PART 800)、《关于外国人赴美进行不动产投资的规定》(31 C.F.R. § PART 802)等。
资料来源：根据相关数据资料整理。

2. 强调技术

通过对《外国投资风险审查现代化法案》法律文本的分析不难发现，美国更加重视"关键基础设施""关键技术"和"敏感数据"。但在技术层面，CFIUS并没有给出关键技术的完整清单，而是根据美国商务部的出口管制技术清单来定义关键技术范围[①]。与负面清单的外商投资管理模式不同，国家安全审查并没有给出明确的技术清单。换句话说，一切可能构成威胁挑战的技术都可能列为关键技术，这使得关键技术和国家安全的界定有很强的随意性和主观性，有很大的操作空间和执法弹性。

另外，为进一步强化对关键技术的把控，美国还于2018年通过了关键技术试点计划（Critical Technology Pilot Program），列明了27个敏感行业，不仅审查敏感行业的外商投资（直接控制性投资，享有实质性利益），就连非控股少

[①] 依据相关法律规定，关键技术包括美国军需品清单、商业管制清单上的某些项目、出口管制改革法案识别和管制的新兴与基础技术等，但新兴和基础性技术尚未被明确定义。

数股权的资本参与都要强制申报、严格审批。

根据CFIUS提交国会的年度报告（2016、2017财年），美国进行国家安全审查的企业案例中，近两年的数据反映出金融、信息与服务业的调查案例明显增多，其中最多的是专业、科学与技术服务（professional, scientific, and technical services）。

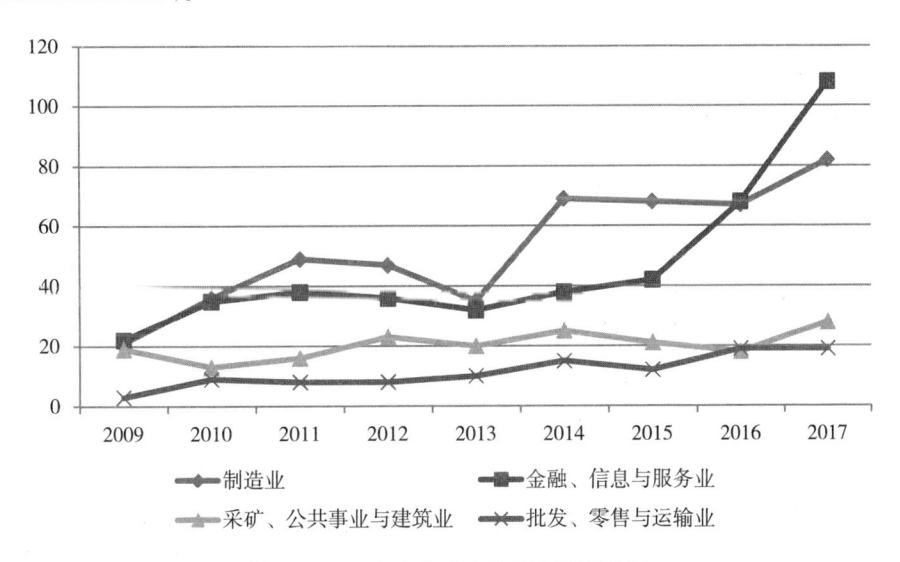

图1　CFIUS安全审查的调查案例统计

资料来源：美国财政部，CFIUS提交国会的年度报告（2016、2017财年），2019年11月公布。

美国除了在国家安全审查机制里提及敏感技术，还会就某些技术单独进行立法审核。2019年11月，美国商务部发布公告称，根据2019年5月发布的"确保信息通信技术与服务供应链安全"的行政令（第13873号），发布实施条例用以规范美国商务部长识别、评估和处理特定信息通信技术与服务交易的程序，保护美国的关键基础设施和数字经济、国家安全或国民安全。

3. 关注国别

不管是近几年的监管实践，还是此次的法规调整，都体现出美国政府对中国问题的关注甚至是歧视。三一重工的美国风电项目就是典型案例。风电项目之前由一家希腊公司持有并经营，没有受到任何质疑，但当中国公司接管后，就被扣上了威胁国家安全的帽子。通过梳理安全审查的调查案例不难发现，总统否决的并购交易几乎都是针对中国投资者[1]。

此次《外国投资风险审查现代化法案》明确提及了特别关注国（country of special concern），尤其是这些国家的跨国公司所进行的涉及关键基础设施和关键技术的投资交易。不言而喻，中国首当其冲。根据CFIUS提交国会的年度报告，2017年美国一共对237件并购交易进行了安全审查，其中中国公司的并购交易达到60件，远高于其他国家（加拿大排名第二，但仅有22件）。

FIRRMA在其法律文本里多次提及中国，并给予了特殊对待：单独针对中国投资进行的详实的报告制度，要求美国商务部每两年向国会和CFIUS提交分析报告，而且结合"中国制造2025"进行深入的对照分析。这足以看出对中国的关注，而且对中国的发展战略有极强的针对性。

与之形成鲜明对比的是，FIRRMA还提及了美国的7个同盟国，包括：英国、日本、德国、法国、加拿大、瑞士和荷兰，并规定了"例外国家"，认为来自加拿大、英国和澳大利亚的外商投资不构成安全威胁，不属于管辖投资。

三、趋势与影响

通过对美国外商投资安全审查制度的历史变迁和内容特点的归纳分析不难发现，美国CFIUS的法律和实践有一定的泛政治化倾向，虽然是始于企业案例、基于政策法规，但往往终于政治意图，用"国家安全"的万能理由给很多正常的经济活动扣上了政治帽子，对外商投资尤其是中国投资者带来很多负面影响。

1. 海外并购受阻

海外投资的投入成本和失败概率本身就很高，业界流传的一个说法"七七定律"足以说明一切，但日趋严苛的外商投资安全审查无疑进一步推高了赴美投资的成本和风险。由于不透明的审查程序、宽泛的自由裁量权、否决原因缺乏信息披露等原因，中国企业的赴美投资中很多正常交易受到阻碍，波及范围已从半导体、金融行业扩大至猪饲养等食品加工业①。部分交易被CFIUS阻

---

① 《关于中美经贸摩擦的事实与中方立场》白皮书，http://www.scio.gov.cn/zfbps/ndhf/37884/Document/1638295/1638295.htm （访问时间：2020年3月26日）

止,部分交易被总统否决,部分交易被迫撤回并无奈放弃,而那些成功完成并购的投资项目也是倾注了大量的人力、物力和财力,企业的合规成本更是直线上升。

三一赴美投资失败后决定起诉 CFIUS 和奥巴马,聘请了豪华的律师团队:美瑞律所合伙人夏廷康、美国前副检察长克莱门特、美国前助理总检察长丁赫等。虽然最终胜诉,但仅是"程序正义"的胜诉,并没有改变三一投资失败的事实,错过了最佳的投资时机,但同时又付出了巨额的诉讼费用(尤其是律师费)。

2. 鼓吹中国威胁

CFIUS 改革的泛政治化倾向,是霸权思维的外在表现,政治考量在很多时候甚至重于经济利益,美国也借机对中国进行诋毁。美国对待中国问题往往带有"国家偏见",认为政治目标主导中国企业海外收购,对中国投资者尤其是中国国有企业"另眼相看"[2]。随着实践和法律中对"外国政府控制"的定义不断宽泛,越来越多的民营企业也遭遇到更加严苛的国家安全审查。

2020 年慕尼黑安全会议上,美国众议院议长佩洛西直言不讳地指出:各国应远离中国科技公司华为及其 5G 技术,因为"中国正试图通过华为来输出其'数字专制',威胁不买账的国家并实行经济报复"。国际重要场合谈论企业小事,而且充斥着对中国企业和中国体制的诋毁,从中可以读出两点信息:一、中国因素是本次会议的主要焦点之一,但充斥着疑惑和误解;二、美国处处提防中国,强势要求欧洲站队,试图推动形成与中国竞争的统一立场①。

3. 打压中国经济

1988 年的《埃克森 - 佛罗里奥修正案》,反映出美国对日本外商投资的打压,折射出对日本经济快速崛起的担忧;2018 年的《外国投资风险审查现代化法案》,则是对中国外商投资的打压,同时折射出对中国经济快速崛起的担忧。为了维护美国的国家安全和国际地位,不断收紧的外资审查无疑是很好的政策屏障[3]。针对"中国制造 2025",通过限制中国投资(尤其是高科技领域和敏

---

① 傅莹谈对 2020 年慕尼黑安全会议的印象,http://www.nanhai.org.cn/info-detail/26/9031.html (访问时间:2020 年 3 月 25 日)

感行业的中国投资），美国期望实现自身更多的经济和政治利益，但这种单边主义的做法显然不利于中国的企业发展和产业升级，不利于中国的战略规划和宏观经济。

结合FIRRMA的改革方案进行具体分析，一方面中国被列为特别关注国家，另一方面CFIUS将很多新兴技术（包括半导体、人工智能、核技术等）界定为关键技术并纳入审查范围，此举大大限制了中国新兴产业的发展[4]。针对中国企业赴美投资的分析报告，以及针对"中国制造2025"重点领域（如通信、半导体、人工智能等）的审查实践，体现了美国对中国经济（尤其是高端制造业）的打压，反映出美国"修昔底德陷阱"的思维逻辑。

四、对策与建议

企业国际化是中国跨国公司的新常态，资本"走出去"是中国宏观经济的必然选择。面对政策不断收紧而且针对性极强的美国外资安全审查，我国至少应该从以下几个方面入手，寻求应对之道。

1. 战略互信

维护国家安全的外资审查其初衷是好的，但不能矫枉过正。如何把握合理的度，需要美方考虑国家利益，中国提出合理诉求，因此，中国应该从双边关系角度，加强沟通增进互信，通过和谈解决问题。首先要把问题摆上谈判桌，避免美方的单边主义，应考虑重启中美战略与经济对话，不管是贸易摩擦还是投资纠纷，沟通是解惑的良药，和谈是最好的选择。具体到投资领域，中美双边投资协定谈判是必然选项，是保障和维护双方投资利益的重要法律保障，既要通过国际规范和法律条文明确投资者的利益、权利和责任、义务，又可以把敏感的投资领域明确界定并写入例外条款，借助务实严谨的双边协定实现国家利益和企业投资的中美共赢[5]。从经济外交的视角，既要在双边、区域和多边外交的不同场合加强对话和磋商机制，增进互信消除疑虑，又要用经济和法律手段解决经济问题，重视投资规则的互利共赢和可操作性。

2. 平等开放

不管是技术敏感还是国家关注，亦或是FIRRMA提及的"中国制造2025"，都能看出美国对知识产权的重视、对公平竞争的关注，在这些方面中国虽已做出改善但未来仍需进一步努力。科技是第一生产力，重视技术研发、保护知识产权，既是企业的利益诉求，又是产业的发展保障，更是国家兴衰的关键。重视国内产权保护，积极完善市场机制，引导企业从内而外地公平竞争，只有进一步完善国内的产权保护机制，才能更有说服力地进入美国和国际市场，也能更好地回应技术领域的安全审查。但是如果 CFIUS 一意孤行地带着有色眼镜歧视中国企业，我国也不会坐以待毙，我国也有相应的外国投资者并购境内企业安全审查机制，可以通过内外联动的投资管理体制进行规则法律和监管实践的制衡。当然，不能忽视的是，依然应当加强双边磋商和沟通交流，避免文化差异带来的误解。如近几年的中美经贸摩擦，中美双方对强制性技术转让的"强制"二字就有不同的理解，既有政策沟通层面的不一致，又源于规则认知层面的差异性。

3. 立足国内

发展是硬道理，是中国解决所有问题的关键，而海外投资仅是发展路径之一。我国应当保持战略定力，靠国内转型、产业升级、企业革新进行自主发展，围绕"中国制造 2025"进行深耕细作，既要避免部分企业等靠要的陈旧思想，又要杜绝拿来主义的海淘模式，立足国内谋发展，不卑不亢促合作。从技术革新到民族富强，既不能靠天吃饭，更不能依赖国外，因此中国的高端制造业、新兴技术产业必须重视基础研发和成果转化，有技术才有发言权，自身强才能谈合作。现阶段部分发达国家带着有色眼镜看待中国投资，多数情况下是以强者自居并提防"技术小偷"。试想，当中国全面实现技术赶超之后，对方会争先恐后地谋求投资合作，以企业联盟的方式寻求技术分享。

4. 策略灵活

面对外商投资安全审查，企业是对外投资或并购主体，应当积极有效地直面审查，消除误解、打破质疑，战略上提高认知，战术上谨慎灵活。相较于国际贸易，对外直接投资的风险更高，因此，企业一定要有风险意识，关注政策、合规经营、披露信息、做好公关，尤其要在政企沟通、公开透明等方面下功夫。出于国家安全的顾虑可能源自最基本的信息不对称，可能企业没有及时向政府和公众汇报或公开公司的部分资料，继而因信息缺失导致信任危机并触发安全审查。为消除安全疑虑、促进投资合作，可以借助公关、咨询、律所、投行的专业服务，也可以寻求与媒体、社区、NGO 的合作，讲好中国故事，做好企业宣传，将真实的中国和中国企业介绍给美国政府和民众。

参考文献

[1] 潘圆圆、张明，中国对美投资快速增长背景下的美国外国投资委员会改革，国际经济评论，2018 年第 5 期。

[2] 沈梦溪，美国投资安全审查中的"国家偏见"：现状、历史和趋势，国际贸易，2018 年第 11 期。

[3] 钟红、吴丹，美国《外国投资风险评估现代化法案 2018》影响研究，国际贸易，2019 年第 1 期。

[4] 刘斌、潘彤，美对华投资并购安全审查的最新进展与应对策略，亚太经济，2019 年第 2 期。

[5] 李巍、赵莉，美国外资审查制度的变迁及其对中国的影响，国际展望，2019 年第 1 期。

疫情防控常态化条件下服务业与制造业协同发展研究

王思语　张开翼[*]

摘要：制造业、服务业发展从彼此分离向相互融合的转变，既是制造业转型升级提质的必然要求，也是服务业从传统向新兴发展过渡的必然结果。疫情期间，服务业通过数字化、信息化技术为制造业保稳转增持续赋能。通过将制造业、服务业协同发展趋势结合本次新冠疫情冲击进行分析，得出在疫情期间二者协同发展爆发的新问题，并结合数字化及"新基建"的时代浪潮，研判在疫情防控常态化条件之下二者协同发展新方向。

关键词：制造业；服务化；"新基建"；新冠肺炎疫情

一、引言

2020年，新冠疫情严重冲击我国经济，一季度国内第二产业总产值下降9.6%，第三产业下降5.2%。进入第二季度，伴随疫情防控及国内复工、复产、复市扎实推进，国民经济运行持续改善，二、三产业呈现降幅收窄甚至由减转增的积极变化，国家统计局数据显示生产性服务业包括金融、信息传输、信息技术服务等4月同比增速已超过工业增速。虽然产业结构调整中制造业与服务业发展在一定程度上存在相互挤压的现象，但总体而言，二者互动方式伴随消费结构、劳动力结构及技术发展在从原先平行转移向深度融合方向演进，尤其在新冠疫情期间制造业与服务业协同发展的必要性得以凸显。面对疫情防控常态化以及在疫情之下暴露出的全球市场发展困境，更加需要通过信息通信技术

---

[*] 作者简介：王思语，上海对外经贸大学讲师；张开翼，上海对外经贸大学研究生。

及"新基建"等手段，将服务要素持续注入以调动制造业发展积极性，支撑制造业产业提升实物产品附加值并不断向中高端迈进。

二、文献综述

（一）产业结构变迁研究

一个国家经济发展不仅伴随经济总量的增长，同时也会带来产业结构变迁（钱纳里，1993），而产业结构调整、优化以及资源配置效率不断提高反之也会刺激经济快速持续增长（周振华，1995；王玉玲，2013）。通过产业结构变迁以带动经济发展要求在结构调整中持续优化，具体路径则表现为经济支柱性产业逐步向二、三产业尤其是第三产业倾斜（徐东林，2004；干春晖等，2011；周明生，2013）。产业结构调整同中国嵌入世界经济也密切相关，国民经济飞速发展及居民收入的显著提升一方面提高国内劳动力成本（郑延智等，2012），另一方面也促使我国消费层次不断升级（石奇，2009），这些在经济发展中展现的新变化对国内产业结构加速从第二产业向第三产业转移造成直接影响。同时，产业结构不仅在水平方向呈现向第二、三产业转变趋势，在垂直方向也体现出在产业内部向高生产率及高技术复杂度行业的倚重（黄亮雄，2013），精准的技术选择会极大推进国内产业转型升级（薛继亮，2013）。除去市场推动以外，通过宏观调控将政策向第二、三产业倾斜也有利于实现社会经济资源的有效配置并激励企业积极实行产业结构调整（战明华，2004）。

（二）制造业与服务业关系研究

产业结构改变使得不同产业内部行业发展呈现接续融合发展态势，具体可表现为制造业与服务业间互动关联结构调整（Szalavetz A，2003）。制造业及服务业深化路径讨论主要划分为平行转移、辅助推动、协同共生及产业交融四种模式（胡树华等，2012），而伴随二者在发展过程中相互补足、协调演进关系不断深入，二者融合协同成为主旋律。Neely（2008）通过实证研究发现服务化企业盈利整体高于纯制造型企业，李美云（2011）通过将二者置于价值链视角下，发现制造业与服务业彼此融合有助于两大产业核心价值活动优化重组，从而实现制造业的服务化发展。同时，二者协同发展也会促进产业从劳动密集型向资本密集型升级（曲玥，2010），使高端服务业与先进制造业在需求端相互拉动（孙畅，2020），从而催生制造业服务化、生产服务业等更加复合的产业发展模式，实现全产业链精细化发展。同时，伴随全球产业链、价值链交织愈加深入，各国经济体在遭受全球性冲击时应对"脆性"提升，学者们也逐步认识到制造业在经济发展中的根本性地位（夏明等，2018；邓洲，2019；张永恒，2020），并提出制造业与生产性服务业要实现动态协调，尽快跨过耦合裂痕以进一步形成相互依赖、相互联系的协同互动关系（唐晓华等，2018；魏作磊，2020）。

（三）新业态下二者深度嵌入研究

基于诸多学者研究结论，同时伴随互联网、信息技术等新业态的产生，制造业与服务业在新业态下的深度嵌入发展路径也引发众多学者关注，生产性服务业与制造业服务化成为关注焦点。生产性服务业开放显著增加国外服务要素投入，从而通过溢出效应和成本效应不断提升制造业服务化水平，且国外生产性要素投入对制造业国际竞争力提升作用更强（齐俊妍和任同莲，2020），这是由于生产性服务业具有较高信息扩散水平，能够通过技术创新（高阳等，2020）及促进劳动生产率改善（夏斐，2020）等方式拉动制造业整体发展水平。在区域经济一体化过程中，为减少物流成本，最大程度实现规模经济，生产性服务业与中高端制造业在协同发展过程中显示出明显集聚特征，以提升区域创新实力并实现空间溢出（纪祥裕，2020）。除去二者协同发展中技术创新能力的中介作用，制造企业战略柔性（卫力，2019）、产业政策（聂飞，2020）均对制造业与服务业协同集聚提供有力支持。

综上所述，目前文献从产业结构变迁、制造业与服务业发展关联演进及深度嵌入进行大量文字及实证分析，但对于数字化、信息化、"新基建"等在二者协同发展中的作用机制、应用场景，在本次新冠疫情期间暴露出的产业链、价值链断裂问题为制造业、服务业协同发展带来的危机与机遇，以及现阶段二者融合发展落实到细分行业及企业层面所面临哪些掣肘因素未进行涉及，这也将成为本文主攻方向。

三、制造业与服务业协同发展现状

（一）在产业及行业领域均呈现深度融合趋势

中国自加入 WTO 以来，外贸的持续开放有力推动国内制造业企业积极投身到全球化浪潮，通过将自身发展根植于全球产业链、价值链，实现了与世界经济紧密联系及深度嵌入。同时，制造业发展提质的需要也催生出对服务业的巨大需求，尤其是与制造业密切相关的生产性服务业。2000-2019 年，国内二、三产业生产总值总体呈上升趋势且保持较强一致性（图1），中国经历着从"制造经济"逐步向"服务经济"的转变，并且呈现二者不断融合发展态势。2008年金融危机暴露出我国产业结构不合理及经济发展水平不均衡的巨大漏洞，为尽快摆脱全球金融危机带来的负面影响，"十二五"规划提出坚决推进产业结构调整、积极转变经济发展方式以继续激发国内经济发展活力的方针，要求对制造业进行改造提质并培育发展战略性新兴产业，从而提高制造业核心竞争力，同时大力推动生产性及生活性服务业发展，全面提升信息化水平以增强科技创新实力，服务业与制造业进入协同发展黄金时期。

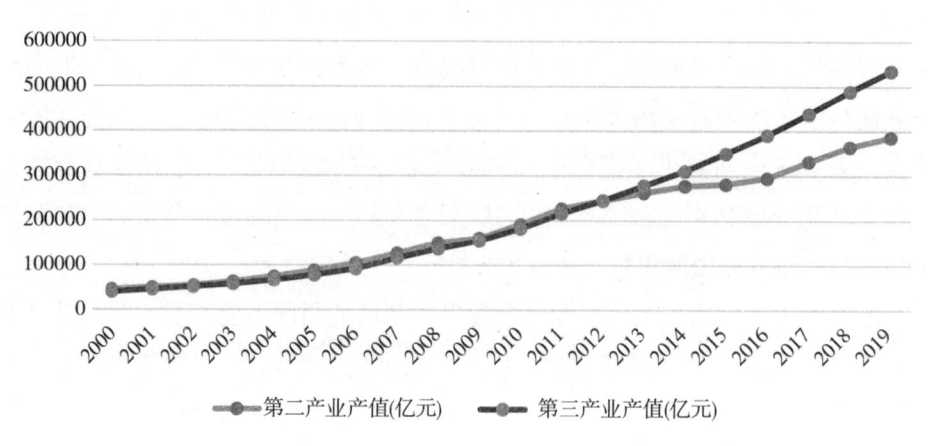

图1 2000-2019 中国第二、三产业生产总值（亿元）

数据来源：国家统计局。

就业人数的变化（图2）也从侧面印证了我国制造业与服务业协同发展过程中结构逐渐优化、质量逐步提升的态势。2010年左右第二、三产业就业人数开始发生分离，在产业生产总值保持持续增长的前提下，说明制造业企业向中高端迈进势头良好，制造业服务化趋势明显并对第三产业就业起到提拉作用。

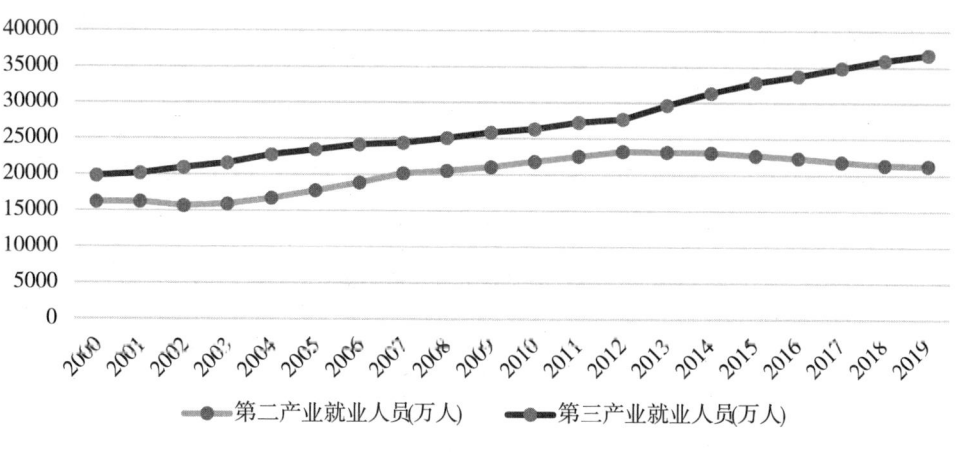

图2 2000–2019中国第二、三产业就业人员（万人）

数据来源：国家统计局

第二、三产业总量持续增长对产业内部行业专业性分化及制造业、生产性服务业互动需求显著提升。根据国务院印发《生产性服务业统计分类（2019）》，生产性服务业指在制造业服务化过程中，参与制造业研发、生产和销售的重要中间投入环节，包括为生产活动提供的研发设计与其他技术服务，具体可分为金融保险、专业科技、运输仓储、信息通讯等版块。金融保险业有效拓宽制造业企业融资渠道，从而为企业技术创新及新型竞争优势培育提供充足资金支持；专业科技将国内创新规则体系融入全球发展浪潮，为企业提供符合国际要求的技术标准、知识创新及法律保护；运输仓储行业发展直接影响制造业企业供应链管理效率，帮助企业及时调整库存并加速商品流转，通过线上物流综合平台极大缩短物流时间、收窄物流成本，使制造业企业产品实现高效率、广范围、跨区域输送；信息通讯技术主要借助互联网平台搭建，将更多制造业企业纳入统一管理框架，一方面提升制造业企业智能化生产比率，减少简单人力成本，另一方面有效连接供给端及需求端，降低企业及消费者搜寻、沟通、交易成本，减少制造业企业在交易过程中可能遭遇的信息不对称，增大交易透明度。

为探究在产业及细分行业角度制造业同服务业协同发展程度，进一步通过对 2003—2019 年第二、三产业产值、工业、金融业增加值进行相关性检验。相关系数是用以反映变量之间相关关系密切程度的统计指标，相关系数值越接近 1 表明两变量之间线性关系越密切。实证结果表明，在产业层面及行业层面制造业及服务业发展均显示出高度一致性（表 1），同时为确保所选取细分行业在对应产业中具有代表性，因此对第二产业及工业、第三产业及金融业同样进行相关性检验，结果符合预期（表 2）。

表 1 第二、三产业及细分行业相关系数检验（1）

Cor(X,Y)	第二产业产值	工业增加值
第三产业产值	0.9826	
金融业增加值		0.9798

表 2 第二、三产业及细分行业相关系数检验（2）

Cor(X,Y)	第二产业产值	第三产业产值
工业增加值	0.9997	
金融业增加值		0.9971

（二）数字化、信息化及"新基建"催生二者协同发展新业态

数字化作为第四代工业革命核心，正逐步引领全球经济向更深层次发展。伴随通信信息技术、大数据、5G 应用场景增多，以数字为引擎的服务制造正成为制造业与服务业深度融合的风口。生产性服务业通过信息化、互联网化，借助工业互联网等方式为制造业持续赋能。工业互联网平台本质是一个工业云平台，依托大数据、算法预测及复杂分析，将工业系统与互联网建设相融合从而实现人机对接。工业互联网通过智能化生产、个性化定制、网络化协同及服务化延伸四个维度转变制造业企业生产模式，助力工业部门降低简单劳动成本，实现网络优化、机器自主学习、智能制造，从而凝聚企业核心竞争力，帮

助企业实现精细化生产运营管理。2019年，工业互联网核心产业增加值规模达5361亿元，融合带动经济影响规模为1.6万亿元，对经济增长的贡献为9.9%，成为国民经济增长最具活力的领域之一。根据《全球工业互联网平台应用案例分析报告》统计，大型企业在工业互联网中应用占比62%，是工业互联网落地主力。

2020年一季度，新冠疫情对国内人力、物流运输造成极大阻滞，通过工业互联网平台打通线上线下渠道，解决企业"三哑"（哑设备、哑企业、哑岗位）困境，确保企业生产不断链，从而降低由于订单无法及时交付带来的违约风险。在生活端云平台，通过在线教育、在线医疗、在线办公等手段，中小企业也有机会参与到数字化浪潮中去。与互联网相关的新业态新模式保持逆势增长，2020年1-4月，实物商品线上零售额同比增长8.6%，网上零售占比持续提高，产地直销、直播"带货""线上不打烊""无接触配送"等新业态持续涌现，推进电子商务从消费端加速向生产端拓展。2020年4月，国务院决定新设46个跨境电商综合试验区，持续推动传统企业"触网上线"。

一方面，生产性服务业通过技术支持为制造业能级提升带来良好助益，另一方面，先进制造业对生产性服务业的"反向驱动"效应同样显著。经中国信通院测算，2020年，我国工业互联网产业经济规模有望达到3.1万亿元，并创造超过255万个就业岗位。本次"新基建"涵盖5G、人工智能、工业互联网、大数据、特高压、城际高速及充电桩建设，大体可分为信息基础设施、融合基础设施及创新基础设施三大板块。不同于传统"铁公基"，"新基建"在建设中提倡绿色、科技，对相应制造业技术要求明显提升，并将信息化、万物互联等新兴要素融入其中，从而充分激发制造业创新活力。"新基建"在"硬件"上要求制造业企业不断增加研发投入，提升产品的技术属性；在"软件"上要求企业在项目落成后在运营维护环节持续提供配套服务，从需求端刺激企业在产品生产中不断提升服务要素占比，减少对于传统生产要素的依赖。同时"新基建"项目中大数据、5G基站、工业互联网等成果转而也可以成为制造业进一步发展的再投入要素，如此循环往复，从合作深度与广度持续拓宽制造业与服务业协同融合。

（三）制造业及服务业区域集聚成为下一阶段发展重心

为提高生产效率、增加规模收益，企业持续嵌入全球供应链体系中，促使全球产业链水平分工结构日益趋向复杂交织，这一举措虽然能够提升经济效益，但也带来产业链环节过多、运输距离过长、物流成本过高等问题，增加了全球产业链"脆性"。从经济发展外部环境来看，过去20年来的经济全球化、自由化思潮正逐渐低迷，民粹主义高涨、西方国家制造业回流、单边主义抬头均将世界经济发展天平向风险侧倾斜，持续不断的贸易摩擦使价值链分工格局被迫调整，尤其在面对新冠带来的突发全球性危机时，产业链平衡遭到严重挑战，进而给全球制造业带来灾难性冲击。为提升全球产业链抗风险能力，产业链结构性重构，紧密围绕市场需求所在地集聚发展成为规避全球性风险的重要方式，产业链重构在全球范围内表现为围绕中国、北美、欧洲进行收缩，在国内则表现为向总体经济发展水平较高、科技实力领先的长三角、珠三角、京津冀等经济带聚集。

制造业、服务业协同发展在地域分布上显示出明显差异，二者协同程度呈现"东高西低，南高北低，沿海高内陆低"分布形态（表3），但总体来看，各经济带制造业与服务业融合发展均呈现因时制宜、因地制宜的发展态势。《中国科技统计年鉴2019》显示，长三角、珠三角、京津冀战略性新兴产业中信息技术产业占比分别达32%、51%、41%，规模以上工业企业R&D人员分别为77.2%、81.5%、36%，经费投入规模在国内经济带中居于头部，显示出极强的创新生命力，且不同经济带结合区位优势及发展规划，在生产性服务业细分领域及制、服融合发展方向上也均有侧重。长三角以上海为核心，呈现新能源汽车、信息技术、生物医药等产业同步发展格局，并借助上海自贸区最先开放优势，对国际高精尖制造业及现代化服务企业产生巨大虹吸作用；泛珠三角毗邻港澳，在跨境资本自由流动、知识产权保护及商事纠纷仲裁等方面均走在国内前列，同时依托与东南亚各国的良好经贸往来，积极打造中国–东盟信息港数字经济产业联盟，着力建设信息基础设施，聚焦信息技术应用示范，打造区域性数字经济高地；京津冀结合其交通枢纽中心地位，在公路、铁路、航运、跨境国际运输等方面进行全面布局，致力于打造现代综合交通枢纽，在跨境班列运输模式、综合物流信息平台搭建、物流运力融资服务等方面显现出明显优势。各大经济带良好的技术、制度环境基础，极大激励制造业、服务业企业选取符合自身发展的区位，在资源互动中彼此整合、互相输送，催生大量"融合性企业"。企业通过识别自身企业在价值链的最佳位点，将核心竞争力剥离出来并借助技术提升、管理手段创新来加强垂直领域投入，从而促使其在价值链中参与力度发生根本性转变。

表3 分区域2019年第二、三产业生产总值占比

地区		第二产业生产总值占比（%）	第三产业生产总值占比（%）
京津冀经济带	北京市	16.16	83.52
	天津市	35.23	63.45
	河北省	38.73	51.24
长三角经济带	上海市	26.99	72.74
	浙江省	42.61	54.03
	江苏省	44.43	51.25
珠三角经济带	广东省	40.44	55.51
	海南省	20.70	58.95

数据来源：各省市统计局年鉴。

四、疫情暴露制造业与服务业协同问题

（一）制造业与服务业融合尚处浅层

目前制造业与服务业主要表现在企业在生产产品过程中不断注入服务要素以提升产品附加值，通过将非核心业务进行外包等方式进行技术垂直挖掘，同时借助信息化大数据平台积极整合产业链上下游信息等领域。但在核心技术领域、数字化底层设计中，国内生产性服务业市场份额狭窄，呈现"头重脚轻"的发展态势。我国创新企业发展追求速度，资金投向追捧容易变现的终端应用。高技术产业发展较为"浮躁"，导致研发周期长、资金投入大、见效慢的

基础层创新长期被市场忽略，对国内智能生态、数字化布局及产业长期发展埋下"定时炸弹"。

以工业软件为例，核心 CAD 研发设计类软件国内市场 90% 被国外创新企业覆盖，就工业互联网平台而言，多数现有平台数据分析能力还无法满足应用要求，大部分平台对工业知识、模型和历史数据沉淀不够，导致在面对特定行业或工业场景提供服务时难以满足制造企业业务需要，更无法解决企业个性化问题；在人工智能领域，目前国内产业侧重于技术层和应用层，技术商业化程度比肩欧美，但在基础层，受限于创新难度大、技术和资金壁垒高等特点，国内底层技术积累和基础理论相对薄弱。长期的"拿来主义"导致我国过度依赖国外开发工具、基础器件等，使得国内企业丧失发展良机。

（二）区域集聚发展造成要素阻塞，企业服务化进程存在盲目性

虽然通过区域集聚，有利于产业链集群垂直整合，进一步促进制造业数字化转型，但同类型企业尤其是中高端制造业聚集也急剧增大区域内部竞争。以生物医药行业为例，生物医药作为战略性新兴产业，具有高技术、高收益、高投入、长周期的特性，具有巨大发展潜力。长三角经济带生物医药产业集聚发展明显，但由于生物医药产业的发展先进性、绿色可持续性，使得各省市均在抢先进行产业链构建，导致跨省市之间竞争大于合作，不利于产业在区域内协调发展及互相补足。上海与苏州竞争尤其激烈，在创新药研发方向、企业结构及人才需求方面大面积雷同，企业研发投入多紧跟政策引导，导致同类型产品、热点产品呈现"一窝蜂"研发态势，挤占其他潜力生物医药方向发展资源，从技术内部抑制生物医药产业多点开花，全面发展。

同时，制造业服务化并不适用于所用工业产业类别，例如生活用品、低端产品仍旧按照市场需求来进行配置即可，而对于重点工业制造业则需要通过全产业集群来刺激产业密集研发投入，实现技术快速迭代。生产性服务业在服务业总体占比中缺乏优势，服务业"自我循环"发展倾向使得对先进制造业支持力度不足，尤其是金融业发展有"脱实向虚"现象，制造业企业等实体经济融资难问题尚未得到良好解决。

（三）中小制造业企业面临转型困境

疫情期间我国全面推进制造业企业复工复产，促进产业链上下游企业联动配合，聚焦重点产业链、精准打通供应链，尤其鼓励重点骨干企业、先进制造业、战略性新兴产业优先恢复生产，截至5月18日，全国规模以上工业企业平均开工率和职工复岗率分别为99.1%和95.4%，基本达到正常水平，广大中小微企业和个体工商户也都在逐渐恢复当中。成规模制造业企业基于政府政策倾斜、技术发展完善、资金链条充足等优势可对制造业服务化进行提前布局，因此在此次疫情期间仍旧可以通过智能制造、工业互联网等方式保障部分生产活动。而对于中小企业而言，在冲击来临之前仍然局限于传统制造业中某一环节，只关注自身产品生产而忽略对所在价值链位置判断，缺乏服务化的动机及技术支持，同时由于智能化、高技术含量不足等掣肘因素，导致疫情期间由于人手、物流、库存、资金流等问题致使生产停滞甚至瘫痪，整体复工复产比率远低于大型企业。

据信通院测算，中小微企业作为经济"毛细血管"贡献了全国50%以上的税收，60%以上的GDP，70%以上的技术创新成果和80%以上的劳动力就业。而在数字化转型浪潮中，由于缺乏优秀工业互联网平台，且现存平台对中小制造业企业提供服务的能力十分有限，无法提供一站式解决方案。同时由于工业互联网涉及行业范畴、专业性、复杂性十分繁杂，智能化改造成本过高及融资困难均对中小企业使用工业互联网产生消极影响。

五、结论

（一）制、服协同是技术更迭必然

疫情的肆虐极大限制了人员流动及物流输送，企业为求存活则需加快转型以探求适合自身发展的制造业与服务业协同新路径，从而通过企业端倒逼制造业同服务业增强协同共生并加深关联。然而疫情作为突发性外生冲击，同目前国际紧张局势、各国生产"内卷化"等构成经济发展外部环境因素，只是制造业与服务业产业协同发展的催化剂，根本上二者融合、深化协同是技术变革的必然结果。数字化、信息化手段将制造业与服务业纳入更大协调框架，完成数据互通、信息共享，形成从上游技术研发、中游生产制造及下游运营维护等全产业链发展。应充分借助此次疫情中出现的较为极端的外部经济压力，深挖在特殊市场环境下发展应对措施，并对新生消费需求、新兴业态保持密切关注。政府与企业均需培养制造业服务化发展思维，并将政策及企业发展规划落实到实际行动中去，通过新冠疫情带来的特殊经济大环境进行制造业、服务业协同发展路径检验矫正。如此循环往复，才能确保各制造业企业在解除疫情困境后，仍旧有能力精准判断制造业服务化发展路径，从而不断提升自身企业在国内市场以及世界市场竞争力。

（二）通过数字经济及"新基建"对制造业实施"精准补链"

新冠疫情、中美贸易战、制造业回流等外部冲击将我国供应链、产业链问题提前暴露。因此，要深切把握"新基建"创新内涵并结合数字化建设，在技术层间充分利用大数据平台整合资源，将更多制造业企业纳入统一交流门户以提升国内产业链上下游协同效率。同时，"新基建"发展不止局限于到信息化、数字化建设内容，特高压、充电桩及城规高铁轨交等领域包含大量基础性耗材及简单人力需求，在能源互联网、新型都市圈搭建以及绿色生产中均发挥重大作用。要最大限度发挥"新基建"工程资源优化配置作用，认识到"新基建"不仅短期内对国民经济有提拉作用，最终建成成果也会为制造业服务化深度协同提供持续物质及技术支持。因此要对数字化浪潮以及"新基建"机遇进行精确拆分，促进各类制造业企业积极参与到所包含的产业链、价值链环节，通过创新需求倒逼企业在供应链细分环节延伸"补空"并垂直深挖。将金融保险、专业科技、运输仓储、信息通讯发展结合到"新基建"建设中去，将"补链"重点集中于价值链两端的高附加值环节，切实有效的拉高产业链、价值链"高度"、增强供应链"韧度"，抓住"新基建"的风口加深创新链"深度"。

（三）加强细分行业专业性

制造业同服务业进一步协同需要深化产业内部细分行业专业性，通过数字化、信息化平台搭建，将更广区域、更多企业、更丰富要素进行集结，加强两大产业整合力度并推动各自优势资源发挥最大效益。应充分考虑大中小企业参与需求，创造性实行产业融合分级化模式，切实降低不同类型企业参与制、服协同发展门槛。对于大型传统制造企业及战略性新兴产业要推进智能制造、智能监控等技术发展，帮助企业降低生产成本，提高生产效率，同时拉高企业复杂劳动力及科研人员占比，促进企业最大程度发挥自身核心优势，应加快推进工业互联网平台建设并不断拓宽平台服务深度与广度，通过集结不同平台信息乃至精简平台建设来减少信息壁垒；对于中小企业，要推出更加灵活、轻量、低成本的服务化举措，降低中小制造业企业转型门槛。在生产制造端持续提升工业互联网建设效能，满足原材料采购、订单生成、智能制造、成品调配、物流协调以及售后服务全产业链发展；在居民消费端加强云平台搭建，助推线上经济、远程办公、在线医疗等新兴业态发展；同时，加速推进国内生产技术标准、知识产权保护、国际争端解决等政策制度与国际通行标准接轨，为国内企业参与全球竞争提供制度支撑。

（四）引导制、服深度融合

大型制造业企业依托其经济实力及技术积累，在制造业服务化中占据更高主动性，而中小企业由于资金少、体量小、流动性差等因素无法及时进行转型升级。因此需要通过政府宏观调控，将优惠政策、资金支持向制造业、服务业协同发展倾斜，尤其对中小企业转型提供更多激励措施，如鼓励平台企业开发更加适配中小微企业转型需求的数字化产品、服务、工具；增加公共服务性质的数字化转型指导中心；对敢于最先转型的中小企业提供更多补贴。同时，要推动制造业及服务业产业区域性集聚并形成错位发展局势，减少同类型企业过度竞争，鼓励创新企业加大对价值链上游核心技术如芯片、算法技术攻关，从国家层面对制、服融合进行系统、综合、全面布局。要充分借助自贸区、自贸港以及电子商务园区建设，更大程度开放对外窗口，吸引外国先进制造业同高质量服务业向国内迁移，通过技术、管理外溢为本土企业发展提供样板，同时更加充裕的资金、更加多样化的融资类别、更加全面先进的技术标准也会为本土制造业企业服务化转型带来更大机遇，开放的国际市场为制造业企业将协同发展成果快速投放提供良好环境，积极有效的市场反馈也助于提升企业在国内国际双重竞争力。

参考文献

[1] 邓洲.制造业与服务业融合发展的历史逻辑、现实意义与路径探索[J].北京工业大学学报(社会科学版),2019,19(04):61-69.

[2] 干春晖,郑若谷,余典范.中国产业结构变迁对经济增长和波动的影响[J].经济研究,2011,46(05):4-16+31.

[3] 高洋,宋宇,高翔.生产性服务业技术关联下的制造业发展新动能[J].财经科学,2020(05):92-105.

[4] 胡树华,邓泽林,侯仁勇.服务业与制造业互动关联模式分析[J].工业技术经济,2012,31(11):10-15.

[5] 黄亮雄,安苑,刘淑琳.中国的产业结构调整:基于三个维度的测算[J].中国工业经济,2013(10):70-82.

[6] 纪祥裕,顾乃华.生产性服务业与制造业协同集聚具有创新驱动效应吗[J/OL].山西财经大学学报,2020(07):57-70[2020-05-30].https://doi.org/10.13781/j.cnki.1007-9556.2020.07.005.

[7] 李美云.基于价值链重构的制造业和服务业间产业融合研究[J].广东工业大学学报(社会科学版),2011,11(05):34-40.

[8] 齐俊妍,任同莲.生产性服务业开放、行业异质性与制造业服务化[J/OL].经济与管理研究:1-15[2020-05-30].https://doi.org/10.13502/j.cnki.issn1000-7636.2020.03.006.

[9] 聂飞.制造业服务化抑或空心化——产业政策的去工业化效应研究[J].经济学家,2020(05):46-57.

[10] 钱纳里.《工业化与经济增长的比较研究》[M].上海:上海三联书店,1993.

[11] 曲玥.制造业产业结构变迁的路径分析——基于劳动力成本优势和全要素生产率的测算[J].世界经济文汇,2010(06):66-78.

[12] 任同莲,齐俊妍.生产性服务投入与制造业国际竞争力——基于WIOD的跨国行业数据检验[J].现代经济探讨,2020(05):52-61.

[13] 石奇,尹敬东,吕磷.消费升级对中国产业结构的影响[J].产业经济研究,2009(06):7-12.

[14] 孙畅.中国高端服务业与先进制造业互动效应的非平衡性——基于要素分解视角的实证研究[J].山西财经大学学报,2020,42(05):61-75.

[15] 唐晓华, 张欣珏, 李阳. 中国制造业与生产性服务业动态协调发展实证研究 [J]. 经济研究, 2018,53(03):79-93.

[16] 王玉玲. 中国产业结构变动对经济增长的影响 [J]. 商业研究,2013(12):21-26.

[17] 卫力, 崔杨. 制造企业战略柔性对服务化绩效的影响研究——基于服务创新能力的中介作用 [J]. 科技促进发展,2020,16(02):169-174.

[18] 魏作磊, 唐林. 基于系统耦合模型的制造业与服务业协调关系分析 [J]. 河北经贸大学学报,2020,41(02):65-72.

[19] 夏斐, 肖宇. 生产性服务业与传统制造业融合效应研究——基于劳动生产率的视角 [J]. 财经问题研究,2020(04):27-37.

[20] 夏明, 李贝茜, 彭春燕. 制造业与服务业关系:理论与经验的比较分析 [J]. 中国科技论坛, 2018(01):76-82.

[21] 徐冬林. 中国产业结构变迁与经济增长的实证分析 [J]. 中南财经政法大学学报, 2004(02):49-54+143.

[22] 薛继亮. 技术选择与产业结构转型升级 [J]. 产业经济研究,2013(06):29-37.

[23] 战明华. 我国产业结构的变迁与互动:特征与结构效应 [J]. 经济科学,2004(01):45-54.

[24] 张永恒, 薛金礼. 产业转型升级与经济增长的动态关系研究 [J/OL]. 统计与决策, 2020(06):96-99[2020-05-30].https://doi.org/10.13546/j.cnki.tjyjc.2020.06.021.

[25] 郑延智, 黄顺春, 黄靓. 劳动力成本上升对产业结构升级转型的影响研究 [J]. 华东交通大学学报,2012,29(04):113-117.

[26] 周明生, 梅如笛. 中国产业结构变迁与经济增长的关联性分析 [J]. 经济与管理研究, 2013(06):14-20.

[27] 周振华.《经济增长的结构效应》[M]. 上海:上海三联书店,上海人民出版社,1995.

[28] Neely A. Exploring the Financial Consequences of the Servitization of Manufacturing [J]. Operations Management Research,2008(2):103-118

[29] Szalavetz A. The Tertiarization of Manufacturing Industry in New Economy [C]. The conference 'The New Economy and Post-Socialist Transition', TIGER Economic Institute, Warsaw. 2003.

新冠疫情下粮食主产国出口限制是否导致全球粮食危机？

袁其刚　翟亮亮[*]

摘要：新冠疫情下粮食出口限制措施给世界粮食安全造成的影响如何，本文运用GTAP进行了评估。研究发现：出口限制一定程度上加剧了全球粮食危机的发生；该措施损害了实施国消费者和部分农场主的利益，扭曲世界市场价格，加剧了粮食不安全国家的粮食危机；对中国直接影响虽然不大，但间接影响值得关注。对此，保持粮食贸易便利进行才是各国明智之举，必须加严WTO出口限制相关纪律；加强全球粮食安全治理，积极推广中国经验；共建人类命运共同体。

关键词：新冠疫情；粮食；出口限制；粮食安全

一、引言

新冠状病毒(COVID–19)在全球的迅速蔓延，对人类生命和经济活动造成重大损失，各国实施的隔离、边境管制等检疫防控措施使得劳动力短缺、供应链中断，严重冲击了全球粮食供应系统，最终将威胁到因自然灾害及战争冲突等导致粮食和营养不安全的数百万脆弱群体。2020年第一、二季度共有俄罗斯、哈萨克斯坦、阿根廷等12个国家对粮食①采取了限制出口的措施，导致依靠国际市场填补国内粮食空缺的进口国的粮食安全受到威胁。在全球化的今天，各

---

[*] 作者简介：袁其刚，山东财经大学经济研究中心教授、博导；翟亮亮，山东财经大学国际经贸学院博士。

① 本文中的粮食与联合国粮农组织数据统计中的粮食定义一致，包括大米、小麦和杂粮，其中杂粮包括高粱、黑麦、荞麦、大麦、燕麦和玉米。

国的粮食体系相互关联，贸然实施粮食出口限制，导致粮食安全系统的脆弱性加剧，粮食供应系统严重失衡，很容易造成全球性粮食危机，特别是粮食储备不足的国家将遭受多重打击。

出口限制措施对粮食安全产生重大影响。2008年粮食危机期间，30多个国家采取了出口限制措施，结果表明贸易限制措施最终演变成严重的价格危机。从相关研究结果看，粮食出口限制与国际粮价之间具有互相推动作用。一方面，粮食主产国实施的粮食出口限制推动了国际粮价上涨，例如，Martin and Anderson（2011）[1]、Derek（2011）[2]等研究发现，出口限制在2006-2008年间国际粮价上涨的成因中占三成以上；James（2015）[3]指出2006至2011年实施的出口限制增加了小麦和大米的价格波动，而粮食进口国担心粮食价格上涨，扩大进口推高了粮食价格；就大米而言，出口限制措施几乎贡献了世界价格上涨的一半（Joseph，2020)[4]。另一方面，国际粮价的升高显著且快速地推动了粮食出口限制的实施，孙林等学者（2015）[5]从损失规避的视角研究了二者的关系后，得出国际粮价每提升一个百分点，粮食出口限制的实施概率平均接近0.9。

随着COVID-19及其经济影响在世界蔓延，国际物流网络中断等由此增加的成本推动了粮食消费价格上涨，严重损害了进口国尤其是低收入国家的粮食"购买能力"，加剧了粮食危机（钟钰、普蓂喆等，2020[6]；司伟、张玉梅等，2020[7]）。David（2020）研究发现，即使没有出口限制措施，新冠疫情导致2020年全球将有超过1.4亿人陷入极端贫困（按1.90美元/（人·天）的贫困线衡量）[8]。Timothy（2020）[9]使用IMPACT模型模拟了大米和小麦市场的出口禁令对粮价和饥饿的影响，结果显示粮价可能会大幅上涨，预计2020年全球将多达1800万人面临长期饥饿。粮食出口限制措施扭曲了市场供求，通过价格传导机制导致世界范围的粮食危机。

已有文献主要集中于粮食出口限制措施与粮价关系方面的研究，而缺少粮食出口限制措施的实施对世界各国进出口、GDP、居民收入、福利水平等宏观经济效应，国内粮食供需和消费价格变化及产业效应的全面分析；同时，最新的文献假定了主要出口国对大米、小麦实施100%的出口禁令，情景设计过于极端,不仅忽略了各国公布的具体实施名单中各类粮食产品的比重,还忽略了出口税、出口配额等其他出口限制措施实施的真实情况,这可能造成较大误差。那么,新冠疫情下粮食出口限制措施的影响程度究竟如何?本文运用全球贸易模型,综合考虑 2020 年前两个季度主粮出口国实施的包括出口税、出口配额和出口禁止在内的粮食出口限制措施,并根据实际实施的范围与力度设计更符合事实的情景,关注价格变化的同时,从宏观经济和产业层面评估疫情下粮食出口限制措施对不同经济体造成的影响,探寻 WTO 在加强严格粮食出口禁止和限制纪律的有效措施,以应对疫情下的全球粮食危机,从而为全球粮食安全治理提供合理建议。

二、世界粮食安全现状

粮农组织对粮食安全的定义始终以"确保所有人在任何时候既能买得到又能买得起所需要的任何食物"为基础,因此,粮食安全最本质的问题首先是"供应充足"。而粮食出口限制措施的实施主要源自实施国保障国内粮食供给充足。那么,目前世界粮食安全的现状如何,疫情期间主粮出口国真的有必要实施粮食出口限制吗?

(一)世界粮食总体供大于求

从数量上来看,近十年,全球谷物总产量呈现波动增长的趋势,谷物产量从 2010 年的 22.64 亿吨增长到 2019 年的 27.21 亿吨,增长 20.15%。其中小麦和大米的产量较平稳;而杂粮类总产量的增长是拉动谷物增长的主要原因,杂粮类总产量从 2010 年的 11.45 亿吨增长到 2019 年的 14.45 亿吨。从总体供需情况来看,每年的谷物总产量基本满足需求总量,粮食总供给超过需求总量。根据联合国粮农组织 2020 年 7 月 2 日的粮食供需简报(FAO Cereal Supply and Demand Brief)对 2020 年粮食前景的预测,小麦、大米的产量较 2019 年稍有下降,但是粮食总产需平衡,再加上粮食库存充足,粮食总供给依然能够满足总需求。总之,从全球总量来看,并不缺粮。

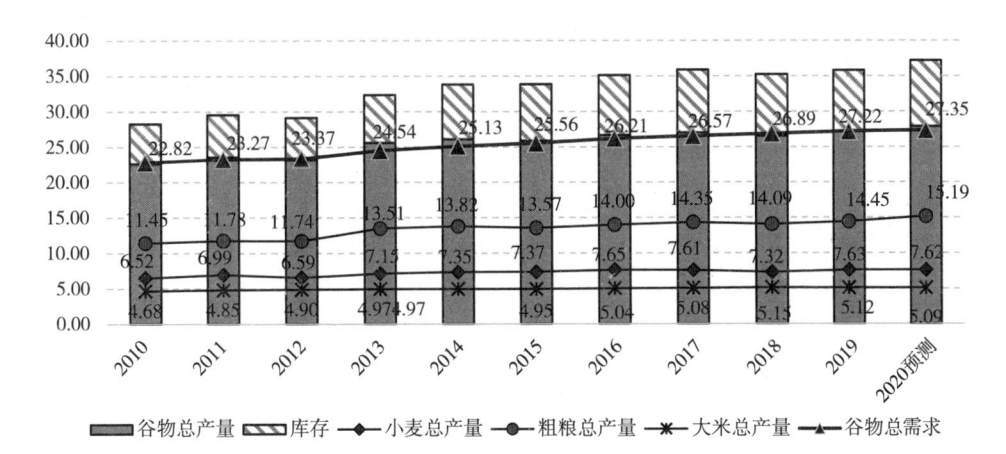

图 1 世界粮食供需趋势图

数据来源：FAO 网站 GIEWS- 全球信息和预警系统（GIEWS- Global Information and Early Warning System）：http://www.fao.org/3/ca8032en/ca8032en.pdf。其中，2020 年预测值源自联合国粮农组织 2020 年 7 月 2 日的粮食供需简报（FAO Cereal Supply and Demand Brief）：http://www.fao.org/worldfoodsituation/csdb/en/。

（二）当前粮食不安全国家的分布

2019 年发布的《全球粮食危机报告》指出，2018 年，近三千万人处于重度粮食不安全[1]，高达 1.12 亿的人口处于危机阶段，2020 年的《全球粮食危机报告》[2]显示 2019 年这一人口增长至 1.35 亿。2020 年，COVID-19 大流行、蝗灾、极端天气等灾害可能会导致全球粮食不安全状况恶化，粮食安全脆弱国很容易陷入重度粮食不安全状况，预计 2020 年，世界将有 6.9 亿人处于饥饿状态。同时，疫情下经济衰退导致的居民收入下降将对粮食安全带来严重冲击，人道主义援助的需求随之增加。目前需要外部粮食援助的国家主要面临粮食供应量不

---

[1]《全球粮食危机报告》：全球 1 亿多人仍受重度饥饿影响 [J]. 世界农业 ,2019(05):96.

[2] https://www.fsinplatform.org/sites/default/files/resources/files/GRFC_2020_ONLINE_200420.pdf

足①、大范围获取渠道缺乏②或局部粮食严重不安全③等方面的危机，根据GIEWS统计报告可知，截至2020年7月份，共44个国家需要外部粮食援助（如图2所示），其中非洲国家占34个。

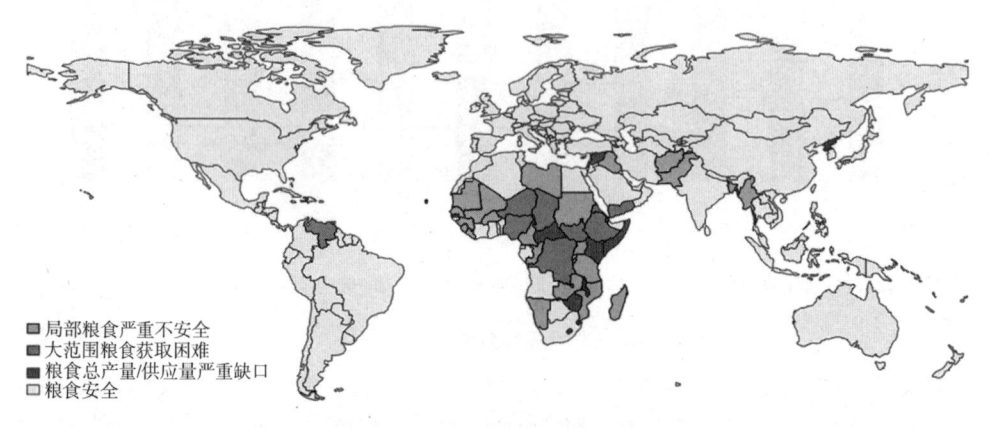

图2 粮食不安全国家分布

数据来源：联合国粮食与农业组织-GIEWS-2020年3月份报告（全球粮食和农业信息及预警系统）http://www.fao.org/giews/country-analysis/external-assistance/zh/Natural Earth 地理信息系统-带有国家边界的世界地图，比例为1∶110,000,000

综上所述，全球粮食总供给大于总需求，总体并不缺粮，理论上保持贸易畅通，可以满足世界总体粮食安全的基本要求。粮食不安全国家主要分布在非洲地区，而这些国家恰恰高度依赖粮食进口，阻断粮食贸易，无疑让这些国家陷入严重缺粮的境地。由此看来，国际贸易促使全球粮食资源合理分配，让缺粮国家通过粮食进口满足国内需求，而粮食出口限制会使依赖粮食进口国家的粮食安全受到威胁，故保持粮食贸易便利进行是保障世界粮食安全的有效途径。

---

① 粮食总产量/供应量严重缺口的国家包括中非共和国、肯尼亚、索马里、津巴布韦、阿拉伯叙利亚共和国。

② 大范围粮食获取困难的国家包括：布隆迪、乍得、刚果民主共和国、吉布提、厄立特里亚、埃塞俄比亚、尼日尔、尼日利亚、南苏丹、朝鲜民主主义人民共和国、也门、委内瑞拉(玻利瓦尔共和国)。

③ 局部粮食严重不安全国家包括：布基纳法索、佛得角、喀麦隆、刚果、斯威士兰、几内亚、莱索托、利比里亚、利比亚、马达加斯加、马拉维、马里、毛里塔尼亚、莫桑比克、纳米比亚、塞内加尔、塞拉利昂、苏丹、乌干达、坦桑尼亚联合共和国、赞比亚、阿富汗、孟加拉国、伊拉克、缅甸、巴基斯坦、海地。

三、粮食出口限制规则改革与经济学逻辑

粮食贸易在促进世界粮食资源合理分配的同时,也存在巨大的风险。高效率的国际贸易让粮食竞争力弱的国家不断增加对粮食进口的依赖,一旦国际贸易中的任何一个环节出现阻断,这些国家将面临严重的粮食不安全。也正是出于对粮食进口国粮食安全的考虑,GATT1994 第 12 条规定了出口禁止和限制的纪律,但该纪律存在严重缺陷,并没有达到规制的效果,WTO 农业谈判及各区域性组织对此做了不懈努力。出口限制措施被滥用和被抵制的斗争从未停息,其背后的经济学逻辑是什么?对此本文将从局部均衡和一般均衡两个角度对出口限制措施的福利效应进行经济学分析。

(一)粮食出口限制规则改革

WTO 对粮食出口禁止和限制的纪律体现在《农业协定》第 12 条,要求任何成员要依照 GATT1994 第 11 条第 2 款(a)项充分考虑这种限制对进口成员的粮食安全的影响。除有关特定粮食非净出口国的发展中国家外,成员必须在对食品实行新的出口限制之前通知农业委员会,并应要求与受影响的成员进行磋商。事实上真正做到磋商和通知义务的成员极少。这项纪律很是宽泛,并未进行严密而完备的规定,存在概念不明晰(唐锋、孙林,2013)[10]、可操作性差、无具体惩罚措施等缺陷,导致了该规则无法达到规制的效果。

对粮食安全的关切始终贯穿在农业谈判历程中,尤其后多哈回合谈判时期,更加关注严格粮食出口禁止和限制纪律的改革(尚清、刘金艳,2015)[11]。2008 年,WTO 农业委员会修订《农业协定》第 12 条中该措施的通报时间限制和实施时间限制,但未取得实质性效果。在 2020 年农业谈判代表第一次会议上,日本提交了一份评估 2013 年至 2018 年的出口限制措施的报告 (JOB/AG/175),指出,这一时期的措施不但没有尽到通知义务,而且平均期限比 2007–2012 年期间更长,严重违背了 GATT 第 11 条第 2 款 (a) 项规定的出口限制本质上必须是临时性的①。在 2020 年 2 月的农业委员会特别会议强调了第 12 届部长级会议

---

① https://www.wto.org/english/news_e/news20_e/agri_31jan20_e.htm

（简称 MC12）^①在农产品出口限制方面期望达成的两个成果：免除世界粮食计划署为非商业性人道主义目的购买的食品出口限制；根据《农业协定》第 12 条第 1(b) 款提出预先通知的时间表^②。在 5 月 25 日农业委员会特别会议对新冠疫情下实施的粮食出口限制表示关切，大部分成员国认识到，这些措施对世界市场的冲击将持续存在，尤其对粮食净进口国的冲击更剧烈而持久。他们提请注意在 4 月 21 日发表的 20 国集团农业部长声明和 5 月 14 日世贸组织 23 个成员的联合声明，都承诺支持粮食和农产品的贸易开放，并强调必须确保出口限制措施符合 WTO 的规则，并且是"有针对性的，成比例的，透明的和暂时的"。

正是由于 WTO 粮食出口限制规则的原有缺陷未有实质性改善，越来越多的区域贸易协定对该纪律进行了更加严密的关切并作出了更完备和苛刻的规定，如东南非共同市场（COMESA）、USMCA 等，最终起了明显的规制效果。但只能约束区域合作框架内的成员，且这种一刀切的规则将严重损害那些粮食安全较为脆弱的国家的利益，因此区域贸易协定要遵循 WTO 原则，两者相辅相成，共同治理粮食安全（尚清、李文祥，2019）[12]。

（二）粮食出口限制措施的经济学逻辑

粮食出口限制实施后粮食市场会产生最迅速且最有力的冲击，随后产生间接效应，将影响扩散至其他市场。故本文借鉴丹尼斯和小艾尔弗雷德对贸易政策影响的分析方法（2014）[13]，探讨粮食出口限制措施如何通过价格影响社会福利，在一般均衡框架下，讨论贸易条件的变化及整个经济受到的影响。由于本文的研究重点关注主要的粮食净出口国，因此，在进行经济学分析时，将粮食出口限制措施实施国设定为大国。

本文使用提供曲线^③对大国情形下粮食出口限制的影响进行一般均衡分析。

---

① 第 12 届部长级会议原定于 2020 年 6 月在努尔苏丹举行，受 COVID-19 影响推迟，具体日期尚未确定。

② https://www.wto.org/english/news_e/news20_e/agri_24feb20_e.htm

③ 提供曲线（Offer curve），表示一国在所有可能的贸易条件下，愿意在国际市场上进口商品的数量和出口商品的数量的组合。

在两国模型中，假设国家2为粮食出口大国，国家1为粮食进口国。在图3中曲线OC1为国家1的提供曲线，曲线OC2为国家2的提供曲线，自由贸易情形下，均衡点为E，此时，贸易条件为TOT1，国家1愿意进口的粮食数量为OA1，出口X产品的数量为OB1，国家2愿意出口粮食的数量为OA1，进口X产品的数量为OB1。

1. 粮食出口税。如图3（a）所示，当国家2实施粮食出口限制措施时，该国愿意从事贸易的意愿降低，即提供曲线由OOC2转移到OC2'，原来的贸易条件TOT1无法继续维持，国家2的粮食出口量无法满足国家1的需求，而国家2的X产品的出口过度，导致世界市场上粮食价格上涨，而X产品的价格下跌，相对价格的调整一直持续到新的贸易均衡点E'，此时，国家1的贸易条件恶化为TOT2，同时意味着国家2的贸易条件得到改善。从福利角度讲，国家1可能会因为贸易条件恶化而受损，因为国家1每单位的出口能换取更少的进口商品，而此时的国家2获得每单位的进口需要增加的出口减少了，福利状况潜在地得到改善。

2. 粮食出口配额限制。如图3（b）所示，由于国家2实施了粮食出口配额限制，粮食的出口不能超过A3，国家2的提供曲线达到0A3后将平行于横轴，此种情况下，国家2的提供曲线将不同于未实施该措施前的OOC2，而是OSOC2''，均衡点由E点变为E''点，国家1的贸易条件随之恶化为TOT3，同时意味着国家2的贸易条件得到了改善。福利的变化分析同粮食出口税。

3. 粮食出口禁止。当国家2实施粮食出口禁止时，如图3（c），相当于出口配额的极端情况，即国家2的粮食出口为零，此时，国家2的提供曲线与横轴重合，原贸易条件TOT1无法继续维持，世界市场的粮食供给严重不足，X产品的供给严重过剩，均衡点不断沿着OOC1曲线下移，直至原点。此时贸易终止，国家1的贸易条件极度恶化，福利损失最大。

综上所述，一般均衡框架下，粮食出口国实施粮食出口限制措施将使粮食进口国的贸易条件恶化，并造成严重的福利损失；粮食出口国自身的贸易条件虽然有所改善，但是由于价格扭曲而造成了消费和生产的无谓损失，总体福利并不一定得以改善，当实施严格的出口禁止时，自身福利也会受损。

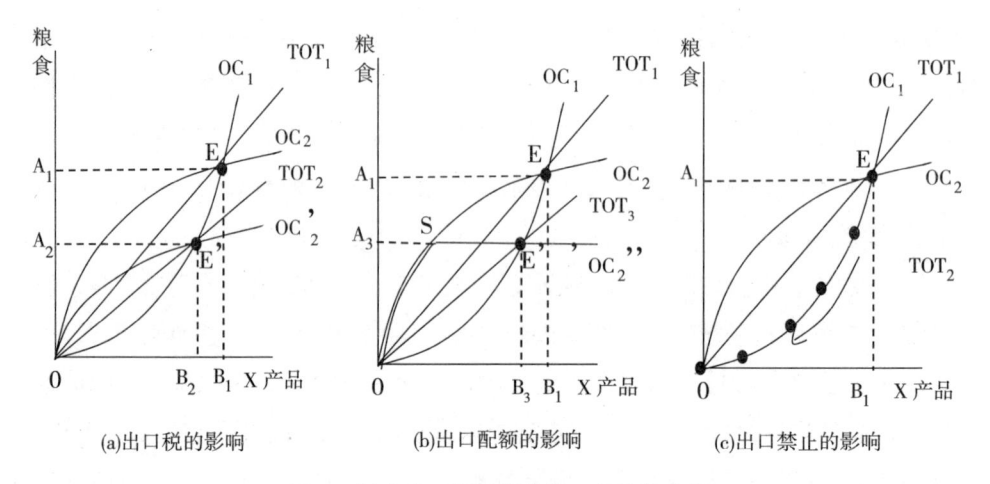

图3 粮食出口限制措施的一般均衡分析

(a)出口税的影响　(b)出口配额的影响　(c)出口禁止的影响

四、新冠疫情下粮食主产国出口限制措施的经济效应模拟

（一）模型选择与方案设计

1.模型选择。采用一般均衡框架下多国多部门的全球贸易模型（Global Trade Analysis Project），该模型是由 Hertel（1997）[14]开发，常被用来做贸易政策的事前模拟和评估。数据选用最新发布的 GTAP10 数据库，将数据库中的 141 个国家重新划分为 18 个区域（见表4）。划分依据如下：由 GTA（Global Trade Alert）全球贸易预警系统的数据可知，2020年一、二季度，阿根廷、塞尔维亚、马其顿、俄罗斯、哈萨克斯坦、越南、乌克兰、缅甸、柬埔寨、罗马尼亚、塔吉克斯坦、巴基斯坦共 12 个国家实施了粮食出口限制措施；实施期较短及粮食净进口国为保护本国粮食安全而实施的粮食出口限制对世界粮食市场的影响微乎其微，因此，将 2020 年 6 月 30 日之前已终止的粮食出口限制措施及粮食净进口国实施的粮食出口限制措施去除后，将阿根廷、哈萨克斯坦和俄罗斯三个国家确定为粮食出口限制实施国；再综合易受影响国、GIEWS 公布的粮食安全"脆弱"国家和粮食主要进口国，最终确定为 18 个可研究区域。另外，根据研究需要，将原有的 65 个行业重新合并为 8 个部门（见表5）。

2. 方案设计。根据上述确定的粮食出口限制措施国（阿根廷、哈萨克斯坦和俄罗斯）官方发布的各类粮食的出口限制范围、方式和幅度进行模拟方案的设定，具体如表3所示。

表3 2020年1-4月粮食主要出口国的出口限制措施

国家	方式		实施出口限制措施的商品（HS编码）
阿根廷	出口税	小麦	11010020、11031100、11031300、11031900、11032000：（5%）
		大米	10061091、10062010、10062020、10063011、10063019、10063021、10063029：（5%） 10061092：（6%）
		杂粮	10081090、10082190、10082990、10083090、10084090、10086090、10089090：（5%） 11010010：（7%）
哈萨克斯坦	出口禁止	杂粮	1008100
		小麦	110100
	出口配额	大米	100119、100199、100191
俄罗斯	出口禁令	杂粮	100810、100290、100829
		大米	100610
	出口配额（7亿吨）	小麦	100199、100119、100390、100290
		杂粮	10011100、10019110、10019120、10019190、10021000、10031000

数据来源：1.GTA全球贸易预警系统 https://www.globaltradealert.org/

2. 三国政府网站公布的实施粮食出口限制的文件：阿根廷 https://www.boletinoficial.gob.ar/detalleAviso/primera/226273/20200305? busqueda=1；哈萨克斯坦 https://www.gov.kz/memleket/entities/moa/documents/ details/25534?lang=ru；俄罗斯 https://www.vedomosti.ru/business/articles/2020/03/23/825968-rossiya-vvodit-zapret

（二）模拟结果分析

1. 总体影响。表4给出宏观经济指标的变化，从GDP的变化来看，世界GDP总量减少了12.82%。粮食出口限制措施实施国哈萨克斯坦（-1.2254%）和俄罗斯（-1.6223%）均有明显下降，同时墨西哥、其他北美"易感"国家、欧洲粮食安全"易感"国家、欧盟其他国家和非洲粮食不安全国家的GDP均有所下降。而其他国家的GDP产生了微小的提升。

从进出口总量看，三国实施粮食出口限制措施后，世界总出口量下降0.1143%，总进口量略有下降（-0.0485%）。哈萨克斯坦（-1.2837%）和俄罗斯（-0.7436%）的总出口量出现了明显的下降，其他国家的出口变化不明显；而进口量明显下降的只有非洲国家，其中，南非下降0.1084%，非洲粮食不安全国下降0.1824%，非洲粮食安全"易感"国下降0.3322%。

出口限制措施对多数国家的居民收入和消费产生了负面影响；而哈萨克斯坦（1.3045%；1.2008%）和俄罗斯（1.6233%；2.2027%）则有较明显提升，欧洲国家则略有提升。

表4 宏观经济指标的变化

国家或区域	GDP（%）	总进口量（%）	总出口量（%）	居民收入（%）	居民消费（%）	福利（百万美元）
中国	0.0539	-0.0034	0.0032	-0.1331	-0.1364	4583.493
阿根廷	0.0273	0	0.0006	-0.0966	-0.0967	87.9205
哈萨克斯坦	-1.2254	-0.0075	-1.2837	1.3045	1.2008	-2020.6500
俄罗斯	-1.6223	-0.0233	-0.7436	1.6233	2.2027	-26750.300
美国	0.0562	-0.0001	0.0031	-0.1641	-0.1644	4415.2350
墨西哥	-0.1307	-0.0161	0	-0.0845	-0.0873	-859.5260
巴西	0.0336	0	0.0014	-0.1057	-0.1059	491.6672
南非	0.1259	-0.1084	0.0003	-0.2366	-0.2155	47.9890
亚洲粮食不安全国[①]	0.0399	-0.0566	0.0006	-0.1409	-0.1404	63.1837
亚洲粮食安全"易感"国[①]	0.0880	-0.0639	0.0048	-0.1058	-0.1063	6453.3420
其他北美"易感"国家	-0.0549	-0.0003	0.0007	-0.0797	-0.0806	-535.5210
拉美粮食不安全国	0.0236	0	0.0013	-0.1372	-0.1377	93.9257
拉美粮食安全"易感"国	0.0545	-0.0231	0.0049	-0.1172	-0.1161	222.9117

[①] 处于危机需要外部粮食援助的国家和当季作物前景不佳的国家。

续 表

国家或区域	GDP（%）	总进口量（%）	总出口量（%）	居民收入（%）	居民消费（%）	福利（百万美元）
欧洲粮食安全"易感"国	-0.0130	-0.0192	-0.0495	0.5260	0.5198	62.6681
欧盟其他国家	-0.2301	-0.0029	-0.0130	0.2604	0.2472	-20047.4000
非洲粮食不安全国	-0.1850	-0.1824	0.0015	-0.0029	0.0358	-1833.1300
非洲粮食安全"易感"国	0.4036	-0.3322	0.0046	-0.0102	-0.0040	1080.0240
其他国家	0.2467	-0.0339	0.0046	-0.0159	-0.0142	13479.8500
平均值	-0.1282	-0.0485	-0.1143	0.1269	0.1556	-1164.6853

就福利水平而言，世界总体福利下降了11.6468亿美元；粮食出口限制措施较为严苛的哈萨克斯坦、俄罗斯两国的福利出现了显著下降，同时也给欧盟其他国家、非洲粮食不安全国家、墨西哥、其他北美"易感"国家带来了不同程度的负面影响。实行出口限制措施是为了将福利重新分配给消费者，然而，这样的干预导致总的福利损失。实施出口禁令后，国内消费者可获得的产品将增加，然后国内价格下降以吸收增加的供给，从而导致价格扭曲（在模拟结果中，已观察到出口禁令后价格下跌）。福利损失和价格扭曲的程度取决于产品的价格弹性（Mitra、Josling，2009）[15]。由于粮食是无弹性的，需要更大的价格下降才能吸收国内供应，因此粮食出口限制将导致更大的福利损失。而阿根廷实施的限制程度相对较小的出口税措施，其福利水平则稍有提升（8792.05万美元）。

2. 国内销售、居民需求及居民消费价格的变化。表5展示了实施粮食出口限制后，不同商品的价格、各国国内销售及居民需求的变化。模拟结果表明，阿根廷和哈萨克斯坦的国内居民的粮食消费价格均下降，哈萨克斯坦下降的幅度较大，尤其小麦的消费价格下降幅度超过11%，俄罗斯杂粮的居民消费价格也出现了约11%的下降，居民需求出现了微小的提升，这些显然都是由于粮食出口限制的实施导致国内供给增加；但俄罗斯的小麦和大米部门的国内居民消

---

① 注："易感"国家指GTA统计报告的2020年1-6月份全球采取粮食出口限制措施后易受影响的国家，当该国家既是粮食不安全国家又是"易感"国家时，将该国归于粮食不安全国。

费价格（10.28%；21.37%）却出现了大幅度增长；究其原因，一是俄罗斯作为粮食出口国，出口限制措施将直接提升世界粮食市场的价格；二是国内供给的激增，促使粮食的直接需求和作为中间品的需求增加，从而刺激粮价提升；三是气候环境较为恶劣，不得不进口部分粮食，目前其最主要的粮食进口国是哈萨克斯坦，而最主要的进口种类是大米和小麦，哈萨克斯坦的粮食限制大幅提升了俄罗斯的进口粮价，尤其是大米的进口锐减冲击最严重，市场价格和进口价格的双重上升促使俄罗斯大米小麦部门居民消费价格大幅提高。从供需角度看，尽管俄罗斯本国的出口限制措施使得国内销量增加37.59%，但无法抵消他国的出口限制措施造成的价格飙升。

由于粮食是其他部门不可或缺的中间产品，粮食的供给与价格的冲击直接造成了其他部门的连锁反应，在实施粮食出口限制的国家中，俄罗斯的其他农作物、牲畜及肉类产品和食品加工部门影响较为明显，居民消费价格均有10%以上的上升，其中其他农作物部门上升了50%以上。由此来看，三国实施粮食出口限制措施严重损害了居民的利益。

从其他国家受到的影响来看，小麦部门的冲击最严重，覆盖范围最广，多国居民的利益受损显著；其中，非洲粮食不安全国家、南非和一些粮食安全"易感"国家（非洲、亚洲和欧洲等）的小麦部门的居民消费价格明显上升，造成居民需求下降，国内销售呈现跳跃式上升；南非的大米部门所受冲击方向亦如此。墨西哥的小麦部门和欧盟国家的其他农作物部门的居民消费价格均有约3%的下降，居民需求略有提升，但明显降低了国内的销量，农场主的利益受损。

3. 产出效应。粮食出口限制导致的贸易扭曲可能会影响产出的结构和分配。为此，表6给出了粮食出口限制对各国产出的影响，结果表明，粮食出口限制措施越严苛的国家，粮食的产出效应越明显。哈萨克斯坦的小麦产出会下降约48%，俄罗斯的小麦产出会下降约32%、杂粮的产出下降约15%，而大米部门受到本国出口禁令和哈萨克斯坦大米出口配额的双重冲击，产量提升了约28.8%，同时其他农作物部门的产量上升约70%。

表 5 国内销售、居民需求及居民消费价格的变化

国家或区域	小麦 国内销售	小麦 居民需求	小麦 居民消费价格	大米 国内销售	大米 居民需求	大米 居民消费价格	杂粮 国内销售	杂粮 居民需求	杂粮 居民消费价格	其他农作物 国内销售	其他农作物 居民需求	其他农作物 居民消费价格
中国	0.26	0.00	−0.11	−0.04	0.01	−0.17	0.00	−0.03	0.10	−0.04	0.01	−0.17
阿根廷	0.01	0.00	−0.11	0.00	0.00	−0.12	0.01	0.00	−0.12	0.00	0.00	−0.12
哈萨克斯坦	−5.54	0.61	−11.40	0.42	0.29	−3.24	3.11	0.24	−1.99	1.57	0.32	−2.91
俄罗斯	−4.83	−1.18	10.28	37.59	−1.74	21.37	−4.07	−0.09	−11.78	73.06	−3.51	53.06
美国	−0.11	0.00	−0.23	−0.03	0.00	−0.23	−0.04	0.00	−0.52	−0.26	0.00	−0.36
墨西哥	−49.84	0.19	−3.53	0.00	0.01	−0.23	0.00	0.01	−0.23	0.20	0.01	−0.21
巴西	−0.92	0.01	−0.20	−0.02	0.00	−0.12	0.00	0.00	−0.12	0.00	0.00	−0.12
南非	107.94	−0.35	2.75	27.50	−0.22	1.56	−0.08	−0.04	−0.12	−0.26	−0.03	−0.19
亚洲粮食不安全国	0.81	−0.04	0.14	−0.04	0.00	−0.13	−0.10	0.01	−0.18	−0.05	0.01	−0.14
亚洲粮食安全"易感"国	7.98	−0.16	2.31	−0.03	−0.01	0.09	−3.56	0.32	−2.76	−0.05	0.00	0.04
其他北美"易感"国家	−0.01	0.00	−0.06	−0.21	0.00	−0.14	−0.21	0.00	−0.90	−0.50	0.00	−0.43
拉美粮食不安全国	0.20	0.00	−0.06	−0.27	0.00	−0.20	0.01	0.00	−0.11	−0.01	0.00	−0.16
拉美粮食安全"易感"国	2.58	−0.11	1.24	−0.01	0.00	−0.04	−0.17	0.01	−0.24	0.00	0.00	−0.06
欧盟粮食安全"易感"国	6.36	−0.24	3.61	−0.34	0.02	0.51	−1.02	0.42	−4.12	−0.17	0.02	0.50
欧盟其他国家	0.68	0.03	0.32	−2.90	0.03	−0.02	−1.49	0.05	−0.80	−6.25	0.07	−3.26

续 表

国家或区域	小麦			大米			杂粮			其他农作物		
	国内销售	居民需求	居民消费价格	国内销售	居民需求	居民消费价格	国内销售	居民需求	居民消费价格	国内销售	居民需求	居民消费价格
非洲粮食不安全全国	123.80	−4.62	38.59	−0.17	−0.17	0.14	−0.18	−0.19	0.21	−0.18	−0.18	0.13
非洲粮食安全"易感"国	8.79	−0.24	2.34	−0.02	0.04	0.13	−0.52	0.10	−0.29	−0.01	0.05	0.11
其他国家	10.04	−0.23	2.60	0.11	0.03	0.34	−0.72	0.08	−0.30	0.17	0.02	0.21
世界价格		0.8944			0.0369			0.1488			0.2273	

国家或区域	肉类食品			加工食品			制造业			服务业		
	国内销售	居民需求	居民消费价格	国内销售	居民需求	居民消费价格	国内销售	居民需求	居民消费价格	国内销售	居民需求	居民消费价格
中国	−0.01	0.02	−0.17	−0.04	0.03	−0.19	−0.03	0.03	−0.17	0.02	0.04	−0.16
阿根廷	0.01	0.01	−0.11	0.01	0.01	−0.12	−0.05	0.02	−0.14	0.01	0.02	−0.12
哈萨克斯坦	−0.40	0.52	−0.34	−4.06	0.62	−0.71	4.75	−2.15	5.22	−0.23	−0.67	1.96
俄罗斯	−3.33	−5.31	11.82	−0.42	−4.95	12.55	−0.29	−1.13	1.25	−0.72	−1.30	1.46
美国	0.01	0.04	−0.21	−0.01	0.05	−0.22	−0.09	0.07	−0.24	0.02	0.02	−0.18
墨西哥	0.01	0.02	−0.19	0.02	0.04	−0.27	0.59	−0.18	0.22	−0.07	−0.07	−0.01
巴西	0.01	0.01	−0.11	0.00	0.01	−0.12	−0.02	0.02	−0.13	0.01	0.02	−0.12

续 表

国家或区域	肉类食品			加工食品			制造业			服务业		
	国内销售	居民需求	居民消费价格	国内销售	居民需求	居民消费价格	国内销售	居民需求	居民消费价格	国内销售	居民需求	居民消费价格
南非	-0.10	-0.10	0.02	-0.09	-0.23	0.55	-0.26	0.06	-0.45	0.01	0.02	-0.34
亚洲粮食不安全国	0.01	0.00	-0.09	-0.01	0.00	-0.10	-0.07	0.02	-0.19	0.00	0.02	-0.17
亚洲粮食安全"易感"国	-0.03	0.00	-0.04	-0.13	0.04	-0.18	-0.15	0.07	-0.21	0.03	0.04	-0.14
其他北美	0.00	-0.01	-0.07	0.02	-0.02	-0.05	0.30	-0.16	0.11	-0.04	-0.02	-0.06
拉美粮食不安全国	0.00	0.02	-0.16	-0.01	0.01	-0.16	-0.03	0.02	-0.16	0.01	0.01	-0.15
拉美粮食安全"易感"国	0.00	0.00	-0.08	-0.01	0.01	-0.11	-0.10	0.05	-0.19	0.01	0.04	-0.15
欧盟粮食安全"易感"国	-0.09	0.03	0.49	-0.77	0.29	0.05	-0.13	0.04	0.49	0.06	-0.04	0.59
欧盟其他国家	0.07	0.07	0.14	0.14	0.13	0.04	0.84	-0.46	0.84	-0.05	-0.13	0.40
非洲粮食不安全国	-0.24	-0.25	0.08	-0.07	-0.46	1.20	-0.52	-0.20	-0.29	-0.17	-0.35	-0.10
非洲粮食安全"易感"国	0.12	0.07	0.11	-0.04	0.07	0.07	-1.09	0.31	-0.65	0.09	0.27	-0.27
其他国家	0.04	0.01	0.06	0.01	0.03	-0.01	-0.90	0.41	-0.55	0.10	0.13	-0.13
世界价格	0.4665			0.2144			-0.0024			0.0132		

213

其他国家的粮食产出结构变化也很明显。尤其非洲粮食不安全国家、南非以及亚非欧的粮食安全"易感"国家，为化解他国粮食出口限制所带来的粮食供给紧缩的危害，不得不调整主粮作物的产量，尤其是非洲粮食不安全国家和南非的小麦产量需要提升约122%和80%，然而现实条件难以实现如此大幅的产量提升，尤其新冠疫情下，经济低迷、多国政局越发动荡，加之蝗灾的大范围冲击，使得非洲粮食产量提升更加困难，别国的粮食出口限制使得非洲国家的粮食安全雪上加霜，如果粮食产量无法提升到模拟结果的水平，非洲国家可能产生严重的粮食危机。此外，墨西哥小麦部门因进口来源受限导致的国内销售下降幅度超过了其出口增加的幅度，从而导致产出大幅下降。

表6 产出效应

	小麦	大米	杂粮	其他农作物	肉类食品	加工食品	制造业	服务业
中国	0.2576	−0.0369	0.0030	−0.0370	−0.0066	−0.0404	−0.0241	0.0189
阿根廷	0.0041	0.0026	0.0028	0.0020	0.0084	0.0058	−0.0435	0.0081
哈萨克斯坦	−48.1463	0.4165	2.1601	1.4261	−0.4004	−3.4825	2.1873	−0.2399
俄罗斯	−32.2484	28.8266	−15.5024	70.8389	−3.3120	−0.3833	−0.2080	−0.7068
美国	−0.0324	−0.0265	−0.0263	−0.1636	0.0067	−0.0108	−0.0737	0.0158
墨西哥	−26.9273	0.0008	0.0003	0.1020	0.0125	0.0151	0.3005	−0.0706
巴西	−0.9092	−0.0156	0.0014	−0.0012	0.0109	0.0038	−0.0218	0.0055
南非	82.2398	3.6612	−0.0588	−0.1168	−0.0950	−0.0811	−0.1778	0.0143
亚洲粮食不安全国	0.8088	−0.0394	−0.0963	−0.0450	0.0060	−0.0065	−0.0514	0.0039
亚洲粮食安全"易感"国	7.7864	−0.0341	−3.4009	−0.0461	−0.0291	−0.1161	−0.0964	0.0267
其他北美"易感"国家	−0.0010	−0.2094	−0.1289	−0.2360	−0.0003	0.0118	0.1559	−0.0349
拉美粮食不安全国	0.1571	−0.2671	0.0109	−0.0119	−0.0025	−0.0086	−0.0224	0.0084
拉美粮食安全"易感"国	2.2527	−0.0083	−0.1292	0.0022	0.0035	−0.0039	−0.0690	0.0155
欧洲粮食安全"易感"国	2.5091	−0.3380	−0.4859	−0.1525	−0.0802	−0.5778	−0.0697	0.0384
欧盟其他国家	0.3369	−2.7307	−1.0434	−3.6181	0.0539	0.0971	0.4022	−0.0501
非洲粮食不安全国	122.2676	−0.1692	−0.1741	−0.1696	−0.2359	−0.0600	−0.2805	−0.1624
非洲粮食安全"易感"国	8.7096	−0.0202	−0.5120	−0.0122	0.1152	−0.0355	−0.8266	0.0827
其他国家	7.9684	0.1073	−0.6173	0.1368	0.0397	0.0045	−0.4903	0.0919

产出效应较明显的其他部门主要集中在以粮食作为重要中间品的部门，如俄罗斯的其他农作物部门、牲畜和肉类产品部门；哈萨克斯坦的其他农作物部门和粮食加工部门和制造业部门；以及欧盟的其他农作物部门。产出的增减取决于作为中间品的主粮的国内销量变化和出口变化。

五、研究结论与政策建议

（一）研究结论

本文利用全球贸易模型，模拟了新冠疫情下，阿根廷、哈萨克斯坦和俄罗斯实施出口限制措施的经济效应，结果表明，对中国的影响极其微弱，但三国政府的这种干预措施造成了消费与生产扭曲，损害了实施国消费者和部分农场主的利益，加剧了粮食不安全国家的粮食危机。

从宏观影响来看，大部分国家的GDP、进出口总量和福利水平出现显著下降，对粮食出口限制实施国来说，实施少量粮食出口税措施的阿根廷总体变化不大，福利水平甚至有所提升，而实施更严苛的出口配额与出口限制的哈萨克斯坦和俄罗斯严重扭曲了贸易，其各宏观指标下降幅度显著；同时也给欧盟其他国家、非洲粮食不安全国家、墨西哥、其他北美"易感"国家带来了不同程度的负面影响，世界总体经济形势下行。

从国内销售、居民需求及居民消费价格的变化来看，实施粮食出口限制后，造成了严重的粮食价格扭曲，从而导致了其他部门的连锁反应，粮食出口限制措施实施国（尤其是俄罗斯）并未达到将福利重新分配给居民的目的，反而严重损害了其本国居民的利益；同时也损害了其他国家的居民利益，粮食出口限制导致其他国家粮价明显上升，居民需求下降，国内销售呈现跳跃式增长，如非洲粮食不安全国家、南非和一些粮食安全"易感"国家（非洲、亚洲和欧洲等）的小麦部门，及南非的大米部门；另外墨西哥的小麦部门和欧盟国家的其他农作物部门的居民消费价格下降，农场主的利益受损。

从产出效应来看，粮食出口限制导致的贸易扭曲影响了产出的结构和分配，粮食出口限制措施越严苛的国家，粮食的产出效应越明显，采取措施的粮食产量大部分显著下降，但俄罗斯的大米由于受本国出口禁令和哈萨克斯坦大米出口配额的双重冲击，产量有所提升，另外以粮食作为重要中间品的部门的产出效应明显，其正负取决于作为中间品的主粮的国内销量变化与出口变化；非洲粮食不安全国家、南非以及亚非欧的粮食安全"易感"国家由此产生了巨大的产出效应，但新冠疫情、政治、经济及自然灾害的多重打击，使得这些地区无法满足产出的巨大提升，因而很难达到模拟结果所示的新的均衡，粮食安全受到严重威胁。

总之，粮食出口限制可能并不是解决新冠疫情下粮食短缺和抑制粮价的最佳选择，其不止损害了实施国消费者的利益，还扭曲世界市场价格，将影响蔓延到其他国家，严重威胁到粮食安全脆弱的国家和地区，引起世界范围的粮食恐慌，害人害己，因此，决策者应考虑采取其他措施来应对疫情下的粮食安全问题。

（二）对策建议

1. 加快WTO出口限制相关纪律的改革。尽管2008年粮食危机期间的历史数据，已经证实了实施粮食出口限制的诸多负面影响；但依然未能阻止一些国家利用WTO出口限制方面的纪律缺陷启动该措施。为确保世界粮食市场的正常运转，对出口限制纪律的"监管缺陷"进行改革迫在眉睫。

一方面，将WTO出口限制纪律中的概念进行具体阐述与量化。首先，明确粮食出口限制实施边界，对GATT第11条第2款a项中的"必需品""严重短缺""临时"等概念的定义做进一步解释，尤其要对"严重短缺"做出具体量化边界；其次，将出口关税加入严格限制使用的范围，防止一些国家为达到限制出口的目的而提高出口关税。再次，需明确并缩减《农业协定》第12条第2款的豁免范围，确定豁免名单，占世界粮食市场份额低（明确最低临界值）且粮食安全脆弱的国家可被列入例外名单，因为即使这些国家实施了粮食出口限制措施，也不会对世界市场产生实质影响。另外，增强该纪律的强制性，需制定严格的惩罚机制，设立专门的监督委员会，并制定严格的惩罚措施。

另一方面，加强区域合作机制与WTO多边贸易机制在出口限制纪律方面的协调性。目前越来越多的区域贸易协定规定了更加严格的粮食出口纪律，比WTO规则更具操作性，如USMCA的第3章农业规则增加了关键概念的解释，实施的限制条件和期限等；而欧盟-加勒比论坛国EPA、欧盟-东部和南部非洲国家经济伙伴关系协定、加拿大-哥斯达黎加自由贸易协定等采取了极严苛的监管政策，尽管这些极端的区域性协议有效约束了出口限制的实施，但剥夺了区域内粮食安全"脆弱"国享有的特殊与差别待遇及危机情况下的自我保护权，加剧了粮食贸易规则的不公平。因此，在充分重视区域框架内出口限制约束的可操作和易实施的特点的同时，还要坚持以WTO规则为基础对粮食安全进行统一监管。

2. 推广中国经验，提升中国在世界粮食安全治理中的参与度。随着中国的不断强大，接受粮食援助已成为历史，而今的中国积极参与到世界粮食安全治理中，成为了粮食援助国（金三林、孙小龙，2019）[17]。一是，科学建立粮食储存方案，加强世界粮食储备调控能力建设。正是由于中国重视由上而下的两级粮食储备体系的建设，才具有强大的粮食调控能力（程国强、朱满德，2020）[18]，粮食储备充足，可有效应对突发灾害造成的缺粮问题。参照中国模式，有必要建立世界粮食储备体系，将世界粮仓与各个国家紧密联系在一起，共同维护世界粮食安全。在2020年5月25日WTO农业委员会特别会议的在线会议上，33国集团和一些发展中成员指出，亟待寻求永久性的粮食储存解决方案和特别保障机制，以应对危机时期的粮荒，确保粮食安全。二是，科技防疫保障国内物流畅通和国际贸易便利。疫情期间，中国积极推广电商，并开辟绿色通道充分保障了农产品国内贸易的便利进行，交接货采取机器人送货等科技手段做到零接触，成功保障了疫情期间消费者的食物需求。中国经验值得向世界推广，并进一步拓展到跨境贸易，"推进世界电子贸易平台（eWTP）与更多国家的政府、企业开展合作，共建'数字丝绸之路'"（陈志钢、詹悦，2020）[19]，保障粮食的国际贸易便利进行。

3. 加强全球粮食安全治理，共建人类命运共同体。目前，全球治理呈现弱化态势（尚清、杨辉，2016）[20]。博鳌亚洲论坛2019年年会强调应对粮食安全，需要树立全球治理的理念，凝聚命运共识，制定共同方案，采取共同行动[①]；建立粮食安全治理平台，努力构建解决全球粮食安全问题的共同机制，提高全球粮食系统的稳定性。一是统筹全球粮食供应，维持全球市场的高效率运转，推动供应量与供应能力的匹配，将两者进行有效的转化，以保证任何国家都可以低成本买入足够营养的食物；二是建立国际间的抗灾粮食援助机制，除粮食直接援助外，给予脆弱人群适当的货币援助，提高购买力。总体来看，全球的粮食供应充足，但疫情造成的粮食分配低效与不平衡扭曲了粮价，加之高失业率，恶化了粮食安全"脆弱"国家的低收入居民的状况，因此适当的货币援助是必要的；三是粮食出口国达成禁止限制粮食出口的共识，确保国际粮食供应链的正常运行。另外，加强全球粮食安全治理应充分发挥联合国粮农组织（FAO）、国际农业发展基金会（IFAD）和世界粮食计划署(WFP)的领导作用，重视以 20 国集团(G20)、亚太经济合作组织(APEC)、经济合作与发展组织(OECD)等区域和多边体系的协调作用，加强它们与联合国粮农组织的战略对接，共同参与全球粮食安全治理。

参考文献

[1] Martin Will and Anderson K.. Export Restrictions and Price Insulation during Commodity Price Booms, World Bank Policy.

[2] Research Working Paper, No. 5645, 2011.

[3] Derek Headey, Rethinking the Global Food Crisis: The Role of Trade Shocks, Food Policy 36(2011): 136-146.

[4] James Rude，HenryAn，Explaining grain and oilseed price volatility: The role of export restrictions，Food Policy，Volume 57, November 2015, Pages 83-92.

[5] Joseph G., David L., 2020, COVID-19: Trade restrictions are worst possible response to safeguard food security, IFPRI blog, MARCH 27,2020, https://www.ifpri.org/blog/covid-19-trade-restrictions-are-worst-possible-response -safeguard-food-security.

[6] 孙林，庞冠琪，王健.国际粮食价格对粮食主产国实施出口限制的影响——损失规避视

[①] 中华人民共和国中央人民政府网站：http://www.gov.cn/premier/2019-03/28/content_5377800.htm 浏览时间：2020 年 4 月 23 日

角 [J]. 中国农村经济,2015(08):76-88.

[7] 钟钰,普蓂喆,刘明月,牛坤玉,张琳. 新冠肺炎疫情对我国粮食安全的影响分析及稳定产量的建议 [J]. 农业经济问题,2020(04):13-22.

[8] 司伟,张玉梅,樊胜根. 从全球视角分析在新冠肺炎疫情下如何保障食物和营养安全 [J]. 农业经济问题,2020(03):11-16.

[9] David L., Will M., Rob V., "Poverty and food insecurity could grow dramatically as COVID-19 spreads", IFPRI blog, APRIL 16, 2020, https://www.ifpri.org/blog/poverty-and-food-insecurity-could-grow-dramatically-covid-19-spreads.

[10] Timothy S., Shahnila D., "COVID-19-related trade restrictions on rice and wheat could drive up prices and increase hunger", IFPRI blog, MAY 15, 2020, https://www.ifpri.org/blog/covid-19-related-trade-restrictions-rice-and-wheat-could-drive-prices-and-increase-hunger.

[11] 唐锋,孙林. WTO 关于粮食出口限制措施的约束机制:局限和发展 [J]. 农业经济问题,2013,34(07):89-94+112.

[12] 尚清,刘金艳. 后多哈时代 WTO 农产品贸易规则的改革与完善——基于粮食安全的视角 [J]. 国际经贸探索,2015,31(09):95-105.

[13] 尚清,李文祥. 粮食安全视角下欧盟—加勒比论坛国 EPA 出口限制规则探讨及启示 [J]. 经济问题探索,2019 (02):51-56.

[14] 丹尼斯 R. 阿普尔亚德(美),小艾尔弗雷德 J. 菲尔德(美).《国际经济学:国际贸易分册(原书第 8 版)》[M]. 赵英军译. 北京:机械工业出版社,2014:225-272.

[15] Hertel T., 1997. Global Trade Analysis Using the GTAP Model, New York: Cambridge University Press.

[16] Mitra, S. and Josling T. (2009). Agricultural Export Restrictions: Welfare implications and Trade Disciplines. IPC Position Paper. International Food & Agricultural Trade Policy Council.

[17] 金三林,孙小龙. 加快角色转变,积极参与全球粮食安全治理 [J]. 世界农业,2019(03):12-17.

[18] 程国强,朱满德. 新冠肺炎疫情冲击粮食安全:趋势、影响与应对 [J]. 中国农村经济,2020(05): 13-20.

[19] 陈志钢,詹悦,张玉梅,樊胜根. 新冠肺炎疫情对全球食物安全的影响及对策 [J]. 中国农村经济,2020(05):2-12.

[20] 尚清,杨辉. 粮食出口限制措施的应用及其规制的发展 [J]. 国际贸易问题,2016(12):95-106.

疫后数字经济下文化贸易发展：
契机、挑战与优化路径分析

王新玲[*]

摘要：受新冠疫情全球蔓延的冲击，世界贸易格局呈现出更多的不确定性，全球经济增速明显放缓。但危中有机，数字经济的巨大溢出效应催生经济发展的新契机。数字技术的应用不仅助力全球抗疫，还赋能国际文化贸易的发展。数字经济下文化产品和服务的生产边界不断延伸，时空硬约束被打破，贸易趋向普惠化。

关键词：文化贸易；数字经济；中国路径

引 言

数字经济和文化产业成为 2020 年"两会"政府报告和代表提案中的高频词汇。早在党的十九大报告中就提出推动建设"数字中国"，推动数字经济和实体经济深度融合。疫情期间，数字经济不仅在国内经济还是国际贸易中都表现出强大的韧性，极大缓解了经济下行压力。根据商务部服贸司的最新统计数据，截至 2020 年 3 月受疫情影响，尽管我国服务贸易整体态势回缩，知识密集型服务出口额 1591.8 亿元，增长 5%，占服务出口总额的比重达到 57.9%，提升 6.1 个百分点，其中，电信计算机和信息服务出口增长最快[①]。抗疫期间全球在线教育、在线游戏、数字音乐、数字娱乐服务等文化服务内容成为热点。文化贸易兼具文化和经济的双重属性，文化贸易不仅具有经济效应，文化贸易

---

[*] 作者简介：王新玲，北京第二外国语学院讲师、博士。
[①] 参考商务部官网数据 http://www.mofcom.gov.cn/article/ae/sjjd/202003/20200302949932.shtml

还促进民心相通，提升中国软实力和国家形象。在此背景下，研究和梳理数字经济背景下文化贸易发展挑战、机遇及发展路径有着重要意义。

一、数字经济及文化贸易发展概况

（一）数字经济现状

数字经济作为一种新的经济业态，其概念最早于20世纪90年代由经济合作与发展组织（OECD）提出，至今尚未有统一的概念。根据美国商务部的定义，数字经济是一种以信息技术生产行业为基础的经济，该经济中充满了影响着经济方方面面的、数字化的技术性变革，基于信息技术的数字经济相比以往的经济有更高的长期生产率和总增长率。英国研究委员会认为，数字经济是平台中通过人、过程和技术发生复杂关系而创造社会经济效益。一般来说，广义上数字经济通常是指依托于信息和通信技术的基础设施，通过互联网、移动通信网络、物联网等，实现个人和组织之间信息共享、交易合作的数字化经济新形态，以数据作为核心生产要素推动社会经济发展和扩大社会福利。

数字经济在全球范围内范围和规模持续升高，发挥着越来越重要的作用。据联合国贸易和发展会议测算，20世纪以来，经合组织(OECD)国家数字产业化与GDP增长基本同步，占GDP比重稳定维持在4%-8%之间；分区域看，从最新的2018年度数据上看（如表1所示），美国和欧盟的数字服务贸易最为活跃，印度依托自身互联网和信息服务优势位居第三，中国紧跟印度之后；近年来我国数字经济持续快速增长（如图1所示），2019年，数字经济规模达到35.9万亿元，对经济增长的贡献度持续增加。

表1 主要经济体数字服务贸易发展现状

（单位：亿美元）

分类	美	欧	日	澳	中	印	俄	巴
2018出口规模（亿美元）	4667.2	14490.6	1059.4	160	1314.5	1326	210.4	208.1
2018市场占有率（%）	15.92	49.43	3.61	0.55	4.48	4.52	0.72	0.71

资料来源：联合国贸易和发展会议 UNCTAD。

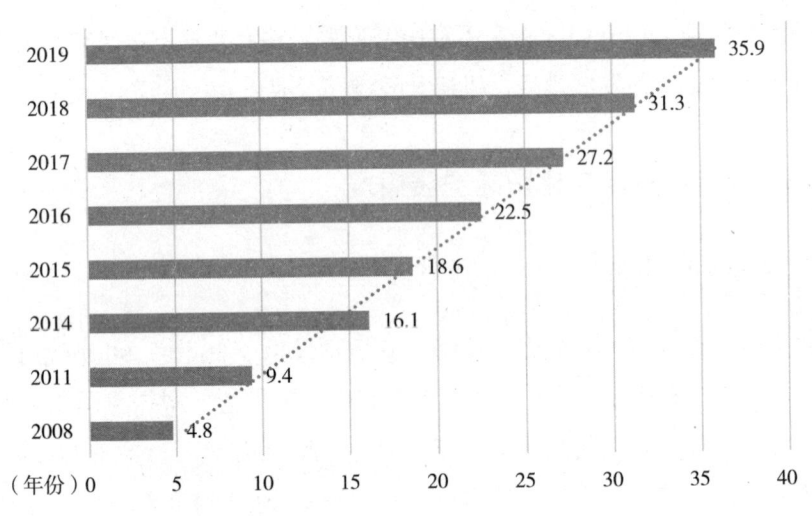

图1 我国数字经济总体规模（单位：万亿元人民币）

数据来源：中国信通院测算。

（二）中国文化贸易现状

目前关于文化贸易的统计框架存在口径差异、范围多样。常见接受度比较高的是联合国教科文组织2009的统计框架（如表1所示），其通过明确的可操作性定义按照领域划分不同的文化表现形式，衡量产业和非产业流程中生产的文化活动、产品和服务。

2009年至2019年这十年间，中国文化贸易持续高质量发展，对外文化产品的贸易总额呈现逐年上升状态，根据商务部服务贸易司的数据来看，2019年，中国文化产品进出口总额1114.5亿美元，同比增长8.9%，贸易顺差883.2亿美元；从类别看，文化用品、工艺美术品及收藏品、出版物出口增长较快，增幅分别为11.7%、5.6%和4.8%。个人、文化和娱乐服务进出口52.8亿美元，同比增长14.5%。尽管近十年一直保持着贸易顺差的趋势，但文化服务从整体规模上看占比并不高，且总体上数量少、质量低、影响力小。文化贸易具有双重属性，一方面贸易的发展能够提升国家的经济增长，带来经济效益，更为重要的是文化产业的繁荣对于传播本国文化，扩大本国软实力和文化影响力，进而提高本国的国际综合竞争力都具有重大意义。

表1 文化贸易统计分类标准

分类口径体系	文化产品	文化服务
联合国科教文组织的《文化统计框架2009》UNESCO, 2009	文化和自然遗产 表演和庆祝活动 视觉艺术和手工艺 书籍和报刊 视听和交互媒体 设计和创意服务	其他个人、文化和娱乐服务 其他使用费和许可费 信息服务 视听及相关服务 广告、市场调研民意测验 建筑、工程和其他技术服务 计算机服务
中国国家统计局《文化及相关产业分类（2018）》	文化辅助生产和中介服务 文化装备生产 文化消费终端生产	新闻信息服务 内容创作生产 创意设计服务 文化传播渠道 文化投资运营 文化娱乐休闲服务
联合国贸易发展委员会	工艺品 视听 设计 新媒体 表演艺术 出版 视觉艺术	广告、市场调研和民意调查 建筑、工程等技术服务 研发 个人、文化和娱乐服务 视听及相关服务 计算机服务 特许经营权和类似权力使用费和许可费
商务部《2012年文化产品和服务进出口产品目录》	出版物 工艺美术品及收藏品 文化用品 文化专用设备	新闻出版服务 广播影视服务 文化艺术服务 文化信息传输服务 文化创意和设计服务 其他文化服务

数据来源：根据联合国教科文组织、国家统计局、商务部服务贸易司资料整理。

二、数字经济下文化贸易发展新契机

（一）数字经济下文化贸易标的种类、形式得到拓展

数字技术的应用使得文化贸易的种类变得更丰富、形式更多元，场域得到拓宽。一方面，传统服务贸易标的物得到数字化升级，即传统文化贸易中不可贸易的商品类别在互联网技术下变得可在线传输、储存及交易；文化服务是一种特殊的经济活动，一般不具有物理载体，其生产和消费行为往往同时发生，因此大都转瞬即逝，不具有可存储性。过去几年里常见的是文化贸易的交易对象中本身为基础数字或者以数字化形式储存的文化产品得到数字化升级，例如CD、磁带、光盘、唱片、音视频播放设备（DVD、VCD播放器等）和电子书出版物等都全面实现数字化转化；另一方面，数字技术的加速发展为文化服务提供了新的消费场景。疫情期间，我们看到通过数字技术和垂直场景的结合，涌现出在线教育、人工智能、电子竞技、创意咨询和远程医疗等新的服务模式，在传统的跨境贸易、境外消费、商业存在、自然人流动四种提供模式下出现了数字音乐、数字教育、数字游戏等细分的新数字服务形态。数字经济背景下国际文化贸易的标的物逐渐呈现出多样化、在线性、虚拟性和无界性，文化贸易的数字价值得到进一步挖掘、利用和释放。

（二）数字经济影响文化贸易成本、效率和总量

数字经济下，贸易方式和内容呈现的新特征影响贸易成本、效率和贸易总量。首先，数字技术的应用打破了文化服务和产品交易的物理时间、空间的硬约束，由线下传统的物理运输到线上数字化传输、跨境电子商务或平台服务交易，实现了高效的云服务、云结算。基于互联网平台的通用、共享和开放的特征，应用数字技术将数据服务资源进行集成化处理后，获取贸易信息更加高效便捷，获客成本、交易成本持续下降，服务效率得到提升；数字化传输过程中，地理距离远近变化所带来的成本变动即运输成本趋近于零，文化服务贸易中信息搜索、验证和跟踪成本也随之大幅下降。其次，数字技术边际成本低、

可复制程度高，能有效克服文化服务无形性、同步性和不易储存性等问题，提高供给和需求双方在时间、空间上的有效匹配，极大提高了生产要素的资源配置效率；最新的实证研究还发现数据本身可作为生产要素的同时，还进一步将现有的企业其他生产要素联系起来，并有助于实现企业产品创新。数字技术应用带来的交易成本降低与贸易的便捷性，能够正向促进跨境贸易和服务融资；实证研究也证实通过构建固定效应模型的实证发现若一个国家的互联网使用率每翻一番，该国服务贸易总额将会增长2%至4%，即一国的互联网使用率的增加将明显促进该国与其他国家的服务贸易的增长。

（三）数字经济下新业态、新模式强势发展

步入数字时代以来，经济新业态和新模式涌现，平台经济和电子商务得到了长足发展，数字科技的普及还催生了自媒体经济和网红经济。首先，平台经济作为数字经济的新业态，极大地便利了各国文化产品和服务在世界范围内的贸易及流通。平台经济的强势崛起，从2019年全球市值百亿企业排名前十的企业，属于数字经济范畴的有七家，而其中平台经济达九成（如图2所示）。谷歌（Google）拥有约90%的互联网搜索市场；脸书（Facebook）占全球社交媒体市场的66%；亚马逊（Amazon）在全球在线零售活动中占有近40%的份额，其网络云服务在全球云基础设施服务市场中也占有四成左右的份额；在中国，微信拥有远超过10亿活跃用户，与支付宝一道，其支付解决方案几乎占领了整个中国移动支付市场；其次，电子商务中跨境电商的力量也不断发展壮大；以我国为例，2011年到2019年的电子商务交易额稳步增加（如图2所示）；阿里巴巴仅在中国电子商务市场的份额就接近60%，数字技术使得电子商务跨境贸易更加便利化，不断创新无纸化通关、电子交易单据、数字认证的互认、电子支付和网上支付等形式，文化产品的贸易相应也更加便捷。人的跨境电商平台利用先发优势，不断积累用户，更多的用户意味着更多的数据，而更多的数据则有助于实现消费端和供给端的资源高效配置。最后，数字化和社交媒体的发展还催生孕育了自媒体经济和网红经济拓展了文化消费内容范围和生产半径都得到拓展，很多人仅凭借一部接入网络的手机都可以成为娱乐服

225

务中自媒体的生产者和消费者，发布用户生成内容（UGC），与网红、关键意见领袖（KOL）互动，通过短视频、直播、在线培训的"流量"等获得相应的广告、技术咨询和娱乐消费等的报酬。

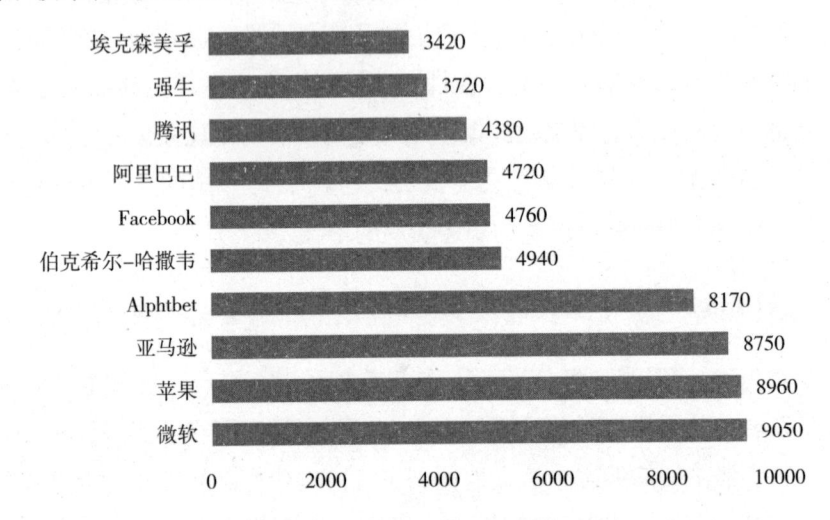

企业	市值（亿美元）
埃克森美孚	3420
强生	3720
腾讯	4380
阿里巴巴	4720
Facebook	4760
伯克希尔-哈撒韦	4940
Alphtbet	8170
亚马逊	8750
苹果	8960
微软	9050

图2　2019年全球市值百大企业排名概况（单位：亿美元）

数据来源：参考普华永道《2019年全球市值百大企业排名》整理。

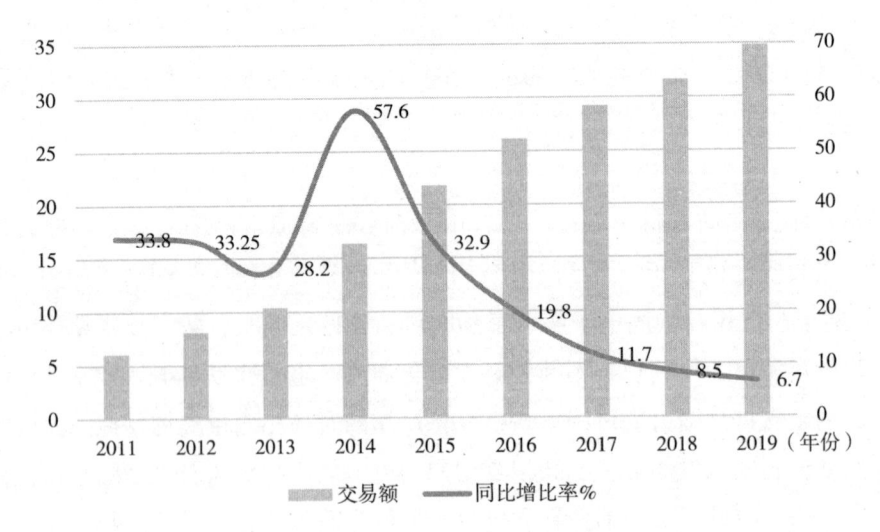

图3　2011-2019年中国电子商务交易总额及趋势（单位：万亿元）

数据来源：国家统计局。

（四）数字经济促进文化贸易普惠化

数字经济背景下的贸易更趋向普惠贸易转变。首先，数字技术的应用在支持中小微企业方面发挥着显著作用；数字经济影响了文化贸易的参与主体结构，为中小微企业或个人工商户参与到国际服务贸易中提供了便利和相对平等的机会。尤其发展中国家的中小企业相比之前有更多的机会融入到全球市场中。常见的提供数字化服务的中小微企业（比如文化或创意咨询公司）或服务外包公司是文化服务贸易的企业主体。同时，个体消费者可以直接与全球的商家对接洽谈，每个人都有可能成为潜在的服务提供者。最后，信息鸿沟的消弭会提升发展中国家的出口贸易额，实证研究发现数字技术的利用率越高，发展中国家的贸易出口量就越高，数字化技术的应用在一定程度上有助于缩小发展中国家与发达国家的经济差距。

三、数字经济下文化贸易发展新挑战

数字时代数据的流动是全球经济化的重要推动力量。麦肯锡的统计数据表明：2005-2014 年，跨境宽带增长 45 倍；2015-2019 年，跨境宽带流量又增长 9 倍。数字时代数据的流动是全球经济化的重要推动力量，然而数字经济的数据化、平台化、网络化也使得其在全球服务贸易治理中面临难题。

（一）互联网数据治理面临难题

数字时代，数据本身就是关键的生产要素，而在文化贸易中又可能充当贸易对象和贸易方式。关于数据主要有两大类问题存在治理冲突：一是数据自由流动和个人信息数据保护的价值观冲突；一方面，数据只有通过自由流动与共享才能最大化地创造价值、实现价值增值；另一方面，数字经济健康、可持续发展的关键和前提是对用户个人数据的有效保护，严控数据滥用或泄露；在当前大规模数据泄露事件频发的情况下（如图 4 所示），数据安全的重要性尤其值得关注。但总体来看，目前各国在个人信息保护问题上的价值观及法规措施步调并不一致。欧盟注重个人信息保护，率先出台的《通用数据保护条例》

（General Data Protection Regulation,GDPR），对全球个人数据信息保护发挥了示范作用，在欧盟范围内部处罚对象和力度的不断加大，2019年谷歌便收到法国数据保护机构依据GDPR开出的5000万欧元罚款。相比欧盟GDPR规定中对个人信息的采集使用"默示同意"（opt-out）模式，2020年1月生效的美国《加州消费者隐私保护法案》使用"明示同意"（opt-in）模式，为美国在全球互联网巨头企业留下更多的信息空间，争取到更多数据优势。然而互联网领域优势并不明显的一些国家多推行有限制的个人信息自由流动，个人信息的保护和流动在国家和区域间也面临平衡和协调的问题。

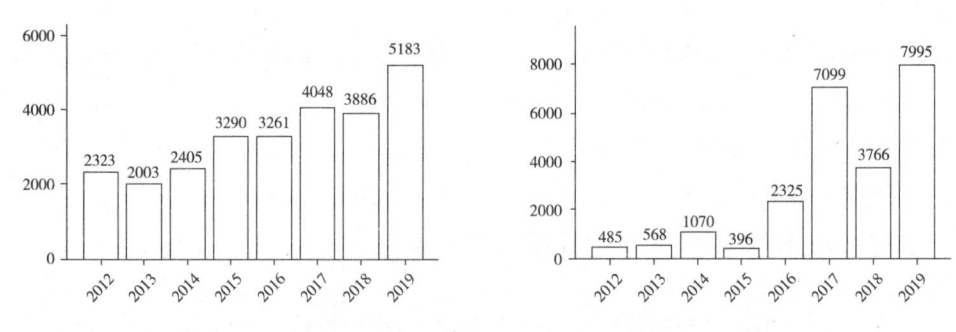

图4 全球数据泄露事件数量统计（截至2019年第三季度）

数据来源：Risk Based Security 2019报告。

（二）文化贸易争端解决机制滞后

伴随着数字经济的不断发展，文化贸易所涉及的内容和范围得到不断引申，新产品、新模式涌现，尽管以世界贸易组织（WTO）为代表的多边贸易试图对数字产品、数字服务、电子商务等数字贸易推动多边贸易规则的制定，但掣肘于多哈回合的谈判效率，结果并不理想。数字化产品或服务的性质界定与其适用的国际治理框架存在争议。数字经济背景下新产品不断涌现，一旦遇到服务贸易的争端或摩擦，大都面临冗长且复杂的争端解决机制。美国和欧盟是文化服务贸易大国，也是起诉或被诉频率较高的贸易对象。以美欧为例梳理文化服务贸易争端可发现（见表3），WTO的目前适用数字化文化服务贸易的争端解决机制有效性不足，具体表现为：(1)时间耗时久，一项案件要经历少则两三年的处理时间,有的案件则一度搁浅,一直处于双方磋商阶段;(2)解决程序冗长,复杂程度高的案件多要经历磋商阶段、成立专家小组、专家组裁决再到上诉裁决、执行几个阶段;(3)解决结果效力不足,很多案件即便到了上诉后的裁决阶段,依然会出现双方依然对结果不满意,或者被诉国拒绝执行或延迟执行的情况。根据世贸组织的数据,截至2018年12月31日,已针对336项争端成立了专家组(约占已发起争端的60%),而在专家组裁定后仍有166项案件主体选择继续上诉。随着数字化文化产品、服务大量涌入国际市场,亟需建立一个更高效、低成本的文化服务贸易争端解决机制。

表2 美国、欧盟文化贸易争端案例统计

时间	涉及领域	争端案件梗概及序号	国家	处理结果
2018年12月28日	服务贸易	DS16:委内瑞拉要求就以下问题和美国进行磋商:委内瑞拉数字货币交易、委内瑞拉公共债务的流动性以及其它委内瑞拉国民服务供应和消费。	委内瑞拉诉美国	双方磋商阶段,争端起诉方要求成立专家小组。
2007年4月	发行服务	DS363:美国诉中国影响出版物和视听娱乐产品贸易权和分销发行服务。	美国诉中国	2009年8月WTO专家组裁决公布;2009年12月21日WTO上诉机构裁决支持美方诉求。2012年12中国按照与美签订的《谅解备忘录》做出部分整改。
1998年1月		DS117:欧盟(欧洲共同体)就加拿大电影发行服务的部分措施申诉,认为这些措施违反了《服务贸易总协定》第二条和第三条。	欧盟诉加拿大	双方磋商阶段(未更新)。
1996年6月		DS45:美国就日本实施的《大型零售商店法》对美国发行服务(不限于摄影和纸媒行业)的影响与日本进行磋商。	美国诉日本	美称日违反了GATS第三条(透明度)和第十六条(市场准入),双方磋商阶段。
2018年6月1日	技术转移	DS549:欧盟要求就中国对外国技术向中国转让的某些措施与中国进行磋商。	欧盟诉中国	2019年1月18日本和美国要求参加经修订的磋商。

续 表

时间	涉及领域	争端案件梗概及序号	国家	处理结果
2008年3月3日	信息服务	DS372：欧盟要求中国就中国金融信息服务提供和外国金融信息服务监管的措施与中国进行磋商。	欧盟诉中国	1998年12月双方已就该争端达成谅解备忘录，并达成协议。
2003年3月	娱乐服务	DS285：安提瓜和巴布达就美国所采取的影响其赌博和博彩服务跨境供应的措施申诉，提出与美国进行磋商。	安提瓜和巴布达诉美国	WTO上诉机构裁决美国的相关措施违反GATS下市场准入等相关条例。安提瓜和巴布达2013年1月再次请仲裁小组斡旋调解，要求美国遵守规定。
2001年1月31日	专利服务	DS224：巴西请求就美国专利法中的歧视性及不公平的规定与美国进行磋商。	巴西诉美国	申诉请求双方磋商阶段（未更新）。
2000年5月30日		DS199：美国要求就巴西1996年工业产权法的条款和其他相关措施与巴西进行磋商	美国诉巴西	2001年7月5日，争端双方通过DSB达成满意的解决方案。
1998年12月2日		DS153：加拿大诉欧盟就药品和农用化学产品的专利发明保护进行磋商。	加拿大诉欧盟	申诉请求双方磋商阶段（未更新）。
1997年12月19日		DS114：欧共体要求就药品专利保护与加拿大进行磋商。欧共体指称加拿大未能在TRIPS规定的整个保护期内提供对专利药物发明的全面保护。	欧盟成员诉加拿大	2000年10月达成协商，加拿大已实施DSB的建议。
2007年4月10日		DS362：美国要求与中国磋商有关在中国保护和执行知识产权的某些措施。	美国诉中国	2007年成立专家小组要求中国加强知识产权保护，2009年中国实施DSB建议。
1999年1月26日	娱乐服务	DS160：欧盟要求就《美国版权法》第110（5）节与美国进行磋商。该条款规定在某些条件下允许在公共场所（酒吧、商店、饭店等）播放广播和电视音乐而无需支付专利费。	欧盟诉美国	1999年成立仲裁专家小组，2003年6月美国向DSB提交报告，告知美国政府将与美国国会密切合作，并将继续与欧盟进行协商。

疫后数字经济下文化贸易发展：契机、挑战与优化路径分析

续　表

时间	涉及领域	争端案件梗概及序号	国家	处理结果
1999年7月8日	商标服务	DS160：欧盟就美国《US Omnibus Appropriations Act》中规定商标在美国的注册或续展问题申诉与美磋商。	欧盟诉美国	2000年成立专家小组，2002年维持原裁定认为美违反了《TRIPS协定》所规定的国民待遇和最惠国义务，2005年双方达成谅解备忘录。
1998年1月	版权服务	DS115：美国诉欧盟对版权和邻接权的保护措施案。	美国诉欧盟	双方磋商达成协议，磋商结果满足了美欧两方的相互要求。

数据来源：参考WTO Dispute Settlement案件整理。

（三）新型文化贸易壁垒问题

国际文化贸易中贸易壁垒一直存在，并非新生事物。传统的贸易壁垒多集中在关税壁垒、知识产品侵权保护上，在关税问题上，越来越多的国家也在讨论国际电子商务税收，尤其考虑税基侵蚀和利润转移（BEPS）问题。文化贸易中的新型贸易壁垒主要集中在数据或信息主权冲突引致的国家或地区间数据管辖争议问题。各国都从本国数字经济发展情况出发，制定了符合自身利益最大化的国家数字贸易规则，而这些差异化的规则在治理实践中难免产生冲突或纠纷。欧盟《通用数据保护条例》GDPR中规定的属人管辖超出了传统法律规范适用的空间效力范围，其司法管辖的合理性和正当性引发争议，"长臂管辖"可能会引发司法主权冲突，对跨境贸易的数据服务类企业在不同数据管辖模式中做到数字上的收集储存和使用合规也是挑战。美国更倾向主张数据跨境自由流动，在《澄清数据合法使用法案》（Clarifying Lawful Overseas Use of Data Act）规定数据服务商在司法实践中需要提供其控制的电子数据，并不受限于美国境内外的存储位置。微软案中美国依据《澄清数据合法使用法案》调取了位于爱尔兰都柏林的云服务器中的数据，以"数据控制者模式"取代"数据存储地模式"，传统边界的取证模式被打破；在2018年的《美墨加协议》中针对数据存储非本地化的情况，规定了"监管例外"和"非本地化"的条款；澳大利亚政府于2019年推出的《电信和其他法律关于协助和准入的修正案》也体现了"长臂管辖"，规定管辖对象也包括澳洲境外主体。在抢占和主张"数据主权"的

231

国际背景下，越来越多的国家加紧本国对跨境数据的规则监管，这些承载着本国数据经济利益的规则，也使得文化贸易中数据类企业在不同规则管辖体系中面临着更高的合规成本。

四、后疫情时期文化贸易优化路径

2019年底爆发的新型冠状疫情带来的冲击不可避免地引发全球范围的经济衰退，但大冲击、大衰退的环境往往也催生或孕育着经济发展新业态或新路径的契机。数字化技术的迭代升级为服务贸易带来巨大的经济效益，国际文化贸易的场域得到拓宽，时空硬约束被打破，贸易成本下降，效率和体量上升，文化贸易的格局都可能被重构。与此同时，各经济体之间也面临着数据保护价值观矛盾、服务贸易争端解决机制滞后低效和信息管辖主权冲突的困难。在此背景下如何应对挑战，搭乘数字经济的快车，抓住机遇充分利用数字经济红利，对中国文化服务贸易的长远发展有着重要影响。

（一）推动和扶持文化贸易企业数字化转型升级

抓住数字经济的有利机遇，倒逼文化贸易企业数字化转型，培育我国文化服务贸易的新业态。首先，政府要提供支撑经济社会数字化转型的关键基础设施，促进企业抓住数字经济的关键时机，深化数字化转型的理念。受疫情影响，在线医疗、在线办公、在线教育等信息消费持续扩大，越来越多的企业和消费者主动或被动地转向线上，间接推动了大数据、云计算、人工智能、5G等数字技术的推广，倒逼企业转型。同时，政府要提供必要的财政和金融政策支持，尤其针对抗风险能力低、技术应用性差的中小微企业，应加紧出台扶持政策，落实相应的金融信贷政策或税收减免优惠，推动数字化技术与服务贸易类企业的深度融合与发展，降低企业数字化经营成本。其次，注重对高素质科技人才的培养和吸纳。鼓励行业集聚化发展，培育和扶持一批重点文化贸易企业，加快数字化文化娱乐行业人才培养；吸引境内外优秀科技人才，推动劳动力市场的进一步开放发展，促进劳动力结构的整体改善。最后，推动商务数据的开源共享和合理使用。利用国内现有的国际服务贸易平台，例如阿里巴巴国际站和京东，推动平台数据的开源共享，为企业获取、存储、分析数据提供便利和及时的培训，方便企业开发和利用线上客户资源，降低获客成本、提升效率，科学分析和预测后疫情时期的企业的供应链信息和供需精准匹配。

（二）推动文化服务贸易的制度性开放

注重文化服务贸易的发展，由注重文化产品出口到文化产品和文化服务并重的策略，将文化服务的发展纳入国家服务贸易发展的整体框架。经济全球化4.0之际，服务贸易的市场开放程度直接影响到经济全球化自由贸易的发展进程、单边及双多边的自由贸易进程。同时，我国服务贸易市场准入限制较高，整体开放不足。在通讯、金融、广告影视等行业，中国的市场准入限制门槛高、投资管制严格，国内同质企业行业竞争不足。因此，政府应推动服务贸易的制度性开放路径，支持数字化产品和服务外延的进一步拓展；不鼓励开放的传统服务贸易领域要研究如何进一步开放，丰富国际文化贸易，尤其是文化服务的种类及提供方式。最后，依托于"一带一路"平台，全面拓展海外市场。文化服务承载着中国优秀文化的内涵，也是服务贸易中处于高端层次的类目。目前国内多家优秀互联网企业利用自身优势，深度拓展和挖掘"一带一路"新兴市场的培育。腾讯投资印度排名第一的新闻应用"NewsDog"；网龙网络公司在国际数字教育市场中与俄罗斯、埃及等 20 多个"一带一路"沿线国家建立了深度合作，目前在数字教育领域的国际化服务已覆盖 190 多个国家和地区。依托于"一带一路"建设，进一步完善国内文化服务企业的对外出口、投资管理体制，促进中国服务贸易企业拓展海外市场，深度挖掘中国与沿线国家文化贸易投资领域的合作潜力，打造区域合作的新典范。

（三）跨境数据采取多元分类分级治理

对跨境数据采取多元分类分级治理，注重数据安全与经济发展的统筹发展。首先，将数据置于核心生产要素的战略地位，注重个人数据安全与发展的统筹发展。具体来说，针对个人数据，可通过完善立法落实对数据控制主体的监管，推动我国《网络安全法》中对个人信息存储和数据跨境转移等方面的保护条例；对出口型服务贸易类企业和公共部门中涉及国家机密、经济安全的数据严禁跨境流动，其他数据可分情况作一般性限制。其次，数据安全的前提之一是赋予数字化平台算法规范可靠的价值观，通过立法推动数字经济治理框架中伦理观的形成，可参考欧盟2019年出台的《人工智能伦理指南》"人工智能的最终目的应该是增进人类福祉"，因此电子平台背后的算法及数据的使用都应是基于人本中心，服务人类，确保人的主导性和能动性。最后，对跨境电子数据的治理规则应与民间平台合作共讨同建。数字服务贸易规则通常转化或嵌入在平台的规则之中，如阿里巴巴的、京东和亚马逊的平台服务规则。规则治理离不开平台主体的参与，因此政府要鼓励平台贸易规则的自主政策主张和自我监督管理。

（四）积极参与构建全球数字贸易治理规则

数字经济下的服务贸易在全球范围内受到广泛关注，世界主要发达经济体正致力于在全球推广符合各自礼仪的规则和理念，试图发展"数字贸易利益圈"，助推本国优势数字产业的发展和相互对接，力争在数字化浪潮中占据优势地位。因此，我国要积极构建适应我国数字经济下服务贸易发展规律和发展阶段的治理规则和监管体系，深度分析我国服务贸易产业结构和优势，关注能够促进跨境文化服务贸易便利化、树立中小微企业从事跨境电商信心等的相关规则，在新一轮规则体系构建中提出中国的利益诉求和发展主张。具体来说，可先尝试携手"一带一路"沿线国家寻找国际服务贸易领域中的共同诉求，推动对世贸组织现有体制机制进行改革。若WTO多边谈判依然停滞无望，则将侧重点由多边转向区域框架的构建，进一步对"一带一路"沿线国家服务贸易市场统筹规划和布局，必要时主动加入区域数字化经济体或自贸区，充分利用区域合作整合多边或双边区域贸易规则，基于"一带一路"打造高标准的国际经贸规则体系，在重塑国际规则的窗口期贡献中国方案，提升我国的全球经济治理话语权。

参考文献

[1] 逄健, 朱欣民. 国外数字经济发展趋势与数字经济国家发展战略[J]. 科技进步与对策, 2013,30(08):124-128.

[2] 王海文. 我国国际文化贸易统计实践探索[J]. 山西师大学报(社会科学版), 2013,40(06):61-64.

[3] 李小牧, 李嘉珊. 国际文化贸易: 关于概念的综述和辨析[J]. 国际贸易, 2007(02):41-44.

[4] Rao, S., Goldsby, T.J., and Iyengar, D. 2009. "The Marketing and Logistics Efficacy of Online Sales Channels."

[5] International Journal of Physical Distribution and Logistics Management 39(3):106-130.

[6] Avi Goldfarb & Catherine Tucker, 2019. "Digital Economics," Journal of Economic Literature, 57(1):3-43

[7] 谢康, 夏正豪, 肖静华. 大数据成为现实生产要素的企业实现机制: 产品创新视角[J]. 中国工业经济, 2020(05):42-60.

[8] Choi, C. 2010. "The Effect of the Internet on Service Trade." Economics Letters 109(2):102–104.

[9] Clarke, George RG. "Has the internet increased exports for firms from low and middle-income countries?." Information Economics and Policy 20.1 (2008): 16-37.

[10] Risk Based Security. Data Breach QuickViewReport 2019 Q3 trends. 2019-11.

[11] Ahmed,U.(2019). 数字贸易时代跨境监管合作的重要性[J],《世界贸易评论》18(S1):99-120.

[12] 裘莹, 郭周明. 数字经济推进我国中小企业价值链攀升的机制与政策研究[J]. 国际贸易, 2019(11):12-20+66.

国际投资保护对我国企业对外直接投资的影响

——基于海外子公司视角的实证研究

余官胜　陈　忠[*]

提要：在逆全球化态势下，以限制外资为动机的国际投资保护在全球范围内蔓延，影响了跨国投资的可持续发展。本文基于海外子公司视角考察国际投资保护对我国企业对外直接投资的影响，通过匹配国泰安《海外直接投资数据库》和OECD《外资限制指数》数据库开展微观层面的实证研究，得出以下结论：国际投资保护在总体上不仅降低我国对外直接投资企业海外子公司的经营效益，还降低母公司对海外子公司的持股比例；国际投资保护对海外子公司的不利影响具有异质性，发达国家国际投资保护的不利影响大于发展中国家，国有企业海外子公司因国际投资保护遭受的不利影响更大；国际投资保护会通过削弱海外子公司从东道国技术溢出中获取的收益而产生间接不利影响；母公司拥有更多海外背景高管和在东道国设立孔子学院分别是调节国际投资保护对海外子公司负面影响的微观和宏观因素。

关键词：国际投资保护；对外直接投资；海外子公司

一、引言

近年来，随着对外开放的持续推进和综合国力的不断提升，我国对外直接投资取得了快速增长，已成为全球主要的投资输出国之一。根据商务部统计，截至2018年我国已在海外设立对外直接投资企业4.3万家，遍布在188个国家

---

[*] 作者简介：余官胜、陈忠，福建师范大学教授。

地区，这意味着东道国外资政策会对我国企业利益产生重要影响。在逆全球化趋势背景下，较多国家实施国际投资保护行为，对外资采取诸多限制措施，这对我国企业对外直接投资产生极为不利的影响，也影响了海外子公司在东道国的正常生产经营活动。联合国贸发会发布的《2018年世界投资报告》显示，我国企业是全球国际投资保护行为的最大受害者（UNCTAD，2018）。针对东道国政策行为对我国企业对外直接投资微观影响的关注大多基于母公司视角（王忠诚等，2018；余官胜和范朋真，2018），较少有研究关注海外子公司所受的影响。基于此，本文在实证上考察我国对外直接投资企业海外子公司效益受国际投资保护行为的影响。由于海外子公司效益关乎企业对外直接投资的可持续性，因此本文的研究不仅在理论上丰富了对外直接投资的理论素材，也在实践上为政府部门及企业应对国际投资保护和保障海外利益提供针对性参考借鉴。

在名义上，以美国为首的较多国家出台国际投资保护政策的动机是保障国家安全，但事实上是为了保护本国企业的利益而限制外资（王宇鹏，2018），因此势必会对我国海外子公司产生不利影响。为了在微观上检验国际投资保护对我国对外直接投资企业海外子公司的影响，本文匹配国泰安《海外直接投资数据库》和OECD《外资限制指数》数据库构建样本数据进行实证研究。研究发现，国际投资保护不仅减少海外子公司的营业收入和净利润，还会降低我国企业对海外子公司的持股比例；国际投资保护对海外子公司产生的这种不利影响具有东道国发展程度以及母公司所有制性质上的异质性。实证研究结果也得到工具变量回归和稳健性检验的有效验证。进一步研究也发现，国际投资保护对海外子公司存在间接负面影响，削弱了海外子公司从东道国技术中获得的溢出收益；母公司高管的海外背景以及我国在东道国设立的孔子学院均有助于缓解国际投资保护对海外子公司产生的不利影响，具有调节作用。

二、文献综述

（一）国际投资保护相关文献

二十世纪八九十年代以来，全球各国对外资主要采取优惠促进政策，尤其是发展中国家出台各类措施引进外商投资（Contractor，2013）。然而，次贷危机后，西方国家陷入经济低迷，出于保护本国企业的目的纷纷出台外资限制措施，政策覆盖范围和严格程度均超过以往，致使国际投资保护在全球范围内蔓延（Sauvant，2009；UNCTAD，2012）。由于对外直接投资对东道国政策不确定性较为敏感（Dixit，2011），而国际投资保护通过增加不确定性阻碍了全球对外直接投资的可持续性（Julio 和 Yook，2016；Quang et al.，2018）。在这种背景下，我国企业对外直接投资也未能幸免，甚至受到更大的阻碍。由于次贷危机后各国实施的外资限制政策更为随意，在实施过程中往往会超出政策范围，对我国企业对外直接投资产生的负面影响非常明显（卢进勇和李锋，2012；李轩，2013）。受国际投资保护影响，我国规模较大以及处于敏感行业的对外直接投资项目受到阻碍的可能性更大（王碧珺和肖河，2017）。

在国际投资保护实施过程中，外资国家安全审查是最为常用的手段，产生的负面影响也最为直接。其中，美国和欧盟主要国家均改革了外资审查法案，提升了审查范围和严格程度，进一步限制了对外直接投资（石岩，2018；董静然，2019）。而欧美在外资审查过程中也存在较大区别，因而对我国对外直接投资产生的影响也有所不同（卢进勇等，2018）。由于中美经贸关系纠纷，美国的外资安全审查对我国企业更具有限制性，专门针对我国企业特征改革政策法案，对我国企业对外直接投资的不利影响更大（潘圆圆和张明，2018；冀承和郭金兴，2019）。欧美国家外资安全审查的强化为国际投资保护提供了"合法"依据，进一步提升了我国企业对外直接投资风险，增加了投资阻碍（张怀岭，2019）。在该过程中，我国企业以并购形式开展的对外直接投资受到的不利影响更大（葛顺奇等，2019；赵家章和丁国宁，2020）。

（二）海外子公司相关文献

在国际商务理论领域，针对海外子公司的研究主要集中在其与母公司之间的组织关系（Willianms，2007）以及内部治理（Du et al.，2015）等方面，认为海外子公司从母公司获得的知识转移（Chang et al.，2013）以及有效的外部嵌入（Ciabuschi et al.，2014）等均有助于提升绩效。同时，东道国的制度环境（Mcevily 和 Zaheer，1999）以及从东道国所获取的知识资源等（Rabbiosi 和 Santangelo，2013）均构成提升海外子公司绩效的外部因素。

我国对外直接投资企业海外子公司的效益也开始逐步受到学术界的关注，相关研究主要从内部和外部两个维度展开论述。在内部因素中，李京勋等（2012）研究发现母公司与海外子公司之间的管理者关系特征会影响海外子公司的知识获取与绩效，更好的管理者关系会产生正向影响；白涛等（2013）发现企业对外直接投资区位选择和进入模式是影响海外子公司存活率的重要因素，选择经济距离较大、文化距离较小的东道国以及采用绿地投资进入的海外子公司有更高的存活率；檀灿灿和殷华方（2018）利用上市公司数据发现国际多元化会降低海外子公司绩效，但东道国经验能起调节作用。在外部因素中，林花等（2018）通过问卷调查研究发现东道国社会关系网络和制度会影响我国企业海外公司的绩效，作用机理在于两者间决定了海外子公司从东道国获得的资源或援助；衣长军等（2019）发现制度距离会对我国对外直接投资企业海外子公司生存产生负面影响，其中非正式制度距离的影响更大。

三、国际投资保护典型事实与理论假说

在逆全球化浪潮下，较多国家出台政策限制外资进入国内以及开展正常生产经营活动，导致国际投资保护在全球范围内蔓延。根据联合国贸发会《世界投资报告 2019》显示，在全球新出台的外资政策中，限制性政策所占比例自 2000 年开始提升，一直持续到 2010 年，而后虽有所降低但又在 2018 年进一步陡升至最高水平，图 1 绘制了该演变趋势。这些外资限制政策大体上可分为两类，一类是出于对国家安全的关注而实施，实施国主要是发达国家；另一类基于产业发展目的而实施，实施国主要是发展中国家。在第一类政策中，增加国家安全审查是最为主要的政策实施手段（张怀岭，2019），欧美主要发达国家在国家安全审查的框架下拓宽了"国家安全"的范畴，降低审查门槛并进一步增加了审查程度的严格性（葛顺奇等，2019），大大提升了外资在发达国家的生产经营难度。美国、欧盟和澳大利亚等均实施了国家安全审查的新法案，提升了对涉及技术、基础设施等产业的外资审查及限制难度。在第二类政策中，

发展中国家出于保护本国产业发展的目的规定了外资进入中的本国最低份额要求，以及对外资企业收购资源、土地等的限制。当前，产业政策在国家发展战略中的地位不断提高，较多发展中国家进一步提升了外资项目中的本国份额，尼日利亚、坦桑尼亚等国家均出台了此类政策（UNCTAD，2018）。尽管较多国家在近些年也不断出台外资促进政策措施，但是相比于以往，国际投资保护行为正逐步演变成常态，对全球对外直接投资产生了极为不利的影响。

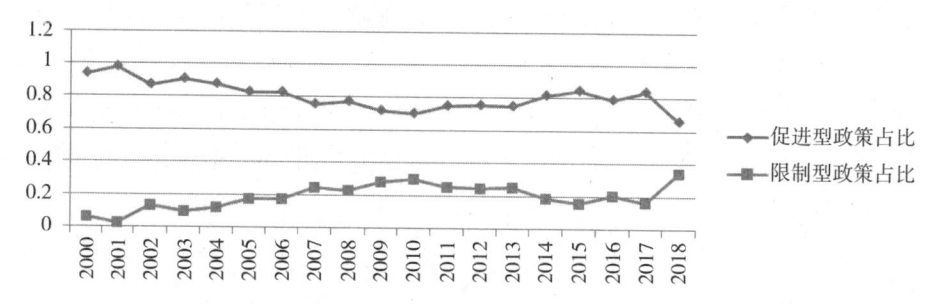

图1 全球新实施促进型和限制型外资政策占比趋势

数据来源：历年《世界投资报告》。

国际投资保护提高了对外直接投资项目的风险，也阻碍了新项目的顺利实施，将会进一步影响已运营海外子公司的经营效益。一方面，尽管国家安全审查在名义上针对敏感行业，但管理部门在实践上肆意性，实际上出于保护本国企业而对外资企业的子公司进行歧视性审查，审查范围也不断扩大（王宇鹏，2018），影响了海外子公司的正常生产经营活动，从而降低了海外子公司的经营效益。另一方面，由于从母公司获得的资源是提升海外子公司效益的重要因素（William，2007），国际投资保护阻碍了母公司新设海外子公司以及对已有海外子公司的增资，收窄了母子公司之间的纽带，从而降低了海外子公司的经营效益。同时，国际投资保护行为的肆意性不仅增加了企业对外直接投资的风险，而且减少外资在东道国的融资途径，削弱了母公司单独承担对外直接投资项目的能力，从而降低了对海外子公司的持股比例。综合国际投资保护的特征，可得本文的基本理论假说。

H1：国际投资保护会降低海外子公司的经营效益。

H2：国际投资保护会降低母公司对海外子公司的持股比例。

国际投资保护行为存在异质性特征，体现在两个维度，一是不同国家实施外资限制的动机不同；二是对不同所有制企业的限制程度不同。在第一个维度，发达国家资本较为充裕，对外资的需求并不急迫，因此国际投资保护以安全审查之名行产业保护之实，对海外子公司的正常生产经营活动进行诸多干扰，对海外子公司的经营效益产生的负面影响较为严重。发展中国家缺乏资本，在大力引进外资的同时限制外资比重，以保障本国具有一定的控制权，相比于发达国家对外资正常生产经营的干扰较少，因而对海外子公司经营效益产生的负面影响也较小。在第二个维度，由于东道国认为国有外资企业获得较多的母国支撑，构成了对本国企业的不正当竞争，因而重点审查国有企业，甚至有部分国家针对我国国有企业的特征改革安全审查法案措施（王宇鹏，2018）。在这种背景下，国有企业海外子公司受国际投资保护行为的影响更大，经营效益更易遭受不利影响。综上所述，可得本文在异质性维度的理论假说。

H3：发达国家实施的国际投资保护对海外子公司经营效益的负面影响大于发展中国家。

H4：国有企业海外子公司因国际投资保护产生的经营效益损失大于非国有企业。

除了直接影响外，国际投资保护也会阻碍对外直接投资企业海外子公司从东道国获取的资源，其中最为主要的是技术资源。发达国家实施国际投资保护的动机之一在于保护本国技术安全，因此对技术型对外直接投资的安全审查尤为严格（刘岳川，2018）。一方面，对高技术国家进行对外直接投资被认为能产生正向外部效应，有助于企业技术创新（赵宸宇和李雪松，2018）；另一方面，从东道国获取的高科技战略资源也是提升海外子公司效益的重要支撑（Lew et al.，2013）。因此，国际投资保护在一定程度上切断了海外子公司从东道国技术水平中获取的溢出效应，可得本文的理论假设5。

H5：国际投资保护会削弱东道国技术水平对海外子公司经营效益的正向作用。

在对外直接投资中，高管特征对企业绩效也起着重要作用，其中具有海外背景的高管有助于海外战略合作，提升海外经营效益（Reuber和Fischer，

1997）；同时，高管海外背景也是影响企业国际化战略效益的重要因素（Lee 和 Park，2006）。因此，在国际投资保护背景下，具有更多海外背景高管的母公司更为熟悉国际规则，更能协助海外子公司应对各类外资审查，缓解因此而产生的效益损失。在我国，具有更多海外高管的企业也有更低的融资成本、更高的风险承担能力和更高的社会责任意识（文雯和宋建波，2017；宋建波等，2017；谢获宝等，2019），这些特征均有助于海外子公司融入东道国社会。因此，可进一步得到本文调节效应的理论假说。

H6：具有更多海外背景高管的母公司更有助于海外子公司缓解因国际投资保护产生的效益损失。

除企业内部因素外，宏观层面的外部因素也能起到对国际投资保护负面影响的调节作用。由于我国与东道国之间的文化差异会影响企业对外直接投资绩效（李诗和吴超鹏，2016；杨勇等，2018），因此我国对东道国的文化输出能起到推动对外直接投资的作用（谢孟军等，2017）。同理也可以运用到应对国际投资保护的分析中，文化差异是企业经济行为差异的主要原因之一（Henrich，2000），而与东道国本土企业行为的不同也更易导致我国海外子公司遭到东道国的投资审查。在这种情况下，我国向东道国的文化输出有助于东道国社会对我国企业行为的认同，消除因文化差异产生的误解，降低国际投资保护行为对我国企业的针对性。在我国的文化输出中，在各国设立孔子学院是最为典型的做法，也被广泛认为有益于我国对东道国的经贸发展（李青和韩永辉，2016；陈胤默等 2017），因此也能缓解东道国对我国海外子公司的针对性限制。由此可进一步得到本文调节作用的理论假说。

H7：孔子学院的设立有助于缓解我国对外直接投资企业海外子公司因国际投资保护产生的负面影响。

四、研究设计与数据描述

为了从海外子公司视角研究国际投资保护对我国企业对外直接投资的影响，本文一方面需获取对外直接投资企业海外子公司的经营数据信息，另一方面需对东道国的国际投资保护进行量化测度。因此，将国泰安《海外直接投资数据库》与OECD《外资限制指数》数据库进行匹配,构建实证研究所需的微观数据库。国泰安《海外直接投资数据库》包含了我国上市公司海外子公司的基本信息,包括所在东道国、持股比例以及部分财务信息,从中可获得海外子公司经营效益数据。OECD《外资限制指数》数据库对36个OECD国家和32个非OECD国家的外资限制程度进行了度量,以赋值方式对外资审批、人员、股权等方面的限制进行度量,越大的数值代表越高的外资限制程度,可被用来进行国际投资保护的实证研究。本文对两个数据库2013-2017年间的数据进行匹配,删除缺失的信息后共获得包含海外子公司营业收入数据的样本1778个;包含海外子公司净利润数据的样本2650个;包含母公司持股比例数据的样本2628个。在样本中,由于设立时间不同,海外子公司数据的年份并不一致,同时较多海外子公司的数据并不连贯,不具备面板数据的特征,因此将不同年份的样本数据进行混合回归。

除国际投资保护外,我国对外直接投资企业海外子公司经营效益也受其他因素影响,本文将其中的海外子公司自身因素、东道国因素以及我国与东道国之间关系因素作为控制变量,建立如下回归方程:

$$R_{it} = \alpha_0 + \alpha_1 IVP_{it} + \alpha_2 \ln KAP_{it} + \alpha_3 \ln GDP_{it} + \alpha_4 \ln PGDP_{it} + \alpha_5 WGI_{it} + \alpha_6 DCL_{it} + \alpha_7 \ln OFDI_{it} + \mu_t + \varepsilon_{it}$$

这里R_{it}为被解释变量,包含三个层面的变量,一是海外子公司营业收入对数值($\ln OPI_{it}$),二是海外子公司净利润对数值($\ln NPR_{it}$,净利润为负值时先对绝对值取对数再赋负值),三是母公司对海外子公司的持股比例(RSH_{it})。解释变量IVP_{it}为海外子公司所在东道国的国际投资保护程度。在控制变量中,$\ln GDP_{it}$为海外子公司的总资产对数值,用以控制自身产生的影响;$\ln GDP_{it}$为海外子公司所在东道国GDP对数值,反映东道国市场规模;$\ln PGDP_{it}$为东道国人均GDP对数值,反映东道国经济发展程度;WGI_{it}为东道国政府治理效率指标,反映东道国治理水平;三者控制东道国因素产生的影响。DCL_{it}为我国和东道国之间的文化距离,反映文化因素的影响;$\ln OFDI_{it}$为我国对东道国的对外直接投资流量规模对数值,反映集群投资产生的影响;两者控制我国和东道国关系因素产生的影响。下标i和t分别代表海外子公司和年份;μ_t为年份变量;ε_{it}为回归残差。

在方程中，三个被解释变量 $\ln OPI_{it}$、$\ln NPR_{it}$ 和 RSH_{it} 的数据均来自于国泰安《海外直接投资数据库》；海外子公司总资产控制变量 $\ln KAP_{it}$ 也来自于该数据库。在东道国因素控制变量中 $\ln GDP_{it}$ 和 $\ln PGDP_{it}$ 的数据来源于世界银行《世界发展》数据库；WGI_{it} 的数据来源于世界银行《全球治理指标》数据库，该数据库利用六个指标度量政府治理水平，本文取六个指标的平均值作为综合指标进行度量，越大的指标值代表越高的政府治理水平。在我国与东道国关系控制因素中，DCL_{it} 的数据来自于 Lankuhuizan 和 Groot（2006）的度量；$\ln OFDI_{it}$ 的数据来源于历年《中国对外直接投资统计公报》。表1列出各变量的基本数据信息。

表1 变量数据基本信息

变量	含义	均值	标准差	数据来源
$\ln OPI_{it}$	海外子公司营业收入（对数值）	17.394	2.646	国泰安《海外直接投资数据库》
$\ln NPR_{it}$	海外子公司净利润（对数值）	−0.278	6.594	国泰安《海外直接投资数据库》
RSH_{it}	母公司对海外子公司持股比例	0.875	0.234	国泰安《海外直接投资数据库》
IVP_{it}	东道国国际投资保护程度	0.101	0.076	OECD《外资限制指数》数据库
$\ln KAP_{it}$	海外子公司总资产（对数值）	17.672	2.772	国泰安《海外直接投资数据库》
$\ln GDP_{it}$	东道国 GDP（对数值）	28.500	1.716	世界银行《世界发展》数据库
$\ln PGDP_{it}$	东道国人均 GDP（对数值）	10.234	1.107	世界银行《世界发展》数据库
WGI_{it}	东道国政府治理水平	0.983	0.715	世界银行《全球治理指标》数据库
DCL_{it}	我国与东道国文化距离	3.509	1.426	Lankuhuizan 和 Groot（2006）
$\ln OFDI_{it}$	我国对东道国对外直接投资流量（对数值）	11.828	1.655	《中国对外直接投资统计公报》

五、研究结果及解释

(一) 基准回归结果

将各年份的样本数据混合后对方程进行回归,得到表2的基准回归结果。

表2 基准回归结果

变量	营业收入 $lnOPI_{it}$		净利润 $lnNPR_{it}$		持股比例 RSH_{it}	
C	0.552 (0.48)	0.574 (0.50)	−1.426 (−0.39)	−0.938 (−0.25)	0.940*** (7.18)	0.985*** (7.49)
IVP_{it}	−2.270*** (−3.21)	−2.362*** (−3.32)	−5.416** (−2.36)	−0.515** (−2.23)	−0.477*** (−5.80)	−0.465*** (−5.64)
$lnKAP_{it}$	0.921*** (55.49)	0.923*** (55.14)	0.560*** (11.88)	0.553*** (11.65)	−0.009*** (−5.80)	−0.010*** (−5.79)
$lnGDP_{it}$	0.102*** (2.69)	0.094** (2.47)	−0.143 (−1.31)	−0.126 (−1.14)	0.006 (1.42)	0.007* (1.76)
$lnPGDP_{it}$	−0.204* (−1.87)	−0.192* (−1.76)	−0.543 (−1.62)	−0.582* (−1.73)	−0.029** (−2.43)	−0.003*** (−2.72)
WGI_{it}	0.341** (2.57)	0.323** (2.43)	−0.095 (−0.24)	−0.028 (−0.07)	0.011 (0.73)	0.016 (1.08)
DCL_{it}	−0.111*** (−2.64)	−0.120*** (−2.81)	−0.252* (−1.83)	−0.228 (−1.64)	−0.014*** (−2.78)	−0.012** (−2.43)
$lnOFDI_{it}$	−0.015 (−0.45)	−0.002 (−0.07)	0.209* (1.97)	0.174 (1.58)	0.028*** (7.26)	0.025*** (6.47)
年份	不控制	控制	不控制	控制	不控制	控制
样本量	1778	1778	2650	2650	2628	2628
R^2	0.641	0.643	0.064	0.065	0.051	0.060

注:括号内为回归T值;上标***,**,*分别代表在1%,5%,10%水平上显著。

从表中可以发现,IVP_{it}的系数在各列中均显著为负,说明国际投资保护会通过减少营业收入和净利润对我国对外直接投资企业海外子公司的经营效益产生负面影响;同时也降低了母公司对海外子公司的持股比例,有效地验证本文的理论假设 H1 和 H2。

进一步地，为了考察国际投资保护及东道国其他因素对海外子公司的影响具有一定的延续性，本部分采用国际投资保护指标和东道国控制变量的滞后一期值再次进行回归，得到表 3 的结果。从表中可以发现，解释变量及控制变量的系数符号和显著性基本上与表 2 保持一致，说明国际投资保护对我国对外直接投资企业海外子公司的负面影响具有一定的延续性。

表 3　滞后一期值回归结果

变量	营业收入 $\ln OPI_{it}$		净利润 $\ln NPR_{it}$		持股比例 RSH_{it}	
C	0.756 (0.64)	0.747 (0.63)	-0.490 (-0.13)	-0.015 (-0.01)	0.979*** (7.37)	1.018*** (7.57)
IVP_{it}	-2.243*** (-3.11)	-2.289*** (-3.16)	-4.696** (-2.02)	-4.358* (-1.86)	-0.453*** (-5.44)	-0.432*** (-5.18)
$\ln KAP_{it}$	0.922*** (55.40)	0.925*** (55.04)	0.556*** (11.77)	0.549*** (11.52)	-0.009*** (-5.71)	-0.010*** (-5.91)
$\ln GDP_{it}$	0.093** (2.43)	0.087** (2.26)	-0.176 (-1.58)	-0.156 (-1.40)	0.005 (1.34)	0.007 (1.70)
$\ln PGDP_{it}$	-0.204* (-1.85)	-0.193* (-1.75)	-0.558 (-1.64)	-0.596* (-1.75)	-0.033*** (-2.69)	-0.036*** (-2.94)
WGI_{it}	0.318** (2.40)	0.307** (2.30)	-0.091 (-0.23)	-0.02 (-0.05)	0.014 (0.96)	0.019 (1.35)
DCL_{it}	-0.019** (-2.59)	-0.118*** (-2.76)	-0.226 (-1.63)	-0.200 (-1.43)	-0.013*** (-2.69)	-0.112** (-2.31)
$\ln OFDI_{it}$	-0.01 (-0.32)	0.001 (0.01)	0.212** (1.99)	0.173 (1.56)	0.028*** (7.27)	0.025*** (6.45)
年份	不控制	控制	不控制	控制	不控制	控制
样本量	1773	1773	2644	2644	2619	2619
R^2	0.641	0.643	0.064	0.065	0.050	0.059

注：括号内为回归 T 值；上标 ***，**，* 分别代表在 1%，5%，10% 水平上显著。

（二）异质性回归结果

在国际投资保护的政策实践中，发达国家和发展中国家的动机不同，实施重点也存在较大差别，因而对我国对外直接投资企业海外子公司的影响也存在区别。同时，各国外资限制政策对国有企业更为严格，更具有针对性，因此，我国国有企业和非国有企业海外子公司受国际投资保护负面影响的程度也有所不同。为了对以上异质性进行检验，分别将样本按东道国分为发达国家和发展中国家分样本，以及按母公司分为国有企业和非国有企业分样本，再次进行回归，分别得到表4和表5的结果。

表4 发达国家和发展中国家分样本回归结果

变量	发达国家分样本			发展中国家分样本		
	营业收入	净利润	持股比例	营业收入	净利润	持股比例
C	1.114 (0.32)	9.808 (0.89)	−0.761** (−1.94)	3.213 (1.37)	−4.739 (−0.74)	0.821*** (3.67)
IVP_{it}	−3.054*** (−2.78)	−10.843*** (−2.85)	−0.617*** (−4.56)	−1.495 (−1.13)	0.322 (0.08)	−0.516*** (−3.82)
$\ln KAP_{it}$	0.926*** (50.56)	0.514*** (9.21)	−0.010*** (−5.16)	0.917*** (22.20)	0.696*** (7.65)	−0.008** (−2.44)
$\ln GDP_{it}$	0.120** (2.12)	−0.039 (−0.25)	0.011** (2.00)	0.003 (0.04)	−0.215 (−1.00)	0.010 (1.37)
$\ln PGDP_{it}$	−0.276 (−0.75)	−1.641 (−1.64)	0.128*** (3.63)	−0.260 (−1.33)	−1.044* (−1.90)	0.020 (1.02)
WGI_{it}	−.231 (1.00)	0.279 (0.40)	0.007 (0.29)	0.393 (1.24)	1.037 (1.12)	−0.104 (−3.19)
DCL_{it}	−0.084 (−1.45)	0.047 (0.25)	−0.010 (−1.48)	−0.097 (−0.59)	0.482 (0.98)	−0.072*** (−4.10)
$\ln OFDI_{it}$	−0.033 (−0.69)	−0.001 (−0.01)	0.017*** (3.25)	0.010 (0.12)	0.689** (2.65)	−0.003 (−0.34)
年份	控制	控制	控制	控制	控制	控制
样本量	1417	2063	2052	361	587	576
R^2	0.657	0.048	0.078	0.596	0.134	0.102

注：括号内为回归T值；上标 ***、**、* 分别代表在1%、5%、10%水平上显著。

表5　国有企业和非国有企业分样本回归结果

变量	国有企业分样本			非国有企业分样本		
	营业收入	净利润	持股比例	营业收入	净利润	持股比例
C	−1.23 (−0.50)	−3.778 (−0.51)	0.284 (1.05)	0.897 (0.67)	−0.536 (−0.12)	1.286*** (8.56)
IVP_{it}	−3.742*** (−2.79)	−12.153*** (−2.96)	−0.254* (−1.66)	−1.582* (−1.86)	−1.922 (−0.68)	−0.518*** (−5.19)
$\ln KAP_{it}$	0.920*** (26.86)	0.423*** (4.72)	−0.006* (−1.94)	0.928*** (47.74)	0.584*** (10.24)	−0.010*** (−5.28)
$\ln GDP_{it}$	0.222*** (2.68)	−0.075 (−0.35)	0.014* (1.80)	0.054 (1.24)	−0.099 (−0.76)	0.003 (0.66)
$\ln PGDP_{it}$	−0.268 (−1.09)	−0.359 (−0.55)	0.030 (1.24)	−0.156 (−1.27)	−0.675* (−1.71)	−0.058*** (−4.15)
WGI_{it}	0.313 (1.15)	−0.384 (−0.53)	−0.029 (−1.09)	0.322** (2.06)	0.167 (0.34)	0.037** (2.10)
DCL_{it}	−0.076 (−0.87)	−0.356 (−1.35)	−0.028*** (−2.85)	−0.124** (−2.48)	−0.181 (−1.11)	−0.004 (−0.67)
$\ln OFDI_{it}$	−0.075 (−2.04)	0.527** (2.31)	0.015* (1.74)	0.022 (0.56)	0.029 (0.23)	0.028*** (6.42)
年份	控制	控制	控制	控制	控制	控制
样本量	396	702	711	1381	1947	1916
R^2	0.670	0.056	0.071	0.634	0.070	0.061

注：括号内为回归T值；上标***，**，*分别代表在1%，5%，10%水平上显著。

（三）工具变量回归结果

在本文的实证研究中，国际投资保护程度是东道国政府的政策实施结果，受到东道国经济政治因素的影响，因此也是内生变量，从而可能存在东道国经济政治因素同时影响国际投资保护程度和我国对外直接投资企业海外子公司经营效益的内生性问题。为了排除这种内生性问题可能产生的谬误回归结果，需要构建国际投资保护的工具变量对方程再次进行回归。选择东道国关税率及外资占GDP的滞后一期值作为国际投资保护的工具变量，两者数据来源于世界银行《世界发展》数据库。表6列出回归结果。

续 表

表6 工具变量回归结果

变量	营业收入 lnOPI_{it}		净利润 lnNPR_{it}		持股比例 RSH_{it}	
C	2.043 (1.18)	1.193 (1.11)	7.167 (1.19)	7.283 (1.23)	1.421*** (5.57)	1.412*** (5.70)
IVP_{it}	−4.248* (1.94)	−4.190* (−1.90)	−18.142** (−2.31)	−17.489** (−2.27)	−1.210*** (−3.60)	−1.136*** (−3.47)
lnKAP_{it}	0.926*** (54.61)	0.929*** (53.84)	0.564*** (11.97)	0.559*** (11.78)	−0.009*** (−4.97)	−0.009*** (−5.11)
lnGDP_{it}	0.089** (2.18)	0.081* (1.94)	−0.168 (−1.43)	−0.160 (−1.34)	0.002 (0.50)	0.003 (0.72)
ln$PGDP_{it}$	0.338** (−2.18)	−0.313** (−2.05)	−1.385** (−2.52)	−1.377** (−2.58)	−0.072*** (−3.15)	−0.070*** (−3.16)
WGI_{it}	0.340** (2.48)	0.317** (2.30)	0.011 (0.03)	0.052 (0.13)	0.013 (0.87)	0.016 (1.10)
DCL_{it}	−0.111*** (−2.60)	−0.118*** (−2.78)	−0.166 (−1.11)	−0.152 (−1.02)	−0.009 (−1.49)	−0.008 (−1.29)
ln$OFDI_{it}$	0.019 (0.45)	0.029 (0.65)	0.345** (2.48)	0.322** (2.20)	0.036*** (6.29)	0.034*** (5.59)
过度识别检验	0.165 (0.685)	0.207 (0.65)	0.084 (0.772)	0.059 (0.808)	3.650 (0.056)	2.994 (0.084)
年份	不控制	控制	不控制	控制	不控制	控制
样本量	1728	1728	2572	2572	2553	2553
R^2	0.645	0.647	0.055	0.059	0.023	0.084

注：过度识别检验括号内为P值；其他括号内为回归T值；上标***，**，*分别代表在1%，5%，10%水平上显著。

（四）稳健性检验

在本文的样本中，存在部分异常值，可能导致本文的回归结果存在偏差，因而需要删除这些异常值对回归结果进行稳健性检验。本文样本的异常值存在两个维度，一是来源于东道国的异常值，二是来源于对外直接投资企业的异常值。在东道国中，受中美经贸关系纠纷影响，美国不仅在贸易上限制中国企业，在外资审查上也对中国企业具有针对性，因此，虽然总体上美国的国际投资保护程度不高，但对中国企业海外子公司的影响却较为严重，构成本文样本的异常值。另一方面，在本文样本数据年份内，也有国家实施新的外资限制政策，新限制政策的出台实施虽在统计指标上不会大幅度提高国际投资保护程度，但却由于新政策的不可预期性和难适应性更易于影响海外子公司的经营效益，因此也构成异常值。为此，分别删除东道国为美国的样本以及新实施了外资限制政策的东道国样本再次对方程进行回归，得到表7的结果。

表7 删除东道国异常值回归结果

变量	删美国异常值 营业收入	净利润	持股比例	删新实施外资限制政策国家异常值 营业收入	净利润	持股比例
C	0.703 (0.49)	-1.425 (-0.31)	1.427*** (8.27)	1.190 (0.85)	-0.972 (-0.21)	1.066*** (6.57)
IVP_{it}	-2.43*** (-3.56)	-4.993** (-2.14)	-0.455*** (-5.20)	-2.778*** (-3.14)	-6.497** (-2.22)	-0.406*** (-3.85)
$\ln KAP_{it}$	0.928*** (49.06)	0.572*** (10.24)	-0.011*** (-5.22)	0.925*** (40.74)	0.598*** (9.48)	-0.013** (-5.80)
$\ln GDP_{it}$	0.080* (1.66)	-0.106 (-0.75)	-0.007 (-1.24)	0.078* (1.67)	-0.032 (-0.23)	0.002 (0.43)
$\ln PGDP_{it}$	-0.181* (-1.72)	-0.611* (-1.79)	-0.028** (-2.21)	-0.237* (-1.80)	-0.986** (-2.40)	-0.019 (-1.31)
WGI_{it}	0.323** (2.44)	-0.002 (-0.001)	0.031* (1.98)	0.359** (2.16)	0.109 (0.21)	0.012 (0.66)
DCL_{it}	-0.134*** (-2.70)	-0.209 (-1.29)	-0.024*** (-4.02)	-0.126** (-2.28)	-0.389** (-2.41)	-0.014** (-2.14)
$\ln OFDI_{it}$	0.001 (0.04)	0.178 (1.46)	0.019*** (4.12)	0.007 (0.18)	0.262* (1.94)	0.024*** (4.94)
年份	控制	控制	控制	控制	控制	控制
样本量	1201	1815	1806	988	1478	1461
R^2	0.677	0.074	0.062	0.636	0.086	0.058

注：括号内为回归T值；上标 ***，**，* 分别代表在1%，5%，10%水平上显著。

另一维度，在对外直接投资企业中，本文的样本存在部分异常的 ST 上市公司，母公司的财务或经营异常也可能对海外子公司的经营效益产生影响，因此这类样本也构成异常值。同时，本文的样本中也存在少量退出东道国的海外子公司，这类子公司也可能存在经营的异常现象，构成本文的异常值。为此，本部分分别删除母公司为 ST 上市公司和退出东道国的海外子公司样本，再次对方程进行回归得到表 8 的结果。

表 8 删除对外直接投资企业异常值回归结果

变量	删 ST 上市公司异常值			删退出海外子公司异常值		
	营业收入	净利润	持股比例	营业收入	净利润	持股比例
C	0.496 (0.43)	0.156 (0.04)	−0.992*** (7.35)	0.467 (0.41)	−1.084 (−0.28)	0.975*** (7.37)
IVP_{it}	−2.066*** (−2.90)	−6.701*** (−2.87)	−0.456*** (−5.42)	−2.408*** (−3.42)	−5.127** (−2.22)	−0.465*** (−5.63)
$\ln KAP_{it}$	0.923*** (54.89)	0.567*** (11.74)	−0.010*** (−5.57)	0.926*** (55.77)	0.554*** (11.63)	−0.010*** (−5.71)
$\ln GDP_{it}$	0.103*** (2.64)	−0.156 (−1.38)	0.008** (1.98)	0.099** (2.63)	−0.119 (−1.07)	0.007* (1.78)
$\ln PGDP_{it}$	−0.199* (−1.78)	−0.656* (−1.92)	−0.039*** (−3.16)	−0.203* (−1.87)	−0.591* (−1.75)	−0.033*** (−2.72)
WGI_{it}	0.326** (2.37)	−0.028 (−0.07)	0.019 (1.30)	0.321** (2.43)	−0.011 (−0.03)	0.016 (1.08)
DCL_{it}	−0.133*** (−3.10)	−0.257* (−1.82)	−0.013** (−2.54)	−0.116*** (−2.73)	−0.236* (−1.69)	−0.012** (−2.42)
$\ln OFDI_{it}$	−0.005 (−0.16)	0.230** (2.04)	0.027*** (6.72)	−0.002 (−0.05)	0.180 (1.63)	0.026*** (6.53)
年份	控制	控制	控制	控制	控制	控制
样本量	1720	2555	2534	1770	2640	2619
R^2	0.650	0.069	0.062	0.649	0.065	0.060

注：括号内为回归 T 值；上标 ***、**、* 分别代表在 1%、5%、10% 水平上显著。

（五）间接影响回归

本文的理论假设推断国际投资保护不仅会对海外子公司产生直接的影响，而且还通过削弱东道国技术外溢性而产生间接不利影响。为了对此进行检验，本文建立如下回归方程进行研究：

$$R_{it} = \beta_0 + \beta_1 TEC_{it} + \beta_2 IVP_{it}*TEC_{it} + BX_{it} + \mu_t + \varepsilon_{it}$$

这里 TEC_{it} 为东道国的技术水平，用高科技产品出口占商品总出口的比重衡量，数据来源于世界银行《世界发展》数据库，用来反映东道国技术外溢对我国对外直接投资企业海外子公司的影响。$IVP_{it}*TEC_{it}$ 为国际投资保护和东道国技术水平的乘积项，用来反映国际投资保护产生的间接影响。X_{it} 为与上文相同的控制变量集合。对该方程进行回归，得到表9的结果。

表9 间接影响回归结果

变量	营业收入 $\ln OPI_{it}$		净利润 $\ln NPR_{it}$		持股比例 RSH_{it}	
C	−2.511** (−2.31)	−0.949 (−0.83)	−8.815** (−2.53)	−4.94 (−1.36)	0.652*** (5.29)	0.783*** (6.70)
TEC_{it}	0.013** (2.47)	0.026*** (3.13)	0.045*** (2.89)	0.084*** (3.29)	−0.001 (−0.48)	0.003*** (2.70)
$IVP_{it}*TEC_{it}$	——	−0.072** (−2.25)	——	−0.199* (−1.94)	——	−0.014*** (−3.74)
$\ln KAP_{it}$	0.923*** (54.56)	0.925*** (54.81)	0.551*** (11.53)	0.555*** (11.62)	−0.010*** (−5.89)	−0.010*** (−5.78)
$\ln GDP_{it}$	0.180*** (4.60)	0.121*** (2.95)	−0.144 (−0.46)	−0.074 (−0.64)	0.010** (2.46)	0.006 (1.34)
$\ln PGDP_{it}$	−0.065 (−0.61)	−0.108 (−1.02)	0.056 (0.50)	−0.291 (−0.93)	−0.003 (−0.27)	−0.009 (−0.80)
WGI_{it}	0.343** (2.55)	0.262* (1.92)	−0.130 (−0.32)	−0.296 (−0.72)	0.013 (0.91)	0.004 (0.25)
DCL_{it}	−0.109** (−2.47)	−0.100** (−2.26)	−0.209 (−1.48)	0.178 (−1.26)	−0.014*** (−2.83)	−0.015*** (−2.90)
$\ln OFDI_{it}$	−0.103*** (−2.86)	−0.063* (−1.69)	−0.087 (−0.79)	−0.002 (−0.02)	0.019*** (4.68)	0.022*** (5.30)

续 表

变量	营业收入 $\ln OPI_{it}$		净利润 $\ln NPR_{it}$		持股比例 RSH_{it}	
年份	控制	控制	控制	控制	控制	控制
样本量	1768	1760	2632	2624	2611	2602
R^2	0.640	0.643	0.061	0.064	0.050	0.055

注：括号内为回归 T 值；上标 ***，**，* 分别代表在 1%，5%，10% 水平上显著。

（六）调节效应回归

本文的理论假说进一步推断了企业内部和外部因素有利于缓解国际投资保护对海外子公司产生的不利影响，发挥调节效用。其中企业内部因素为母公司高管海外背景，外部因素为我国在东道国设立的孔子学院，为了对此进行检验，本文进一步建立如下方程进行回归：

$$R_{it} = \gamma_0 + \gamma_1 IVP_{it} + \gamma_2 OBE_{it} * IVP_{it} + \Gamma X_{it} + \mu_i + \varepsilon_{it}$$
$$R_{it} = \lambda_0 + \lambda_1 IVP_{it} + \lambda_2 ICF_{it} * IVP_{it} + \Upsilon X_{it} + \mu_i + \varepsilon_{it}$$

这里 OBE_{it} 为母公司高管海外背景变量，本文分别用上市公司具有海外背景（包括海外教育和海外工作）的董事人数及此类董事占董事人数的比重进行度量，数据来源于国泰安《公司治理数据库》。$OBE_{it}*IVP_{it}$ 则为高管海外背景和国际投资保护的乘积项，用来检验高管海外背景的调节效应。ICF_{it} 为我国在东道国设立的孔子学院（学堂）数量，本文分别用当年和滞后一个年度的数值测度，数据来源于《孔子学院年度发展报告》。$ICF_{it}*IVP_{it}$ 为孔子学院数量和国际投资保护的乘积项，用来检验孔子学院的调节效应。对该方程进行回归，分别得到表 10 和表 11 的结果。

表 10　母公司高管海外背景调节效应回归结果

变量	海外背景董事数量			海外背景董事占比		
	营业收入	净利润	持股比例	营业收入	净利润	持股比例
C	0.659 (0.57)	0.443 (0.12)	0.991*** (7.52)	0.634 (0.55)	0.147 (0.04)	0.977*** (7.40)

续　表

变量	海外背景董事数量			海外背景董事占比		
	营业收入	净利润	持股比例	营业收入	净利润	持股比例
IVP_{it}	−3.008***	−9.372***	−0.488***	−2.862***	−9.033***	−0.439***
	(−3.94)	(−3.76)	(−5.43)	(−3.72)	(−3.58)	(−4.84)
$OBE_{it}*IVP_{it}$	0.328**	1.824***	0.010	2.134*	15.568***	−0.102
	(2.31)	(4.40)	(0.66)	(1.70)	(3.79)	(−0.69)
$\ln KAP_{it}$	0.918***	0.511***	−0.010***	0.920***	0.524***	−0.009***
	(54.27)	(10.59)	(−5.82)	(54.64)	(10.39)	(−5.60)
$\ln GDP_{it}$	0.094**	−0.121	0.007*	0.095**	−0.125	0.007*
	(2.48)	(−1.10)	(1.77)	(2.50)	(−1.13)	(1.73)
$\ln PGDP_{it}$	−0.194*	−0.683**	−0.033***	−0.197*	−0.661**	−0.032***
	(−1.78)	(−2.04)	(−2.75)	(−1.80)	(−1.97)	(−2.65)
WGI_{it}	0.336**	0.088	0.016	0.332**	0.040	0.015
	(2.52)	(0.22)	(1.12)	(2.49)	(0.10)	(1.04)
DCL_{it}	−0.123***	−0.232*	−0.012**	−0.122***	−0.227	−0.012**
	(−2.87)	(−1.68)	(−2.44)	(−2.85)	(−1.64)	(−2.48)
$\ln OFDI_{it}$	−0.001	0.186*	0.025***	−0.001	0.183*	0.026***
	(−0.003)	(1.70)	(6.48)	(−0.04)	(1.66)	(6.48)
年份	控制	控制	控制	控制	控制	控制
样本量	1776	2648	2626	1776	2647	2625
R^2	0.644	0.071	0.060	0.643	0.069	0.060

注：括号内为回归 T 值；上标 ***，**，* 分别代表在 1%，5%，10% 水平上显著。

表 11　东道国孔子学院数量调节效应回归结果

变量	当年度孔子学院数量			上一年度孔子学院数量		
	营业收入	净利润	持股比例	营业收入	净利润	持股比例
C	2.768***	−4.832	1.257***	2.750***	−4.880	1.248***
	(2.66)	(−1.49)	(10.88)	(2.66)	(−1.51)	(10.83)
IVP_{it}	−2.626***	−4.833**	−0.484***	−2.625***	−4.829**	−0.483***
	(−3.72)	(−2.10)	(−5.90)	(−3.72)	(−2.10)	(−5.90)

续表

变量	当年度孔子学院数量			上一年度孔子学院数量		
	营业收入	净利润	持股比例	营业收入	净利润	持股比例
$ICF_{it}*IVP_{it}$	0.006** (1.99)	−0.015 (−1.60)	0.001*** (4.19)	0.006** (2.02)	−0.017 (−1.67)	0.001*** (4.07)
$\ln KAP_{it}$	0.921*** (55.19)	0.551*** (11.65)	−0.009*** (−5.59)	0.921*** (55.20)	0.551*** (11.64)	−0.009*** (−5.61)
$\ln PGDP_{it}$	−0.139 (−1.32)	−0.614* (−1.86)	−0.032*** (−2.71)	−0.138 (−1.31)	−0.613* (−1.85)	−0.032*** (−2.69)
WGI_{it}	0.340** (2.48)	−0.141 (−0.34)	0.028* (1.91)	0.339** (2.47)	−0.148 (−0.35)	0.027* (1.85)
DCI_{it}	−0.173*** (−3.55)	−0.109 (−0.69)	−0.023*** (−4.14)	−0.173*** (−3.57)	−0.103 (−0.65)	−0.023*** (−4.06)
$\ln OFDI_{it}$	0.004 (0.12)	0.226* (1.90)	0.018*** (4.28)	0.004 (0.13)	0.232* (1.96)	0.019*** (4.43)
年份	控制	控制	控制	控制	控制	控制
样本量	1778	2650	2628	1778	2650	2628
R^2	0.642	0.065	0.065	0.642	0.065	0.064

注：括号内为回归 T 值；上标 ***、**、* 分别代表在 1%、5%、10% 水平上显著。

六、结论

国际投资保护在全球范围内蔓延对跨国投资产生了极为不利的影响，演变成当今世界逆全球化态势的主要特征之一。我国企业对外直接投资也未能幸免，无论是新设项目还是海外子公司均因国际投资保护受到较大程度的阻碍。本文以海外子公司为视角对国际投资保护对我国企业对外直接投资的不利影响进行微观定量评估。通过匹配国泰安《海外直接投资数据库》和 OECD《外资限制指数》数据库构建实证研究样本数据，实证研究发现，在总体上国际投资保护不仅会通过减少营业收入和净利润降低海外子公司经营效益，还降低了母公司对海外子公司的持股比例。异质性检验则发现，发达国家国际投资保护行为对我国海外子公司的不利影响大于发展中国家；国有企业海外子公司受国际投资保护的不利影响大于非国有企业。进一步地，还发现国际投资保护会削弱东道国技术水平对我国海外子公司经营效益的溢出效应，从而产生间接负面影响；具有更多海外背景高管的母公司则能缓解国际投资保护对海外子公司的不利影响，具有调节作用。本文的研究意味着我国海外子公司也会因国际投资保护而受损，为保障对外直接投资的可持续性，商务管理部门和企业均应在关注新增对外直接投资项目的同时重视海外子公司的经营状况。

  本文的研究对于政府部门以及对外直接投资企业应对国际投资保护也具有一定的参考借鉴价值。首先，国际投资保护无疑会对我国对外直接投资企业产生不利影响，因此商务管理部门和企业在对外直接投资行为中应做好预案，提前研究东道国的外资政策措施，避免遭遇安全审查等限制措施时的仓促应对，以充分的准备提升应对效率。第二，对外直接投资企业应增加国际化人力资本储备，通过熟知国际投资规则的高层人才协助海外子公司应对国际投资保护行为；同时提升海外子公司管理层的本土化程度，借助熟知东道国规则的管理人员应对外资限制政策措施。第三，在文化层面上，我国应进一步强化文化输出和交流的调节效应，充分发挥现有孔子学院的作用，提升文化传输效率，增加跨国文化合作，一方面增加东道国社会对我国企业的文化认同，另一方面也推动我国企业行为契合东道国文化特征，以双边文化融合缓解国际投资保护对海外子公司产生的不利影响。第四，在宏观层面上，商务管理部门应联合外交部门与东道国之间签订更为广泛的双边投资协定，保护海外子公司的合法权益，尤其应为避免发达国家对我国企业的肆意限制建立制度层面的保障；同时保障国有企业在东道国的合法市场行为，防止东道国政府通过限制国有企业损害国家利益。最后，海外子公司在东道国生产经营过程中也应承担相应的社会责任，切实维护东道国利益，加快与本地融合，通过为东道国经济社会发展提供有力的支撑避免遭到恶意的针对性外资限制。

参考文献

[1] 白涛，焦捷，金占明，王文龙.投资区位、进入模式选择与海外子公司存活率之间的关系——以中国企业对外直接投资为例 [J].清华大学学报（自然科学版），2013(2): 280-288.

[2] 陈胤默，孙乾坤，张晓瑜.孔子学院促进中国企业对外直接投资吗？——基于"一带一路"沿线国家面板数据的分析 [J].国际贸易问题，2017(8): 84-95.

[3] 陈兆源.东道国政治制度与中国对外直接投资的区位选择——基于2000-2012年中国企业对外直接投资的定量研究 [J].世界经济与政治，2016(11):129-156.

[4] 董静然.美国外资并购安全审查制度的新发展及其启示——以《外国投资风险审查现代化法案》为中心，国际经贸探索，2019(3):99-112.

[5] 葛顺奇，林尔，陈江滢.中国企业跨国并购与东道国安全审查新制度 [J].国际贸易，2019(10):49-57.

[6] 郭娟娟，杨俊.东道国金融发展水平对中国企业OFDI二元边际的影响 [J]:国际贸易问题，2019(2): 145-160.

[7] 冀承，郭金兴.美国外国投资国家安全审查制度的历史变迁、制度设计及中国的应对 [J].国际贸易，2019（6）: 69-78.

[8] 李京勋，鱼文英，石庆华.管理者关系特性对海外子公司知识获取及公司绩效的影响研究 [J].管理学报，2012(1): 115-123.

[9] 李青，韩永辉."一带一路"区域贸易治理的文化功用：孔子学院证据 [J].改革，2016(12):95-105.

[10] 李轩.国际投资保护主义的兴起与中国的对策研究 [J].河北经贸大学学报，2013, (6): 96-99.

[11] 刘晓宁.绿地投资还是跨国并购：中国企业OFDI模式选择研究 [J].南方经济，2019(2):70-82.

[12] 李诗，吴超鹏.中国企业跨国并购成败影响因素实证研究——基于政治和文化视角 [J].南开管理评论，2016(3): 18-30.

[13] 刘岳川.投资美国高新技术企业的国家安全审查风险及法律对策 [J].政法论坛，2018(11): 117-125.

[14] 林花，彭倩，林肇宏.中国企业海外子公司绩效研究：基于社会网络和制度视角 [J].国际贸易问题，2019(9):133-146.

[15] 卢进勇，李锋.国际投资保护主义的历史演进、特点及应对策略研究 [J].亚太经济，2012(4): 110-114.

[16] 卢进勇, 李小永, 李思静. 欧美国家外资安全审查：趋势、内容与应对策略 [J]. 国际经济合作, 2018(12): 4-9.

[17] 潘圆圆, 张明. 中国对美投资快速增长背景下的美国外国投资委员会 [J]. 国际经济评论, 2018, (5):32-48.

[18] 邱立成, 刘灿雷, 盛丹. 中国企业对外直接投资与母公司经济绩效——基于成本加成率的考察 [J]. 世界经济文汇, 2016(10): 60-75.

[19] 石岩. 欧盟外资监管改革：动因、阻力及困局 [J]. 欧洲研究, 2018(1): 115-134.

[20] 宋林, 张丹, 谢伟. 对外直接投资与企业绩效提升 [J]. 经济管理, 2019(9): 57-74.

[21] 宋建波, 文雯, 王德宏. 海归高管能促进企业风险承担吗——来自中国A股上市公司的经验证据 [J]. 财贸经济, 2017(12): 111-126.

[22] 檀灿灿, 殷华方. 国际多元化程度越高越好吗？——一项基于海外子公司生存绩效的研究 [J]. 国际贸易问题, 2018(9):121-133.

[23] 王碧珺, 肖河. 哪些中国对外直接投资更容易遭受政治阻力？[J]. 世界经济与政治, 2017(4): 106-128.

[24] 王宇鹏. 欧美加严外资安全审查的趋势特点和分析建议 [J]. 国际贸易, 2018(5): 28-30.

[25] 王忠诚, 薛新红, 张建民. 东道国资本管制与中国对外直接投资：来自上市企业跨国并购的微观证据[J]. 世界经济研究, 2018(2):113-123.

[26] 文雯, 宋建波. 高管海外背景与企业社会责任 [J]. 管理科学, 2017(2):119-131.

[27] 谢获宝, 丁龙飞, 廖珂. 海外背景董事与债务融资成本——基于董事会咨询和监督职能的中介效应 [J]. 管理评论, 2019(11): 202-211.

[28] 谢孟军, 汪同三, 崔日明. 中国的文化输出能推动对外直接投资吗？——基于孔子学院发展的实证检验 [J]. 经济学（季刊）, 2017(4):1400-1420.

[29] 杨勇, 梁辰, 胡渊. 文化距离对中国对外直接投资企业经营绩效影响研究——基于制造业上市公司微观数据的实证研究 [J]. 国际贸易问题, 2018(6):27-40.

[30] 衣长军, 刘晓丹, 王玉敏, 黄健. 制度距离与中国企业海外子公司生存——所有制与国际化经验的调节视角 [J]. 国际贸易问题, 2019(9):115-32.

[31] 余官胜, 范朋真. 东道国贸易保护会提升我国企业对外直接投资速度吗——基于微观层面数据的实证研究 [J]. 财贸经济, 2018(3):109-122.

[32] 张海波. 对外直接投资能促进我国制造业跨国企业生产率提升吗？——基于投资广度和投资深度的实证检验 [J]. 国际贸易问题, 2017(4):95-106.

[33] 张怀岭. 美欧强化外资安全审查及其影响 [J]. 国际问题研究, 2019(5): 65-85.

[34] 赵宸宇, 李雪松. 对外直接投资与企业技术创新——基于中国上市公司微观数据的实证研究 [J]. 国际贸易问题, 2017(6): 105-117.

[35] 赵家章, 丁国宁. 美国对华高技术企业投资并购的安全审查与中国策略选择[J]. 亚太经济, 2020(1): 71-79.

[36] 郑丹青. 对外直接投资与全球价值链分工地位——来自中国微观企业的经验证据[J]. 国际贸易问题, 2019(8):109-123.

[37] Chang Y Y, Gong Y, Peng M W. Expatriate knowledge transfer, subsidiary absorptive capacity and subsidiary performance[J]. Academy of Management Journal, 2013(4): 927-948.

[38] Ciabuschi F, Holm U, Martin O. Dual Embeddedness, Influence and performance of innovating subsidiaries in the multinational corpora[J]. International Business Review, 2014,23(3): 897-909

[39] Contractor F. Punching above their weight: the sources of competitive advantage for emerging market multinationals[J]. International Journal of Emerging Markets, 2013,8(4): 304-328.

[40] Contractor F J, Ramesh D, Nuruzzaman N, Raghunath S. How do country regulations and business environment impact foreign direct investment(FDI) inflows?[J] International Business Review, 2020,29(2).

[41] Dixit, A. International trade, foreign direct investment, and security[J]. Annual Reviews of Economics, 2011(3): 191-213.

[42] Du Y, Deloof M, Jorissen A. The roles of subsidiary boards in multinational enterprises[J]. Journal of International Management, 2015,21(3): 169-181.

[43] Henrich J. Does culture matter in economic behavior? Ultimatum game bargaining among the Machiguenga of the Peruvian Amazon[J]. The American Economic Review, 2000, 90(3): 973-979.

[44] Julio, B., and Y. Yook. Policy uncertainty, irreversibility, and cross-border flows of capital[J]. Journal of International Economics, 2016, 103(1):13-26.

[45] Lankhuizen M and Groot H. Cultural distance and international trade: a non-linear relationship[J]. Letters in Spatial & Resource Sciences, 2016,9(1): 15-26.

[46] Lee H U, Park J H. Top team diversity, internationalization and the mediating effect of international alliances[J]. British Journal of Management, 2006, 27(3): 196-213.

[47] Lew Y K, Sinkovics R R, Kuivalainen O. Upstream internationalization process: Roles of social capital in creating exploratory capability and market performance[J]. International Business Review, 2013,12(4):1101-1120.

[48] Mcevily B, Zaheer A. Bridging ties: A source of firm heterogeneity in competitive capabilities[J]. Strategic Management Journal, 1999,12(4): 1133-1156.

[49] Quang, N., T. Kim., and M. Papanastassiou. Policy uncertainty, derivatives use, and firm-level

FDI[J]. Journal of International Business Studies, 2018,49(1): 96-126.

[50] Rabbiosi L, Santangelo G D. Parent company benefits from reverse knowledge transfer: The role of the liability of newness in MNEs[J]. Journal of World Business, 2013,48(1): 160-170.

[51] Reuber A R, Fischer E. The influence of the management team's international experience on the internationalization behaviors of SMEs[J]. Journal of International Business Studies, 1997,28(4): 807-825.

[52] Sauvant, K. FDI protectionism is on the rise[R]. World Bank Policy Research Working Paper, 2009.

[53] UNCTAD. World investment report 2012: Towards a new generation of investment policies[R]. United Nations Publication, 2012.

[54] UNCTAD. World investment report 2018: Investment and new industrial policies[R]. United Nations Publication, 2018.

[55] Williams C. Transfer in context: replication and adaptation in knowledge transfer relationships[J]. Strategic Management Journal, 2007,28(9): 867-889.

稳外贸目标下"一带一路"贸易便利化时空差异的贸易影响问题研究

李勤昌　许唯聪[*]

摘要：西方贸易保护主义盛行对中国的对外经贸发展带来严峻的考验，对提高"一带一路"贸易往来与互联互通建设提出新的要求。贸易便利化水平直接决定中国与沿线各国贸易往来效率的高低。本文研究发现"一带一路"沿线贸易便利化发展布局呈"U"型。为了刻画贸易便利化对贸易所造成的时空差异影响，本文进一步利用空间计量方法，构建地理加权回归模型进行实证检验。结果发现："一带一路"贸易便利化具有空间连片现象，并且对贸易的影响具有显著正向的空间外溢效应。从空间分布来看，各国贸易便利化水平及经济发展水平的影响呈自西向东梯次增强的空间差异化特征。应采取分阶段发展战略，首先以中亚国家为增长极点，中国牵头大力发展中亚贸易便利化建设，并通过空间外溢效应提高俄罗斯、东亚、东南亚及南亚的贸易便利化水平。其次，西欧国家贸易便利化水平提升空间有限，需要努力实现与西欧各国的贸易对接，营造良好的贸易合作环境。采取这种"点－线－面"的方式，不断拓展辐射范围，能够实现全域贸易便利化水平的提升，提高中国与"一带一路"全域贸易水平。

关键词："一带一路"；贸易便利化；主成分分析；空间计量模型；地理加权回归

一、引言与文献回顾

自全球进入"新常态"时期以来，世界经济增长持续的疲软致使国家间经

---

[*] 作者简介：李勤昌，广州工商学院教授；许唯聪，吉林大学经济学院博士研究生。

济发展差距不断拉大，各国国民收入分配的"天平"不断倾斜，这种"双失衡"问题已然成为诸多国家的沉疴。西方发达经济体将这种沉疴视作经济全球化的畸形产物，认为经济全球化是造成当前世界经济低迷的罪魁祸首。以邻为壑的单边贸易保护主义有所抬头，民粹主义出现死灰复燃迹象，特朗普上台与中美贸易摩擦频发，一时间逆全球化趋势似乎变得难以逆转。美国对中国出口产品持续征收高额关税的现实不断显示出加快开拓"一带一路"贸易市场的重要性。然而，"一带一路"沿线国家多为欠发达国家，国内贸易便利化建设水平较低，这成为阻碍中国在区域开展贸易的隐形壁垒。如何尽快实现区域贸易便利化水平的提升是摆在中国面前的一道重要难题。

迄今为止，对贸易便利化的界定并不明确，因此对贸易便利化研究的切入点也各有差异。从已有的学术文献来看，当前对贸易便利化问题的研究切入主要有四个方面。第一是对贸易便利化基础理论的研究。胡晓红（2015）从制度差异视角出发挖掘了包括中国在内的 19 个丝绸之路经济带国家贸易便利化制度的差异性特征[1]。王俊（2014）依据三螺旋模型理论，指出贸易便利化是国内链措施、区域链措施及全球离岸措施相互作用的结果。国内链措施是基础，区域链措施是核心，全球链措施是目标[2]。第二是对贸易便利化水平测度的研究。目前使用最广泛的是 Wilson et al. (2003) 给出的贸易便利化评估体系。他们将贸易便利化分为四个指标来衡量：口岸效率、海关环境、规则环境和电子商务环境[3]。Raven (2001) 在 Wilson et al. (2003) 的研究基础上，引入港口环境与海关质量等指标来量化贸易便利化水平[4]。彭羽、陈争辉 (2014) 将市场准入、商贸环境、基础设施、政府效率作为贸易便利化的一级指标来研究[5]。第三是对贸易便利化的经济效益的研究。Felipe & Kumar (2012) 构建物流绩效指标值来测算贸易便利化提升所产生的绩效，结果发现：出口国的贸易便利化水平每增加 1%，会促进进口增加 2.8%[6]。佟家栋、李连庆 (2014) 从福利收益与成本视角出发，探究贸易便利化是否会对一国经济产生影响，研究表明随着贸易透明度的提升与政府腐败程度的降低，一国对外贸易规模与社会福利收益得到了显著提高[7]。第四是运用统计与计量等实证方法检验贸易便利化对一国贸易增长的影响。主要有两种实证方法：贸易引力模型和可计算一般均衡模型（CGE）。

谭晶荣、潘华曦（2016）测算了"一带一路"58国的贸易便利化水平，根据贸易引力模型回归结果研究贸易伙伴国的便利化水平如何影响中国对其农产品出口规模。结果表明，贸易便利化水平显著正向影响我国农产品的出口[8]。陈继勇等（2018）构建贸易引力模型实证考察贸易便利化对中国与"一带一路"沿线国家贸易潜力的影响程度[9]。Francois et al.（2005）采用CGE测度了交易成本对一国经济产生的影响，结果显示，交易费用每下降1.5个百分点，会带来全球年收入增长720亿美元的效果[10]。杨军等（2015）通过全球CGE分析了贸易便利化对我国经济的影响[11]。王薇薇等（2019）对"一带一路"沿线58个国家的贸易便利化进行测算，并将贸易便利化水平提升一个档次观察其对贸易影响的变化幅度，结果表明，沿线国家贸易便利化水平提升一个档次会带来贸易流量提高190.84%。

现有关于贸易便利化的研究存在一定的不足之处。首先，对贸易便利化水平的测度多按照简单的逐级指标加总求和，忽略了指标权重问题，或者采用主观赋值法对指标权重进行设定，缺乏精准性；其次，现有对贸易便利化的相关研究忽略了空间差异性；第三，现有对贸易便利化的实证研究鲜有就贸易便利化对贸易流量的空间差异影响问题展开研究。有鉴于此，本文采用空间计量工具研究贸易便利化水平与贸易流量的关系，并通过地理加权回归揭示"一带一路"全域贸易便利化水平及其贸易效应的时空差异，为深化我国与"一带一路"沿线国家的贸易便利化合作提供合理化建议。

二、"一带一路"贸易便利化水平测度

（一）贸易便利化指标体系的构建

综合 Wilson et al.(2003) 的基本思路，并结合"一带一路"沿线国家的经济发展特点，本文选取口岸效率（T）、海关环境（C）、制度环境（R）、金融支撑（F）、电子商务（E）五个一级指标，并细化成22个二级指标，以期使贸易便利化的衡量更加完整、准确（如表1所示）。

表 1 贸易便利化指标体系

一级指标	二级指标		得分范围	指标属性	指标来源
口岸效率（T）	公共口岸设施质量	T1	1–7	正向指标	GCR
	铁路口岸设施质量	T2	1–7	正向指标	GCR
	航空口岸设施质量	T3	1–7	正向指标	GCR
	港口设施质量	T4	1–7	正向指标	GCR
海关环境（C）	贸易关税	C1	0–100	逆向指标	GCR
	海关程序负担	C2	1–7	正向指标	GCR
	非常规支付和贿赂	C3	1–7	正向指标	GCR
	贸易壁垒程度	C4	1–7	正向指标	GCR
制度环境（R）	政府清廉指数	R1	0–100	正向指标	CPI
	政府政策制定的透明度	R2	1–7	正向指标	GCR
	法律法规解决争端的效率	R3	1–7	正向指标	GCR
	政府管制的负担	R4	1–7	逆向指标	GCR
	司法独立性	R5	1–7	正向指标	GCR
	犯罪与暴力造成的商业成本	R6	1–7	逆向指标	GCR
金融支撑（F）	金融服务的便利性	F1	1–7	正向指标	GCR
	金融服务的可供性	F2	1–7	正向指标	GCR
电子商务（E）	电子商务使用率	E1	1–5	正向指标	NRI
	互联网使用人数	E2	0–100	正向指标	NRI
	政府在线服务指数	E3	1–5	正向指标	NRI
	新技术的可获得性	E4	1–7	正向指标	GCR
	企业对新技术的吸收	E5	1–7	正向指标	GCR
	信息技术相关法规	E6	1–7	正向指标	NRI

注：CGR 是世界经济论坛发布的《全球竞争力报告》；NRI 是《全球信息技术网络发展报告》；CPI 是由透明国际发布的"全球清廉指数"。

（二）基于主成分分析的贸易便利化指数测算

并非所有的横截面数据都适用于主成分分析，如果原始数据变量并不存在能够简化的数据结构，进行主成分分析是没有意义的。主成分分析工具适用性的检验指标主要有巴特莱特球体检验（Bartlett test of sphercity）和 Kaiser-

Meyer–Olkin（KMO）抽样充分性检验。本文中 2007-2016 年巴特莱特球体检验的 P 值均显著拒绝原假设，KMO 值均处于 [0.89, 1] 区间内，说明主成分分析对初始数据变量是可适用的。因此，使用主成分分析法测度"一带一路"沿线国家的贸易便利化水平是可取之法。本文以 2016 年原始数据变量为例，进行主成分分析。首先，为消除数据量纲，便于各指标之间的比较和确定指标系数，本文对初始数据进行预处理，采用线性变换方法，即规范值=（原始值–最小值）/(最大值–最小值），将各指标数值控制在 0-1 的范围内后，对规范值的方差做最大化旋转，并提取三个主成分：Comp1、Comp2、Comp3，及各主因子得分及方差贡献率。三个主成分提取了 22 个二级指标中 81.36% 的信息，并在保证变量两两互不相关的前提下，将每个主成分下二级指标的相关系数与主成分贡献率相乘，所得数值再除以主成分的累积贡献率后相加得到贸易便利化评价模型（如式 1 所示）。

$$Comp=0.053*t1+0.027*t2+0.0521*t3+0.0474*t4\,0.0076*c1+0.0519*c2+0.0552*c3+0.0313*c4+0.0503*r1+0.0582*r2+0.0614*r3+0.0463*r4+0.0569*r5+0.0387*r6+0.0572*f1+0.0431*f2+0.0440*e1+0.0351*e2+0.0397*e3+0.0513*e4+0.0540*e5+0.0535*e6$$

（1）

利用贸易便利化评价模型，并按照一级指标权重=所对应的二级指标权重总和/所有一级指标下二级指标权重总和求得各一级指标的权重值，再利用加权和方法，计算可得"一带一路"沿线国家的贸易便利化综合评价指数（TWTFI）。通过对 TWTFI 进行加权平均化处理，得到亚欧各区域的贸易便利化综合指数（如表 2 所示），并按照曾铮、周茜（2008）给出的方法划分了"一带一路"沿线各区域的贸易便利化程度，即：得分 0.8 以上为非常便利，得分 0.7-0.8 为比较便利，得分 0.6-0.7 为一般便利，得分 0.6 以下为不便利[13]。整体来看，"一带一路"沿线贸易便利化发展表现出"U"型空间分布特征，空间分布差异化特征十分明显。从空间差异来看，北欧地区的贸易便利化程度最高；中欧、西欧地区的贸易便利化水平较高；而东南亚、中亚及南亚地区的贸易便利化水平亟待提升。从时间差异来看，中亚的贸易便利化水平变动最为显著，由 2008 年的 0.487 转变为 2016 年的 0.613，增长率达 20.5%；再如，西亚地区 2008 年的贸易便利化水平处在不便利等级，而 2016 年的贸易便利化水平已达到一般便利化水平。可见，"一带一路"全域表现出显著的贸易便利化时空差异特征，空间布局不均衡问题比较突出。

表 2　贸易便利化指数时空差异变动特征

	2008	2010	2012	2014	2016	等级
东亚	0.651	0.668	0.683	0.548	0.693	一般便利
东南亚	0.558	0.568	0.586	0.472	0.582	不便利
中亚	0.487	0.527	0.582	0.375	0.613	不便利
西亚	0.543	0.626	0.671	0.513	0.653	一般便利
南亚	0.444	0.465	0.474	0.364	0.569	不便利
北欧	0.889	0.882	0.871	0.817	0.875	非常便利
东欧	0.520	0.608	0.629	0.479	0.648	一般便利
中欧	0.710	0.745	0.733	0.602	0.735	比较便利
南欧	0.590	0.623	0.621	0.455	0.626	一般便利
西欧	0.768	0.788	0.809	0.729	0.817	比较便利

数据来源：依据相关年份各区域中各国的 TWTFI 指数加权平均所得。

三、贸易便利化对双边贸易影响的空间分析

各国经济、人文、制度的差异化特征，以及在地理空间上的多元化及复杂性导致贸易便利化水平存在空间上的差异。通常一国的贸易便利化程度越低，跨境交易成本越高，贸易流量越小；贸易便利化程度越高，跨境交易成本越低，对贸易流量的正向影响越大。随着一国的贸易便利化水平进入平台期，该国提升和改善贸易便利化水平的空间缩小，会对该国的贸易增长造成不利影响。这种随时间推移所导致的贸易便利化水平的变化，进而对贸易流量产生的差异化影响，被称为时间差异性特征。那么，贸易便利化对贸易流量的影响是否也具有这种空间差异特征。为了验证这一论点，本文构建空间计量模型，并结合地理加权回归法来实证检验贸易便利化的时空差异影响。

（一）全局空间自相关检验与权重矩阵设定

在进行空间计量分析之前，首先需要对研究主体是否存在空间依赖性进行检验，本文使用全局空间自相关检验来判别空间数据的空间分布状况，即从整体观察空间上的个体与相邻个体是否存在空间联系，空间自相关 Moran's I 指数[14]的计算公式为：

$$Moran's\ I = \frac{n\sum_{i=1}^{n}\sum_{j=1}^{n}w_{ij}(U_i-\overline{U})(U_j-\overline{U})}{\sum_{i=1}^{n}\sum_{j=1}^{n}w_{ij}\sum_{i=1}^{n}(U_i-\overline{U})^2} = \frac{\sum_{i=1}^{n}\sum_{j=1}^{n}w_{ij}(U_i-\overline{U})(U_j-\overline{U})}{S^2\sum_{i=1}^{n}\sum_{j=1}^{n}w_{ij}} \quad (2)$$

其中，$S^2 = \frac{1}{n}\sum_{i=1}^{n}(U_i-\overline{U})^2, \overline{U}=\frac{1}{n}\sum_{i=1}^{n}U_i$，$n$ 代表地区数目，U_i 代表了第 i 个地区相关指标的观测样本，w_{ij} 代表了空间权重矩阵（i，j），常用以测算区域 ij 之间的距离。根据（2）式计算的 Moran's I 指数列入表 3。2007-2016 年"一带一路"沿线国家贸易便利化的 Moran's I 指数为正，且通过了显著性检验，说明各国的贸易便利化发展程度具有空间依赖，而且这种依赖表现出"高—高"型或"低—低"型的空间分布形态，即：贸易便利化水平较高的国家，其周边国家的贸易便利化水平也较高；反之，贸易便利化水平较低的国家，其周边国家的贸易便利化水平也较低。同时，依据 Moran's 检验结果，中国与"一带一路"沿线国家的贸易流量也表现出显著的空间相关关系。

表3 中国与"一带一路"沿线国家贸易便利化及贸易流量的全局空间自相关检验

年份	贸易便利化			贸易流量		
	Moran's I	Std.	P-value	Moran's I	Std.	P-value
2007	0.157	0.070	0.014	0.080	0.070	0.089
2008	0.141	0.070	0.026	0.092	0.070	0.065
2009	0.126	0.069	0.043	0.108	0.070	0.041
2010	0.15	0.069	0.016	0.087	0.070	0.073
2011	0.176	0.069	0.006	0.097	0.070	0.057
2012	0.171	0.068	0.007	0.105	0.070	0.044

续 表

年份	贸易便利化			贸易流量		
	Moran's I	Std.	P-value	Moran's I	Std.	P-value
2013	0.183	0.069	0.004	0.110	0.070	0.038
2014	0.234	0.071	0.000	0.111	0.070	0.037
2015	0.249	0.071	0.000	0.112	0.070	0.036
2016	0.193	0.069	0.003	0.092	0.070	0.063

资料来源：回归结果由 STATA15.0 给出。

空间计量分析需要建立空间权重矩阵来表示空间个体间的交互与扩散模式，利用空间权重矩阵更能准确反映个体间真实的空间依赖关系。为此，本文构建地理距离空间权重矩阵进行分析（如式（3）所示）。

$$W = \frac{1/d_{ij}}{\sum_{k \neq i} 1/d_{ik}} \quad (3)$$

式中，W 表示地理空间距离空间权重矩阵，d_{ij} 表示 i 国与 j 国的双边地理距离，数据来源于 CEPII 远程数据库。

（二）模型设定与变量选择

为了探究贸易便利化如何影响中国与"一带一路"沿线国家贸易往来，选择 2007—2016 年"一带一路"沿线及沿线拓展国共计 70 个国家的面板数据进行实证分析，相关变量选取与指标说明如表 4 所示。为了避免异方差的影响，对各变量取对数进行模型回归。同时，为了防止出现"伪回归"结果，在进行实证分析之前对面板数据进行单位根检验，LLC 和 Fisher-ADF 单位根检验结果均显示各变量均为零阶单整，存在长期稳定关系，可以进行实证检验。

表 4 变量选取与指标说明

变量	指标说明	数据来源	预期符号	理论说明
$lntrade_{i,j}$	双边贸易流量	UN Comtrade	—	—
TWTFI	贸易便利化指数	作者计算所得	正	贸易便利化程度越高，贸易成本越低

续　表

变量	指标说明	数据来源	预期符号	理论说明
$lnopen_{i,j}$	市场开放度①	世界银行	正	市场开放度越高，贸易壁垒越小
$lnpop_{i,j}$	人口规模	世界银行	正	人口规模越大，潜在消费需求越高
$lnpgdp_{i,j}$	人均GDP	世界银行	正	经济规模越大，潜在贸易需求越高
$lntariff_{i,j}$	关税水平	《全球竞争力报告》	负	关税越高，贸易成本越高
$lndistcap_{i,j}$	双边距离	CEPII远程数据库	负	双边距离越远，运输成本越高
OECD	是否为经合组织成员国	OECD官网	不确定	区域经济一体化有助于消除商品流通障碍，促进区域内贸易发展 一体化组织对外设置统一贸易壁垒，阻碍各国与其他国家的贸易往来。
EU	是否为欧盟成员国	EU官网		
ASEAN	是否为东盟成员国	ASEAN官网		
$border_{i,j}$	是否具有共同边界	CEPII远程数据库	正	接壤国家的运输成本较低

本文构建了2007年–2016年中国与"一带一路"沿线拓展国共计70个国家的面板数据，面板数据的LM统计量、LR统计量和Wald统计量均通过了显著性检验，说明空间杜宾模型的适用性。此外，Hausman检验结果未能在1%的显著性水平下拒绝原假设，故选择随机效应模型更为合理。

根据上述分析，本文将面板数据空间杜宾模型设定为：

$$\text{lntrade}_{i,t} = \alpha + \rho \sum_{j=1}^{N} W_{ij} lntrade_{jt} + \beta_1 TWTFI_{i,t} + \beta_2 lnopen_{i,t} + \beta_3 lnpop_{i,t} + \beta_4 lnpgdp_{i,t} + \beta_5 lntariff_{i,t} + \beta_6 lndistcap_{i,t} + \beta_7 OECD + \beta_8 EU + \beta_9 ASEAN + \beta_{10} border + d_i' X_t \delta + \mu_i + \gamma_t + \varepsilon_{i,t} \quad (4)$$

其中，$d_i' X_t \delta$ 为解释变量和控制变量的滞后变量，$\rho \sum_{j=1}^{N} W_{ij} lntrade_{jt}$ 是被解释变量的滞后变量，系数 ρ 用来测度空间溢出效应，称为空间溢出系数。ρ 系数为正，表明模型会产生正向的溢出效应；反之，会产生负向的溢出效应。

---

① 市场开放度 = 一国进口额 / 该国GDP总额。

W 为空间权重矩阵，d_i' 是 W_{ij} 的第 i 行。

本文将空间面板误差模型设定为：

$$\text{lntrade}_{i,t} = \alpha + \beta_1 TWTFI_{i,t} + \beta_2 lnopen_{i,t} + \beta_3 lnpop_{i,t} + \beta_4 lnpgdp_{i,t}$$
$$+ \beta_5 lntariff_{i,t} + \beta_6 lndistcap_{i,t} + \beta_7 OECD + \beta_8 EU + \beta_9 ASEAN$$
$$+ \beta_{10} border + \eta_i + \theta_t + \mu_{i,t}$$

$$\mu_{i,t} = \lambda M \mu_{j,t} + \varepsilon_{i,t} \tag{5}$$

由于忽略扰动项的空间相关性会损失模型效率（陈强，2014），因此进一步建立空间面板误差模型进行分析，如式（5）所示。其中，λ 为空间误差系数，η_i 为空间固定效应，θ_t 为时间固定效应。W 为空间权重矩阵，M 为空间误差项的权重矩阵，通常与 W 相同。

当对某一特定区域进行回归分析时，处于不同空间单元的变量回归系数是具有差异性的。但经典的线性回归模型通常假定参数在研究区域内是保持不变的，这会对全局的解释造成一定的局限。Brunsdon et al. (1996) 首次提出使用地理加权回归方法（GWR）来探究模型影响因素对不同地理单元产生的空间异质性影响[15]。

$$Z_i = \beta_0 S_i V_i + \sum \beta_k(S_i, V_i) X_{ik} + \varepsilon_i \tag{6}$$

式中，(S_i, V_i) 代表了空间样本中第 i 个样本的位置坐标，$\beta_k(U_i, V_i)$ 为样本的回归系数，地理加权回归模型对空间上每个对象的参数均进行了估计，所得的区域回归系数是随着空间位置变化的变异系数，通过 GWR，我们可得到估计系数在地理单元上空间分布的差异化特征。

（三）实证分析

空间自相关检验结果只是对空间效应的初步检验，需要系统的量化估计来做支撑。因此，构建空间计量模型，并采用极大似然估计对所构建的空间面板数据模型进行实证分析。在此基础上，采用广义矩估计对模型进行稳健性检验，以提高回归结果的精确性，最后进行地理加权回归分析。空间极大似然估计结果如表5所示。空间溢出系数和空间误差系数显著为正，贸易便利化指数、市场开放度、人口规模、人均 GDP、ASEAN、Border 系数显著为正；关税水平、双边距离、OECD、EU 系数显著为负。

表5 空间杜宾模型极大似然（MLE）估计

解释变量	被解释变量 Intrade$_{i,j}$		
	POLS	SDM	SEM
ρ	—	5.363***	—
		(1.215)	—
λ	—	—	7.801***
	—	—	(0.933)
TWTFI	0.131	0.328**	0.268**
	(0.210)	(0.115)	(0.111)
$lnopen_{i,j}$	0.666***	0434***	0.473***
	(0.073)	(0.06)	(0.062)
$lnpop_{i,j}$	1.107***	1.145***	1.109***
	(0.024)	(0.06)	(0.054)
$lnpgdp_{i,j}$	1.101***	1.138***	1.167***
	(0.041)	(0.054)	(0.053)
$lntariff_{i,j}$	−0.081**	−0.134***	−0.141***
	(0.041)	(0.028)	(0.028)
$lndistcap_{i,j}$	−0.514***	−0.562**	−0.522**
	(0.076)	(0.268)	(0.226)
OECD	−0.489***	−0.796**	−0.643**
	(0.087)	(0.276)	(0.235)
EU	−0.241**	−0.217	−0.249
	(0.094)	(0.288)	(0.240)
ASEAN	0.771***	0.114	0.812**
	(0.107)	(0.380)	(0.294)
$border_{i,j}$	0.364***	0.404	0.449
	(0.101)	(0.337)	(0.288)
_cons	−0.764	−1.743	−1.401

续 表

解释变量	被解释变量 Intrade$_{i,j}$		
	POLS	SDM	SEM
	(0.915)	(2.748)	(2.356)
Sigma2_e	—	0.052***	0.057***
		(0.003)	(0.003)
Log L	—	−127.272	−149.008
N	700	700	700
Within R^2	—	0.624	0.555
Between R^2	—	0.842	0.878
Overall R^2	0.768①	0.835	0.867

注:"*""**""***"分别表示在10%、5%、1%的显著性水平下显著,括号里的数值为标准差。
资料来源:回归结果由STATA15.0给出。

为保证实证结果的精确性,在空间极大似然估计的基础上,使用初始加权GMM、部分加权GMM、完全加权GMM对模型进行稳健性检验。如表6所示,GMM估计系数的大小较极大似然估计有一些变化,但系数符号一致,结果依然稳健。

表6 空间面板GMM估计

解释变量	被解释变量 Intrade		
	GMM_W		
	初始加权(1)	部分加权(2)	完全加权(3)
TWTFI	0.361*	0.346**	0.343**
	(0.198)	(0.199)	(0.199)
lnopen	0.476***	0.482***	0.483***
	(0.074)	(0.075)	(0.075)
lnpop	1.099***	1.101***	1.101***

① 由于OLS回归只给出 R^2 和调整的 R^2 数值,此处给出的是调整的 R^2 的数值。

续　表

解释变量	被解释变量 lntrade GMM_W 初始加权 (1)	部分加权 (2)	完全加权 (3)
	(0.024)	(0.024)	(0.024)
lnpgdp	1.034***	1.036***	1.036***
	(0.043)	(0.043)	(0.043)
lntariff	−0.122**	−0.122**	−0.122**
	(0.042)	(0.042)	(0.042)
lndistancecap	−0.570***	−0.564***	−0.563***
	(0.081)	(0.081)	(0.081)
OECD	−0.372***	−0.376***	−0.377***
	(0.092)	(0.093)	(0.093)
EU	−0.281**	−0.279**	−0.279***
	(0.099)	(0.100)	(0.100)
ASEAN	0.726***	0.731***	0.732***
	(0.112)	(0.112)	(0.113)
Border	0.217*	0.215*	0.215**
	(0.107)	(0.107)	(0.108)
Wald 检验	4045.776***	4031.287***	4028.264***
Wald 检验 P 值	0.0000	0.0000	0.0000
Log L	−7.038	−6.828	−6.795
N	700	700	700
R^2	0.999	0.999	0.999
调整的 R^2	0.999	0.999	0.999

注："*""**""***"分别表示在 10%、5%、1% 的显著性水平下显著，括号里的数值为标准差。

资料来源：回归结果由 STATA15.0 给出。

本文选取对贸易流量影响显著的贸易便利化指数、市场开放度、人均 GDP 与关税水平等解释变量进行地理加权回归。GWR 模型的拟合优度 R^2 为 0.8674，调整的 R^2 为 0.8342，模型对现实的拟合效果较优，各解释变量对被解释变量的影响效应在空间上存在显著差异。结果如图1所示：

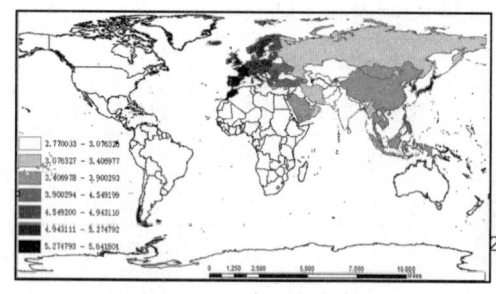

图 1-1　各国 TWTFI 估计系数　　　图 1-2　各国市场开放度估计系数

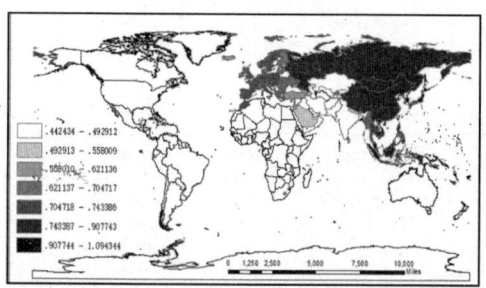

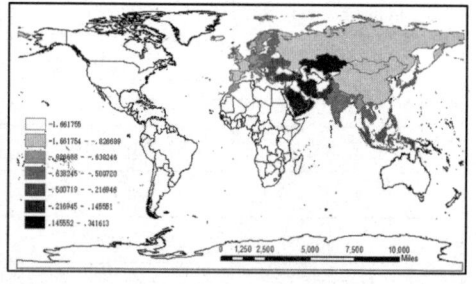

图 1-3　各国人均 GDP 估计系数　　图 1-4　各国关税水平估计系数

图 1　地理加权回归结果

R^2 和 log L 统计量显示，模型的拟合效果很好，说明我国与"一带一路"沿线国家的贸易流量确实存在显著的空间效应。(4)、(5)式所做的估计结果显示：

（1）贸易便利化指数的系数显著为正且十分稳健，说明"一带一路"沿线国家贸易便利化水平的提高会显著促进其与我国的贸易流量的提升。该实证结果的政策含义为：贸易便利化所引起的贸易效应十分显著，是推动贸易的有效措施之一。我国应与"一带一路"沿线国家一道为贸易便利化条件的改善做出努力。

（2）空间溢出系数与空间误差系数显著为正，说明我国与"一带一路"贸易流量存在正向的空间溢出效应，对某区域贸易会扩展至区域周边国家，从而带动对邻国贸易的增加。该实证结果的政策意义是：由于"一带一路"区域市场规模有限，为避免过度集聚引起的恶性竞争，我国政府应合理引导企业对整个区域贸易的均衡布局，挖掘潜力市场。具体而言，我国企业应优先选取贸易便利化水平较高的国家强化贸易合作，打造贸易集聚点，并利用空间溢出效应扩大对区域沿线国家的出口，进而扩大出口规模与贸易回报率。

（3）贸易伙伴国人均GDP、市场开放度及人口规模产生显著的正向作用，双边距离、关税水平、OECD、EU系数显著为负。该实证结果的政策意义在于：我国在选择贸易伙伴国时，应优先寻找人均GDP较高，市场开放程度深与人口规模大的国家开展贸易合作，并且贸易合作应按照"周边化—区域化"的模式展开，同时应尽快启动与"一带一路"沿线国家或地区的双边或多边自由贸易协定谈判，以消除市场准入障碍，加快与"一带一路"沿线国家的互联互通建设，尽可能将运输成本降到最低。

（4）贸易便利化的影响效应表现出显著的空间差异化特征，欧洲地区贸易便利化的影响效应最高，且呈现自西向东梯次减弱的特征。市场开放度对贸易流量的影响效应自西向东呈现梯次递减趋势。人均GDP的影响效应呈现自西向东梯次增强的特征。中国与周边的俄罗斯、蒙古、日韩等国的贸易流量受经济规模的影响最大。关税水平的影响同样呈现出空间差异分布特征，且关税对贸易流量会产生显著的负向效应，这与空间计量的实证结果相一致。

四、结论与政策建议

本文选取2007–2016年的面板数据，采用理论分析与实证分析相结合的方法，考察了"一带一路"贸易便利化水平的空间效应，分析其对我国与沿线国家贸易的影响。主要结论有：首先，"一带一路"贸易便利化水平呈现显著的空间集聚特征，各国的贸易便利化水平在空间上呈现非均衡布局，欧洲区域相较于中亚和东亚区域的贸易便利化水平更高。第二，"一带一路"贸易便利化水平呈现"高–高"集聚和"低–低"集聚的区域连片现象。第三，贸易便利化水平、市场开放程度、经济发展水平、人口规模及具有共同边界显著正向影响我国与"一带一路"沿线国家的贸易合作；双边距离、关税水平及OECD或EU成员国对我国与"一带一路"沿线国家贸易有显著的负向作用。第四，我国与"一带一路"沿线国家贸易流量的不同影响因素所产生的贸易效应呈现出空间差异化特征，表现为空间梯级变化现象。

为全面挖掘"一带一路"沿线的潜力市场，强化我国与"一带一路"沿线国家的贸易合作，提出如下政策建议：

第一，采取分阶段发展战略，推进全域贸易便利化合作。在起步阶段，由于中亚在地缘上与东亚、南亚、欧盟相衔接，在合作上同中国、俄罗斯具有坚实的基础，因此，中国应以中亚国家为关键切入点，着力推进中国与中亚、中国与俄罗斯、俄罗斯与中亚的贸易便利化条件优化，在各国之间打造良好的贸易环境。在拓展阶段，中国与中亚、俄罗斯贸易便利化的推进将为东亚、南亚、欧洲等区域的经贸合作打下良好基础。在此阶段，我国应着重从东、南、西三个方向推动贸易便利化合作，东向与日、韩实现衔接，南向与东盟、巴基斯坦、印度等国开展贸易便利化合作，西向与西亚、欧洲各国强化贸易自由化。在巩固阶段，我国应进一步从太平洋和大西洋两个方向深化与加拿大、墨西哥等美洲国家的经贸关系，在欧亚区域贸易自由化与经济全球化高度发展的基础上，进一步深化全球贸易便利化合作。

第二，强化与沿线国家的贸易合作机制，提高"一带一路"全域的贸易便利化水平。具体来说，我国应积极巩固与沿线国家的贸易合作机制，出台贸易优惠政策、签订贸易协定，以促进与沿线国家的自由贸易。同时，中国应尽快打通新亚欧大陆桥、泛亚铁路通道，努力推进区域基础设施互联互通建设，并合理利用丝路基金与亚投行两大平台，不断推动本国与"一带一路"沿线国家贸易便利化建设，包括基础设施、口岸环境、电子商务等建设，提高其贸易便利化水平，以实现互联互通建设中的互利共赢。

第三，把握贸易便利化对贸易的空间差异影响特征，因地制宜地制定贸易政策，以规避空间过度集聚可能产生的恶性竞争。具体来说，我国应致力于亚洲区域的贸易便利化建设，关注与欧洲国家的自贸区建设，通过"政府牵头，企业参与"，加快我国与沿线国家的贸易往来步伐。

参考文献

[1] 胡晓红:《论贸易便利化制度差异性及我国的对策——以部分"丝绸之路经济带"国家为视角》,《南京大学学报(哲学·人文科学·社会科学)》2015年第52期。

[2] 王俊:《贸易便利化:三螺旋模型的理论视角及实现路径》,《苏州大学学报(哲学社会科学版)》2014年第35期。

[3] Wilson, J. S., Mann, C. L., Otsuki, T., "Trade Facilitation and Economic Development: A New Approach to Quantifying the Impact", *World Bank Economic Review*, 2003, 17(3), pp. 367-389.

[4] Raven, J. A., "Trade and Transport Facilitation: A Toolkit for Audit, Analysis and Remedial Action", *World Bank Discussion Paper* No. WDP 427, 2001.

[5] 彭羽、陈争辉:《中国(上海)自由贸易试验区投资贸易便利化评价指标体系研究》,《国际经贸探索》2014年第10期。

[6] Felipe, J., Kumar, U., "The Role of Trade Facilitation in Central Asia: A Gravity Model", *Eastern European Economics*, 2012, 50(4), pp. 5-20.

[7] 佟家栋、李连庆:《贸易政策透明度与贸易便利化影响——基于可计算一般均衡模型的分析》,《南开经济研究》2014年第4期。

[8] 谭晶荣、潘华曦:《贸易便利化对中国农产品出口的影响研究——基于丝绸之路沿线国家的实证分析》,《国际贸易问题》2016年第5期。

[9] 陈继勇、刘燚爽:《"一带一路"沿线国家贸易便利化对中国贸易潜力的影响》,《世界经济研究》,2018年第9期。

[10] Francois, J., Meijl, H., Tongeren, F., "Trade liberalization in the Doha Development Round", *Economic Policy*, 2005, 20(42), pp. 351-391.

[11] 杨军、黄洁、洪俊杰、董婉璐:《贸易便利化对中国经济影响分析》,《国际贸易问题》2015年第9期。

[12] 王微微,谭咏琳.贸易便利化水平对"一带一路"沿线国家双边贸易的影响分析[J].经济问题,2019(09):120-128.

[13] 曾铮、周茜:《贸易便利化测评体系及对我国出口的影响》,《国际经贸探索》2008年第10期。

[14] Moran, P. A. P., "Notes on Continuous Stochastic Phenomena", *Biometrika*, 1950, 37(1/2), pp. 17-23.

[15] Brunsdon, C., Fotheringham, A. S., Charlton, M. E., "Geographically Weighted Regression: A Method for Exploring Spatial Nonstationarity", *Geographical Analysis*, 1996, 28(4), pp. 281-298.

我国服务业国内价值链对区域价值链的影响研究

张涵嵋*

摘要：从国内价值链长度看，我国服务业国内价值链长度不断延伸，日益完善的国内价值链网络主要服务于出口的服务最终品；从国内价值链质量看，金融业是带动我国经济增长的主要后盾，住宿餐饮业则对经济的带动作用最弱，并且有一半的服务行业对经济的贡献程度在逐年减弱。随着国际分工的深化发展，我国服务业在不同区域价值链中的地位均有所提升，在发达经济体中的地位指数明显小于在发展中经济体中的地位指数。分析证明，国内价值链的日益完善会促进我国服务业区域价值链地位的攀升，这一关系显著体现在发达经济体构建的区域价值链中，尤其是北美洲区域价值链，在发展中国家构建的区域价值链中提升作用微弱，在东盟区域价值链中甚至没有影响。

关键词：区域价值链；国内价值链；服务业；价值链长度；价值链质量

一、引言

产业的分工深化和融合互动是我国经济新增长点的服务业高质量发展的重要路径。目前，服务业与第一产业和第二产业之间均出现了良好的分工合作现象。在第一产业方面，服务业与农业形成了休闲农业、乡村旅游等融合模式。在第二产业方面，近年来受"营改增"及其他市场因素的共同驱动，很多制造业企业选择对外经营初始阶段仅自给自足的生产性服务业务，使得服务业企业获得来自制造业企业更多的业务外包，促进了专业化分工。另外，国内经济

---

*作者简介：张涵嵋，常州大学讲师。

发展水平提高，消费需求进一步升级，"互联网+"和"中国制造2025"等的快速发展均为服务业内部各行业探索多样化产业链垂直整合模式带来巨大发展机遇。服务业的深化发展和创新的不断涌现，加快了服务业国内价值链构建的步伐。

目前我国沿海区域的垂直专业化程度显著高于内陆区域，但是沿海区域偏好于参与国外分工，而内陆区域有明显的邻近"向极性"供给偏好，增加值供求上与本国沿海地区联系密切，而且内陆区域在参与国内价值链（National Value Chain，NVC）的增加值收益率上基本都高于沿海区域。自从中国加入WTO以后，各区域的增加值纯粹重复比例明显呈现上升的发展趋势，区域再流出这一嵌入模式在国内区域间贸易中更为普遍。但在"入世"及"次贷危机"之后，区域间分工深度出现了下降（李跟强、潘文卿，2016；潘文卿、李跟强，2018；沈剑飞，2018）。如刘辉煌和吕雪丽（2018）通过对我国制造业进行研究发现，其国内价值链质量低下，亟待转型升级，其中，商流活动、物流基础设施、市场分割、进口贸易、产业集群、专业市场升级、地方政府的支持、居民和政府的消费结构等均能对国内价值链的构建产生影响（沈剑飞，2018；黎峰，2017；钱方明和宁自军，2018；刘辉煌和吕雪丽，2018）。

随着国际价值链的深入发展，服务业的垂直分工已突破国界限制，在区域或全球范围内进行合作。在参与区域和国际分工的过程中我国服务业若单一的向价值链的高端攀升，必然会受到服务大国的强力打击。国内价值链可以提升一国的整体经济实力，而一国经济的整体实力决定了其在价值链中的等级，如果国内经济结构不够夯实，那么向价值链高端攀升就如同建造空中楼阁（邵朝对、李坤望和苏丹妮，2018）。考虑到我国服务业在发达经济体和发展中经济体间发展的差异性，本文将以我国服务业国内价值链构建情况为基础，研究如何通过不断完善国内价值链实现我国服务业在不同区域价值链中地位的攀升。对于该问题的解答有助于我国服务业更好地参与区域分工，进而实现全球价值链地位的提升，增强其对经济的带动作用。

二、我国服务业国内价值链现状

（一）国内价值链长度

产业价值链长度是最直观的反映其参与分工程度的数据，根据闫云凤和赵忠秀（2018）提供的方法，国内价值链长度可分为纯国内生产链长度和传统贸易生产链长度，其中，纯国内生产链长度表示国内消耗最终品中隐含的国内增加值部分经历的生产阶段数，传统贸易生产链长度则表示出口最终品中隐含的国内增加值部分经历的生产阶段数。因为这两个部分仅在国内生产而不参与国际生产，因此属于国内生产链长度。

本文应用OECD数据库2018年公布的最新的投入产出表，对我国服务业2005年至2015年的国内价值链长度进行测算。测算结果如表1所示，通过观察可以发现，一方面，在考察年间我国服务业传统贸易生产链长度始终大于纯国内生产链长度，前者在各年的数值均在2.6以上，而后者各年数值均保持在2.2以下，也就是说出口最终品中国内增加值生产工序的复杂程度远大于国内消费的最终品中包含的国内增加值生产工序，这说明我国服务业日益完善的国内价值链体系目前主要服务于出口的服务最终品，其对国内消费的服务最终品的作用仍有待深化。

表1 我国服务业国内生产链长度

	纯国内生产链长度	传统贸易生产链长度
2005	1.9100	2.6793
2006	1.9359	2.7209
2007	1.9973	2.7995
2008	1.9764	2.7809
2009	1.9829	2.7939
2010	1.8845	2.6974
2011	1.9254	2.7436
2012	2.0194	2.8550
2013	2.0592	2.8931

续 表

	纯国内生产链长度	传统贸易生产链长度
2014	2.0932	2.9299
2015	2.1764	3.0045

数据来源：WIOD 数据库。

另一方面，我国服务业纯国内生产链长度和传统贸易生产链长度在考察年间经历了相同的发展趋势。2008 年及 2010 年我国服务业由于受到金融危机的影响，导致国内和国际经济增长下滑，发达国家产业回归，我国主要服务企业及参与出口服务产品生产的企业发展暗淡，逐渐退出市场或转变发展方向，因此这一时期我国服务业的国内生产链长度不断压缩。除上述年份以外剩余年份的价值链长度均呈现上升发展态势。总体上看，我国服务业纯国内生产链长度和传统贸易生产链长度从 2005 年的 1.9100 和 2.6793 延长至 2015 年的 2.1764 和 3.0045。说明我国服务业在经历了国有企业改革和金融危机以后，从要素禀赋和专业化分工的角度出发，选择自身具有比较优势的生产环节建立或重新规划企业的生产活动，将服务产品生产环节进行分解，从而增加了这一阶段我国服务业国内生产链长度。

进一步将服务业细分为 12 个行业，再次核算各行业纯国内生产链长度，计算结果罗列在表 2 中。从服务业各细分行业的国内价值链发展历程看，在纯国内生产链长度部分，除了信息传输、软件和信息技术服务业以外，剩余各细分行业 2015 年的纯国内生产链长度均较 2005 年不同程度的增加，其中，金融业是增长最快的行业，2005 年纯国内价值链长度仅为 2.2663，发展到 2015 年已增长至 2.7551，增长了 21.57%。另外，水利、环境和公共设施管理业的纯国内价值链长度最长，2015 年为 3.0075，相反，公共管理、社会保障和社会组织是纯国内价值链长度最短的行业，发展至 2015 年仍仅为 1.0291。

表 2　我国服务业各行业纯国内生产链长度

	1	2	3	4	5	6	7	8	9	10	11	12
2005	2.8595	2.3729	2.3157	1.8388	2.0554	2.2663	1.2277	2.3682	1.0173	1.0253	1.2784	1.4596
2006	2.8878	2.4025	2.3630	1.8747	2.0691	2.2615	1.2633	2.4287	1.0178	1.0267	1.3079	1.4918

续表

	1	2	3	4	5	6	7	8	9	10	11	12
2007	3.0031	2.4836	2.4181	1.9545	2.0508	2.3733	1.2697	2.5451	1.0194	1.0302	1.3849	1.5267
2008	2.8639	2.4423	2.4608	2.0106	2.0467	2.4501	1.2730	2.5409	1.0249	1.0454	1.3364	1.5783
2009	2.9136	2.4592	2.4842	2.0690	1.9393	2.5224	1.2197	2.5260	1.0262	1.0471	1.3500	1.5946
2010	2.7858	2.3334	2.3413	1.9622	1.7429	2.4117	1.1510	2.3464	1.0205	1.0358	1.3045	1.5065
2011	2.8119	2.3645	2.3852	1.9453	1.7316	2.4559	1.1917	2.4210	1.0209	1.0353	1.2949	1.5178
2012	3.0553	2.5185	2.3967	1.8840	1.7812	2.5171	1.2202	2.4625	1.0147	1.0151	1.2946	1.4370
2013	3.0688	2.5536	2.5015	1.9822	1.8297	2.5849	1.2392	2.5609	1.0194	1.0266	1.3184	1.5083
2014	3.1182	2.5926	2.5435	2.0183	1.8546	2.6331	1.2647	2.6260	1.0221	1.0307	1.3163	1.5380
2015	3.0075	2.7075	2.6336	2.1260	2.0431	2.7551	1.3712	2.8295	1.0291	1.0445	1.5248	1.6580

数据来源：经OECD数据库计算而得。

注：1代表水利、环境和公共设施管理业；2表示批发零售；3表示交通运输、仓储和邮政业；4表示住宿餐饮；5表示信息传输、软件和信息技术服务业；6表示金融业；7表示房地产业；8表示租赁和商务服务业、科学研究业；9表示公共管理、社会保障和社会组织；10表示教育；11表示卫生和社会工作；12表示文化、体育和娱乐业。

从观察表3中显示的服务业各行业在传统贸易生产链长度的情况可以发现，考察年间所有细分行业的价值链长度均有所增加，增长最快的行业为教育业，从2005年的2.6535增长至2015年的3.3702，增长了27.01%。对比各行业传统贸易生产链长度发现，卫生和社会工作是长度最长的行业，2015年为3.6749，其次为公共管理、社会保障和社会组织，最短的是交通运输、仓储和邮政业。

表3 我国服务业各行业传统贸易生产链长度

	1	2	3	4	5	6	7	8	9	10	11	12
2005	3.2807	2.3830	2.2457	3.0187	3.3125	3.3800	3.1387	3.1640	3.3525	2.6535	3.3300	2.5674
2006	3.2981	2.4032	2.2705	3.0972	3.3124	3.3831	3.2163	3.2061	3.3759	2.7694	3.3751	2.6797
2007	3.3875	2.4858	2.3178	3.2064	3.3743	3.4328	3.3011	3.3009	3.4267	2.9555	3.4693	2.6072
2008	3.2832	2.4409	2.3444	3.2002	3.4343	3.4454	3.2994	3.2964	3.4039	3.1079	3.4455	2.6744
2009	3.3402	2.4596	2.3556	3.2217	3.3184	3.4750	3.2873	3.2828	3.4405	3.1522	3.4802	2.6934

续表

	1	2	3	4	5	6	7	8	9	10	11	12
2010	3.2111	2.3614	2.2539	3.1447	3.2204	3.3521	3.1718	3.2212	3.3121	3.0239	3.3653	2.6441
2011	3.2315	2.3713	2.2941	3.1779	3.1934	3.3552	3.2384	3.2531	3.3386	3.0376	3.3848	2.6971
2012	3.4005	2.5357	2.4133	3.3090	3.3261	3.4794	3.3908	3.3819	3.5100	2.7507	3.5054	2.7474
2013	3.4484	2.5509	2.4638	3.3520	3.3362	3.4954	3.4160	3.3843	3.4947	3.0065	3.5261	2.8419
2014	3.4971	2.5926	2.4841	3.4160	3.3314	3.5316	3.4671	3.4066	3.5326	3.1407	3.5632	2.9143
2015	3.4618	2.6526	2.5467	3.5073	3.4898	3.5898	3.5738	3.5155	3.5947	3.3702	3.6749	3.0870

数据来源：经 OECD 数据库计算而得。

注：1 代表水利、环境和公共设施管理业；2 表示批发零售；3 表示交通运输、仓储和邮政业；4 表示住宿餐饮；5 表示信息传输、软件和信息技术服务业；6 表示金融业；7 表示房地产业；8 表示租赁和商务服务业、科学研究业；9 表示公共管理、社会保障和社会组织；10 表示教育；11 表示卫生和社会工作；12 表示文化、体育和娱乐业。

（二）国内价值链质量

刘辉煌和吕雪丽（2018）在借鉴周华等做法的基础上，把各环节的中间投入贡献系数作为其特征，将上游度与价值联系起来，构建衡量一国价值链分工质量的指标——中间投入贡献上游度：

$$U_i=1*\frac{F_i}{Y_i}*r_j+2*\frac{\sum_{j=1}^{N}d_{ij}F_j}{Y_i}*r_j+3*\frac{\sum_{j=1}^{N}\sum_{k=1}^{N}d_{ik}d_{kj}F_j}{Y_i}*r_j+\cdots$$

其中 r 表示中间投入贡献系数。根据沈利生的推导过程，用 U 表示中间投入之和，V 表示增加值（新创造价值），X 表示总投入（总产出），R 表示增加值率，则：

$$R=V/X$$

$$r=V/U=V/(X-V)=RX/(X-RX)=R/(1-R)$$

中间投入贡献上游度的最终测算结果为：

$$U_i=[I-D]^{-1}*r*1$$

应用上述计算方法对我国服务业各行业的行业关联度和国内分工质量进行量化分析。表 4 显示了我国服务业各行业中间投入贡献上游度指标，从纵向比较看，上游度最低的行业为住宿餐饮业，2015年上游度指数仅为1.0237，相反，上游度最高的行业为金融业，上游度指数远高于剩余各服务行业，2015年上游度指数为4.9964。也就是说我国当前经济中，住宿餐饮业对整个经济发展的作用最弱，金融业是带动我国经济增长的主要后盾。从横向比较分析，在考察年间12个服务业细分行业中有一半行业的上游度指数呈下降趋势，分别是水利、环境和公共设施管理业，交通运输、仓储和邮政业，住宿餐饮，信息传输、软件和信息技术服务业，教育，文化、体育和娱乐业。其中，下降幅度最大的是水利、环境和公共设施管理业，上游度指数分别从2005年的1.6627下降至2015年的1.1659，降幅为42.61%。剩余6个行业上游度均在上升，金融业是上升最快的行业，其次为房地产业。

表4 我国服务业各行业中间投入贡献上游度指标

	2005	2006	2007	2008	2009	2010	2011	2012	2013	2014	2015
1	1.6627	1.6089	1.5871	1.2835	1.3397	1.3274	1.2949	1.2067	1.3333	1.2852	1.1659
2	2.0064	2.0049	2.0762	2.3914	2.6135	3.1057	2.8722	2.5138	2.5482	2.6516	2.3234
3	1.6525	1.6325	1.6651	1.6362	1.6602	1.6773	1.4945	1.4675	1.4055	1.4237	1.3818
4	1.1744	1.1535	1.1724	1.2370	1.3513	1.3676	1.1015	1.0422	1.0602	1.0802	1.0237
5	1.9007	1.7860	1.9489	1.6246	1.5950	1.7248	1.5987	1.4192	1.5586	1.7597	1.7356
6	2.1054	2.6301	3.3957	2.9243	3.2621	3.5374	4.4449	4.5301	4.6498	4.7165	4.9964
7	2.2539	2.4833	4.1335	2.9081	3.3643	3.9979	3.6332	3.4220	3.6899	3.4755	3.4935
8	1.3835	1.4231	1.4918	1.4591	1.5484	1.6092	1.6188	1.6870	1.7967	1.8875	1.8236
9	1.2284	1.3494	1.3551	1.2545	1.3935	1.3089	1.0917	1.6618	0.9883	0.9516	1.3014
10	2.0644	1.7567	1.6904	1.6269	1.7825	1.8330	1.6758	3.6498	4.3555	5.0942	1.8384
11	1.0241	0.9351	0.8135	0.9069	0.9603	0.9882	0.9772	1.0991	1.3526	1.5233	1.0563
12	1.8285	1.6795	1.7471	1.6481	1.7883	1.8516	1.7344	2.1306	2.0125	2.1948	1.6390

数据来源：经OECD数据库计算而得。

注：1代表水利、环境和公共设施管理业；2表示批发零售；3表示交通运输、仓储和邮政业；4表示住宿餐饮；5表示信息传输、软件和信息技术服务业；6表示金融业；7表示房地产业；8表示租赁和商务服务业、科学研究业；9表示公共管理、社会保障和社会组织；10表示教育；11表示卫生和社会工作；12表示文化、体育和娱乐业。

三、我国服务业参与区域分工概况

本文采用 OECD 数据库 2018 年公布的最新世界投入产出表，从 64 个经济体中提炼并归纳出六个区域，分别是欧盟、大洋洲、北美洲、东亚、金砖和东盟，应用王直等人（2015）对出口数据的分解方法构建区域价值链地位指数，分别分析我国服务业在不同区域价值链中的发展现状。

（一）发达经济体

我国服务业在发达经济体的区域价值链中的地位指数情况如表 5 所示。从横向上看，我国服务业在欧盟、大洋洲、北美洲和东亚的区域价值链中地位指数发展区域趋同，均在 2009 年至 2010 年经历了小幅下降，剩余年份价值链地位指数则不断攀升。在考察年间，我国服务业在不同区域价值链中的地位上升幅度均大于 40%。其中速度最快的是在东亚区域价值链中，已从 2005 年的 –0.1341 提升至 2015 年的 –0.0611，升幅高达 54.44%。相反，上升幅度最小的是在北美洲区域，增幅为 41.90%。

表 5　中国服务业在发达经济体的区域价值链地位指数

	欧盟	大洋洲	北美洲	东亚
2005	–0.1294	–0.1217	–0.1518	–0.1341
2006	–0.1280	–0.1206	–0.1513	–0.1295
2007	–0.1204	–0.1161	–0.1429	–0.1182
2008	–0.1107	–0.0989	–0.1304	–0.1064
2009	–0.0839	–0.0720	–0.1042	–0.0879
2010	–0.0894	–0.0823	–0.1135	–0.0911
2011	–0.0968	–0.0940	0.1212	–0.1022
2012	–0.0850	–0.0903	–0.1129	–0.0935
2013	–0.0798	–0.0875	–0.1073	–0.0844
2014	–0.0758	–0.0813	–0.1034	–0.0764
2015	–0.0590	–0.0673	–0.0882	–0.0611

数据来源：OECD 数据库。

从纵向看，我国服务业在欧盟、大洋洲和东亚的区域价值链地位指数较相近，在2012年之前其在大洋洲区域价值链中的地位指数高于欧盟的东亚区域价值链，2011年我国服务业在大洋洲、欧盟、东亚三个区域价值链中的地位指数分别是 -0.094、-0.0968 和 -0.1022。而自2012年开始直到考察年末，我国服务业在欧盟和东亚区域价值链中的地位反超大洋洲，截至2015年，在欧盟、东亚和大洋洲区域价值链地位指数分别是 -0.059、-0.0611 和 -0.0673。另外，对比而言我国服务业在北美洲的区域价值链地位指数最低，2005年为 -0.1518，发展至2015年为 -0.0882，与上述三个区域价值链地位指数相差甚远。

（二）发展中国家

我国服务业在发展中国家的区域价值链中地位指数情况如表6所示。从总体上看，我国服务业在东盟区域价值链中的地位指数显著高于在金砖国家区域价值链中的地位指数，但在考察年间，两者之间的差距不断缩小，最小差距出现在2010年，我国服务业在东盟和金砖国家区域价值链地位指数分别是 -0.036 和 -0.068。我国服务业在东盟区域价值链中的地位指数各年变化幅度较小，考察年间均保持在 -0.04 至 0.02 之间变动，2009年区域价值链地位指数首次出现正值，为 0.0053，随后便出现下降，但2013年再次攀升，并于2015年再次回归正值，为 0.0117。

表6 中国服务业在发展中国家的区域价值链地位指数

	金砖	东盟
2005	-0.1164	-0.0259
2006	-0.1158	-0.0261
2007	-0.0968	-0.0174
2008	-0.0852	-0.0140
2009	-0.0603	0.0053
2010	-0.0680	-0.0360
2011	-0.0775	-0.0137
2012	-0.0739	-0.0139

续表

	金砖	东盟
2013	−0.0674	−0.0111
2014	−0.0618	−0.0008
2015	−0.0410	0.0117

数据来源：OECD 数据库。

我国服务业在金砖国家区域价值链中的地位指数始终为负，但攀升速度十分迅速。除 2010 年和 2011 年出现小幅下降以外，其余年份区域价值链地位指数均不同程度的提升。从 2005 年的 −0.1164 上升至 2015 年的 −0.041，上升幅度为 112.03%，年增长率高达 10.18%。

另外，通过对比我国服务业在发达经济体和发展中经济体中的区域价值链地位指数可以发现，后者明显大于前者，我国服务业在东盟区域价值链中的地位指数最高，其次为金砖国家，区域价值链位置最低的是在北美洲国家中的地位。

四、国内价值链对区域价值链的影响机理

我国服务业可通过构建并提升国内价值链，培育自己的链条，直接向国内其他厂商发包，从而挤占发达国家跨国公司的位置，从国内价值链切入区域或全球价值链的高端。另外，我国服务业面临规模庞大的国内市场，各地区的经济发展状况与资源禀赋条件存在差异，可以通过发展国内区际分工和区际贸易来支撑产业链延伸与分工深化，提升创新水平和整体竞争力（谢莉娟等,2017）。

完善的国内价值链体系会通过以下途径促进区域价值链地位的提升。第一，专业化分工程度提高。国内价值链通过打破区域间、产业间纵向分工体系，构建产业内、多元化新型分工体系，进而嵌入区域价值链无疑成为实现在区域价值链中地位提升的最有效途径。具体的做法，通过构建国内价值链，综合成本相对较低的中西部地区，则主要利用自身的比较优势，负责承接东部地

区转移的劳动密集型产业，并推动相关产业的协调发展。通过这种方式中西部地区不仅充分利用了该区域富裕的资源，而且逐渐形成完整的产业体系，实现产业结构的优化升级。而东部地区则通过产业转移，凭借坚实的科技实力，集中优势资源从事高端的研发、设计、营销、品牌发展等环节和产业，实现向区域价值链高端的攀升和部门间升级。通过对国内价值链体系的构建，区域间产业联系得以进一步加强，东部地区和中西部地区之间建立起以产品内分工为主要形式的区域间多元化分工新体系（高煜等，2012）。国内价值链的构建和完善通过专业化分工程度的加深，一方面将国家内的资源要素进行整合，充分利用各方比较优势的基础上，实现了我国服务业整体生产率水平进一步提升的目标。另一方面，专业化分工为国内高端服务业企业在有限的资源及自身比较优势的指引下，通过不断的积累和探索，将节约的大量时间和精力实现企业内部的技术进步和自主创新能力的提升，在我国内部构建了一条全新的价值链条。国内价值链的分工形式不仅将各区域优势资源进行整合，还通过迂回方式形成了与区域价值链抗衡的新的链条，服务企业不仅可以向价值链中技术含量更高、更为技术密集型的生产环节转移，还可以向获利更多的研发设计和销售环节攀升。

第二，国内市场的带动效应增强。我国是最大的发展中国家，地域辽阔，市场需求潜力巨大，这为服务业企业提供了一个至关重要的内生长空间。在我国内部建立以国内市场需求为主导的国家价值链，可以在发达的东部地区迅速培养起价值链的关键控制者，形成以少数主导型企业控制的，贯穿欠发达的中西部地区的价值链分工形态。东部地区主导性企业不仅可以利用技术引进与再创新培育出高级要素，逐步实现"生产要素驱动—投资驱动—创新驱动"的良性发展模式的转变，而且还可以把多年参与国际分工中学到的经验，有效地扩散到中西部地区的企业，为其更有效地融入区域价值链奠定基础（崔向阳等，2018）。

第三，在"市场换技术"过程中我国国内市场是被国外企业占领和控制，在这样的市场环境下是换不来真正的核心技术的，然而如果一国拥有足够的市场容量，市场对新产品的需求会转化为对新技术的需求，从而促进国家的创新活动。因此，建立由自己掌控的国内价值链，通过掌控巨大的国内市场，一方面驱动行业向产品链前端环节（包括设计、研发、生产等）移动，另一方面，国内巨大的市场容量会对创新资源产生强大的"黑洞效应"，通过这种效应为我国服务业吸收全球创新要素创造了条件，实现克鲁格曼所提出的"母国市场效应"（Krugman等，1980）。总之，从企业层面看，构建并参与国内价值链为服务企业升级核心技术和打造自主品牌提供了广阔的市场平台，有助于服务业企业的链条升级；从产业发展的层面看，这改变了内需市场由服务大国控制进而遏制我国产业自主性发展的局面（徐宁等，2014）。

第四，产业集聚效应突显。国内价值链构建过程中通过专业化分工要素在地理位置上出现集聚现象，使得经济发展形成以特定产业在特定地区进行集中和集聚的现象出现，由此形成规模经济。规模经济的出现一方面使企业通过前后向联系形成产业集群，在集聚区内提高了要素和资源的利用效率，降低了企业的生产成本；另一方面，产业集聚区所在地政府得益于经济的快速发展，获得了大量的财政收入，进而将一部分财政收入用来投资当地的基础设施，改善的物流和投资环境又反过来进一步促进了产业的发展，从而形成良性的发展模式；最后，产业集聚区内部更容易实现技术的外溢，集聚区内部企业在分工合作的过程中不断获取先进的技术成果，从而提高了服务业整体的科技水平，提高了其在区域价值链中同服务大国竞争的能力（崔向阳等，2018）。

五、实证分析

本文采用面板数据应用随机效应模型对上文理论分析结果进行实证，并设定如下模型：

$$Y = \beta_0 + \beta_1 X + \beta_2 TEC + \beta_3 CAP + \beta_4 PER + \beta_5 MON + \varepsilon_{it}$$

其中，被解释变量Y为我国服务业在不同区域价值链中的地位指数，X是我国服务业各细分行业的国内价值链构建程度，主要用上文计算的服务业的中间投入贡献上游度指标表示。为了避免模型因为遗漏变量而产生内生性问题，本文将高技术劳动力（TEC）、资本（CAP）、人均产出（PER）和科技经费支出（MON）均加入到回归模型中，具体的变量说明和回归结果见表7和表8。

表 7　各变量的解释说明

变量代码	变量	单位	数据来源
Y	我国服务业区域价值链地位指数	—	OECD
X	我国服务业中间投入贡献上游度	—	OECD
TEC	R&D 人员合计	人	中国科技统计年鉴
CAP	固定资产投资额	亿元	中国统计年鉴
PER	人均产出	百万美元/万人	OECD、中国劳动统计年鉴
MON	R&D 经费内部支出	万元	中国科技统计年鉴

表 8　实证回归结果

	北美洲	大洋洲	东亚	欧盟	金砖	东盟
X	0.0084***	0.0059*	0.0073**	0.0065**	0.0063*	0.0113
	(3.9969)	(1.7809)	(2.3705)	(2.1606)	(1.6717)	(1.4612)
TEC	0.0000	0.0000*	0.0000	−0.0000	0.0000	0.0000
	(1.4465)	(1.7142)	(0.3871)	(−1.3096)	(1.0525)	(0.8656)
CAP	0.0000***	0.0000	0.0000**	0.0000**	0.0000	−0.0000
	(4.1101)	(0.8597)	(2.2619)	(2.4937)	(0.9190)	(−0.8042)
PER	0.0000***	0.0000***	0.0000***	0.0000***	0.0000***	0.0000*
	(5.9235)	(3.7218)	(5.2838)	(5.7904)	(5.4820)	(1.9570)
MON	0.0000	−0.0000	0.0000	0.0000**	−0.0000	−0.0000
	(0.1603)	(−1.1384)	(0.1494)	(2.0924)	(−0.9766)	(−0.8727)
C	−0.1655***	−0.1228***	−0.1412***	−0.1368***	−0.1175***	−0.0421
	(−29.6678)	(−11.2825)	(−14.2913)	(−11.4222)	(−8.7991)	(−1.4794)

注：① *** 表示在 1% 的水平下显著，** 表示在 5% 的水平下显著，* 表示在 10% 的水平下显著 ② 括号内为 t 统计值。

从表 8 的实证结果可以看出，我国服务业国内价值链除了对东盟区域价值链没有影响以外，对其他区域价值链地位指数的提升均有显著的正向影响。其中，我国服务业国内价值链之所以没有明显的促进其在东盟区域价值链中地位的攀升，一方面是由于我国服务业对该区域的对外开放程度仍有待深化。从出口量看，我国服务业向东盟各国出口的数量仅次于向大洋洲出口的数量，与向金砖国家出口的数量不相上下，与向北美洲、欧盟和东亚的出口量相差甚远，尤其是北美洲，2015年我国服务业向其出口526.02亿美元商品，而向东盟仅出口170.87亿美元，仅为北美洲的32.48%。相对少量的出口规模限制了国内价值链对区域价值链地位提升作用的发挥空间；另一方面，我国服务业国内价值链的构建及完善程度作为参与国际分工的基础在东盟区域价值链中已失去了作用。与我国服务业在各区域价值链中的地位指数相比，其在东盟区域价值链中的地位最高，因此，国内价值链基础性作用的发挥空间已非常微小。双重力量共同促使回归结果不显著。与东盟情况刚好相反，我国服务业在区域价值链地位指数最低的北美洲各经济体间，国内价值链对区域价值链地位指数的攀升起到明显的促进作用，促进系数是所有区域中最高的，为0.0084，且在1%的水平下显著。同理，我国服务业对其庞大的出口量和较低的价值链地位指数，均为国内价值链对区域价值链地位指数的推动作用开辟了道路和提供了空间。

主要变量的回归系数仅次于北美洲的是东亚和欧盟，分别为0.0073和0.0065，且在5%的水平下显著。这主要是由于我国同东亚和欧盟各国之间双边以及多边服务贸易协定的相继签署，同时"一带一路"倡议的提出均为我国进一步打开两个区域的市场创造了条件，使得国内价值链的构建和完善在价值链地位指数相对较低的初始阶段发挥了其基础性的提升作用。

六、对策建议

基于上述理论和实证的分析结果提出如下对策建议：在进一步完善服务业国内价值链方面，首先，要出台相应的措施鼓励国内服务业企业积极地进行在岸外包。打破国内市场分割，鼓励区际联合生产和生产性贸易活动。消除行政性分割造成的市场壁垒，提高各类政府干预行为的透明度，建立公平竞争审查制度，取消具有地区歧视性的投资和贸易管理措施，为发挥全国大市场的资源配置作用提供制度保障。同时还可以通过学习和吸收发达国家和地区外包的经验和教训，提高在岸外包的运用绩效；其次，要努力培育在岸外包的重点产业和企业，扩散和推广试点的成功经验，引导产业集聚发展，进而发挥规模经济的优势；最后，在基础设施建设、中间商培养等方面的能力均需加强，达到进一步缩小地区间分工的运输成本和信息获取成本的目标。在国内价值链构建较完善的情况下，我国服务业应适时并积极的扩大和深化区域分工，反向吸收服务大国高级的生产要素和成熟的科技成果，迅速完成向发达经济体构建的区域价值链附加值较高的两端攀升的目标，通过参与并主导区域价值链实现服务业带动我国经济发展的效果。

注　释

　　文章提及的欧盟具体包括奥地利、比利时、保加利亚、塞浦路斯、克罗地亚、捷克、丹麦、爱沙尼亚、芬兰、法国、德国、希腊、匈牙利、爱尔兰、意大利、拉脱维亚、立陶宛、卢森堡、马耳他、荷兰、波兰、葡萄牙、罗马尼亚、斯洛伐克、斯洛文尼亚、西班牙、瑞典、英国。大洋洲具体包括澳大利亚和新西兰。北美洲具体包括加拿大、墨西哥、美国和哥斯达黎加。东亚具体包括日本和韩国。金砖具体包括巴西、俄罗斯、印度和南非。东盟具体包括马来西亚、印度尼西亚、泰国、菲律宾、新加坡、文莱、越南和柬埔寨。

参考文献

[1] 陈启斐, 巫强 .2018. 国内价值链、双重外包与区域经济协调发展：来自长江经济带的证据 [J]. 财贸经济 (7):144-160.

[2] 李跟强, 潘文卿 .2016. 国内价值链如何嵌入全球价值链：增加值的视角 [J]. 管理世界 (7):10-22+187.

[3] 潘文卿, 李跟强 .2018. 中国区域的国家价值链与全球价值链：区域互动与增值收益 [J]. 经济研究 (3):171-186.

[4] 沈剑飞 .2018. 流通活动、市场分割与国内价值链分工深度 [J]. 财贸经济 (9):89-104+121.

[5] 袁凯华, 彭水军 .2017. 中国服务业出口实现价值攀升了吗?[J]. 世界经济与政治论坛 (6):1-21.

[6] 刘辉煌, 吕雪丽 .2018. 国内价值链分工质量测度及其影响因素——基于改进的行业上游度分析 [J]. 商业研究 (7):125-132.

[7] 黎峰 .2017. 外资进入如何影响了中国国内价值链分工？[J]. 财经研究 (11):70-83.

[8] 钱方明, 宁自军 .2018. 论 NVC 视角下的劳动密集型产业集群升级——以浙江濮院羊毛衫

产业为例 [J]. 科研管理 (2):94-99.

[9] 邵朝对, 李坤望, 苏丹妮.2018. 国内价值链与区域经济周期协同: 来自中国的经验证据 [J]. 经济研究 (3):187-201.

[10] 闫云凤, 赵忠秀.2018. 中国在全球价值链中的嵌入机理与演进路径研究: 基于生产链长度的分析 [J]. 世界经济研究 (6):12-22+135.

[11] 王直, 魏尚进, 祝坤福.2015. 总贸易核算法: 官方贸易统计与全球价值链的度量 [J]. 中国社会科学 (9):108-127+205-206.

[12] 崔向阳, 袁露梦, 钱书法.2018. 区域经济发展: 全球价值链与国家价值链的不同效应 [J]. 经济学家 (01):61-69.

[13] 徐宁, 皮建才, 刘志彪.2014. 全球价值链还是国内价值链——中国代工企业的链条选择机制研究 [J]. 经济理论与经济管理 (01):62-74.

[14] 崔向阳, 袁露梦, 钱书法.2018. 区域经济发展: 全球价值链与国家价值链的不同效应 [J]. 经济学家 (01):61-69.

[15] 谢莉娟, 王诗桪.2017. 贸易的技术创新效应——国内外贸易联动与部门间分工的权衡 [J]. 经济理论与经济管理 (4):97-112.

[16] 高煜, 杨晓.2012. 国内价值链构建与区域产业互动机制研究 [J]. 经济纵横 (3):41-44.

[17] Andersson L, Karpaty P, Savsin S.2017.Offshoring and Inshoring:Evidence from Swedish Firm-level Data[J].The World Economy(2):240-274.

[18] Luiza B,Lizbeth N.A.2004.The underground revolution in the Sinos Valley:A comparison of upgrading in global and national value chains[J].Chapters,(2):110 — 139.

[19] Lizbeth N.A.2011.The impact of operating in multiple value chains for upgrading: The case of the Brazilian furniture and footwear industries[J].World Development(8) : 1386-1397.

[20] Krugman P.1980.Scale Economies,Product Differentiation,and the Pattern of Trade[J]. American Economic Review(5):950-959.

韩国"新北方政策"与中俄"冰上丝绸之路"建设的发展战略对接

——基础、模式与课题

郭 锐 赵中辉[*]

摘要：发展战略对接由中国提出，并在"一带一路"建设中逐渐成熟，其现实意义和独特价值在全球抗击疫情的背景下日趋凸显。发展战略对接要满足三个条件，即在某一领域具备共同利益、国家间矛盾不影响发展战略对接关系、双方提供的支出不超过对方的最大需求。中韩在北极方向趋同的战略发展利益、坚实的战略合作基础和互补的供需匹配关系，为韩国"新北方政策"战略对接中俄"冰上丝绸之路"建设奠定基础。相对较高的战略互信、相对较低的行为自主性、持续提升的系统连通性，表明中韩适合选择"协助"式发展战略对接模式。从韩国"新北方政策"与中俄共建"冰上丝绸之路"的具体内容看，双方在北极航道与物流体系建设、北极资源开发与能源合作、俄罗斯远东地区基础设施建设等领域存在密切的供需匹配关系，可以率先在上述领域建立战略对接关系，进而持续推动双方发展战略实现长效对接。

关键词：发展战略对接；"新北方政策"；"冰上丝绸之路"；"协助"式发展战略对接；供需匹配关系

基金项目：国家社会科学基金重点项目"可持续安全与中国地缘战略研究"（编号：17AZD022）。

---

[*] 作者简介：郭锐，吉林大学国家发展与安全研究院、吉林省国际经济贸易学会，教授、副院长、会长；赵中辉，吉林省对外经济合作事务中心主任、高级经济师。

韩国"新北方政策"与中俄"冰上丝绸之路"建设的发展战略对接

"一带一路"倡议提出后,中国广泛与丝路国家和地区组织建立发展战略对接关系,增进了地区和平、发展与繁荣。近年来,韩国面向中俄和独联体国家实施"新北方政策",希望借此加强彼此间的发展战略对接,推动建立"东北亚责任共同体"和"朝鲜半岛新经济地图"。韩国"新北方政策"的战略目标、发展方向、重点领域等与"一带一路"框架下中俄共建"冰上丝绸之路"多有交集,在全球抗击疫情、共度经济时艰的背景下,中韩务实推动发展战略对接,其现实意义和深远影响不言而喻。

一、发展战略对接的内涵辨识与主要模式

发展战略对接是基于中国独立自主、求同存异、互利共赢等一贯理念而产生的,表明了中国坚持扩大开放和制度性合作的立场。加强发展战略对接,是世界各国应对逆全球化思潮、破除贸易霸凌主义、构建新型国际关系、携手度过疫情难关、共克世界经济下行压力的务实必要举措。

(一)发展战略对接的提出

2013年9月,习近平在哈萨克斯坦纳扎尔巴耶夫大学发表演讲,倡议以创新的合作模式,同欧亚国家共建"丝绸之路经济带"。同年10月,习近平在印度尼西亚国会发表演讲,倡议与东盟国家共建"21世纪海上丝绸之路"。"一带一路"倡议提出后,中国与丝路国家在合作实践中逐渐衍生"发展战略对接"这一创新模式。2014年11月,习近平在中俄蒙首脑会议上提出,"将丝绸之路经济带同俄罗斯跨欧亚大铁路、蒙古国草原之路倡议进行对接,打造中蒙俄经济走廊",得到俄蒙领导人的响应。2015年3月,国家发展改革委、外交部、商务部联合发布《推动共建丝绸之路经济带和21世纪海上丝绸之路的愿景与行动》指导性文件,其中有5处使用"对接"一词,尤其是前言部分提出要"积极推进沿线国家发展战略的相互对接"。2015年5月,习近平访问哈萨克斯坦、俄罗斯、白俄罗斯时多次提到发展战略的"对接",并与三国领导人达成重要共识,一致同意"推动发展战略对接,共建丝绸之路经济带"。

伴随"一带一路"倡议的影响力持续扩大,中国与更多国家就发展战略对

接展开协调。2017年5月,第一届"一带一路"国际合作高峰论坛上,中国与相关国家签署发展战略对接合作协议和行动计划,务实推动丝路国家经济社会发展。2017年6月发布的《"一带一路"建设海上合作设想》,旨在加强中国与丝路国家的发展战略对接和共同行动。可以说,促进发展战略对接是中国与丝路国家共建"一带一路"的务实必要举措,共商共建共享的对接原则得到丝路国家的普遍认同。发展战略对接理念具有鲜明的中国特色,蕴含着中国"和而不同"的政治哲学,表明了新时期中国进一步深化同世界各国合作、促进"一带一路"沿线国家开放繁荣以及世界和平与发展的信心决心。

(二)发展战略对接的内涵辨识

发展战略对接是在"一带一路"建设中衍生而来,目前对其理论探讨和实证研究有待全面,对其内涵辨识尚待深入。赵江林(2018)认为,发展战略对接是两国政治经济关系跃上一定高度,深化既有经济关系的战略行为,是双方共享发展战略对接带来的发展红利的一种期待和国际分工新的走向。[1]卢光盛、段涛(2017)认为,"对接概念"是指在国家主权管辖权以外的区域合作领域,国家间通过主动磨合和调适,共商共建共享形成互利和稳定状态的"高阶"合作。[2]庞中英(2016)认为,"对接"是一种互动的关系,其相互性至少存在于双边层次或多边政策协调与合作层次。[3]王存刚(2016)指出,发展战略对接是新的历史条件下国家实施对外开放、开展国际合作的新形式,包括不同国家发展理念、发展目标、发展规划的靠拢,体制机制运行、基础设施建设和产业经营等方面的融合,是国家间的全方位融合。[4]

岳鹏(2018)对发展战略对接的内涵,做了相对全面的探讨。他认为,发展战略对接是国家行为体在供需匹配的基础上,将国家大战略进行统筹规划和

---

[1] 赵江林.中国与马来西亚经济发展战略对接研究[J].亚太经济,2018(01):27-33+145.
[2] 卢光盛,段涛."一带一路"视阈下的战略对接研究——以中国—中南半岛经济走廊为例[J].思想战线,2017(06):160-168.
[3] 庞中英.论"一带一路"中的国际"对接"[J].探索与争鸣,2016(05):121-124.
[4] 王存刚.国家发展战略对接与新型国际关系构建——以中国的"一带一路"战略为例[J].中国战略报告,2016(02):305-322.

协同落实的长期过程,[①]是基于国家间共同的安全与发展需要、以实现互利共赢为目标的长期合作模式,其动力源于各国的实际需求。本质上,发展战略对接不是在某一具体项目上简单而孤立的合作,而是有长远、有规划、有系统的综合性协作。因此,可以把实现发展战略对接的国家视为国际体系下的一个子系统,国家行为体为一级单元,国内各发展领域为二级单元。为解释一级和二级单元的互动关系,岳鹏提出"系统能量传送力"[②]这一概念,以分析那些决定国家间能否实现发展战略对接的中介变量。

通常,发展战略对接涉及国家间发展战略对接的建立、维持及影响等过程。目前,韩国"新北方政策"与中俄"冰上丝绸之路"建设尚未完成发展战略对接。通过对供需平衡、发展战略对接的建立及持续性、对接模式选择、对接领域选择等方面的分析,表明韩国"新北方政策"战略对接中俄"冰上丝绸之路"建设具有很好的可行性,当然也存在一定的不足之处。

(三)基于战略互信程度的三种对接模式

国家间完成发展战略对接,不意味着双方建立了亲密无间的战略合作关系,这取决于对接系统内部的战略连通性,即国家间关系的紧密程度。通常,国家间紧密程度越高,其对接系统内部的战略连通性越好,系统能量传送力就越强,而国家间关系的亲疏则主要源于战略互信程度。所谓的战略互信,即以建立相互信任为手段,减少国家在生存、发展等战略利益上的不确定性,消除来自外部的严重受威胁感,使外部行为或国际秩序符合自己的期望。[③]战略互信程度可以分为高度信任、中度信任和低度信任三种,[④]岳鹏据此从"互不干扰""得到支持""获得保证"[⑤]三个维度,将发展战略对接划分为"分界"式发展战略对接、"协助"式发展战略对接、"共生"式发展战略对接三种模式。

---

① 岳鹏.战略对接与国家海权崛起[M].北京:社会科学文献出版社,2018:48.
② 所谓的系统能量传送力,即"战略对接所形成的系统向其中一国的某一具体发展领域传送作用力的能力,该作用力有正向和负向之分"。
③ 刘庆."战略互信"概念辨析[J].国际论坛,2008(01):40-45+80.
④ 刘庆."战略互信"概念辨析[J].国际论坛,2008(01):40-45+80.
⑤ 岳鹏.战略对接与国家海权崛起[M].北京:社会科学文献出版社,2018:55.

"分界"式发展战略对接。即有界限的发展战略对接,对接方对彼此的发展战略互不干扰。双方建立"分界"式发展战略对接时,虽有相似的发展战略方向,但战略目标不尽相同,此时双方战略互信程度较低。双方虽然承认和支持对方的发展战略,但因战略互信程度不足,双方对接系统内部的战略连通性不高,系统能量传送力较弱,基本限于国家内部层面,对接方自主性很高。该模式相对松散,其对国家发展战略的影响力有限。

"协助"式发展战略对接。即建立在对接方战略互信程度较高的基础上,双方具有相同或相似的战略发展方向和目标,一方的发展战略可以得到另一方的支持。双方不仅承认对方的发展战略,还能够为对方提供一定的战略或物质支持。该模式下,对接方虽然也强调战略自主性,但为实现共同的战略利益,往往会让渡部分权力,以维持发展战略对接。由此,显著增强了对接系统内部的战略连通性,系统能量传送力增强,对接方发展战略的相互影响力增大,双方倾向于在共同的问题上加强合作、相互支持,进而对双方特定领域发展产生积极推动作用。

"共生"式发展战略对接。该模式属于对接程度最高的形式,对接方具有很高的战略互信程度,双方在发展战略和目标上保持高度一致,一方的战略发展能够得到另一方的全力支持。该模式下,对接方的战略自主性较低,双方发展战略融合度更高,内部系统极具战略连通性,系统能量传送力可以毫无障碍的作用于一级和二级单元。由于该模式对国家间的战略互信程度要求极高,因而其属于理想化的发展战略对接状态。

二、韩国"新北方政策"战略对接中俄"冰上丝绸之路"建设的基础条件

一般来说,发展战略对接要满足三个条件:在某一领域具备共同利益、国家间矛盾不影响发展战略对接关系、双方提供的支出不超过对方的最大需求。[①]可以说,中韩在北极方向趋同的战略发展利益、坚实的战略合作基础和互补的

---

① 岳鹏.战略对接与国家海权崛起[M].北京:社会科学文献出版社,2018:89-90.

供需匹配关系，为双方聚焦上述方向实现发展战略对接，奠定了前提基础。

（一）趋同的战略发展利益

中俄共建"冰上丝绸之路"与韩国实施"新北方政策"，有着趋同的战略发展利益，相同的战略发展方向和相似的战略发展领域是其具体体现。2017年7月，习近平同普京总统会晤时提出开展北极航道合作，共同打造"冰上丝绸之路"。伴随中俄共建"冰上丝绸之路"的深入，两国在能源、航道、基础设施建设、旅游、科考等方面广泛开展合作。2018年1月，中国发布白皮书全面阐释其北极政策，将"发起共建'丝绸之路经济带'和'21世纪海上丝绸之路'重要合作倡议，与各方共建'冰上丝绸之路'"[①]作为重要内容，并纳入中国的北极政策。目前，亚马尔液化天然气合作是中俄共建"冰上丝绸之路"的标志性项目。2018年7月，亚马尔液化天然气经北极航道运抵中国江苏。中俄共建"冰上丝绸之路"取得的阶段性成果，给其他想要参与该倡议的国家一剂强心剂。早在中俄提出共建"冰上丝绸之路"时，韩国即在加紧推进俄韩北极地区合作。中国发布北极政策白皮书后，韩国多次表示将积极考虑参与北极航道建设。

2018年4月，韩方发布《韩国"新北方政策""新南方政策"与中国"一带一路"的发展战略对接探析》。根据该文件，韩国"新北方政策"旨在通过连接其与欧亚国家的交通、物流、能源基础设施等举措，创造韩国经济增长新动力、追求共同繁荣、实现朝鲜半岛乃至欧亚大陆和平稳定。[②]为此，文在寅政府将天然气、铁路、港湾、电力、北极航道、造船、就业（工业园）、农业、水产九大领域（即"九桥战略"）作为"新北方政策"的核心，并将合作范围限定在俄罗斯、全部独联体国家、蒙古国和中国。"九桥战略"的天然气、港湾、北极航道、造船等领域，也是中俄共建"冰上丝绸之路"的重点内容，中俄对其他国家参与"冰上丝绸之路"建设始终保持欢迎姿态，更何况，韩国在

[①] 国务院新闻办公室.《中国与北极的关系》白皮书[EB/OL].http://www.scio.gov.cn/ztk/dtzt/37868/37869/37878/Document/1618212/1618212.htm（浏览日期：2020年7月18日）

[②] 总统直属北方经济合作委员会.韩国"新北方政策""新南方政策"与中国"一带一路"的战略对接探析[C].2018（04）：4.

天然气、北极航道、造船等领域具有优势。可以看出，韩国"新北方政策"与中俄"冰上丝绸之路"建设均将俄罗斯远东和北极地区作为战略发展方向，并将国家资源集中投入到能源、航道、造船、基础设施等领域。趋同的战略发展利益，将进一步提升双方推动发展战略对接的政策意愿。

（二）坚实的战略合作基础

文在寅政府上台后，其主动修复因"萨德"事件而恶化的中韩关系。2017年6月，韩国暂停部署"萨德"系统。同年10月，韩国外长康京和提出"三不"立场，即不加入美国反导系统、不发展美日韩军事同盟、不追加"萨德"系统[①]，为修复中韩关系创造条件。2018年4月，韩国军方移除星州郡"萨德"系统基地施工设备，宣布暂停追加"萨德"系统。伴随朝鲜半岛局势有所缓和，部署"萨德"系统的必要性降低，韩国没有必要在"萨德"问题上固执己见。虽然中韩关系因"萨德"问题引发波澜，但在两国的共同努力下，阻碍双方关系发展的障碍正被清除，合作与发展仍是两国关系的主流。

2013年6月，中韩缔结战略合作伙伴关系，两国经贸发展保持快速增长势头。2019年中韩双边贸易额达2845.4亿美元，目前中国是韩国的最大贸易伙伴，而韩国则是中国的第三大贸易伙伴。1992年至2018年，韩国对华累计投资达770.4亿美元，目前中国是韩国的第二大投资对象，而韩国则是中国的第二大外资来源国。[②] 紧密的经贸合作关系，把中韩牢牢地捆绑在一起。2017年12月，文在寅总统访华并与习近平会晤，其表示要将韩国的"新北方政策""新南方政策"与中国的"一带一路"建设对接，并在经贸、能源等领域签署合作协议。中俄提出共建"冰上丝绸之路"和《中国的北极政策》白皮书发布后，韩国迫切希望能够参与北极航道开发。韩国北方经济合作委员会（PCNEC）委员长宋永吉表示，"韩国希望以北极资源开发相关的不定期货物为中心参与运

---

① 社评："三不一限"，韩国现在就往回缩了？[EB/OL].http://mil.huanqiu.com/observation/ 2017-11/11408588.html?agt=15438（浏览日期：2020年7月25日）

② 数据来源于中国商务部。

输工作,并长期推进参与定期集装箱运输"①,明确表达了韩方希望参与北极航道、能源、物流等开发的政策意愿。2018年6月,在第七次中日韩首脑会议上,三国领导人就加强地区合作等问题交换意见,并肯定了第二轮中日韩三国北极事务高级别对话取得的成果,将"加强东北亚能源合作""共同参与北极事务"等写入《联合宣言》。在中日韩首脑会议精神的推动下,第三轮中日韩三国北极事务高级别对话在上海举行,三国一致认为应在北极事务中增强政策协调和对话,加强相互理解。虽然中韩在地缘战略上有所分歧,但紧密的经济合作和频繁的高层互动是两国加强发展战略对接的重要保障,为双方发展战略对接奠定了坚实基础。

(三)互补的供需匹配关系

供需匹配关系是发展战略对接的重要基础。发展战略对接的本质即是供需匹配关系。供需匹配程度越高,发展战略对接持久运行的可能性越大。② 从供需匹配的角度看韩国"新北方政策"战略对接中俄"冰上丝绸之路"建设,实质就是探讨双方在俄罗斯远东和北极地区战略发展的互补性问题。

首先,从建设进程看,能源开发是"冰上丝绸之路"建设的优先重点领域。目前,亚马尔液化天然气项目是最大的能源开发项目,中俄投入了大量的资金和技术,但因地处北极地区而航运条件恶劣,对运输船只提出了更高要求。韩国是当今世界破冰船制造技术的先进国家,亚马尔液化大然气项目向韩国大宇造船公司订购的15艘破冰运输船已于2019年1月完成交付,并得到中俄的认可。未来,一旦北极航道实现常态化运营,世界各国对特种船只的需求量将大增,而韩国在该领域则具有优势。显然,推进"冰上丝绸之路"建设,需要与韩国在特种船只制造领域保持密切合作关系。

其次,韩国对北极地区原住民的影响力不可小觑。虽然俄罗斯远东西伯利亚地区居民占其人口总数比例不高,但其民族成分复杂,民族文化与习俗千差

---

① 宋永吉阐释韩"新北方政策"对接"一带一路"[EB/OL].http://news.takungpao.com/world/exclusive/2018-04/3563276.html?bsh_bid=2004471816(浏览日期:2020年7月28日)

② 岳鹏.战略对接与国家海权崛起[M].北京:社会科学文献出版社,2018:48.

万别。中俄共建"冰上丝绸之路"尤其是推动该地区能源开发和基础设施建设，必然要考虑原住民的意愿及习俗。目前，中国在俄罗斯远东地区以经济合作为主，其公共外交能力薄弱。伴随"冰上丝绸之路"建设的深入，势必要加强与原住民沟通，北极地区原住民组织如原住民事务国际工作组（IWGIA）是北极理事会成员，其在北极事务中拥有重要的话语权，中国需要加强对原住民研究。相比之下，韩国对北极地区原住民的公共外交能力不容忽视。目前，韩国与俄罗斯萨哈（雅库特）共和国建立了多样化的民间关系，保持着频繁的人文交流，中国应加强同韩国在北极地区原住民领域的公共外交合作。

第三，对清洁生产和绿色开发的需求。俄罗斯远东和北极地区气候条件恶劣，生态环境脆弱，过度的人为干预导致生态系统濒于崩溃，这是俄罗斯长期不愿开发该地区的原因之一。北极理事会（AC）非常重视北极地区环境保护，中国是该理事会观察员国和《巴黎气候协定》缔约国。可以说，保护北极生态、促进清洁生产和绿色开发是中国义不容辞的责任。中俄环保技术能力相对薄弱，其在推动北极地区能源开发和基础设施建设中，如何贯彻绿色发展理念、坚持可持续发展道路，是中俄共建"冰上丝绸之路"面临的现实课题。韩国在清洁生产、绿色开发等前沿科技领域处于领先地位，其基本可以实现"绿色"出入北极地区。通过促进发展战略对接，能够更好地匹配上述国家在节能环保技术领域的供需关系。

三、韩国"新北方政策"战略对接中俄"冰上丝绸之路"建设的模式与领域

现阶段，中韩选择"协助"式发展战略对接更为合适。结合韩国"新北方政策"与中俄共建"冰上丝绸之路"的具体内容，双方在北极航道与物流体系建设、北极资源开发与能源合作、俄罗斯远东地区基础设施建设等领域，存在紧密的供需匹配关系，其可以在上述领域率先建立对接关系，进而推动双方发展战略实现可持续对接。

（一）模式选择

发展战略对接模式的选择，要考虑战略互信程度、行为自主性、系统连通性三大要素。相对较高的战略互信、相对较低的行为自主性和持续提升的系统连通性，表明韩国"新北方政策"战略对接中俄"冰上丝绸之路"建设更适合选择"协助"式发展战略对接模式。

1. 相对较高的战略互信

中韩关系虽然因"萨德"问题而经历曲折，但在两国政府和人民的努力下，双方关系逐渐回暖，其战略互信处于中等信任水平。这表现为"行为体之间的政治制度和价值观念虽然不一定相同，但在对外战略方面拥有较一致的观点，彼此不把对方视为威胁，在较长时期内保持了和平状态并形成总体合作的态势。"[①] 在战略一致性方面，韩国"新北方政策"与中俄"冰上丝绸之路"建设均把俄罗斯远东和北极地区作为战略发展方向，中韩同是北极理事会观察员国且倾向于以合作方式解决问题。相似的战略发展方向和共同的北极身份，使中韩在推行各自发展战略时多有战略交集。尽管中韩政治制度和价值观念有所不同，但两国在参与俄罗斯远东和北极地区合作与开发的战略目标上保持一致性。

在战略合作方面，建交以来中韩关系呈现快速发展态势，高层互动频繁，经济合作密切。1998年，中韩建立面向21世纪的合作伙伴关系；2003年，中韩升级为全面伙伴关系。伴随中韩战略合作的深化，2008年两国首脑一致同意将双方关系提升为战略合作伙伴关系。2012年5月，中韩启动自贸区谈判。2015年12月，《中韩自贸协定》生效，两国部分产品进入"零关税"时代。中韩自贸区的建立，有助于加强两国产业的对接和融合，紧密的经济合作势必影响两国政治关系。2017年6月，时任韩国总统朴槿惠承受压力，参加中国抗日战争胜利70周年阅兵活动，中韩关系达到前所未有的高度。虽然后来因朝核问题、韩国部署"萨德"系统等原因，中韩关系急转直下，但两国从未将对方视为战略对手而加以针对，反而在中韩的共同努力下，朝鲜半岛局势出现转

---

① 刘庆．"战略互信"概念辨析 [J]. 国际论坛，2008（01）:40–45+80.

机,"萨德"系统暂停部署,两国关系逐渐回暖,经贸合作也止降转升。在可预见的时期,中韩经贸合作将继续保持强劲势头,紧密的经济关系势必提升两国政治、安全等领域的合作能力,双方战略互信将进一步增强。

2. 相对较低的行为自主性

自主性是指国家能够依据自身利益需要,独立处理国际国内事务不受干扰的能力。在"协助"式发展战略对接模式下,国家虽然在行动上保留一定程度的自主性,以防止发展战略对接过度而损害本国利益,但基本上能够理解和支持彼此的发展战略,在核心问题上相互配合并采取共同行动。[①]中韩在战略层面不存在不可调和的矛盾,加之经济合作紧密,两国能够在各个领域达成重要共识。在不损害国家战略利益的前提下相互让渡部分权力,通过适当降低国家行为自主性而实现两国利益最大化,中韩自贸区的建立即是最好体现。推动韩国"新北方政策"战略对接中俄"冰上丝绸之路"建设,需要双方适当降低国家行为自主性。从双边互动实践看,中韩确实在保留一定自主权的基础上,充分理解和支持彼此的发展战略,并以协商谈判的方式寻求两国利益最大化。

韩国一直高度重视"一带一路"建设,2017年,文在寅总统访华时明确提出要推动"新北方政策""新南方政策"与"一带一路"建设对接,并制定四个具体的对接方案,即"加强韩国与中国以及区域内国家之间的互联互通,实现亚欧大陆的陆海空交通与运输畅通;加强能源领域合作,推动资讯科技(IT)技术发展;推动韩中两国企业携手开拓第三国市场,以及加强区域内贸易投资合作。"[②]2018年4月,韩国主管"新北方政策"的"北方经济委员会"发布《韩国"新北方政策""新南方政策"与中国"一带一路"的发展战略对接探析》的官方文件,从中可见韩国高层极为重视"一带一路"建设。韩国认为,"一带一路"建设并非是对美国治下世界秩序的挑战,而是推动韩国实现对外战略的新契机,韩国应基于自身战略利益,积极推动"新北方政策""新南方政策"与"一带一路"建设对接,在多个领域与中国加强合作。由此,作

[①] 岳鹏.战略对接与国家海权崛起[M].北京:社会科学文献出版社,2018:91.

[②] 文在寅:借四大合作方案让韩政策与"一带一路"对接[EB/OL].http://www.zaobao.com/realtime/china/story20171216-819417(浏览日期:2020年7月30日)

为"一带一路"重要延伸的"冰上丝绸之路"建设,得到韩国高层的格外关注。2018年4月,北方经济委员会委员长宋永吉接受采访时称,韩国希望同中国政府开展合作,共同研究北极航道开发与物流系统建设等问题。

中俄共建"冰上丝绸之路"是推进"一带一路"建设的重要内容,是新形势下中俄战略合作的重要领域,展现了共商、共建、共享、共赢的人类命运共同体理念,中国欢迎其他国家参与"一带一路"和"冰上丝绸之路"建设。韩国作为中国的战略合作伙伴,又同为北极理事会观察员,相互尊重与互利共赢是中韩一贯遵循的原则,双方对彼此发展战略对接充满了期待,旨在探讨创新的合作模式,实现共同发展。[①]在《中国的北极政策》白皮书中,中方明确提出"与各方共建'冰上丝绸之路'"的政策意向。相对较低的行为自主性,使韩国"新北方政策"战略对接"冰上丝绸之路"建设在政策上不存在困难。

3. 持续提升的系统连通性

建立或维持发展战略对接关系,要不断提高对接系统的战略连通性,确保系统能量能够在系统内部自由传送。对接系统的战略连通性是建立在对接方相似的发展领域之间,具有跨国跨境特性。对对接方来说,要保证系统能量(某一领域的影响力)传送通畅,就要建立全方位的双边或多边的沟通与合作机制。

伴随中韩经贸关系的快速发展,两国在政治、经济、文化等各领域建立起全方位的沟通与合作机制。2013年签署的《中韩面向未来联合声明——发展战略合作伙伴关系》提出,要加强政治安全领域的战略沟通,扩大经济、社会领域的合作以及促进人文领域的交流。在政治安全领域,中韩致力于推动领导人的经常性沟通,建立外长互访机制,两国定期举行外交安全对话、政党间政策对话、国家政策研究机构联合战略对话等。在经济社会领域,中韩以推动建设自贸区为重点,积极挖掘新的合作项目,努力提升政策协调与联动能力。2011年9月,中日韩三国合作秘书处(TCS)成立,旨在有效推动和管理三国

---

① 习近平同韩国总统文在寅举行会谈[EB/OL].http://www.xinhuanet.com/politics/leaders/2017-12/14/c_1122113058.htm(浏览日期:2020年8月3日)

合作，提升现有对话机制，进一步增进三国间合作关系。[①]2018年第七次中日韩三国首脑峰会上，三国提出建立"中日韩+X"合作模式，共同开拓第四方市场，推动三国在产能合作、防灾减灾、节能环保等领域的合作关系。在人文领域，中韩成立"人文交流共同委员会"，旨在加强教育、文化、艺术、体育等领域的交流合作，并努力将中韩人文领域合作扩展到国际舞台。

国家行为自主性的降低，往往与系统内部的连通性同步发生[②]。推进韩国"新北方政策"战略对接中俄"冰上丝绸之路"建设时，双方的权力让渡势必提升对接系统内部的连通性，即加强彼此在相关领域的接触与合作能力。在中日韩三国北极事务高级别对话框架下，中韩就北极事务合作及具体领域已达成共识。目前，中韩在各领域的对话与交流机制进展顺利，这为双方推进"冰上丝绸之路"建设与"新北方政策"的发展战略对接，创造了有利条件。

（二）重点领域

在发展战略对接理论中，国家被视为相对独立的子系统，而众多的发展领域则被作为二级单元。由于在某些特定的发展领域，对接方具有较强的战略发展需求，在满足建立发展战略对接关系的基础上，彼此的发展战略将围绕若干特定的发展领域实现对接，并在新形成的对接系统内达成新的平衡。换言之，发展战略对接领域的选择，是对接方供需匹配关系能否达成的关键所在。目前来看，北极航道与物流体系建设、北极资源开发与能源合作、俄罗斯远东地区基础设施建设等领域，既与韩国"新北方政策"下的"九桥战略"接近[③]，又与中俄"冰上丝绸之路"建设契合。并且，上述领域是中韩高层频繁表达合作意愿的领域，彼此具有较强的互补性。中韩可以优先在上述领域实施战略对接，

[①] 外交部.《中华人民共和国政府、日本国政府和大韩民国政府关于建立三国合作秘书处的协议》[EB/OL].https://www.fmprc.gov.cn/web/gjhdq_676201/gj_676203/yz_676205/1206_676524/1207_676536/t842353.shtml（浏览日期：2020年8月5日）

[②] 岳鹏.战略对接与国家海权崛起[M].北京：社会科学文献出版社，2018：91.

[③] 国家对发展战略对接领域的不同选择，将影响到系统内部某一特定领域的发展。这种影响，依据能量传输距离的远近而形成不同的效果。发展战略对接领域越"接近"，系统内部某一特定领域的能量传输距离就越短，该领域发展效果也越好。

韩国"新北方政策"与中俄"冰上丝绸之路"建设的发展战略对接

进而推进"新北方政策"与"冰上丝绸之路"建设的全面对接。

1.北极航道与物流体系建设

伴随全球气候变暖和冰川消融加快，北极航道的通航条件日趋成熟。对严重依赖马六甲海峡的东亚国家来说，开辟北极航道不仅有助于破除"马六甲困境"，还可以大大缩短航程与时间，节约成本开支。因此，"冰上丝绸之路"建设以开发北极航道为纽带，韩国在"九桥战略"中也将北极航道建设作为重要内容。

中国自2013年成为北极理事会观察员国后，其非常重视北极航道开发，旨在与相关各方共同打造完善的北极物流体系。在政策层面，中方积极支持推进北极航道开发。2017年11月，习近平与梅德韦杰夫总理提出加强北极航道开发和利用合作，共同打造"冰上丝绸之路"。2018年中国发布北极政策白皮书，全面阐释了中国的北极政策，提出中国要积极参与北极航道开发及利用。在商业层面，中方鼓励有实力的企业积极试航北极航道。以中远集团为代表的中国企业持续试航北极航道，并取得阶段性成果。2013年9月，中远集团"永盛轮"首次试航北极航道取得成功，随后，中远集团又多次对北极东北航道展开商业化试航。目前，中国企业已掌握大量航行数据及经验，为未来常态化航行北极航道提供了坚实基础。在科考层面，中方持续加强北极航道研究。2012年7月，中国"雪龙"号科考船首次试航北极东北航道，对其水文气象条件进行详细检测。2017年9月，"雪龙"号成功试航北极西北航道，并对其海底地形、气象水文、海洋生物等进行科学监测，获取大量宝贵的数据与资料。

北极航道巨大的航运价值，对韩国具有难以抗拒的巨大吸引力。与中国相似，韩国在2013年成为北极理事会观察员国后，其持续加大北极航道开发力度、积极推动北极物流体系建设。在政策层面，韩国早在2013年就颁布《北极政策总体计划（2013-2017）》，全面阐释其北极政策。目前，新版《北极政策总体规划（2018-2022）》已于2018年7月发布，其中，推动与北极国家或团体的双赢合作、建设北极伙伴关系、强化北极科考活动、提升韩国北极政策的制定能力成为四大目标。① 在商业层面，2013年韩国现代GLOVIS公司租用挪威邮轮向韩国运输原油，这是韩国首次商业试航北极航道。2015年和2016年，CJ大韩通运两次组织对北极航道的商业试航。2017年11月，中韩俄蒙四国在韩国釜山召开"2017北方物流国际会议"，探讨主要国家和地区的物流开发规划、物流企业的新物流任务、北方物流市场的现状与难题等议题。②2018年4月，韩国北方经济合作委员会委员长宋永吉接受采访时称，"韩国希望以北极资源开发相关的不定期货物为中心参与运输工作，并长期推进参与定期集装箱运输。"③可见，韩国不仅要推进北极航道开发，还试图建立以集装箱货运为核心的北极物流体系。

中韩是较早参与北极航道开发和商业化试航的国家，双方在航道开发、物流体系建设等领域存在共同利益诉求，且在北极航道的运营管理、航道科考、航运设备制造等具体项目上有着广泛的合作空间，特别是彼此在破冰船建造上的供需关系极为显著。中韩应将北极航道与物流体系建设作为推进双方发展战略对接的优先领域，明确双方供需匹配关系，加强相互交流与合作。

2. 北极资源开发与能源合作

中韩均是当今世界的能源消费大国。2017年6月，文在寅总统表示要推动韩国走向"脱离核电"时代，大力扶持绿色清洁能源，如可再生能源、液化天然气（LNG）发电、太阳能、海洋风力发电等。中国在扩大传统能源进口的同时，正不断推动新能源产业发展。目前，中韩在新能源领域已开展一系列的合作。伴随中国"一带一路"建设的不断推进，能源合作成为中俄发展战略对接的重点领域。中俄提出共建"冰上丝绸之路"后，两国在北极地区的能源合作项目被视为"冰上丝绸之路"建设的重点内容，亚马尔液化天然气项目即是目前的标志性项目。在中俄能源合作的刺激下，韩国也积极寻求参与北极地区

---

① The Arctic in World Affairs A North Pacific Dialogue on Arctic 2030 and Beyond-Pathway to the Future[C]. KOREA MARITIME INSTITUTE,2018:50.

② 中韩蒙俄四国召开"2017北方物流国际会议"[EB/OL].http://www.ckjorc.org/cn/cnindex_newshow.do?id=2661（浏览日期：2020年8月7日）

③ 宋永吉阐释韩"新北方政策"对接"一带一路"[EB/OL].http://news.takungpao.com/world/exclusive/2018-04/3563276.html?bsh_bid=2004471816（浏览日期：2020年7月28日）

能源开发的机会。在"新北方政策"中,韩国将天然气和电力作为重要合作领域。短期来看,这有助于解决韩国因"脱离核电"而带来的能源紧缺问题。长期来看,有助于韩国实现能源进口多元化,保障其能源安全。可以说,在能源领域,中韩具有共同利益诉求,双方可以寻求在天然气、电力等领域加强发展战略对接。

在天然气领域,中韩可以在共同应对天然气价格和管道建设方面寻求对接合作。俄方对东北亚国家出售天然气的价格普遍高于欧洲国家,且购买限制偏多,因此,中韩可以加强合作,共同应对高昂的天然气价格和相对苛刻的购买条件。2018年中日韩三国首脑会议上,与会领导人一致认为应达成谅解备忘录,增进东北亚液化天然气市场的透明度和流动性。在管道建设方面,中韩自亚马尔购买的液化天然气陆续到港,由于北极航道的有效通航时间仅有100多天,如何保证其他时段的液化天然气供给,是相关各方亟需解决的问题。一段时期,朝鲜半岛局势有所缓和,这增强了韩方推动修建连接俄罗斯到韩国的天然气管道的信心。2018年6月,俄韩领导人就此进行探讨。俄韩天然气管道建设将会途经中、朝后到达韩国,因此,与中国发展战略对接,以推进中韩在天然气领域合作显得极为关键。

在电力领域,近年来韩国各界非常重视"东北亚超级电网"建设,文在寅总统在俄罗斯东方经济论坛上提议由俄罗斯主导建设"东北亚超级电网"。韩国电力公社(KEPCO)社长赵焕益多次在国际场合表示,建设"东北亚超级电网"在技术上完全可行。目前,建设"东北亚超级电网"已是韩国北方经济委员会的重点议题。其实,"东北亚超级电网"构想由日本软银集团总裁孙正义提出,旨在把蒙古国和中国内蒙古的风能与太阳能传送到东北亚六国,该构想得到韩国能源部门的大力支持。2016年3月,中韩俄电力部门与日本软银集团签署《东北亚联合电网备忘录》,这与中方2015年提出构建全球能源互联网、2016年发起成立全球能源互联网发展合作组织以及在规划亚洲跨国互联电网中把"一极一道"(北极和赤道)能源作为未来东北亚跨国能源合作来源的设想保持一致。可以说,开发北极地区风能和太阳能等清洁能源是中俄共建"冰上丝绸之路"的重要内容,建设"东北亚超级电网"也得到韩日的积极响应,由此可见，中韩电力领域合作具有广阔的空间。

3. 俄罗斯远东地区基础设施建设

俄罗斯远东地区人口稀少，虽然其蕴藏丰富的自然资源，但基础设施建设落后。不仅影响了该地区自然资源开发，还给当地居民生活带来很多不便。为推进该地区自然资源开发，中俄、韩俄等就基础设施建设等议题展开了持续研究和谈判。中俄共建"冰上丝绸之路"倡议提出后，双方在港口、铁路等道路基础设施建设上加快步伐。据悉，中国企业将在俄罗斯阿尔汉格尔斯克州投资"白海—科米—乌拉尔"铁路项目以及开发北德维纳河深水港项目。

在韩国"新北方政策"中，铁路、港湾等基础设施建设被作为重点合作项目。2016年11月，韩国依托俄罗斯萨别塔港，成功打通鄂毕河—额尔齐斯河航线，该航线采用海运转河运方式实现货物的国际转运。为进一步开拓该国际航运模式，韩国挑选航运条件较好的勒拿河作为下一个航运通道，致力于打造"勒拿河走廊"并投入大量资金，其具体路线是"从符拉迪沃斯托克出发，经涅留恩格里、阿尔丹、下别斯佳赫，使用铁路运输抵达雅库茨克，再经过河运从雅库茨克顺流而下进入北方航道"[①]。该项目一旦成功，将会大大缩短现有的北极航线距离，还能进一步带动勒拿河沿岸经济开发，为中俄韩三国提供了新的合作方向。此外，朝鲜半岛南北铁路建设也是韩国"新北方政策"的重点内容。"新北方政策"的一个目标是与中国"一带一路"建设、中蒙俄经济走廊、欧亚经济联盟等发展战略对接，并最终与欧洲国家相连，进而打造差异化发展的东中西三大经济圈。实现该目标，其前提是实现中俄韩交通线路连接，即推动朝鲜半岛南北铁路与中俄铁路线路连接，目前较为可行的线路规划是由俄罗斯西伯利亚大铁路经中国连接韩朝南北铁路。为此，韩国于2018年6月加入国际铁路合作组织（OSJD）。韩国官方文件显示，其有意推动建设连接朝鲜与中国的环西海产业物流—交通带，同时修建首尔至北京的高速交通网络，旨在打造中韩主要城市一日生活圈。

目前，中俄已注意到"勒拿河项目"蕴含的巨大潜力，而韩国在勒拿河流

[①] 郭培清，宋晗."新北方政策"下的韩俄远东—北极合作及对中国启示[J].太平洋学报，2018（08）：1–12.

域人文交流与研究上具有独特优势。加之韩国"新北方政策"致力于打通其与远东地区交通网,而最佳方案则是率先实现中韩交通线路对接。可以说,中韩在该领域各有优势和需求,完全可以实现优势互补和战略对接。

四、韩国"新北方政策"战略对接中俄"冰上丝绸之路"建设的现实课题

尽管韩国"新北方政策"战略对接中俄"冰上丝绸之路"建设具有良好的基础条件,但维持此种关系要妥善解决发展战略对接"持久性"与供需匹配"动态性"的平衡问题,以及如何将有限的国家资源精准有效的分配到重点发展领域。

(一)发展战略对接"持久性"与供需匹配"动态性"的平衡问题

发展战略对接建立在具有持久性供需关系的基础上,并非是某一领域或某一时段的短暂的供需匹配。换言之,对接方要在较长时期维持相对平衡的供需匹配关系,以保证发展战略对接的持久性。从实践经验看,国家在某些领域的供给能力有限,受体系、结构或单元等变量的影响,国家间供需关系并不稳定,其供需匹配呈现一定的"动态性"。即使在发展战略对接建立初期,对接方保持较高的供需匹配关系,但体系、结构或单元等变量的改变也将影响到国家间的供需平衡关系,这是国家间建立发展战略对接所面临的巨大困境。

为此,要有针对性的选择发展战略对接对象。一方面,要考虑对接方的供给能力和需求期望;另一方面,应考虑对接方的持久供给能力。虽然中韩在理论上具备实现发展战略对接的基础条件,但要维持稳定的发展战略对接关系并非易事。从供给能力和需求期望的角度看,"冰上丝绸之路"是"一带一路"建设的延伸,中国在资金、技术等领域具有强大供给能力,其为亚马尔液化天然气项目提供了120多亿美元的贷款、丝路基金收购该项目9.9%的股权,挽救了该项目因西方制裁而终止的命运。虽然中国对参与"一带一路"或"冰上丝绸之路"建设的国家保持欢迎态度,但韩国"新北方政策"并非"冰上丝绸之路"建设的唯一对接战略。尽管韩国在破冰船建造、北极地区人文研究等方

311

面具有一定的供给能力，但中国在破冰船建造等领域的需求度有所降低。2018年9月，中国自主建造的破冰船下水，其核动力破冰船建设正在有条不紊地推进。可以说，在推进"冰上丝绸之路"建设上，中国对韩国的需求度有所降低，但韩国推行"新北方政策"在一些领域却对中国抱有极高的政策期待，如建立"东北亚超级电网"、对接西伯利亚大铁路等。中朝是韩国向北发展永远绕不开的国家，如果处理不好其与中朝两国的关系，韩国"新北方政策"只能停留在表面。

从持久供给能力的角度看，中国的国家发展战略具有很强的延续性，其能够集中力量推动"一带一路"和"冰上丝绸之路"建设。中国完全有能力在推动"冰上丝绸之路"建设中，保持持久的供给能力。在韩国，由于不同政党所代表的阶级和利益集团不同，执政党轮流执政导致其在内政、外交等方面存在天然性的分歧。虽然文在寅总统提出的"新北方政策"与前任朴槿惠政府主张的"欧亚倡议"相似，但二者的侧重点多有不同、实施路径不尽一致。韩国总统任期为5年且不能连任，很难保证下一届总统的发展战略思路与现任总统一致，致使"新北方政策"的实施时间稍显短暂。中韩若要维持持久的发展战略对接关系，需要韩方继承或延续现有的发展战略思路与手段，否则，韩国"新北方政策"与中俄"冰上丝绸之路"建设的发展战略对接关系很难维持下去。

（二）国家资源"有限性"与领域选择过多的抉择问题

通常，国家资源是指"组成系统的两个国家内部的各个单元本身具备一定的能量，也能够从外部环境获取能量，这些能量分散在国家各部门"[①]。国家资源在系统能量力的驱使下，能够沿着能量传送渠道输送到发展战略对接领域。由于国家资源的有限性，在推进某些领域发展时，大量的国家资源势必向这些领域集中，进而影响到其他领域的资源分配。因此，在维持发展战略对接关系时，要充分考虑国家的资源总量与发展战略对接领域数量的关系问题。

文在寅政府为推动"东北亚责任共同体"和"朝鲜半岛新经济地图"构想，其主动提出战略对接中俄和独联体国家的"新北方政策"以及战略对接东

---

① 岳鹏.战略对接与国家海权崛起[M].北京：社会科学文献出版社，2018：103.

盟、印度的"新南方政策","南北并进"成为当前韩国发展战略的主要特色。韩国通过"新南方政策"不断扩大与东盟的合作规模,其计划将韩国—东盟合作基金扩大到1400万美元,争取在2020年达到1亿美元;将韩国—湄公河基金扩大到300万美元。在"新北方政策"中,韩国虽然未提及具体的投资与合作金额,但北极航道、电力、天然气、铁路、港口等领域建设均要投入巨额资金,相关的顶尖科技装备也需投入大量研发经费,况且,在北极地区的投资收益周期漫长。在国家资源有限的前提下,韩国能否同时支撑"向北""向南"两个方向的发展战略对接令人疑虑。

在"新北方政策"下,文在寅政府提出推进西伯利亚合作的"九桥战略"。目前来看,渔业、农业、就业(工业园)等领域的合作门槛较低,部分项目已开始落地实施,而北极航道、天然气、电力、港口等领域则对资金、技术、政策、人力资源等要素需求极高,上述领域的多数项目尚处于洽谈阶段。从数量看,韩国选定的战略对接领域过多,且未划分重点合作领域。这导致门槛较低的合作领域率先实施,国家资源将会向这些领域集中,而合作要求较高的领域则在短期内无法有效推进,致使有限的国家资源分散到多个合作领域而削弱系统的涌现性能量[①],进而影响到对接体系与国家单元间的互动水平。此外,过多的战略对接领域会导致领域间的不良竞争状况,从而影响到系统能量传送力度,甚至是产生阻碍发展战略对接的负能量。可见,韩国要明确自身发展战略对接的重点方向和领域,将国家资源集中在优先发展方向和部分领域,否则,韩国"新北方政策"战略对接中俄"冰上丝绸之路"只能停留在战略规划层面。

[①] 岳鹏把"系统的涌现性能量"解释为"能量(国家资源)集中于战略对接领域后,随着对接领域的发展,将产生新的能量,即系统的涌现性能量,这些能量中的一部分会沿着原来的渠道输送回系统内部的其他各组成单元,从而实现系统内部各单元之间的动态平衡。"

以境外经贸合作区深化农业国际合作构建粮食贸易大通道

谢 宁 张春伟 李 准[*]

摘要：从保障国家和云南省内粮食安全、构建粮食回运通道的角度出发，阐述云南省利用境外经贸合作区与周边国家开展农业合作的现状、模式、优势、做法和重要意义，从政府层面为多部门提出了依托境外经贸合作区深化农业国际合作构建粮食贸易大通道的政策建议。

关键词：农业；国际合作；粮食；境外园区

保障粮食安全，解决 14 亿中国人吃饭问题一直是我国治国理政的头等大事。近年来，农业资源对粮食生产的制约日益明显，工业化、城市化进程加快等使得协调难度增加，粮食产供区域性矛盾突出，这一背景下立足国内粮食生产，谋划国际贸易补充，统筹利用国际国内两个市场、两种资源成为有益选择。而在我国粮食国际贸易型补充向国际生产贸易型补充转变的过程中，境外经贸合作区的建设发展有利于开发国际农业资源、增加国际贸易量，可对构建国际国内双循环发展新格局，进一步保障粮食安全发挥有益作用。

一、东南亚国家农业发展状况

东南亚国家农业资源丰富，主要农产品在全球市场占据重要战略地位。东南亚稻谷产量占全球总量近 30%，大米出口贸易占全球出口的 50% 以上，是世

---

[*] 作者简介：谢宁，云南省国际贸易学会研究专员；张春伟，云南省商务研究院助理经济师；李准，云南省国际贸易学会研究专员。

界稻米的主产区和主要出口贸易区,泰国、越南分列世界三大稻米出口国的第一和第三。

东南亚国家农业土地资源十分丰富,加之人口较少,未垦耕面积大,人均耕地面积约为我国的2至3倍,人均未垦耕面积为我国的十余至百余倍。

东南亚地处热带,气候高温多雨,降水和阳光充沛,土质肥沃,被誉为世界自然种植的生态安全区。大部分耕地平坦,适种粮食作物品种多,种植条件好,一年可种2-3季,耕地可利用率高。

总体上看,尤其是云南周边的越南、老挝、缅甸、柬埔寨等国家增加种植面积空间大;依靠科技提高单产潜力大;与云南农业发展的资源互补性强。

二、云南与周边国家农业合作现状

云南作为中国陆上通向南亚东南亚的门户,与越、老、缅6省(邦)32县(市、镇)接壤,在开展跨境农业合作方面具有巨大的区位优势,同时,国家支持云南开展境外罂粟替代种植,以边民互市为主要形式的边境贸易也日益规范和成熟。

(一)粮食贸易途径

目前,云南与周边国家的粮食贸易主要通过以下三个途径:

一般贸易粮食进口。云南与周边邻国的一般贸易粮食进口居于国家核定的粮食进口配额范围内,国内企业"走出去"在境外种植的农产品回运进口也需要使用进口配额。配额内的粮食进口,需征收1%的进口关税和13%的进口环节增值税;配额外的粮食贸易,需征收65%的进口关税和13%的进口环节增值税。

边境小额贸易粮食进口。云南共有25个边境县分别与缅甸、老挝、越南接壤,数百个边民互市通道,边民每人可以携带限定价值总量的商品在特定的口岸和边民互市通道开展小额贸易,从现行边民互市贸易不予免税商品清单看,进口稻谷和大米及玉米每人每日50公斤内免税。从周边邻国的相关统计数据来看,越南、缅甸通过边境贸易出口到我国的粮食数量是巨大的。

替代种植项目下粮食进口。从 2006 年始,我国在老挝北部、缅甸北部开展了用粮食作物、经济作物替代罂粟的罂粟替代种植项目,替代种植项目下的粮食返销实行进口粮食配额,并免征关税和增值税。

(二)依托境外经贸园区开展的农业合作

境外经贸园区是一种中国特色的对外投资新模式,没有国外的经验可以借鉴,因此目前国际上对境外园区还没有统一定义。中国对外投资的境外园区,在一些场合和研究中又被称为境外经贸合作区、境外(海外)产业园区等,通常是指在国家经贸布局下,以国内某一类型的实力较强的企业为实施主体与园区所在国签订协议,在该国开展投资活动和设立产业园区,吸引同类型中小企业加入,逐步发展成为产业集群。目前,境外经贸合作区的类型多种多样,有加工制造、资源利用、农业产业、商贸物流和综合类等多种形态。

截至 2020 年,云南在柬埔寨、老挝、缅甸共建 4 个农业科技示范园,通过境外农业科技示范园建设和开展优良品种示范、技术推广、人员培训工作,务实推进了云南与周边国家的农业合作,促进了当地的农业发展,提高了当地农民的生产、生活水平。

首先,带动了农业技术、品种、标准、农机设备、专业人才和农业企业"走出去"。包括云南农业职业技术学院、云南省农业科学院等都作为"走出去"项目实施单位到境外实施项目。示范园也带动了优良品种和先进技术走出去,特别是水稻、玉米、蔬菜、花卉等的优良品种的输出,实现了具有云南自主知识产权的两系杂交稻、杂交玉米走出国门。云南与东盟国家相比,在技术上具有一定的梯度优势。云南在种植技术、养殖技术、良种繁育技术、农业生物开发技术、农业病虫害综合防治技术、畜牧业检测防疫技术、农机具生产加工技术、农业科技培训推广技术等方面具有较强的优势。

其次,境外园区带动了当地农业技术和标准的提升,提高了当地农业生产率和农作物产量,改善了当地农民生活水平。

第三,随着农业国际合作的深入开展,云南各项目实施企业为园区所在国进行了大量的农业技术培训和人才培养工作。例如，云南与老挝农业合作方面的交流与合作取得了较大的发展和较好的成绩。云南省农业合作成立了相应的机构来管理国际事务，推动国际农业合作交流。各类合作有国际农业合作交流处，负责外国专家管理、接待对外宣传、涉外事务、派出工作、国际农业合作工作，也负责农业技术人员的培训班。

以德宏州为例，通过搭建沟通渠道、农业人才培养、共建示范田的多样化方式，构建了双边的农业国际合作平台，有效推进了中缅在农业领域的合作，助力农业标准走出去。具体做法如下：

第一，拓宽对缅农业交流渠道，建立沟通交流机制。瑞丽市人民政府与缅甸木姐地区农业局共同成立中缅农业合作项目实施领导小组，依托德宏州在缅甸曼德勒、密支那等地设立的商务代表处开展中缅农业合作工作。瑞丽积极与缅方木姐等地积极沟通，每年定期举行会谈和观摩会，沟通交流农业合作和培训等事项。

第二，搭建跨境农业培训平台，建立人才培养机制。结合缅方实际需求，抽派专业技术人员长期驻德宏驻缅代表处开展农业合作、人才培训工作，通过境外农业培训平台带动农业技术和标准走出去。建立农业、畜牧业、林业人才培养机制，开展农业技术管理、疫病管理、现场观摩等技术培训。

第三，跨境农业合作，助推农业技术和标准走出去。中缅共建规范化种植示范样板田、优良品种展示，筛选出适合在缅甸推广应用的中方西瓜、芒果、水稻等农作物新品种，推广和输出农业技术和标准，促进地区品种更新、技术升级，建立健全了跨境农业合作交流机制，共享农业技术成果和经济效益，为跨境农业合作提供了新经验。

德宏州建立的跨境农业合作平台取得了显著成效，同时缅方种植的粮食、水果等通过边境口岸回运，满足了国内市场的需求。首先，缅方农户种植技术、畜牧养殖技术、疫病管理水平得以提高。例如，长合商贸公司为代表的企业到缅发展西瓜合作种植10万余亩，带动缅方发展30万亩，年进口西瓜达60万吨。建立跨境甘蔗高产示范基地3000亩，帮助缅方47个村寨提高收入。开展种植、畜牧技术培训6场次，培训人员278人次。其次，通过搭建跨境农业合作平台和农业培训机制，赴缅开展技术培训、共建规范化种植示范样板田，带动农业技术标准走出去。通过搭建跨境农业培训平台+跨境农业合作的新模式，实行土地资源、作物栽培技术、农林牧品种等农业资源的区域性合作，共享农业技术成果和经济效益，建立健全跨境农业合作交流机制。

依托境外经贸园区开展农业合作，一方面可以带动我国农业企业、技术和标准"走出去"，加强中国与周边国家的贸易往来，另一方面农产品回运能够作为我国粮食安全的有效支撑。受疫情影响，全球粮食大幅减产、供应趋紧、贸易受限、价格变动加剧。在此形势之下，如何保证本国粮食安全，防范出现社会动荡成为了全民话题，云南跨境农业合作和境外农产品回运也因此面临较大压力，亟须研究制定系列措施对策，保障满足云南省用粮需求和国家粮食安全。

三、以境外园区为载体开展农业国际合作

（一）境外园区开展农业合作具有重要意义

境外园区是云南对外投资合作的重要载体。境外园区建设是云南深化与南亚东南亚国家投资合作的优势所在和必然选择，也是南亚东南亚国家的发展经济的需求。境外园区能够促成国际经济新秩序下生产要素的灵活配置、自由流动和组合优化，将国际经济与市场一体化向纵深推进，促进"一带一路"区域内各国间的政治互信、政策协调与标准统一，推进更深入和更高层次的区域合作。

境外园区是东道国经济增长的新模式。从产业发展上看，有助于东道国利用外资和推动产业升级。建设境外园区是我国对外投资的新模式，且我国在境外园区布局的产业一般都是具有比较优势的产业，如此不仅有利于东道国充分利用外资，还有助于东道国引进先进的产业、产能，加快工业化进程。伴随入园企业一同进入园区的高层次人才和设备都能为东道国带来先进的管理模式和技术水平。从影响带动上看，有利于园区所在国的经济社会发展。作为东道国产业集群的中心，境外园区有助于增加东道国政府税收收入，批量创造本地

就业岗位，提升劳动力素质，增加居民收入和提高居民的生活水平，提供多样化产品，丰富当地人民的消费选择。入园企业在建设发展过程中对当地生态环境的保护以及公益性工作的投入，也能促成东道国经济、环境和社会的可持续发展。

围绕周边国家产业发展需要，结合云南产业和技术优势，可优先与南亚东南亚国家开展农业领域的广泛合作。对于规划中和拟建设的农业园区，应力争引入有实力的省内企业或吸引外省企业落地云南作为园区的建设实施主体，推动境外园区投资项目落地，为企业境外投资提供多样化选择。

四、解决思路和具体措施

（一）农业企业可抱团"走出去"建设现代化境外农业园区

问题描述：目前，云南对外投资农业企业的规模普遍偏小，大部分企业的资金储备不足，导致在境内境外信贷难度较大，面临抗风险能力差、竞争力低等问题，尤其民营境外农业项目基本没有金融机构愿意提供贷款服务，使得企业境外投资积极性低、难度较大。

解决思路：通过培育农业合作主体，提升农业企业规模和实力，提高抗风险能力和区域及国际竞争力，引导企业积极"走出去"开展农业合作。

具体措施建议：一是组建农业"走出去"企业联盟，加强省内外向型企业与农业企业的合作，提升云南农业产业对外开放水平，利用云南与南亚东南亚国家合作机制，推动农业技术标准、检验检疫技术双方与多方互认。二是共建现代化境外农业示范园区，在境外合作建立农产品生产、加工和储运基地，开展科技示范、科教，推广现代生产技术、质量安全监测技术，带动优良品种、农机设备、农技人才、先进生产经营管理理念等"走出去"。

（二）建立健全境外投资保险

问题描述：部分合作国家政局不稳、政策连续性差、制定的投资政策和措施颁布不明朗、法律约束力低、诚信度不够，合同履行不到位，政府相关部门办事效率低下等都会影响境外农业合作项目连续性,使企业权益容易受损。此外,国外疫情仍在持续,一些境外不实舆论对"走出去"企业造成舆论压力。

解决思路:加强国别研究和信息收集,评估对外投资风险和环境,建立健全企业"走出去"综合服务体系,提供信息资讯和保险服务,保障企业合法权益,减少因合作国政局不稳、政策不连贯及失信等带来的损失。

具体措施建议:一是建立对外投资合作重点国别和重点行业数据库,做足市场调研,收集政策、法律、投融资、项目信息等方面内容,为企业提供信息服务和投资参考。二是发挥驻外机构服务作用,在南亚东南亚国家筹建昆明驻外商务代表处,依托商务部驻昆专门机构,强化对外开放联动机制,建立与我国驻外使馆经商处、中资企业商(协)会工作联系机制,及时提供信息服务,避免企业对外投资信息不对称。三是建立健全境外投资保险制度,发挥我出口信用保险公司等金融机构作用,为开展境外农业合作的企业提供的保险服务,减少因周边国家政治动荡、汇率变动等因素给项目造成的经济损失。

(三)提升金融机构贷款服务积极性

问题描述:政府引导推动的农业对外合作专项资金较为有限,除替代种植项目外,目前国家和云南省尚无专门针对农业对外合作投资方面的专项资金支持。在境外发展的农业企业,不能享受国内各项强农惠农优惠政策,导致各项农资成本增加,利润空间降低。

解决思路:加大政府和金融服务机构对开展农业对外合作企业和项目的支持力度,着力优化政策组合,提升资金支持和保障,提高企业"走出去"积极性。

具体措施建议:一是设立省级农业"走出去"财政支持专项资金,支持境外基础设施建设投资、农业技术推广体系建设和特色产业的境外合作等,对配额下正常进口大米等农产品的外贸企业给予一定进口补贴和物流补贴。二是加强金融贷款服务,鼓励政策性银行和各商业银行加大对境外种植粮食和进口返销企业、境外粮食生产基地、粮食市场建设、粮食仓储基础设施建设等贷款支持力度，为企业创造多元化投融资渠道。三是探索建立农业企业的融资担保机制，引导和鼓励融资性担保机构积极对开展对外投资和境外合作的农业企业提供担保服务。

（四）加强对境外农业合作项目的规范管理

问题描述：企业在境外投资中存在如事前审批手续繁杂、缺乏境外投资总体规划、事后有效跟踪和监管缺失等问题，使得企业面临盲目"走出去"风险，加之现存的项目审批制度尚不完善，对投资后的监管、跟踪、统计、分析等管理服务功能不到位，致使企业境外"无序"开发和竞争，难以实现良性发展。

解决思路：优化政府部门管理和监督，提升公共服务能力，加强项目协调管理，简化各项手续流程，提高风险控制水平，引导和督促企业在境外合法化开发和经营。

具体措施建议：一是可复制自由贸易试验区的成熟经验，逐步改革和简化境外投资审批制度，推进以备案制替代核准制，简化审批流程，加强境外投资农业项目的协调，避免企业间无序竞争。二是健全完善境外投资项目跟踪机制，按照国家对企业境外投资事前事中事后的监管要求，除每年两次"双随机一公开"抽查工作外，通过跟踪确保各项风险控制措施落到实处。三是完善云南省"走出去"工作协调领导小组工作机制，提高对外投资合作统筹协调和决策能力，做好重大项目推进和实施过程中的协调工作，简化企业备案手续，提升便利化程度。四是引导企业在境外实行本地化经营，监督企业在境外开展农业合作时依法合规经营，注重环境资源保护，履行必要的社会责任。

（五）合理协调配额分配

问题描述：通过一般贸易进口粮食对企业的经营资质要求严格，且国家粮食进口配额有限，每年能给予边境地区的进口配额较少，企业申请配额难度较大，而进口配额多掌握在国企手中，民营企业配额普遍较少，部分有条件进口粮食的企业却没有配额指标，易引发买卖配额行为。

解决思路：积极向上争取更多进口配额，建立省级配额协调机制，探索更优粮食进口管理模式，扩大进口规模。

具体措施：一是积极向国家争取更多粮食关税进口配额，确认云南省与周边国家检疫证书等农产品粮食准入事项。二是探索建立省级的粮食进口配额协调机制，在安排大米进口配额时，对边境地区的粮食贸易和加工企业给予倾斜，对具有资质的民营企业也应考虑分配。三是进一步放宽一般贸易粮食进口配额的准入门槛，将原来的加工企业放宽到粮食经营企业和中国在境外粮食种植企业均可申请。

（六）明确返销产品目录和年度计划

问题描述：罂粟替代种植项目下的粮食种植规模和投入与甘蔗、橡胶等经济作物比较，都难以相提并论，而国家给予云南的替代种植农产品返销进口配额，尤其是大米的进口配额十分有限。

解决思路：推进替代种植项目顺利开展，拓展替代政策，努力实现替代种植区域面积、替代企业数量、替代产品种类、替代返销配额的"四个突破"。

具体措施：一是加快推进境外农产品替代示范项目建设，不断提升云南与缅、老方合作水平，协调双边政策、双边管理、双边服务等重点问题，探索优化替代种植配额的机制模式，建立动态返销产品目录和年度计划。二是充分拓展替代政策空间，深入发展替代产业，争取国家替代种植产品返销进口计划向云南倾斜及将替代企业核准权限下放云南，争取返销计划总量较大增加，争取替代种植面积扩展至老挝、缅甸中部、南部，探索增加越南、柬埔寨等国别，争取国家将境外农业经贸合作区内生产农产品视同国内生产农产品进行返销。

（七）争取增加边民互市粮食准入量

问题描述：云南边境线长达4060公里，边民互市通道上百条，通过边民小额贸易进口粮食每个边民每天进口粮食免税额度是 50 公斤，且国内粮价与国际粮价的较大差异，导致周边国家大米走私较为频繁，既干扰正常的粮食贸易，还损害我国粮农利益和粮食安全。

解决思路：争取增加边民互市粮食准入量，加大打击粮食走私力度，杜绝市场乱象，扩大边民互市交易场所，优化边民互市综合服务，规范互市交易流程，提升管理水平。

具体措施建议：一是争取增加粮食在边民互市贸易中的准入量，积极探索配额管理方式下的边民互市粮食进口管理模式。二是严厉打击粮食走私，在边境地区由市场监管、粮食、税务、海关、质检、商务等部门依法开展综合执法，合力打击粮食走私和违法违规交易、偷税逃税漏税等行为。三是开展交易市场整顿，在边民互市市场内搭建商铺，为边民交易提供场所，鼓励市场运营企业为边民提供物流、仓储、代理报关报检、电子商务等综合服务，进一步规范交易程序。四是充分应用科技手段，探索建立互市"一指通"系统，接入海关信息管理平台和互市商品进出口业务管理平台，最终实现边民参与互市交易"无纸化"流程，通过读取指纹和车辆刷卡即可实现人员、货物的自动核验放行，解决交易业务"代办"等市场乱象问题。

五、进一步推进云南境外农业合作发展的措施建议

主动服务和融入国家"一带一路"建设，把握澜湄合作重要机遇，创新方式方法，做好多方配合，抓好重点工作，务实推进云南农业对外合作，支持和保障云南农业企业既能"走出去"与周边国家开展对外投资与合作，又能将农产品顺利运回来。

（一）农业"走出去"

充分利用周边国家丰富的农业自然资源优势，逐步构建农业合作双向通道，在农业领域开展广泛的合作。积极引导农业企业"走出去"建立境外农业合作区，带动我国农业技术标准、农机设备、种子进入农业示范区，开展良种示范种植、农业技术培训、农作物育种升级等工作，提升农作物产量，并以协

议的方式统购统销，自主决定粮食返销中国或从当地向外销售，以作为我国稳定的海外粮食生产和补充，畅通粮食回运通道。

（二）利用自贸试验区探索农产品自由贸易试点

《中国（云南）自由贸易试验区总体方案》第71项改革试点任务为"支持建设境外农业经贸合作区，稳步解决跨境农业合作返销农产品检验检疫准入"。可探索利用德宏片区和红河片区沿边优势，开辟农业合作返销品贸易新渠道，实行注册准入管理，确保返销进口粮食符合质量安全要求。待条件成熟后在自贸试验区内实施一定范围的农产品自由贸易，把监管外的交易引进来，在不危害国家粮食安全，不损害粮农利益的前提下，鼓励和支持粮食企业从东南亚国家以正规途径进口原粮。

（三）健全完善粮食流通体系

加大口岸基础设施、进口粮食专用仓库、粮食装卸运输、粮食现场查验和检验检疫等设施设备建设，进一步完善云南粮食物流体系，建成集粮食收购、仓储、加工及副产品循环利用、质检、物流配送、信息等于一体的粮食产业园区或粮食综合批发交易市场，构建辐射内外的重要农产品交易中心、物流中心等国际农产品交易枢纽，鼓励云南省内企业在边境建设农产品加工贸易园区，加强区域特色农产品跨境电商平台和现代物流体系建设。

（四）做好农业"走出去"企业服务和监管工作

商务部门应积极帮助企业申请粮食进口许可证和进口粮食配额，降低企业粮食回运成本；农业部门应进一步放宽农机跨境使用政策，允许企业通过境内农机合作社购置大型农机具跨境使用；海关检疫部门应加强检验检疫信息化建设，大力推进电子申报、监管、放行，不断扩大绿色通道、无纸化报验、直通放行实施范围，加快区域通关一体化进程，支持替代种植产业农产品返销实行"一次检疫、分批放行"的管理模式；口岸部门应争取云南更多口岸获得进口粮食指定口岸资质；银行部门应开拓企业境外资产作为抵押物进行贷款的金融服务，保证境外企业资金周转。

六、结语

云南要增强经济发展活力，保障粮食安全，就需要与周边国家深入开展农业合作。云南与周边国家的农业资源、开发程度、农业发展水平等各有优势和差异性，呈现出较强的互补性，大力支持、鼓励合作开发农业资源，通过建立境外经贸园区、境外农业合作示范区作为优质粮食生产基地和面向中国西南地区的优势特色农产品生产中心、加工中心、流通中心、农业技术服务中心，促进我国农业标准和技术"走出去"与境外农产品回运，稳步构建和畅通粮食贸易大通道，实现生产资源优势互补，生产要素自由交流，互利互惠，合作共赢。

参考文献

[1] 陈志成，孔志坚. 构建中国（云南）与中南半岛粮食贸易大通道的策略思考[J]. 全球化(2期):92-103.

[2] 蒲文彬，PuWenbin. 云南与东盟国家农业合作的互补性和竞争性研究[J]. 东南亚纵横，2005(5).

[3] 老挝北部九省与中国云南省农业合作研究[D].

[4] 孙喜勤. 论云南省与孟印缅的农业合作[J]. 东南亚南亚研究，2014(4):63-67.

[5] 吴嘉纯. 境外经贸合作区对我国对外直接投资和出口贸易的影响[D]. 2017.

[6] 初阳，陈雷，张明飞. 边民互市贸易转型升级的实践与探索——以广西东兴市为例[J]. 经济研究参考，2018,000(014):64-69.

[7] 孔志坚，杨光. 中国云南与缅甸粮食贸易研究[J]. 世界农业，2017,000(002):145-148.

中国应对 CPTPP 经济影响的政策选择及效果

李春顶　平一帆　张杰晧[*]

摘要：使用 2018 年数据构建一个包含 26 个经济体的全球一般均衡数值模型系统，并嵌入价值链和增加值贸易，系统的量化模拟中国应对 CPTPP 政策选择的经济效果。研究结果发现，在考虑增加值贸易的情形下，CPTPP 对中国的影响除了冲击社会福利外，对经济增长、就业和贸易都存在积极效应。中国单方面的应对政策效果从高到低的顺序依次为建设中日韩自贸区、建设 RCEP、不采取措施和扩大对外开放。中国加入 CPTPP 的应对措施有效，且和第一批扩容国家一起加入的效果更好。美国重返 CPTPP 的应对效果从高到低的顺序依次为优化营商环境、不采取措施和加入协定。政策启示上，中国应扩大改革和开放、扩大自由贸易协定"朋友圈"、考虑加入 CPTPP，以提高中国的经济收益。

关键词：CPTPP；一般均衡模型；经济影响；数值模拟

一、引言

全面与进步跨太平洋伙伴关系协定（Comprehensive and Progressive Agreement for Trans-Pacific Partnership，简称 CPTPP）是美国退出跨太平洋伙伴关系协定（TPP）后，剩余 11 国成员对协定内容进行部分修改后签订形成的新区域贸易协定，已于 2018 年 12 月 30 日正式生效。CPTPP 协议成员覆盖了全

---

[*] 作者简介：袁永友，武汉纺织大学外经贸学院教授；魏宏贵，武汉市商务局高级国际商务师；谢荣军，武汉软件职业技术学院副教授。

球 5 亿人口，按照 2018 年数据，占据了全球 13.4% 的经济规模[①]。目前，CPTPP 在经济规模上是亚太第一大自贸区。与此同时，CPTPP 首届部长级会议于 2019 年 1 月 19 日在日本东京讨论了协定未来的扩容问题，哥伦比亚、印度尼西亚、韩国、英国，皆有表达意愿加入 CPTPP；美国也表示将重新审视 CPTPP 的价值，不排除重新加入协定的可能。CPTPP 的经济规模、未来扩容以及强调制度开放的高标准，决定了其必将对亚太经贸格局乃至全球经贸投资规则产生深远的影响。

作为面向 21 世纪的高标准区域贸易协定，CPTPP 致力于削减贸易壁垒和消除成员国之间的投资障碍，条款内容主要包括非关税壁垒（NTB）、劳工标准、投资保护、环境标准和电信服务等，以期建立面向新世纪的高标准自由贸易区模板，并构建国际经贸新规则。此外，CPTPP 在整个亚太经济体中创造了新的供应链机会，有望在不久的将来建立以 CPTPP 为中心的价值链系统。CPTPP 的区域排他性和可能构建的国际经贸新规则，势必会对身处 CPTPP 之外的中国造成影响并形成挑战。

虽然中美已经达成第一阶段经贸协议，但中美贸易博弈和相互竞争的关系短期内不会改变，新冠疫情之后中美的竞争博弈可能还会进一步加剧。对中国来说，中美贸易博弈和 CPTPP 的生效与扩容都会带来挑战，需要采取积极措施进行应对，构建或加入更多的区域贸易体系，扩大经贸合作的"朋友圈"。整体上，中国应对 CPTPP 经济影响的措施可分为三类：一是中国直接应对 CPTPP 的政策选择，二是中国加入 CPTPP 的一系列应对政策选择，三是中国应对美国重返 CPTPP 的政策选择。

二、理论模型、数据和参数校准

（一）嵌入价值链和增加值贸易的一般均衡模型

论文构建嵌入价值链和增加值贸易的全球一般均衡模型，按照 Li et al.（2016）的方法引入"内部货币（Inside Money）"的内生性贸易不平衡结

---

① 使用世界银行世界发展指数（WDI）数据库统计数据计算。

构。内部货币的内生性贸易不平衡结构具体建模方法是假设允许产品贸易和以内部货币表示的债务贸易同时存在，效用函数中包含未来消费的索取权（持有货币）或未来消费的负债（发行货币），表示当期储蓄引致的未来消费的增量；同时，内部货币进入效用函数，并假设内部货币等于贸易不平衡水平。

模型的生产结构上，设定一个嵌套的常替代弹性（CES）生产函数，并使用中间品和劳动两个要素生产 M 个产品，同时采用阿明顿假设各国生产的同类产品是异质的。消费需求结构上，设定两层嵌套的常替代弹性（CES）效用函数，第一层是在不同的产品之间进行消费选择，第二层结构是在不同国家生产的产品之间进行消费选择。另外，假定未来消费或负债（内部货币）进入效用函数，每个国家可以使用当期收入来购买或储备未来消费。

在以上生产和消费结构基础上引入贸易成本，并分解为进口关税和非关税壁垒两个部分。非关税壁垒包含有运输成本、技术性贸易壁垒、语言壁垒和制度壁垒等。关税可以带来税收，增加政府收入。非关税壁垒与进口关税不同，不仅无法获得税收的收入，还需要使用实际资源来支付所涉及的成本。同时，假设抵偿非关税壁垒的成本由非制造业部门提供。在贸易自由化下，非关税壁垒（包括运输成本）将随着进口国代表性消费者非制造业产品消费的增加而减少。

引入价值链和增加值贸易结构的建模方法是：在一般均衡模型框架下的生产要素中引入中间品投入，以及中间品生产的投入–产出结构。使用价值链的投入–产出数据把增加值贸易系统引入模型中（见图 1）。

模型的均衡条件包括要素市场出清、产品市场出清、全球贸易出清以及完全竞争市场条件下的零利润条件，所有市场同时出清的条件共同决定模型均衡。

以最新的 2018 年数据建立基准数据集以校准和构建数值模型系统。数值模型包含 26 个国家/地区，分别是澳大利亚，巴林，巴西，文莱，加拿大，智利，中国，欧盟，印度，印度尼西亚，日本，韩国，科威特，马来西亚，墨西哥，新西兰，秘鲁，菲律宾，卡塔尔，俄罗斯，沙特阿拉伯，新加坡，泰国，美国，越南和世界其他地区（ROW）。数值模型中的生产要素包括中间品和劳动，产品包括制造业产品和非制造业产品。

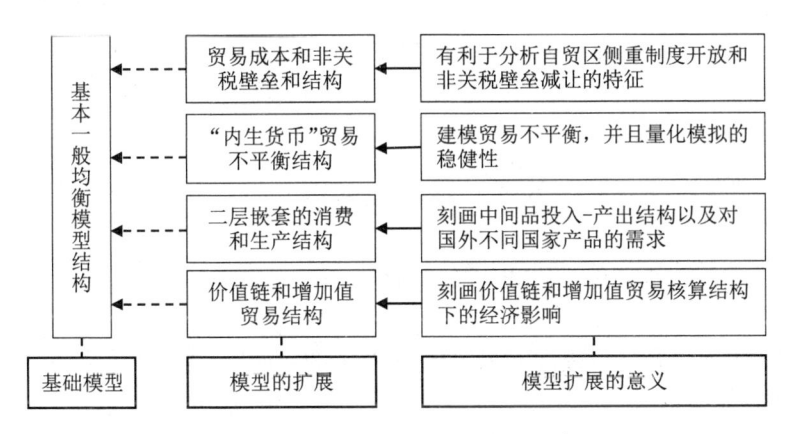

图1 全球一般均衡数值模型系统

（二）数据和参数校准

各国的生产投入和产出数据来源于世界银行的世界发展指数（WDI）数据库，使用农业和服务业在GDP中的比重以及GDP数据计算制造业和非制造业产品的产出，使用资本/GDP的比重来确定生产中的资本和劳动力投入，以及中间品和劳动的投入。使用第二产业（制造业）的数据代表制造业产品，使用第一和第三产业（农业、采掘业和服务业）的数据代表非制造业产品。要素投入上使用劳动收入（工资）来表示劳动要素的投入。其他国家（ROW）的数据使用世界总值减去模型中所有单个国家或地区的总值获得。

各个国家之间的相互增加值贸易数据来源于OECD统计数据库以及世界投入-产出数据库（WIOD），由于增加值贸易数据目前只更新到2015年，故而数值模型中的增加值贸易为2015年数据。使用生产和贸易的数据，可以计算出单个国家的消费数据。使用Novy（2013）的方法计算模型中各国相互之间的贸易成本，每个国家的进口关税数据来源于WTO统计数据库，使用最惠国平均关税率表示，非关税壁垒数据用贸易成本减去进口关税率。ROW进口关税水平使用世界其他国家的平均关税税率来表示。由于国家较多，模型中消费和生产函数的产品消费替代弹性和生产要素替代弹性，参考 Whalley and Wang（2010）的设定。

使用 2018 年的实际数据，将模型中的参数设置为变量，进一步校准和估计参数，建立数值一般均衡模型系统。进一步使用数值模型系统模拟实际经济变量，并将模型模拟值与实际数据进行比较，以检查数值模型的可靠性。检验的结果表明，数值模型系统的拟合度较高并且可信可靠。

三、应对 CPTPP 的政策选择及效果

（一）无应对措施的 CPTPP 经济效应

如果中国不采取措施应对 CPTPP，中国的 GDP、制造业就业和进出口贸易都有小幅增加，但社会福利会有一定的损害。主要原因可能有：一是中国对现有 CPTPP 的 11 个成员国的贸易依赖程度较低，尤其是出口贸易，使得 CPTPP 产生的区域贸易自由化所带来的贸易创造效应更大。二是区域贸易协定一定程度上推动了全球贸易自由化，开放的溢出效应也给非协定成员的中国带来收益；但社会福利的损失是由于产出和出口的增加导致国内消费下降，进而社会福利受损。三是考虑价值链和增加值贸易后，各国相互之间的贸易关系将更加紧密，从而降低了 CPTPP 的排他性影响。具体而言，中国的 GDP 将提高 0.099%，出口提高 0.126%，进口提高 0.006%，制造业就业提高 0.007%，但社会福利下降 0.023%（见图 2）。

对协定成员的影响方面，所有成员的 GDP 及进出口贸易的效应都为正；但多数成员国的社会福利都将在一定程度上受损，原因是 CPTPP 带来出口贸易的增长而使得消费下降，进而损失社会福利。制造业就业的影响上，除文莱外的其他成员都会获利；其中新西兰、澳大利亚、智利、新加坡的受益较大，马来西亚、墨西哥、秘鲁、日本其次，加拿大、越南略小。具体以日本的影响为例，社会福利增加 0.039%，GDP 增长 0.025%，制造业就业增加 0.318%，出口贸易增长 0.809%，进口贸易增长 0.855%。

中国应对CPTPP经济影响的政策选择及效果

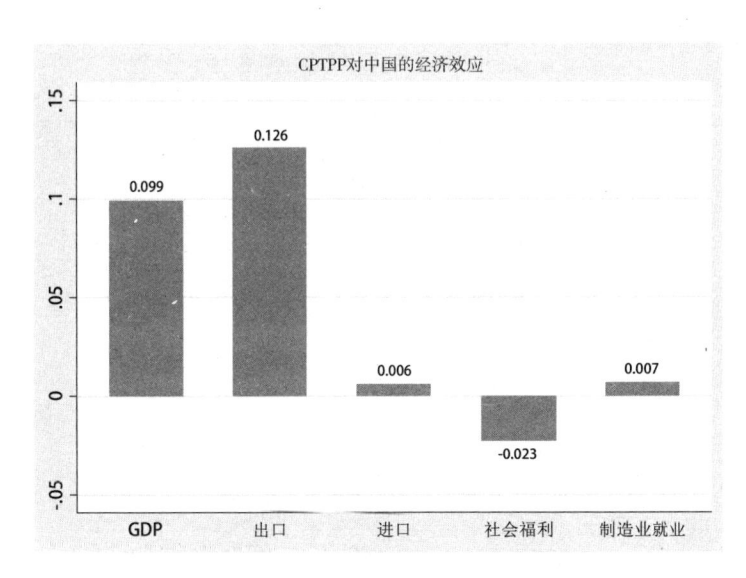

图2 CPTPP对中国的经济影响（%变动）

数据来源：根据模型结果整理。

对非协定成员的影响方面，CPTPP对除韩国以外的所有非协定成员国的社会福利影响都为负，对所有非协定成员的制造业就业和出口贸易影响都为正。从进口贸易看，对印度、巴西、俄罗斯、印度尼西亚、泰国、菲律宾的影响都为负。具体以欧盟的影响为例，其社会福利下降0.014%，GDP增加0.113%，制造业就业增加0.026%，进出口贸易分别增加0.045%和0.159%。对世界整体的影响方面，社会福利、GDP、制造业就业以及进出口贸易都会增加。

（二）以RCEP应对CPTPP的效应

如果中国以达成RCEP来应对CPTPP，模拟结果显示中国的受益会进一步提高。原因一方面是RCEP将促进中国的进出口贸易和经济增长，带来正向区域贸易协定效应。另一方面是RCEP中的国家和CPTPP成员有重叠，可以抵消CPTPP的不利影响。比较有无RCEP时的CPTPP对中国经济效应，中国的受益会增加，社会福利也由负转为正，说明以RCEP应对是有效的。具体来说，中国GDP可提升0.197%，进出口贸易分别可以提高1.783%和1.993%，社会福利可以提升0.039%，制造业就业可以提高0.324%（见图3）。

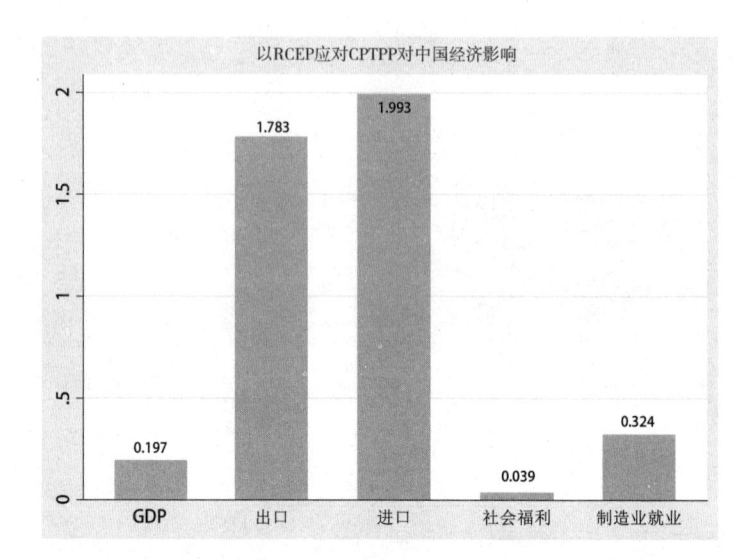

图 3 以 RCEP 应对 CPTPP 对中国的经济影响（% 变动）

数据来源：根据模型结果整理。

对 CPTPP 协定成员的经济影响上，多数国家基本都会受益。社会福利上除加拿大、越南、新加坡以外的 CPTPP 成员国的社会福利都会提升。对大多数 CPTPP 协定成员国的 GDP、制造业就业和进出口贸易都存在积极影响。具体以日本为例，以 RCEP 应对 CPTPP 会使日本的社会福利增长 0.128%，GDP 增长 0.025%，制造业就业增长 0.867%，出口增长 2.176%，进口贸易增长 2.422%。

对 CPTPP 的非协定成员经济影响上，除美国、欧盟、巴西、俄罗斯以外的多数国家社会福利都会下降，对所有非成员国的制造业就业与出口贸易都有正向影响，除韩国以外所有国家的 GDP 都会增长，除俄罗斯外的所有国家进口贸易都会增长。对世界整体的影响上，社会福利、GDP、制造业就业和进出口贸易都会受益，并且受益比单独 CPTPP 效应更突出。

（三）以中日韩自贸区应对 CPTPP 的效应

中日韩自由贸易区目前还在谈判中，如果能够达成协定，将扩大三国相互之间的经贸关系，抵消 CPTPP 可能带来的挑战。模拟结果显示，中国的社会福利、GDP、制造业就业和贸易都会受益，并且比单独 CPTPP 时的效应更显著，说明中日韩自贸区应对 CPTPP 的影响是有效的。具体来说，中国的 GDP 增加 0.22%，社会福利和制造业就业分别增长 0.007% 和 0.157%，进出口贸易分别提高 0.993% 和 0.938%（见图 4）。

对 CPTPP 协定成员的影响上，多数成员国的社会福利都会增加，但对加拿大、新西兰、墨西哥、越南、新加坡有负面影响。GDP 和进出口贸易方面，对所有成员国都有促进作用。具体以日本为例，社会福利将提升 0.108%，GDP 增加 0.008%，制造业就业提高 0.723%，进出口贸易分别提高 2.035% 和 1.797%。

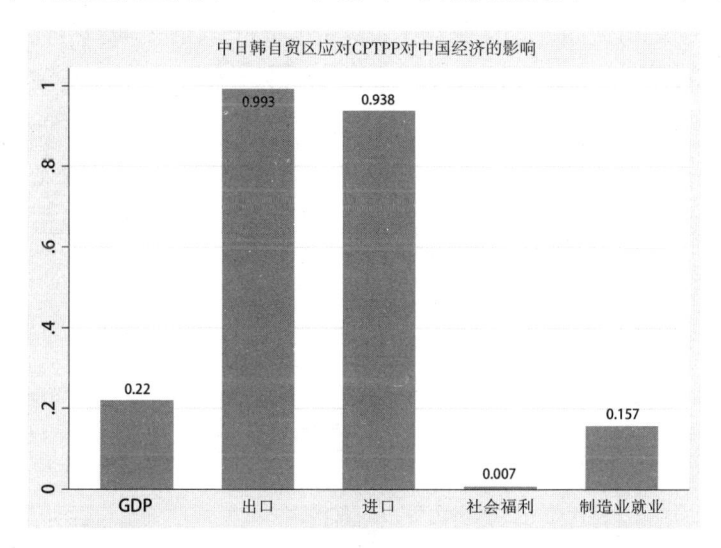

图 4 以中日韩自贸区应对 CPTPP 对中国的经济影响（% 变动）

数据来源：根据模型结果整理。

对 CPTPP 非成员国家的影响上，多数国家的社会福利都会下降，多数国家的制造业就业和进出口贸易呈现正向影响，说明中日韩自贸区和 CPTPP 的共同效应将促进贸易自由化，给多数协定非成员国家带来收益。对世界整体的影响上，社会福利、经济增长、就业和贸易都会提高，并且增长效应大于仅有 CPTPP 的情形。

（四）以扩大对外开放应对 CPTPP 的效应

进一步扩大对外开放有利于增加中国的进出口贸易，并惠及全球市场，能够抵消CPTPP对中国以及非协定成员带来的挑战。扩大对外开放的影响机制上，假定能够削减中国和贸易伙伴30%的非关税壁垒。对中国的影响上，进出口贸易、社会福利以及制造业就业均会不同程度受益，但GDP存在负面效应，原因可能是扩大开放主要增加了进口，部分替代了国内产品需求。具体而言，中国出口和进口贸易分别增长2.75%和6.402%，社会福利增加0.339%，制造业就业提升1.292%，但GDP将下降2.016%（见图5）。

对CPTPP的协定成员经济效应来看，基本所有国家的GDP、制造业就业和进出口贸易都将受益，并且获益比单纯的CPTPP效应更强，但社会福利上部分国家如秘鲁、文莱和智利将受损，原因是贸易协定扩大了成员国的出口融资而导致消费减少和福利下降。具体以越南为例，社会福利下降0.4545%，GDP提高0.528%，制造业就业增加0.395%，进出口贸易分别提升0.197%和2.193%。

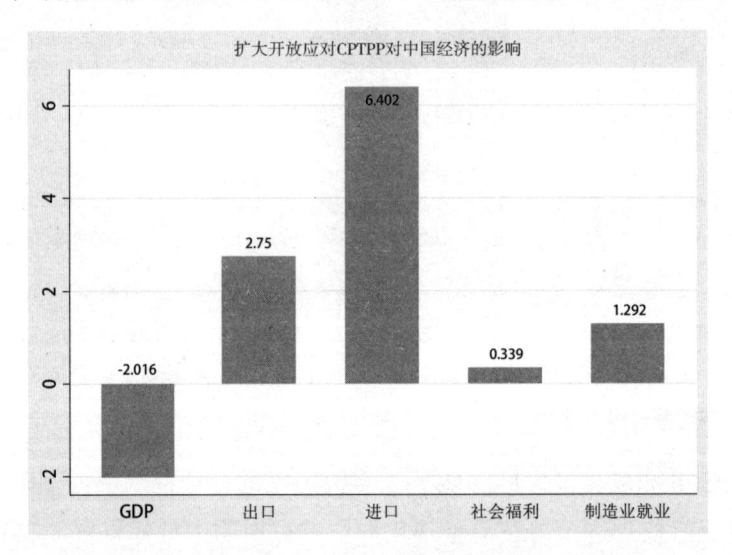

图5 以扩大开放应对CPTPP对中国的经济影响（%变动）

数据来源：根据模型结果整理。

对于多数非CPPTPP协议成员国，中国进一步扩大开放有利于增加受益而减少损失。GDP上除了韩国外其他国家都会受益，制造业就业除了美国外都会受益，出口和进口都会受益。对于世界整体来说，社会福利、GDP、制造业就业和进出口贸易都将受益。

（五）应对政策效果比较

比较四种中国单独应对CPTPP的政策选择经济效应，以经济增长（GDP）为目标，中国受益从大到小依次为：中日韩自贸区应对，RCEP应对，没有应对措施，以及扩大对外开放进行应对。以出口贸易增长为目标，中国受益从大到小依次为：中国扩大开放应对，RCEP应对，中日韩自贸区应对，以及无应对措施。

对世界整体的影响来看，以经济增长为目标的应对措施效果依次为：RCEP应对，中日韩自贸区应对，没有应对措施，以及扩大对外开放应对；以出口贸易增长为目标的应对措施效果依次为：扩大对外开放，RCEP应对，中日韩自贸区应对，以及无应对措施（见表1）。

表1 中国应对CPTPP的政策选择效果对比

国家	应对措施	社会福利	GDP	制造业就业	出口	进口
中国	CPTPP效应	-0.023	0.099	0.007	0.126	0.006
	RCEP应对	0.039	0.197	0.324	1.783	1.993
	中日韩自贸区应对	0.007	0.220	0.157	0.993	0.938
	扩大开放应对	0.339	-2.016	1.292	2.750	6.402
世界	CPTPP效应	0.033	0.105	0.122	0.341	0.341
	RCEP应对	0.054	0.169	0.310	0.843	0.843
	中日韩自贸区应对	0.039	0.139	0.194	0.531	0.531
	扩大开放应对	0.138	0.085	0.346	1.145	1.145

数据来源：根据GAMS模拟结果整理。

四、中国加入CPTPP应对的政策选择及效果

（一）中国独自加入CPTPP的效应

中国加入CPTPP具有现实可行性和基础：第一，CPTPP相较于TPP而言标准稍低，许多条款如市场准入、技术性贸易壁垒、贸易便利化等与中韩FTA

相差无几，中国基本上已经达到标准；同时部分条款如知识产权、劳工、环境等也符合中国未来改革和开放的方向。第二，部分 CPTPP 协定成员曾提出欢迎中国加入 CPTPP，中国的参与会惠及协定成员。第三，CPTPP 协定中明确欢迎其他国家参与，并且制定了扩容条款，并正在讨论第一轮扩容问题。

从中国独自加入 CPTPP 对中国的经济影响看，GDP、社会福利、制造业就业、进出口贸易都会增加，与没有加入之前的情形相比，中国的获益增加并没有受损。具体而言，中国单独加入 CPTPP 后，GDP 会增加 0.006%、社会福利增加 0.035%、制造业就业增加 0.228%、进出口贸易分别增加 1.4% 与 1.095%（见图 6）。

对 CPTPP 协定成员国的影响方面，基本上所有国家都会受益。一是总进出口贸易影响上，文莱、马来西亚、越南、墨西哥、秘鲁等对外贸易依存度较高的国家获益较为明显，日本、澳大利亚、新西兰、智利次之，加拿大、新加坡增幅较小；二是社会福利影响上，墨西哥、越南将会受到一定的损害，其余国家均有不同程度的增加；三是 GDP 影响上，除澳大利亚外其余国家均有所获益，澳大利亚 GDP 受损的主要原因是进口增幅大于出口；四是制造业就业影响上，除文莱下降外，其余国家都将实现一定的正增长。

对 CPTPP 的非协定成员国经济影响上，绝大多数国家的 GDP、制造业就业以及出口也都会有所增长，但部分国家在社会福利以及进口方面会受损。社会福利影响上，除韩国以外国家都会受益，其余国家均会受损；在进口贸易上，除了中国、美国、欧盟和韩国外，其余国家进口贸易都会下降。具体以印度尼西亚为例，社会福利下降 0.056%、GDP 增加 0.04%、制造业就业增加 0.038%、出口贸易增加 0.198%、进口贸易下降 0.13%。对世界整体影响上，当中国独自加入 CPTPP 时，世界的受益增加。具体地，社会福利提高 0.049%、GDP 增加 0.102%、制造业就业增加 0.205%、贸易增加 0.549%。

中国应对CPTPP经济影响的政策选择及效果

中国加入CPTPP对中国的经济效应

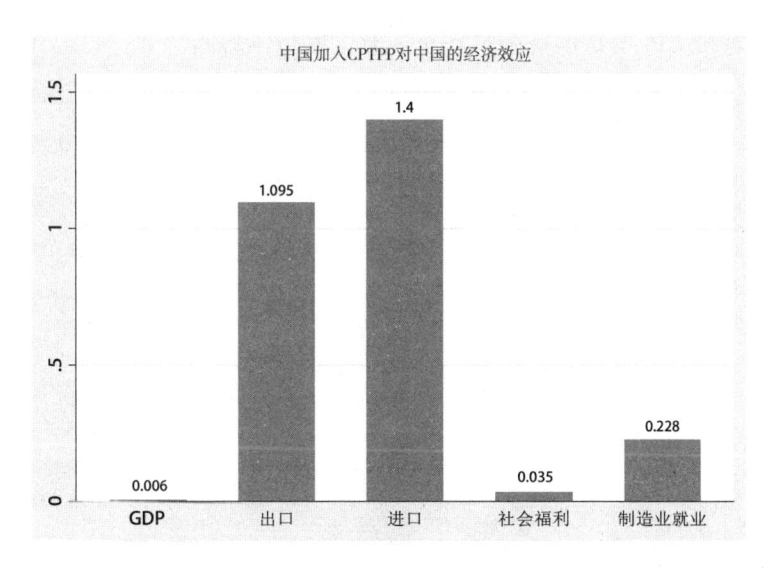

图6 中国加入CPTPP对中国的经济影响（%变动）

数据来源：根据模型结果整理。

（二）中国和第一批扩容国家一起加入CPTPP的效应

目前已经明确表示希望加入CPTPP的国家包括韩国、印度尼西亚、哥伦比亚、泰国、菲律宾。如果这五个国家第一批扩容加入CPTPP，将会形成16个国家的新贸易协定。如果中国和第一批扩容的国家一起加入CPTPP，将给中国的GDP、制造业就业与进出口贸易带来更加积极的影响。具体而言，中国的GDP将增加0.102%、制造业就业增加0.383%，进出口贸易分别增加2.364%和1.957%，社会福利提高0.061%（见图7）。

对CPTPP协定成员的影响上，绝大多数国家将会获得更大的经济效益。与中国单独加入CPTPP所产生的经济效益相比，各项指标的增幅均有较大幅度的提升，负面影响有所削弱。具体以韩国为例，社会福利增加1.961%、制造业就业增加3.58%、出口贸易增加4.172%、进口贸易增加10.015%，但GDP会损失0.775%。

对CPTPP非协定成员的影响上，大多数国家的GDP、制造业就业、出口贸易均会呈现不同幅度的增加，且部分国家如印度尼西亚、泰国等在社会福利、进口贸易上的增长量将由负转正。对世界整体的影响上，中国和第一批扩容国家一起加入 CPTPP 会产生更大程度的积极效应。具体而言，社会福利会提高 0.06%、GDP 会增加 0.162%、制造业就业增加 0.328%、进口与出口贸易会增加 0.886%。

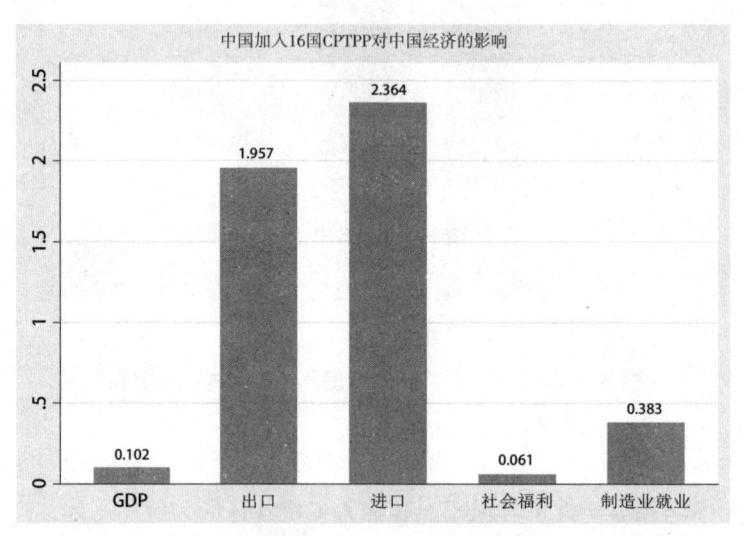

图 7　中国加入 16 国 CPTPP 对中国的经济影响（% 变动）

数据来源：根据模型结果整理。

（三）应对政策效果比较

整体上，中国加入 CPTPP 会给中国与世界整体带来收益。比较而言，无论是对中国还是世界整体，中国同第一批扩容国家一同加入 CPTPP 的经济影响，明显高于中国单独加入 CPTPP 的效应。具体来说：中国单独加入 CPTPP 时，中国的 GDP 增加 0.006%，世界的 GDP 增加 0.102%。中国同第一批扩容国家一起加入 CPTPP 时，中国的 GDP 将提升 0.102%，世界 GDP 将增加 0.162%（见表 2）。

表2 中国加入CPTPP的政策选择效果对比

国家	应对措施	社会福利	GDP	制造业就业	出口	进口
中国	中国单独加入	0.035	0.006	0.228	1.095	1.400
	第一批扩容加入	0.061	0.102	0.383	1.957	2.364
世界	中国单独加入	0.049	0.102	0.205	0.549	0.549
	第一批扩容加入	0.060	0.162	0.328	0.886	0.886

数据来源：根据GAMS模拟结果整理。

五、美国重返CPTPP情形下的中国应对政策选择及效果

（一）美国重返CPTPP的经济效应

从重返亚太和主导国际经贸新规则的角度考虑，美国仍有可能会重新审视并返回CPTPP。如果美国重返CPTPP，将会重新回复到TPP协定的状态。模拟结果显示，美国重返CPTPP会使得中国的社会福利进一步下降，但GDP、制造业就业和进出口贸易的效应为正，说明12国CPTPP对中国的排他效应不明显，反而由于区域贸易协定的开放带动了中国的贸易和经济增长。相较于中国加入CPTPP的情形，积极影响有所减弱，福利的负面效应更加明显。具体而言，如果美国重返CPTPP，中国的GDP将会增加0.087%，进出口贸易分别增加0.002%和0.108%，制造业就业增加0.006%，社会福利将损失0.021%（见图8）。

对CPTPP协定成员的影响上，所有成员在GDP、制造业就业和进出口贸易上都会受益，并且美国重返增加了成员的利益。具体以日本为例，社会福利将提高0.064%，GDP将提高0.038%，制造业就业将增加0.44%，出口增加1.13%，进口增加1.188%。对CPTPP非协定成员的影响上，多数国家也都将受益。GDP效应上除韩国外，所有非成员都将受益；制造业就业和出口贸易上，所有非成员都会受益。对世界整体的影响上，美国重返CPTPP将惠及世界GDP、社会福利、就业和贸易，并且效应大于没有美国加入时的协定。

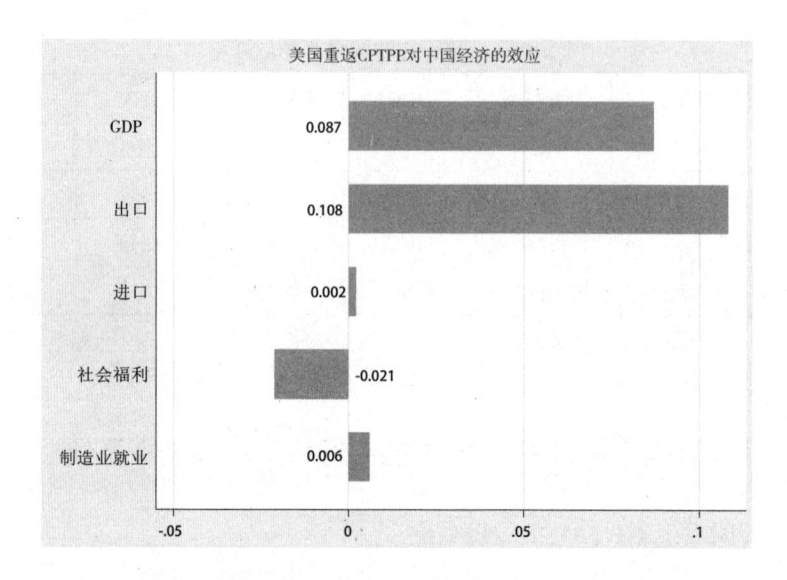

图8 美国重返CPTPP对中国的经济影响（%变动）

数据来源：根据模型结果整理。

（二）优化营商环境应对的效应

优化营商环境能够降低贸易成本，吸引外资，进而有利于进出口贸易，抵消CPTPP对中国带来的挑战。世界银行《全球营商环境报告2020》显示，中国的营商环境位居全球第31位，连续两年位列营商环境改善程度前10位，故而通过优化营商环境应对CPTPP的影响具有可行性。优化营商环境影响机制是降低中国进口的非关税壁垒，假定能够降低30%的其他国家向中国出口非关税壁垒，模拟的结果显示，中国经济整体收益均会显著增加。具体而言，中国GDP将会增加4.54%、制造业就业增加2.727%、社会福利增加1.181%，进出口贸易增幅分别为14.875%和17.344%（见图9）。

对CPTPP的协定成员国影响上，大多数国家的社会福利、进口贸易、出口贸易与制造业就业都会增长。但在GDP影响上，日本、澳大利亚、加拿大、新西兰、秘鲁、文莱、智利7国将会由受益转为受损，原因可能是贸易向中国的转移效应。对CPTPP非协定成员的影响上，多数国家如美国、韩国、印度、巴西等的GDP、制造业就业和出口效应为负，可能的原因是更多的贸易转移到协定成员国以及中国。对世界整体的影响上，中国优化营商环境应对美国重返 CPTPP 的情形下，正向效应将显著提高。具体而言，世界整体的社会福利将增加 0.508%、GDP 增加 0.328%、制造业就业增加 1.146%，贸易增加 2.615%（见表 8）。

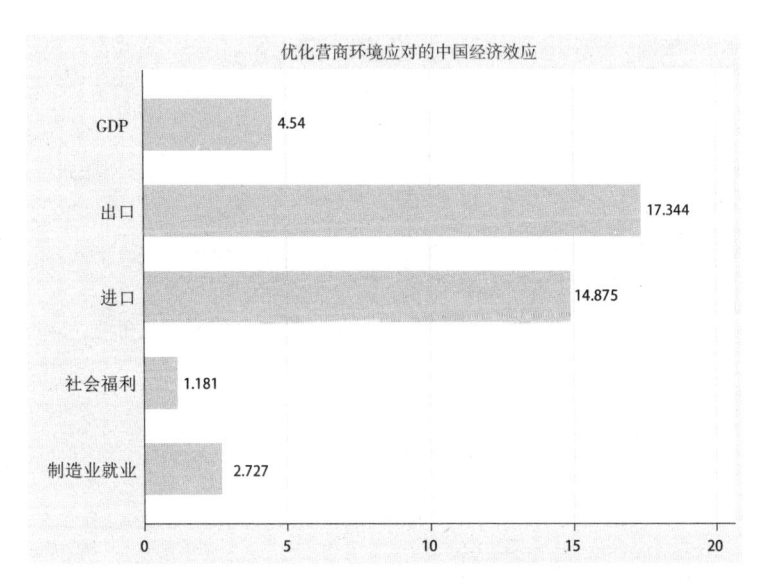

图 9 中国优化营商环境应对 CPTPP 对中国经济影响（% 变动）

优化营商环境应对的中国经济效应

- GDP: 4.54
- 出口: 17.344
- 进口: 14.875
- 社会福利: 1.181
- 制造业就业: 2.727

数据来源：根据模型结果整理。

（三）中国与美国一起加入进行应对的效应

美国重返 CPTPP 之后，中国也可以选择加入协定，以抵消 CPTPP 的不利影响。如果中国与美国一起加入 CPTPP，中国的获益与不参与相比会增加。具体而言，中国的 GDP 将增加 0.002%、社会福利增加 0.059%、制造业就业增加 0.312%、出口贸易增加 1.491%、进口贸易增加 1.917%（见图 10）。

对 CPTPP 协定成员的经济影响上，除越南、新加坡的社会福利会有部分损失、文莱制造业就业下降 0.739% 以外，绝大多数的国家都将获益。以日本为例，社会福利将增加 0.120%、GDP 增加 0.030%、制造业就业增加 0.744%、出口贸易增加 1.875%、进口贸易增加 2.062%。对非协定成员的经济影响上，许多国家如印度尼西亚、巴西、俄罗斯等的社会福利、进口贸易会受损,而绝大多数非协定国家的 GDP、制造业就业、出口贸易将有小幅增加。具体以印度为例,其社会福利将下降 0.043%、GDP 增加 0.06%、制造业就业增加 0.025%、出口贸易增加 0.157%、进口贸易下降 0.08%。对世界整体的经济影响上,社会福利、GDP、制造业就业和进出口贸易都将增加。

中国和美国都加入CPTPP对中国的经济效应

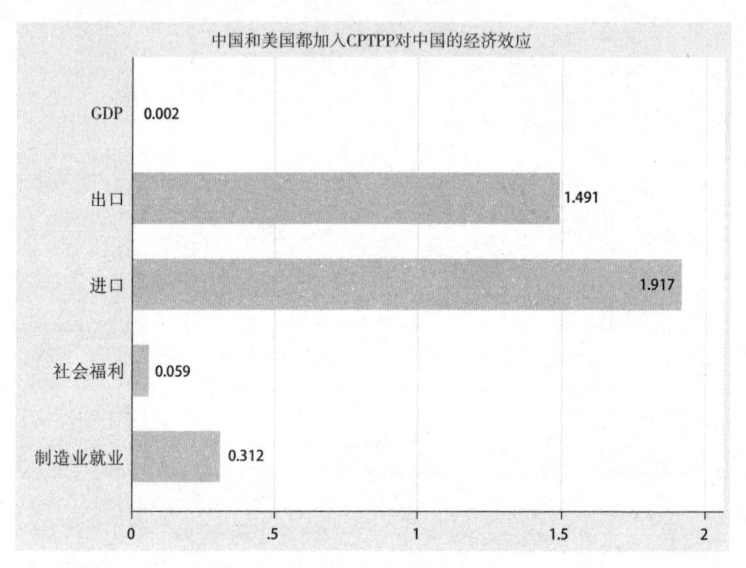

指标	数值
GDP	0.002
出口	1.491
进口	1.917
社会福利	0.059
制造业就业	0.312

图 10 中国和美国都加入 CPTPP 对中国经济影响(% 变动)

数据来源:根据模型结果整理。

(四)应对政策的效果比较

美国重返 CPTPP 的中国政策选择上,从中国的 GDP 增长目标看,应对效果从高到低的顺序依次为:优化营商环境应对、没有应对措施、中国加入应对;从出口贸易增长目标看,应对效果从高到低的顺序依次为:优化营商环境应对、中国加入应对、没有应对措施。对世界整体的影响上,从 GDP 增长效应看,应对效果从高到低的顺序依次为:优化营商环境应对、中国加入应对、没有应对措施;从出口增长效应看,应对效果从高到低的顺序依次为优化营商环境应对、中国加入应对、没有应对措施(见表 3)。

表3 美国重返CPTPP的政策选择效果对比

国家	应对措施	社会福利	GDP	制造业就业	出口	进口
中国	美国+CPTPP	−0.021	0.087	0.006	0.108	0.002
	优化营商环境应对	1.181	4.540	2.727	17.344	14.875
	中国加入应对	0.059	0.002	0.312	1.491	1.917
世界	美国+CPTPP	0.041	0.086	0.183	0.449	0.449
	优化营商环境应对	0.508	0.328	1.146	2.615	2.615
	中国加入应对	0.065	0.095	0.301	0.750	0.750

数据来源：根据GAMS模拟结果整理。

六、结论

论文构建了一个嵌入价值链和增加值贸易，且包含26个国家或地区的全球一般均衡模型，用2018年数据校准参数并建立数值模型系统，量化模拟中国应对CPTPP的一系列政策选择及其效果。中国直接应对CPTPP的政策选择方面，分别评估了无应对措施、以RCEP进行应对、以中日韩自贸区进行应对、以及进一步扩大对外开放进行应对的效果。发现CPTPP仅会负面影响中国的社会福利，经济增长、制造业就业和贸易上都会惠及中国，原因一方面是中国对CPTPP成员的贸易依赖程度不高，且CPTPP的贸易排他性不强；另一方面是在价值链和增加值贸易的结构下，各国相互之间的贸易关系更加错综复杂，区域贸易协定带来的排他效应下降。不同措施对中国的经济增长效果从高到低分别是：中日韩自贸区应对、RCEP应对、无应对措施和扩大开放应对。

中国加入CPTPP的应对政策选择包括独自加入，以及和第一批扩容国家一起加入两种措施，结果发现中国的加入能够提高中国的受益并减少损失，比较而言和第一批扩容国家一起加入的经济增长和贸易效应更加突出，应对效果更好。

美国重返CPTPP的情形下，中国的应对政策措施包括不采取措施、优化营商环境进行应对、以及中国与美国一起加入应对三种选择，结果发现美国重返CPTPP会增加对中国福利的负面影响，但经济增长、制造业就业和贸易仍然会受益。比较而言，经济增长效应上应对效果从高到低的顺序为：优化营商环境应对、不采取措施以及中国加入协定应对。

参考文献

[1] Cheong, I. and J. Tongzon. 2013. "Comparing the Economic Impact of the Trans-Pacific Partnership and the Regional Comprehensive Economic Partnership". Asian Economic Papers, 12(2): 144-164.

[2] Gilbert, J., T. Furusawa and R. Scollay. 2018. "The Economic Impact of the Trans-Pacific Partnership: What Have We Learned from CGE Simulation". The World Economy, 41(3): 831-865.

[3] Li, C. and J. Whalley. 2014. "China and the Trans-pacific Partnership: A Numerical Simulation Assessment of the Effects Involved", The World Economy, 37(2): 169-192.

[4] Li, C., J. Wang and J. Whalley. 2016. "Impact of Mega Trade Deals on China: A Computational General Equilibrium Analysis". Economic Modelling, 57: 13-25.

[5] Novy, D. 2013. "Gravity Redux: Measuring International Trade Costs with Panel Data". Economic Inquiry, 51(1): 101-121.

[6] Whalley, J and L. Wang. 2010. "The Impact of Renminbi Appreciation on Trade Flows and Reserve Accumulation on a Monetary Trade Model". Economic Modelling, 28: 614-621.

[7] Williams, B.R. 2013. "Trans-Pacific Partnership Countries: Comparative Trade and Economic Analysis". CRS Report for Congress, R.42344.

[8] 李春顶、石晓军,"TPP对中国经济影响的政策模拟"[J],《中国工业经济》, 2016(10): 57-73。

[9] 赵灵翡、郎丽华,"从TPP到CPTPP:我国制造业国际化发展模拟研究——基于GTAP模型的分析"[J],《国际商务》, 2018(05): 61-72。

[10] 赵娜,"TPP对中国出口产业的潜在威胁及对策研究"[J],《世界经济研究》, 2014(02): 23-28。

疫情防控常态下湖北服务贸易恢复发展的机理及对策

——以湖北省服务外包产业为例

袁永友　魏宏贵　谢荣军[*]

摘要：尽管湖北是新冠病毒肆虐全国最早最严重的地区，但疫情后服务外包业仍然是湖北经济发展的"绿色引擎"，也是湖北地区启动经济，恢复发展服务贸易，调整产业机构，实现服务贸易发展常态化和现代化的战略性产业。本文分析当前服务外包业发展的趋势和策略，提出湖北地区以服务外包为突破口，在疫情防控常态下推进服务贸易尽快恢复，转"危"为"机"的若干对策。

关键词：服务贸易；服务外包；服务业；疫情控制

2020年开始的新冠肺炎疫情全球肆虐，严重打击了处于重要战略机遇期的湖北服务业和服务贸易的发展。在疫情防控常态化的形势下，正确分析湖北经济发展的基本面，通过发展服务外包，"一业带百业"，发展一大批新兴产业集群，实施先进制造业和现代服务业双向拉动，使湖北成为内地城市转变增长方式的重要抓手，对"打好新冠病毒战'疫'，稳住外贸外资基本盘"做贡献，实现服务业和服务贸易发展弯道超越具有重要意义。

---

[*] 作者简介：袁永友，武汉纺织大学外经贸学院教授；魏宏贵，武汉市商务局高级国际商务师；谢荣军，武汉软件职业技术学院副教授。

一、促进服务贸易恢复和发展的突破口

湖北服务外包业在疫情之前快速发展又因疫情发生受损受阻，似乎正如狄更斯在《双城记》里所说"这是最好的时代，也是最坏的时代"。尽管受疫情冲击最大的是服务业，但服务外包业仍然不失为湖北服务贸易恢复和发展的突破口。服务外包是现代服务业和服务贸易发展的重要内容，不仅因为它与服务业和服务贸易密切相关，还因为它引领技术创新和服务贸易模式创新。

湖北服务外包业发展势头强劲，在疫情发生前已充分显示出来。（由于疫情的原因，未获得湖北2019年服务外包数据。以下以武汉2018年的数据为例）

表1 武汉服务外包发展数据（2018年）

	亿美元	同比增长(%)
合同执行总金额	22.4	34.26
在岸服务外包执行金额	14.71	47.3
离岸服务外包执行金额	7.69	14.81
发包国家和地区	新增5个，累计87个	
从业人数	24.2万人，其中接纳大学生20.8万人	
主要合作伙伴	IBM、华为、阿里、腾讯等全球500强企业	

资料来源：《中国服务外包品牌发展报告2019》。

武汉是湖北省的省会，经济重量占湖北的一半。2018年，武汉服务外包合同执行金额占湖北全省比重的80%以上。全市登记注册重点服务外包企业数量增长106家，合同执行金额500万美元以上企业有72家，新增国际通行资质认证41个，累计达到561个，形成了以软通动力、烽火技服、佰钧成、药明康德等为代表的一批行业领军企业，竞争力明显增强。2018年，向武汉发包的国家和地区居前5位的是中国香港、美国、菲律宾、新加坡以及中东地区，执行金额合计占武汉离岸服务外包总额的46.03%。

虽然2020年开始的疫情对服务贸易的破坏是客观的，但审时度势，提前谋划，通过服务外包发展扭转服务贸易下行趋势，推动服务贸易生产链的恢复和发展，驱散疫情阴霾，启动服务经济正常化发展也是必然的。理由如下：

1. 配第—克拉克定理不会因疫情突发而改变

早在 17 世纪，英国古典政治经济学之父威廉·配第就指出，随着经济的发展，工业将比农业占有更重要的位置，而商业又将比工业占有更重要的位置。英国经济学家克拉克等分析了数十个国家的各部门劳动投入和总产出的时间序列之后，得出重要结论：生产的进步，各种人力、物力资源将不断地从第一产业转向第二产业，再从第二产业转向第三产业，并不以人为的干预行为而转移。无论西方国家或中国及湖北的经济发展证实了这一结论。尽管新冠状肺炎疫情重创了湖北的服务业，但湖北的服务贸易基础不可能由此崩溃。三次产业发展的规律不会因为疫情突发而改变。根据湖北省统计局的"三次产业贡献率"和"三次产业拉动率"两项指标分析，2018 年，湖北省第三产业的贡献率为 56.50%，第三产业拉动率为 4.40%，占据主导地位。2019 年湖北省三次产业增加值占 GDP 比重比上年提高 0.3 个百分点，这一趋势说明，湖北服务业的主导地位已基本确定，全省向服务经济时代迈进的趋势不可改变。

2. 湖北服务贸易快速恢复和发展的外部条件更优

从外部环境看，2020 年疫情发生后，全国有 19 省份对口驰援湖北，集聚医学研究智慧和医学救治力量，包括医药研发、医疗支援、医院建设、物资运送、慈善捐赠等各条战线的支持，提升了湖北医疗诊疗救治能力。这种跨学科、跨医学分支领域、跨地域的合作，也显示了中国医疗卫生服务的能力和力量，并为全世界所认可，得到世界卫生组织（WHO）的高度肯定。这些不仅补齐了湖北健康体系基础设施建设的短板，更为未来全省健康产业集群发展提供了人才储备。疫情后的湖北继续得到国家和全国各地的支持，为恢复生产和流通，解决部分产品销售服务不畅，中央电视台新闻频道发起"感谢你为湖北筹集资金"的微型公益活动，疫情疫商，为鄂拼单成了人们共战疫情的"新时尚"；广州以多种形式支援湖北，带头采购、运输、销售湖北农产品；国美网购举办"感谢你为湖北整理名单"的特色农产品展会等，助力湖北服务经济回暖，发挥了流通和消费对生产的拉动作用。

举国援助不仅使湖北地区的医疗服务环境大大改善，而且其意义远远不在医疗服务本身。2020 年 5 月，在汉央企一马当先，勇挑大梁。中信集团、航天科工、中航工业、中国石油、国家电力、三峡集团等50多家大型央企组成"央企军团",在武汉签约37个重量级项目,帮助武汉浴火重生,助力湖北一条条产业链整体修复。近期德国西门子(中国)公司、SAP公司、沃尔玛、嘉吉公司、正大集团等跨国大公司对疫情后投资湖北充满信心。沃尔玛中国首席公司事务官石家齐表示,沃尔玛继续看好中国经济的未来发展;嘉吉公司中国区总裁刘军认为,中国市场的消费能力和消费需求依然强劲,且在不断增长;正大集团谢吉人相信,疫情过后湖北和全国一定会再次迎来一轮新的发展高潮。湖北服务业和服务贸易的恢复和长期向好发展具有良好的外部条件。

3. 湖北服务贸易快速恢复和发展的内部动力强劲

湖北是我国中部服务外包产业的主要集聚区之一,武汉是我国最早20个服务外包示范城市之一,国家实行一系列包括税收减免、劳务支持、财政补贴等鼓励和支持措施,并向三四线城市转移的速度加快。

疫情后湖北"服务+"新业态和新模式不断发展,如网购、视频、游戏、线上广告、线上教育、数字出版、网络文学、网络音乐等不同程度地增长,在线服务的云外包、平台分包不断涌现,远程服务外包犹如雨后春笋。湖北制造业门类齐全,形成了以汽车、钢铁、化学原料、制造、烟草、纺织、建材、农产品加工业和通用设备制造业为主体的产业集群;湖北高新技术产业如电子信息产业、新材料行业、生物医药与医疗器械等先进制造行业,日益成为激活生产性服务业的内部动力。服务外包借用互联网技术,完善修补离岸服务产业链,推进服务外包数字化转型,扩大了中高端人才的需求和供给。根据2018年末的统计,湖北省常住人口5917万人,其中城镇3567.95万人,乡村2349.05万人,城镇化率达到60.3%。疫情后湖北人民的防控意识、自救意识、卫生意识空前提高,前期积累的消费和投资也会不断释放,将发挥生产和消费的双重作用,激励全社会创新创业的热情,开辟年轻一代特别是大学生多种灵活就业的新渠道,发挥服务业人力资源集聚的优势。

二、恢复发展的机理分析

当前服务贸易呈现两大发展趋势。一是服务外包企业加快与传统产业的跨界融合。诸如数据分析、互联网营销、电子商务平台发展和供应链管理等服务新业态、新模式快速发展；二是服务外包企业支持制造企业研发、改造、生产、销售全流程，加速了传统产业的转型升级步伐。服务外包业本身具有占用资源少、污染排放小、吸纳就业多、价值增值高的特点。疫情防控常态下湖北服务外包与关联产业极大，对优化产业结构、转变经济方式、突破要素瓶颈，增强发展后劲，恢复和发展服务业和服务贸易具有多重作用。

1. 服务外包产业是湖北制造业与服务业相互促进的粘合剂

生产性服务业是一种知识和资本密集型行业，集金融服务、保险服务、法律工伤服务以及经纪等行业到其范围之内，成为资本、高新技术以及高综合素质人才聚集的领域，并且分工日益细化。

从技术进步的角度看，高端服务业既是制造业恢复发展的前提与保障，又是先进制造业发展的动力和结果，两者互相促进，相得益彰。服务外包业作为两者相互促进的粘合剂，将推进湖北先进制造业生产的前期研发、设计，中期管理、融资和后期物流、技术转移、售后服务和信息反馈等整体发展，进而为湖北制造业升级，产业结构调整、出口结构优化和新型战略型产业的壮大发挥积极效应。

表2 服务外包业所涉及的生产性服务业

主要大类	细分小类
研发设计服务	研发与设计，科技成果转化服务、知识产权服务、检验检测认证标准计量服务、生产性专业技术服务
信息技术服务	信息传输、信息技术服务、电子商务支持服务
生产性租赁服务	融资租赁服务、实物租赁服务
货物运输服务	货物运输及相关辅助服务、
金融服务	货币金融服务、资本市场服务、生产性保险服务等其他生产性金融服务
商务服务	组织管理服务、综合管理服务、咨询与调查服务、会计等其他生产性商务服务
仓储和邮政快递服务	仓储、搬运、包装和代理服务，国家邮政和快递服务
节能与环保服务	节能服务、环境与污染治理服务、回收与利用服务
人力资源管理服务	人力资源管理、职业教育、培训服务

续　表

主要大类	细分小类
贸易经纪代理服务	产品批发服务、贸易经纪代理服务
农林牧渔生产支持服务	为生产人员提供的服务、机械设备修理和售后服务、安全服务、生产性保洁服务等

武汉正在建设深化服务贸易创新发展试点区。目前武汉市一些重大项目已集中开工，国家存储器、国家航天产业基地、国家智能网联汽车和新能源汽车基地、国家网络安全人才与创新基地建设加快，生产性服务业生机勃勃，技术服务贸易红红火火。全省电信服务、旅游服务、工程咨询、金融服务也日益成为创新的源泉。在推进数字化转型方面，服务外包企业借助大数据、区块链、人工智能等新一代信息技术，培育电子竞技、线上直播、数字出版、网络文学、网络音乐和文化贸易等线上市场，开创了全新的服务贸易局面。

2.服务外包产业是湖北传统制造业转型创新的新引擎

2019年，国家统计局根据《国务院关于印发服务业发展"十二五"规划的通知》和《国务院关于加快发展生产性服务业促进产业结构调整升级的指导意见》重新修订了生产性服务业分类，提出了对传统制造业中产出少、科技含量低和环境污染大的企业进行转型创新的要求。这一要求为湖北的制造业的发展提出了清晰的服务化转型的战略思路和路线图，企业基于成本和资本效益最大化原则的考虑，必然调整内部架构，进一步发挥知识资产的作用，将一些见效慢、风险高的部分业务逐渐剥离并外包出去，交给专业团队运营，并收购和兼并有竞争力的服务，发展新的商业模式。如企业由原来的免费服务转向收费服务，由成本中心转向利润中心，加快研发设计的生产性服务、货物仓储运输服务、检验检测认证服务、知识产权及相关法律服务、金融服务、商业银行服务、资本运作服务以及生产性保险服务等，为促进制造业向服务化转型提供新动力，提高制造业的科技含量，提高资源利用效率，实现低耗能、高产出的工业模式，推动技术进步和社会分工，进而实现湖北城市工业走绿色的、低能耗的、可持续发展的新型工业化道路。

3. 服务外包产业发展是吸引国内外企业投资湖北的加速器

2019年，湖北主要经济指标增速处于全国第一方阵，离不开外商投资，特别是服务业的外商投资，也是海内外企业拓展商机的新机遇。以武汉为例，截止到2019年5月，武汉已有逾7000家外资企业落户武汉，在武汉投资的世界500强企业达277家。以跨境电商的仓储物流为例，阿里国际站仅用一年时间，小单项下快递布局24条快递线路，海外仓增至31个，从货物出库到国外买家签收的全程已实现48小时内完成，改变了国际市场格局。电商服务业的发展和物流服务企业竞争力提高，信息传输、计算机服务和软件服务业也发展较快。根据美国麦肯锡全球研究所估，同质同量的服务外包到发展中国家平均可降低成本65%~70%。显著的工资成本差异既是服务发包方选择承接方的诱因，又是承接方争取发包项目的动因。全球最大的人力资源管理机构——美世(Mercer)人力资源咨询公司对中国国内部分大都市的生活成本指数研究显示，当北京为100时，上海与深圳为98，大连、南京分别为88，武汉仅为76。可见湖北商务运行成本明显低于沿海和发达地区，具有承接国际或沿海企业服务外包项目向内地转移的竞争力。这种比较优势有利于转化为竞争优势，加快国内外投资企业向内地转移，促进湖北现代服务业发展。

4. 服务外包产业是湖北人才储量大省变为增量大省的转化器

湖北是中部地区的人口大省，劳动力资源丰富，但多年来"孔雀东南飞"，人才外流十分严重。湖北又是教育大省，有160所大学，其中普通高等学校128所，成人高等学校14所，民办的其他高等教育机构18所。校友是武汉招商引资的独特资源，近几年来，武汉先后开展20多场百万校友资智回汉专场活动，引进国内外高层次人才百余人，签约项目总投资突破2.6万亿元。一批有核心竞争力的人力资源"内地军团"正在崛起。截至2019年底，武汉东湖高新区已聚集4名诺奖得主、66名中外院士、404名国家级高层次人才、198名省级高层次人才，1971名"3551光谷人才计划"入选者、7000多个海内外人才团队，超过1万名博士、6万名硕士，30万名本科生在光谷创新创业。2018年，湖北全省实现服务贸易进出口总额780亿元人民币，稳居中部第一位；全省服务外包执行额26.9亿美元，同比增长24.7%，服务外包企业1500

多家，服务外包企业吸引40万名大学生就业。知识产权使用费、文化和娱乐服务、维修和维护服务等新兴领域大幅增长，服务业新技术、新模式、新业态不断进入服务外包领域，扩大了湖北服务贸易规模。

疫情下武汉几所著名高校校友企业家群体第一时间响应党和国家号召，全力以赴投入疫情防控大局，展现了优秀企业家的社会责任感。校友企业家群体踊跃带头捐款捐物，带动民间力量与政府部门通力合作，为湖北人力资源优势转化为竞争优势发挥了积极作用。

三、恢复发展的对策建议

疫情防控常态下湖北产业基础雄厚、投资需求巨大、发展动力强劲等基本面不会变。服务外包产业作为新兴先导产业，国内外资本、知识、技术、管理等生产要素向湖北转移速度会更快、范围更广，疫情后的湖北将获得得天独厚的机遇，转"危"为"机"，拓展服务外包新市场。

1. 创新服务外包业

湖北一系列利好的因素正在汇聚，2020年政府工作报告指出，"实施好支持湖北发展一揽子政策，支持保就业、保民生、保运转，促进经济社会秩序全面恢复"。其中服务外包业的作用集中在政策、特色和人才三方面：

（1）以政策优势为中心，扩大生产性服务外包市场

当前，湖北经济已具备恢复增长的基础条件，政策优势叠加。如在中部崛起战略基础上，内地粮食生产基地、能源原材料基地、现代装备制造及高新技术产业基地和综合交通运输枢纽正在加紧建设；中国（湖北）自贸试验区、国家中心城市、武汉被划入中国一线城市行列、长江中游城市群建设等政策优势使湖北面临多重战略机遇。在服务外包方面，政府出台一系列关于促进服务外包产业加快发展的政策，一批国家战略重大项目建设的效应初现，服务贸易和服务外包内在发展条件良好。

为战胜疫情，中央推出了七个领域的"新基建"，包括特高压、新能源汽车充电桩、5G基站建设、大数据中心、人工智能、工业互联网、城际高速铁路和城际轨道交通，涉及30万亿的投资，都与服务外包业务有关。疫后湖北

更具备用好用活用足国家支持政策和优惠，恢复发展服务外包的条件。如政府部门的电子政务、网络平台建设、数据处理等不涉及秘密的项目分包给专业企业，国家财政部积极促进大型中央和地方企业加大服务外包采购力度，央行采取加大国内金融业服务外包采购力度等措施。内地企业承接离岸服务外包项目机遇增加，如武汉佰钧成技术有限责任公司成立十多年来，利用内地丰富的人才优势和技术研发能力，面向欧美、日本以及国内市场的制造业、金融、电信、能源、IT及政府和公共服务行业，提供ITO、BPO服务，现已成为IBM、华为、Google、H P、Alcatel-Lucent、NTT Data等近十家世界500强企业的核心供应商，并已与微软、Amdocs、Intec、FFCS、CBS、亚信联创、南瑞、阿里集团等一大批知名企业结成了战略合作伙伴，其经验可以借鉴推广。政府部门可以重点支持本地大型企业，分离信息化机构和软件业务，推动软件企业顺应服务化、国际化的发展趋势，促进湖北制造业、物流业、金融业的企业分离生产性服务专业部门，实行服务外包的战略转变。

（2）大力引进外资，巩固服务外包市场

疫情后湖北要加大引进外资力度，巩固服务外包业吸引外资的成果。2018年3月26日，毕马威武汉分公司开业，与普华永道、德勤、安永携手，全球四大会计师事务所齐聚江城。国际房地产顾问五大行、四大会计师事务所相继来到湖北，将其遍布全球的优质资源、客户群体带到武汉，扩大了湖北服务外包市场。一批省外服务外包企业尤其是有离岸外包接单能力的企业来湖北集聚，也将做大湖北离岸服务外包交付中心的规模。

如以嵌入式软件研发和信息服务为主的服务（ITO），以呼叫中心、数据录入、金融服务、工程设计、人才管理等为主服务（BPO），以生物医药、动漫、网游设计研发为主的服务（KPO）将更多落户内地。在武汉，EDS、IBM、博彦、群硕等国际外包企业增多；微软、东软、联想、中兴等国内外知名企业或国内软件领军企业先后入驻武汉；桥梁、高铁等工程设计领域发挥设计优势，进而带动湖北及中部地区服务外包产业的发展。

（3）发展企业联盟，做大服务贸易主体

疫情中的医疗服务、物流运输、网购贸易、远程会诊、线上服务、视频广告、网课教育均和服务外包产业密切联系。为适应我国服务外包战略的推进，湖北应充分发挥武汉服务外包示范城市的功能作用。如积极支持武汉佰钧成、开目、天喻、江通动画、数字媒体、地大信息等一批离岸外包已初具规模的企业提升自主创新能力，发挥武汉特色产业和龙头企业的综合优势，探讨"武汉外包"等模式，提升内地国际化水准。进一步引导和鼓励一批中小服务外包企业联合、并购、重组，推动跨国企业与本土企业之间的交流和合作，在湖北范围内建立多种形式的企业联盟，培育服务外包产业主体，整合服务产业链，提高企业核心竞争力，解决现代服务业比重偏低，地区发展不平衡和进出口能力弱等问题。

2. 以特色为中心

（1）制造业领域

湖北目前已形成汽车与机械、电子信息、石油化工等支柱产业为主导的工业体系，现代制造业中权重较大，有利于湖北生产性服务项目形成规模，实现规模效应目标。发展生产性服务外包是湖北经济增长方式转变和产业价值链提升的重要途径。服务外包模式可以使产业发展从劳动密集的制造环节，向资本、技术密集环节和信息与管理密集环节延伸，不断发挥规模效应，解决现代服务业比重较轻，竞争力不强的问题。疫情常态下打造覆盖全民的生命健康产业链，培育生物工程、生命科学技术、精准诊疗、高性能医疗设备、公共卫生器材、制药等新兴产业。

（2）投资领域

湖北外资来源地主要以香港地区为主，其次是日本、新加坡、瑞典和台湾地区。因此，大力吸引发达国家跨国公司的地区总部、研发中心、采购中心和培训中心向湖北转移，推动投资主体向服务业大项目集中，特别是向湖北二线城市转移，形成多元化的投资格局，解决服务业高度集中，地区发展不平衡的问题十分重要。一方面，创新引资机制，开启"云招商"新模式，改"面对面"签约为"屏对屏"云签约，推进传统的政府主导的引资模式向委托、中介、资本招商等市场化模式转变；另一方面，大力引进龙头型、引领性、支撑型重点项目，精准开展产业链招商。当前要在疫情防控下主动对接日、韩、德和联合国儿童基金会等相关机构采购重要的医疗物资；与"一带一路"沿线国家开展纺织、水泥、化工等优质产能服务合作，全面提升内地服务外包产业质量、水平和层次。

（3）外贸领域

湖北服务贸易与货物贸易相比，发展规模较小，且长期处于逆差状态。武汉优越的地理位置，发达的立体交通造就了货物贸易便利化和综合交通枢纽优势，有利于货物贸易发展并带动服务贸易发展，形成服务贸易与货物贸易良性互动。如货物贸易有利于发展中欧班列（武汉）运输、国际贸易海陆空多式联运、跨境电商等线上线下结合等物流外包；服务贸易有利于降低货物贸易成本、推动技术进步和产品创新、提高外向型经济水平和质量。政府要为服务外包环境建设、法律体系、平台建设和人才培养提供有力保障，如制定服务外包业与城市化、国际化和现代化发展战略规划，营造服务贸易与货物贸易相互促进机制和营商环境，帮助企业壮大具有国际资质、创新自主品牌和提高市场占有率，促使湖北服务外包业发展赢得贸易平衡发展等多重效应。

3. 在岸离岸服务外包并重

疫情中在岸和离岸服务外包均有广泛的市场。我国抗疫医疗专家团队在国际上享有盛誉，既是人道主义的援助，又是承接国外医疗服务外包的形式，具有广阔的市场前景。在岸外包市场也是如此，疫情后湖北居民重新认识医疗卫生健康的重要性，产生对健康咨询、心理咨询、体检、慢性病防治和改善亚健康状况的医疗保健需求将迅速增加，从而会引起医疗卫生服务模式变化，服务内容多层次发展和医疗卫生服务功能结构重大调整。同时，对各类服务环境、服务态度、服务程序也会提出更高的要求。

湖北还要利用"一带一路"沿线服务市场，将互联互通发展到服务外包领域，在争取国家政策强有力支持下，不断增强发展的内生动力，通过"贸易牵引、产业推动、企业跟进"的走出去战略布局，实现湖北服务外包产业与对外开放战略并举，"引进来"和"走出去"有效结合，实现市场多元化战略，促进湖北服务外包业务在国际生产链中的黏合剂的作用，打造有湖北元素的国际价值链。

4. 以人才战略为中心

目前，湖北生活环境、薪资水平影响吸引高端人才。湖北政府部门要将招商引资与招才引智并举，落实一系列引资工程，让更多的湖北企业可以享受到与国际接轨的金融、保险、商务和医疗服务，将人才资源作为内地经济振兴的第一资源。在发展服务外包产业中，大力培养复合型、国际型的服务人才，引进先进服务技术和标准；促进和培育服务外包产业比较优势，形成内地有效的人才引进和激励机制；特别是利用新一轮的海外学子回归创业时机，积极吸引各类人才回湖北创业发展，实现湖北人才集聚的战略目标。

参考文献

[1] 江小涓等著：《服务全球化与服务外包：现状、趋势及理论分析》，北京：人民出版社，2008年1月，第114-128页.

[2] 施锦芳、闫飞虎. 金砖五国承接离岸服务外包竞争力及影响因素分析 [J].《宏观经济研究》, 2016(3):35-45.

[3] 袁永友. 大中城市承接服务外包优势消长与持续发展 [J].《国际贸易》, 2012（4）: 58-61.

[4] 郁万荣. 生产性服务业促进经济发展研究 [J].《现代商业》, 2020（18）: 30-31.

[5] 姚星，李彪，吴钢. 服务外包对服务业全要素生产率的影响机制研究 [J].《科研管理》, 2015，36(4):128-135

全球疫情冲击下的世界与中国经济走势及其对浙江的影响

王 煌 黄先海[*]

提要：新冠肺炎疫情在全球暴发并迅速传播，成为人类面临的严重公共危机，全球产业链供应链面临供需脱钩、产销脱节、上下游脱位的尴尬处境。本文从全球增长放缓、国际版图重构、产业链供应链变革、中国经济韧性等方面总结疫情冲击对世界经济及中国经济的影响，并结合最新宏观数据分析全球疫情蔓延下浙江宏观经济、产业发展、外贸活力、金融稳定等方面的风险和挑战，提出"后疫情"时期对冲全球经济冲击的浙江思路与举措。

关键词：全球疫情蔓延；产业链供应链；影响趋势；重要窗口

2020年初，新冠肺炎疫情在全球暴发并迅速传播，成为全人类面临的严重公共危机。尽管疫情在中国已基本得到有效控制，但在北美、欧洲、非洲等地区仍呈快速流行趋势。随着日趋严厉的边境封锁和区间隔离措施加码，全球产业链、供应链面临供需脱钩、产销脱节、上下游脱位的尴尬处境，及时采取全面、辩证、长远的眼光分析全球疫情冲击下的世界经济走势及其对浙江的影响，努力在危机中育新机、于变局中开新局，对发挥浙江"重要窗口"的全面优势夺取全省经济高分报表具有重要意义。

---

[*] 作者简介：王煌，中国建筑集团总部博士；黄先海，浙江大学经济学院院长、教授。

一、疫情对世界经济及中国经济的影响

作为一场突如其来的外部冲击，疫情全球范围扩散在短期内对世界经济和全球资本市场冲击强烈，受疫情严重影响的经济体GDP占全球经济总量80%，供应链占全球总量90%，全球供给中心、需求中心、能源中心均受到史无前例的影响冲击，长期将可能调整全球经济格局和推动国际经济秩序重构。

1. 全球经济增长陷入技术性衰退

随着美、日、欧持续的零利率甚至负利率政策推行，金融加杠杆和风险对冲基金的大规模交易导致股市、债市、黄金市场呈现衰退性共振，全球经济下行概率大幅上升。自2020年3月份以来，受海外疫情扩散的影响，主要发达经济体股票市场均出现30%左右下跌，原油价格更是暴跌超50%。无论是上市公司通过负债回购推高公司股价以获得股权激励，还是大量ETF基金杠杆率倍数增加，都预示着全球金融市场存在较多潜在风险。另一方面，疫情全球蔓延压缩了消费品和服务需求空间，导致全球贸易规模大幅萎缩，引发了杠杆资金踩踏和流动性危机，尽管美联储和财政部门采取了降息、无限量QE、财政补助等补救措施，流动性危机的短暂缓解并不能改变全球发生衰退危机、债务危机、信用危机等风险的概率。但目前来看，全球经济衰退并不等于经济萧条，经济萧条是指经济衰退连续超过3年，或实际GDP负增长超过10%，很显然目前还未达到引发大萧条的临界条件，主要原因在三方面：一是在对疫情的发展预期上，按照权威机构最悲观预期，疫情最多持续1年左右；另外，从中国、韩国、新加坡等国家的抗疫表现来看，疫情可控是大概率事件。二是在对政府作用发挥上，这次大多数国家汲取了1929年大萧条和2008年金融危机时的经验教训，全球货币政策不断宽松和更加积极的财政政策组合发力，将加快后疫情时期经济复苏。三是在对美国发生债务危机的预测上，从美国金融机构持有的高杠杆衍生品资产占比来看，由风险资产剧烈波动而导致金融破产的风险很低。

2. 经济不确定性倒逼国际经贸规则重构

经济全球化内生要求互联互通，而疫情蔓延客观需要隔断隔离，这就导致全球疫情扩散不仅对各国贸易、投资、生产、服务的一体化带来负向冲击，而

且会影响世界经济活动背后的国际经贸规则。主要表现为：一是重大国际合作项目在履约、交付、执行、融资、雇员、服务等方面可能存在变故；二是多双边自由贸易安排、区域一体化合作、中美贸易摩擦谈判成果等方面的可能影响较大；三是全球三大生产网络重创后的大国经贸关系走向不明确，这些问题均成为疫情冲击下影响世界经济格局的重要变量和关键因素。按照国际货币基金组织发布的《世界经济展望报告》，预计2020年全球实际GDP增速将下降3%，美国下降5.9%，日本下降5.2%，德国下降7%，中国增长1.2%，新兴市场和发展中经济体的整体影响（-1%）明显好于发达经济体（-6.1%）。根据世界银行《全球经济展望》估算，2020年全球经济将收缩5.2%，其中发达经济体收缩7%，新兴市场和发展中经济体收缩2.5%。因此，抓好疫情防控和经济发展要充分考虑全球经济治理体系建设。一是处理好国际分工和国内分工的关系，尽量克服主权边界、法律边界、政策边界与跨国跨界经济合作的弊端和短板；二是处理好市场机制与政府作用的关系，用科学化的方法、组合式的策略、平衡性的思维解决发展中的突出问题和重点矛盾；三是处理好全球治理格局和经济发展之间的关系，全球化不只是经济规模的变化、产业结构的优化、发展质量的提升，还要不断适应世界经济格局的变化，从格局中竞争、在竞争中发展。

3. 全球产业链加速走向数字化、区域化与本地化

疫情冲击下全球经济的结构性矛盾最明显之处，在于供需结构的失衡，中国、美国、德国分别作为东亚、北美、西欧的产业链中枢，在各国严密管控之下，产业链的构建与运营面临前所未有的挑战。对中国而言，疫情发生后出现了两大逆潮：一是推进全球化压力空前。随着民粹主义、保护主义、单边主义崛起抬头，去全球化与新全球化面临交替性洗牌与摇摆式博弈。需明确的是，尽管全球价值链、供应链、创新链受到冲击，由于绝大多国家都已融入国际分工体系，全球化朝着开放、包容、普惠、平衡、共赢的发展方向并不会变。二是稳定产业链困难重重。企业供应链断裂造成了国内外下游企业生产中断，订单取消或零配件生产断工也会造成企业复工复产达产不足。比如，疫情加重会使日本的半导体元件、关键材料和零部件，欧美的汽车及关键设备、材料、装备等成本增加、产期延长和交付延迟。因此，产业碎片化分工将可能激发我国外贸依赖型行业的生产和布局产生转型动机：一是产业链数字化布局，我国主要服务贸易集中在亚洲，而亚洲跨境数字流动规模占世界比重较小，产业链数字化程度较美国差距较大，加快服务业数字化转型、构建数字贸易规则、实现供应链数字化迫在眉睫。二是产业链区域化转型，疫情期间我国中间品贸易最多的东亚地区面临内部保护与外部冲击双重夹击，导致其在机械设备、电机电器、光学仪器等方面的供应链破坏严重，亟须进行区域产业替代。三是产业链本土化建构，疫情后日、韩、东盟供应链大幅压缩，我国亟须将部分产业链本土化集中在长三角、京津冀和粤港澳大湾区，利用城市群发展联动产业链本土化发展。

4. 中国宏观经济长期向好基本面不会改变

疫情是危机，也是行业格局演变的机遇。虽然疫情对大多数行业产生了严重负面影响，但随着互联网+、人工智能、大数据等产业发展壮大，消费习惯、消费观念、消费场景的变革也对部分疫情低渗透率行业的转型、整合和升级带来了发展机遇，从而不断加速线上场景对线下场景的替代、人工智能对人工服务的替代。从长期来看，疫情对社会总需求的外生冲击也将融入供给侧结构性改革的发展趋势中，进一步发挥出我国超大规模市场优势和内需潜力，构建国内国际双循环相互促进的新发展格局，推动全球经济再平衡，具体表现在：一是更加追求主权意识和契约精神的平衡，既考虑国家内部参与全球化分工的收益成本比，也通过契约关系维系社会化大分工的长远利益。二是更加追求产业合作与产业自主的平衡，既从全球产业链分工中寻找产业互补的共识，也在涉及公共卫生、民生医疗、物资保障等基础性产业上更加自主可控。三是更加追求整体转移与区域调整的平衡，既做好大规模产业链贯通的"立链"评估，也针对不同产业地理融合差异，作出阶梯递进式区域布局。四是更加追求改革开放与自主创新的平衡，以改革为动力、以开放为抓手、以创新为根基，提升产业基础高级化、产业链现代化水平。因此，疫情造成的短期经济波动会随着疫情有效防控而消退，中国经济具有回归常态、焕发活力的一般趋势。

二、疫情冲击下浙江经济走势判断

在全球疫情不断蔓延背景下,浙江实行"十个最"工作举措,用"一图、一码、一指数"精密智控体系筑牢人民防护网,出台"1+X"系列惠企政策帮扶企业渡过难关。但由于浙江产业链分工精细、外向型经济占比较高、对外开放力度较大,全省经济难免会受到全球疫情蔓延的负面冲击,预计疫情对浙江宏观经济短期冲击明显、中长期将趋稳,具体影响程度取决于疫情持续时间和政策对冲效果。主要体现在以下方面:

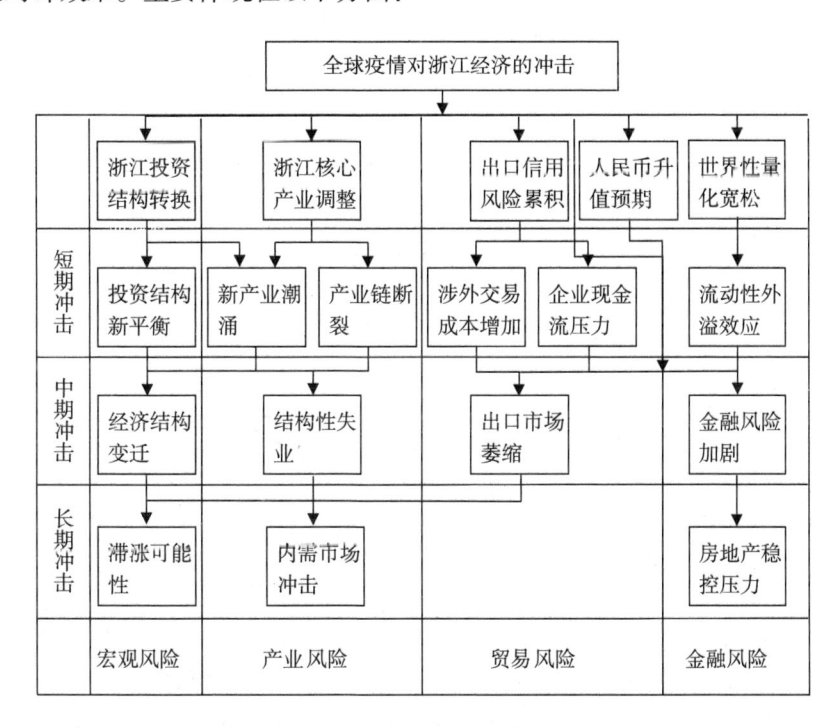

图1 全球疫情对浙江冲击的影响链条

1. 宏观风险

2020年一季度,全省生产总值同比下降5.6%,三次产业分别下降0.7%、11.0%和1.5%,经济增长受境内外疫情影响显著,增长较为乏力。除高新技术产业外,各部门投资增长率出现整体下滑(见图2),民间投资下降7.8%、实际利用外资下降2.1%,尚未包括舟山一季度国际绿色石化基地投产的提振效应。在全球疫情愈演愈烈情境下，浙江实际利用外资预期持续下降，亟待拓宽扩大再生产资本来源，发挥国有资本与民间资本的投资效应。但伴随着"六个千亿"产业投资工程实施，浙江将逐渐形成以政府作用为主推力的"市场－政府双驱动"模式，构建起投资结构新平衡，从根本上改变浙江经济增长的"逆反"逻辑。经济结构的变迁不仅是新增长点的探索与发现，也会带来产业、贸易、金融等方面的不适与"阵痛"。疫情对浙江经济的直接影响虽是暂时性的，但在"后疫情"时期，针对各地市在疫情冲击下所暴露出来的问题进行规划调整，才能为浙江长期稳定发展打好基础。

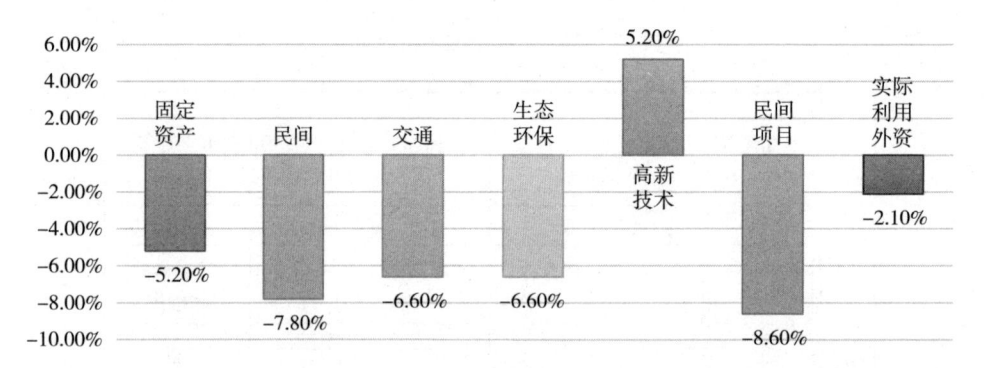

图2 2020年一季度浙江主要投资项目增长率分布

2. 产业风险

浙江依托涉外经济优势，长期坚持出口导向型产业路径，导致出口产业普遍存在境外中间品依赖问题（见图3），如涉及从美国进口的汽车制造业、航空航天制造业；涉及从德国进口的医药制造业；涉及从日本进口的计算机、通信设备制造业、化学纤维制造业等，上述贸易伙伴目前皆因疫情而被迫停工停产，产业链断裂将直接冲击浙商浙企生产绩效。一季度，全省规上工业增加值增长率 -10.2%，但规上服务业营业收入增长率（-1.1%）则高出前者，反映浙江复工复产复市后服务业较制造业更快恢复的事实，产业链断裂对工业生产经营的不利影响明显，长期将增加浙江核心产业向上下游国家或地区产业转移的风险。国际疫情形势也为新产业新经济提供了发育土壤，一季度，人工智能（4.1%）、医药（3.1%）、健康（0.1%）等产业均实现增加值正增长，网络零售额增长率高出社会消费品零售额增长率13.2个百分点，非接触经济模式和医药健康产业已成为全省经济新增长点。产业链断裂与新产业潮涌势必推动浙江核心产业调整，但也可能引发结构性失业风险，若不能妥善处理将冲击内需市场，增加经济滞涨等长期问题，需提前做好风险防范措施。

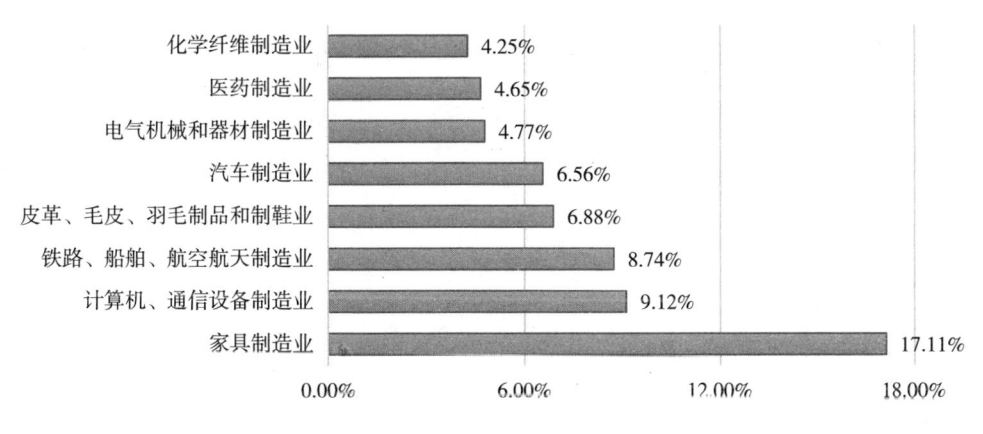

产业	占比
化学纤维制造业	4.25%
医药制造业	4.65%
电气机械和器材制造业	4.77%
汽车制造业	6.56%
皮革、毛皮、羽毛制品和制鞋业	6.88%
铁路、船舶、航空航天制造业	8.74%
计算机、通信设备制造业	9.12%
家具制造业	17.11%

图3 2019年浙江主要出口产业分布（以出口额计）

3. 贸易风险

疫情影响下世界各国进口锐减，但2020年2月，浙江出现进口额对出口额的倒挂现象（见图4），3月虽有恢复，但增长率仍低于上年同比10.4个百分点，外资项目数降幅达23.7%。浙江短期出口信用风险积累是现阶段世界经济下行的直接反映。据中信保数据，一季度，浙江出口信用短期险报损金额19107万美元，出险率0.82%，环比增加14%，个别城市增幅达5倍以上。出口信用风险骤升抬高了企业涉外交易成本，也对企业现金流施加了巨大压力。结合美、欧元下行趋势，人民币升值预期变相增加，浙江出口经济将长期面临不断劣化的外部环境。另一方面，一季度，浙江主要城市总体商户交易金额恢复率超50%，高新技术产品出口额增长率13.5%，鉴于全省序时推进复工复产，较快恢复经济活力和全球高新技术产业市场份额扩张的现状，将可能引起美国对我国进一步戒备，而其他贸易伙伴国为实现"后疫情"时期产业较快复苏，也会运用关税、配额等政策措施，实施进口替代战略。在逆全球化趋势不断明显的当下，新一轮中美贸易摩擦可能再次提上日程，届时浙江作为中国主要涉外经济强省将面临较去年更严重的冲击，对此类风险需做好必要的提前准备。

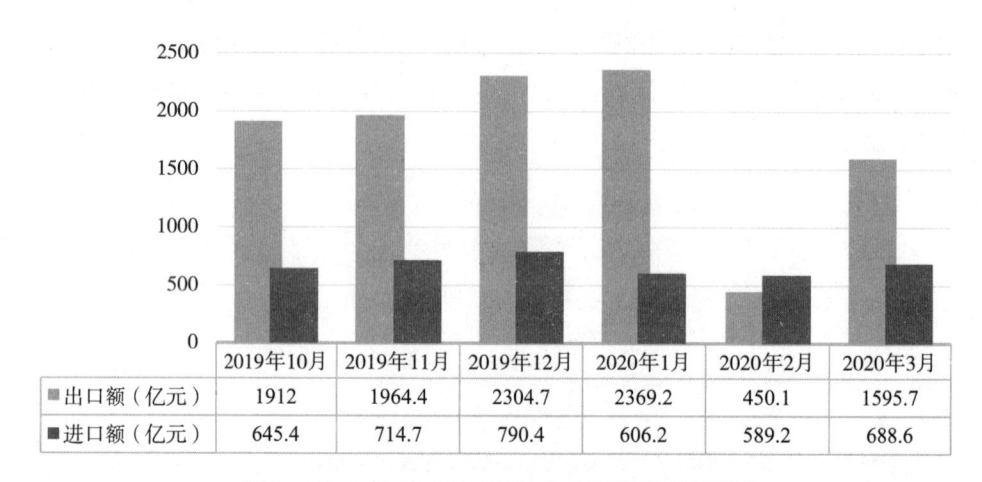

	2019年10月	2019年11月	2019年12月	2020年1月	2020年2月	2020年3月
出口额（亿元）	1912	1964.4	2304.7	2369.2	450.1	1595.7
进口额（亿元）	645.4	714.7	790.4	606.2	589.2	688.6

图 4 2019 年 10 月至 2020 年 3 月浙江进出口额

4. 金融风险

一季度，浙江金融机构本外币存款余额同比增长 14.0%，新增存款 9066 亿，不良贷款率和关注类贷款率（见图 5）呈下降趋势。就目前形势看，浙江尚不存在主体性金融风险，但国际金融形势的严苛已迫在眉睫。新冠疫情肆虐以来，各国债务违约风险不断攀升，欧美纷纷采用量化宽松政策拯救经济衰退，导致境外巨额流动性将通过银行业、证券市场和黄金、石油等期货交易市场逐渐渗透浙江资本市场，引起外源性金融风险。世界性量化宽松政策将拉长经济周期，在缺少颠覆性技术革命和全球经济治理格局突破的背景下将使全球经济陷入漫长的低增长、高震荡困境，缺乏增值途径的游资可能再次涌入房地产市场，对浙江房地产稳控工作形成压力。一季度，浙江新建商品住宅可售面积消化周期较去年延长 0.2 个月，销售面积降幅 19.4%，宁波、绍兴等市存在房价、地价同步增长趋势，虽不活跃但价值坚挺的浙江房地产市场可能因"洼地效应"聚集从高波动金融市场撤出的闲散资本，潜伏积压推高房地产市场风险，长期影响浙江金融稳定，不利于浙江经济高质量发展，对此风险需加以适当警觉。

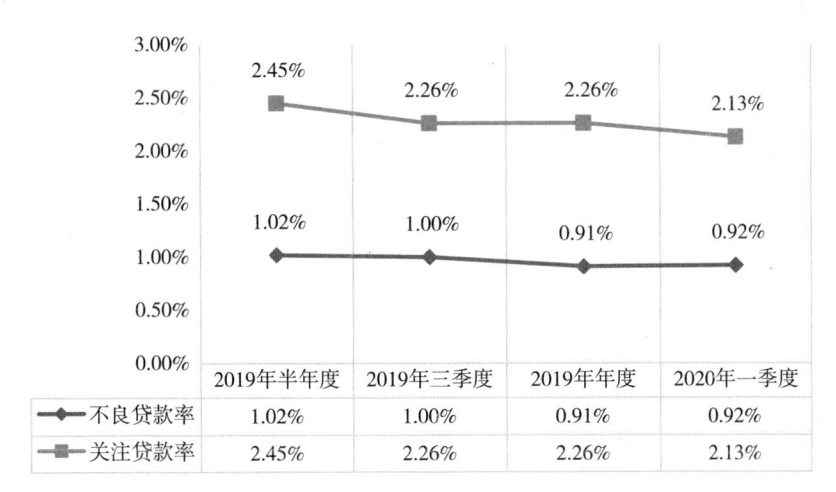

	2019年半年度	2019年三季度	2019年年度	2020年一季度
不良贷款率	1.02%	1.00%	0.91%	0.92%
关注贷款率	2.45%	2.26%	2.26%	2.13%

图 5　2019 年半年度至 2020 年一季度浙江金融风险走势

5. 总体趋势

由于内需和供应、贸易及金融严重中断，全球经济将面临二战以来程度最深的衰退。根据世界银行预测，疫情导致的不利溢出效应将在下半年有所缓解，预计 2021 年经济增长将回升至 4.2%。浙江作为传统外贸大省，尽管在价值链分工、金融市场建设、全球化融入等方面走在前列、保持优势。但面对全球疫情冲击，仍要采取措施维持经济平稳发展，力保上半年经济呈现正增长，全年增速保持在 6% 以上，成为我国经济复苏的核心动力源。一是在产业结构方面，尽力克服"后疫情"时期投资疲软问题，以高端制造业和高新技术产业为导向，重点发展数字经济、高端装备、生物医药、新材料等重大项目。二是在对外市场结构方面，尽力克服外贸市场萎缩问题，加快推进与"一带一路"沿线国家贸易合作，提升"一带一路"目标市场进出口份额，推动进出口市场多元化。三是在内需市场结构方面，从省内看，规范引导"地摊经济"复兴，加快出台夜间经济管理规范，不断扩充省内市场需求。从国内看，积极联动长三角各省市优化营商环境，聚焦重点领域和关键环节攻坚突破，通过高质量一体化激发市场活力。

三、浙江思路与举措

此次疫情是在中国经济内部经历"三期叠加"和外部经历中美贸易摩擦的关键时期不断蔓延渗透，由于浙江开放型经济比例较高，势必受到国内外经济环境变化的深度影响。为科学把握浙江建设"重要窗口"的历史机遇，在外部环境瞬息万变和内部环境有序演变的过程中对冲好经济下行和疫情冲击的双重压力，既要审时度势调整战略目标，也要未雨绸缪提高治理前瞻性。

（一）基本思路

第一，疫后战略从"点状攻破"转向"跨期管理"。笃定目标打赢疫情防控持久战不仅要善用以点攻破，更要谋划长远、找准矛盾、挂图作战，确保完成年度任务。一是短期要在为企业化解生产经营风险上下功夫，强化特定信贷支持和应急周转资金管理，通过定向减税降费、信贷纾困、发行债券等方式降低企业负担。二是中期要在全球供应链价值链维护上下功夫，推进简单产业链下游低附加值环节转出，较复杂产业链趋向区域化，极复杂产业链仍然延续全球化的方向进行积极推动与强化，维护产业链、供应链安全稳定。三是长期要在新全球化中凸显"重要窗口"制度优势上下功夫，坚持以"最多跑一次"改革为牵引，深入推进重要领域和关键环节改革，加快推进高质量对外开放。

第二，稳企惠企从"应急救助"转向"常态扶持"。尽管当前浙江疫情防控形势持续向好，但仍应警惕疫情通过全球产业链、贸易链、供应链、金融链向内传导给企业的风险。在疫情防控形势复杂多变情况下，浙江稳企惠企政策应从短期的应急救助转向长期的常态扶持。一是强化对重点领域、重点行业、重点项目的监测预警和应急处置，分类梳理企业在疫情防控和复工复产中的困难和问题。二是持续聚焦"六稳""六保"，强力推动"五减"联动，全面强化稳就业举措，让受疫情影响较大的企业"挺过去""活下来"，保持产业链供应链稳定。三是确保房地产市场平稳健康发展，想方设法稳房价、稳地价、稳预期。

第三，产业追赶从"后发跟进"转向"前沿创新"。随着国外疫情加剧导致欧美发达国家在中国的独资或合资企业经营压力加大，企业核心技术转移、境外投资加码和并购整合升级等行为将为浙江企业加速技术更新提供重要窗口。一是要利用当前中国仍是全球少有具备成长空间的市场契机，为本省优势企业和全球同行龙头企业进行深层次技术交流合作搭建平台。二是利用"浙江制造"优势品牌，抢抓机遇吸纳境外顶尖企业掌握核心技术的研发骨干和高管赴浙创业就业。三是扩大市场竞争和市场筛选机制，全面化解由于应急事件导致的关键技术断缺和转移风险。四是鼓励企业特别是民营企业密集试错消减技术信息的不确定性，形成未来具有创新优势和竞争优势的产品组合和技术方向。

第四，金融政策从"全面浇灌"转向"精耕细作"。全球金融风险陡增将影响供应链上企业的现金流和融资压力，金融政策做到与中小微企业需求精准对接是考验浙江金融服务水平的重点。一是转变信贷经营方式，强化供应链金融思维，将"贷大"调整为"贷小"，确保企业能贷、优贷、稳贷。二是创新融资评估模式，多维度考量小微企业绩效，建立企业"体检档案"，将"财表评估"调整为"综合评估"。三是提升金融科技标准，将数据要素转化为治理单元，提高数据应用的能力与水平，将"传统规则"调整为"精准匹配"。四是定制个性金融套餐，充分把握用户需求，提高服务品质，将"柜台服务"转化为"专配顾问"。

第五，外贸战略从"出口导向"转向"内外兼修"。"后疫情"时期外贸战略导向不仅要考虑资源配置效率，还要更加重视大国关系和民族主义潮流等因素，不能因国内产业体系健全、市场规模巨大、消费能力强而忽视产业链"去中国化"风险。一是刺激国内消费市场，实施内外贸一体化，在一定程度上弥补国外订单减少带来的损失。二是加强保险产品创新，扩大保单融资规模，鼓励企业向保险机构购买货币汇率保险。三是加强外贸政策供给，鼓励制造业企业寻求国内相关产业链合作方，逐步实现产业链本土化、集群化。四是发挥数字经济优势，发展跨境电商出口新业态，形成国内大循环为主体、国内国际双循环相互促进的发展格局。

第六，区域协调从"雄鸡独舞"转向"琴瑟和鸣"。百年难遇的全球疫情让市场总供给断链、总需求低迷，通过发挥区域联动与产业联动能有效提增供给、刺激消费。一是以城乡互动统筹生产力布局，突出中心城市与县区经济的带动和辐射。二是以高质量一体化拉动内需，强化市域协同发展、跨区域特色小镇、一体化发展先行区、跨区域发展廊带等的载体作用，推进新兴产业、重大项目、龙头企业跨区域合作。三是以品质标识优化营商环境，以打造城市未来社区为牵引，用新理念促进人与社会协调发展、用新场景塑造与提升城市功能、用新应用开拓与创造美好生活，推动城乡收入扁平化、全域生态化、社会人文化。

（二）重点举措

1. 突出"一盘棋"抓统筹

一是迭代优化"一图一码一指数"精密指控体系，综合分析全省宏观经济监测指标变化趋势、回升波幅和发展预期，及时发现企业特别是民营企业、小微企业发展的痛点、难点、堵点。二是将"六保"与产业升级相结合，政策投放更加侧向制造业转型升级、重点基础设施建设项目、绿色信贷等领域，严控"两高一剩"政策冗余，做到有保有压，突出保企业促发展、保民生稳供给。三是运用大数据建立国际信息共享机制，与各国分享和交换疫情发展状况、防疫经验及重大发现，为外向型企业生产经营提供准确、及时、高效的"战备"信息。四是科学评估中国与美国等贸易伙伴国的经贸关系，提前做好应急预案。

2. 突出"降成本"抓落实

一是强化链治思维，通过大型企业集团信用级别，更好支持链上中小企业，结合大数据技术、订单合同、多方询证等方式对中小微企业进行信用评估，降低金融服务门槛。二是确保降本到位，支持金融机构或担保机构采取免除贷款利息、免去或减半担保费等减轻企业负担，运用纾困基金、债转股等工具帮扶部分上市公司化解股权质押风险。三是实现精准帮扶，深度开展减税、减费、减息、减租、减支"五减"惠企行动，利用大数据技术和价值网分析，创新方式降低服务成本，把资源精准投放在关键工程、急需项目、优先领域上。

3. 突出"保市场"抓发展

一是激励社会投资回暖，对重大投资项目进行土地保障、资金补充、新增税收政策返回，扭转固定资产投资、民间投资、交通投资等增速乏力的被动局面，确保上半年GDP正增长。二是挖掘网红市场、地摊经济、线上消费、无接触服务等市场潜力，通过创新扶持政策、保证精准调控、提升服务能力、加强风险评估等方式规范市场。三是支持企业出口转内销，有序引导有条件的外贸企业转向开拓国内市场，用足用好现有出口退税、出口信用保险等外贸政策工具，积极促进海外新增订单。四是大力发展数字贸易、服务贸易、跨境电商、离岸贸易，通过支持eWTP、打造新型贸易中心、拓展新兴市场等方式赢得发展主动权。

4. 突出"强创新"抓支撑

一是加快推进以技术和数据为核心的"新支柱"产业培育和"新基建"产业建设，依托国家数字经济创新发展试验区，超前布局5G网络、超算中心、工业互联网、先进计算等重大基础项目，加快推进高等级绿色云数据中心、国家（杭州）新型互联网交换中心等平台建设，撬动工业机器人、传感器、物联网等智能产业快速发展。二是用高标准数字化支撑新经济，围绕智能制造、供应链管理、社会治理等重点领域，推进人工智能、区块链技术在标识解析、协同制造、供应链金融等工业互联网领域的融合应用。三是支持龙头骨干企业以"数字化转型"为导向，加快智能技术与产业链各传统环节替代融合，启动实施重点项目、关键技术"进口替代"专项行动，逐步破解核心技术"卡脖子"问题。

5. 突出"一体化"抓联动

一是依托"一极三区一高地"，抓住上海全球科创中心建设机遇，共建跨区域多层次产业创新合作平台，提升G60科创走廊、各类科技园区合作水平，加大企业人才引培扶持、科研创新扶持、试点应用扶持、园区建设扶持等支持力度。二是强化中心城区智能制造业集群、金融资本和金融科技集群、高新科技产业集群的功能发挥，对重大实体项目及基础性平台与服务项目尽可能布局在中心城市周边县区，实现中心城市产业决策功能和县市区域制造业基地的双向互动格局。三是高质量打造数字长三角，充分发挥浙江大学、阿里达摩院、之江实验室等的作用，在设施全网络、产业全链条、审批全窗口、环保全流域、民生全卡通等方面加快突破。

国际格局百年大变局与我国对外开放战略选择

全 毅[*]

提要：金融危机后世界格局进入大发展、大调整、大变革时期。中国改革开放的内外部环境正在发生重大变化。在整体进入中等收入阶段后，经济增长质量还很低，新旧动能转换动力不足，产业转型升级缓慢，国内体制改革进入深水区，体制机制改革受制于既得利益集团、自满情绪和"左倾"思潮的掣肘。外部环境因美国对华战略出现历史性转折和大国竞争、博弈加剧而严重恶化，我国发展的国际空间受到空前挤压。中国面临着"中等收入陷阱"与"修昔底德陷阱"的双重考验。

关键词：国际格局；百年未有之大变局；中国角色

一、国际格局百年变迁与发展趋势

世界格局既是国际力量对比的客观观照，也是人们的主观认知和塑造。自从 1918 年—1922 年德国学者斯宾格勒出版《西方世界的衰落》以来，有关西方的没落与东方的复兴的争论就没有停滞过。国际格局百年大变局，就是指 1918 年以来西方发达资本主义国家从权势顶峰逐渐衰落与新兴经济体国家的逐渐兴起的百年变化。实际上，自从 1910 年西方对世界的控制权力达到顶峰之后，"西方的衰落"一直是 20 世纪以来世界历史的主题。[①]

---

[*] 作者简介：全毅，福建社会科学院所长、研究员。

[①]（美）塞缪尔·亨廷顿著，周琪等译：《文明的冲突与世界秩序的重建》新华出版社 2002 年第三版。P77.

百年大变局集中体现在亚太地区格局的变化。亚太地区美、中、日、俄、东盟五大力量对比变化及其互动关系影响亚太格局的变化。近代以来，亚太地区格局变化经历了三次嬗变。

（一）西方列强入侵与东亚华夷体系解体

西方列强的侵入东亚以及东亚国家的殖民化和半殖民化使得东方从属于西方。在西方列强的冲击下，东亚国家和地区被迫向西方开放门户，古老的中华帝国走向百年沉沦和崩溃离析，中华帝国周边藩属国朝鲜、琉球、安南、缅甸沦为西方列强殖民地，甚至自身领土外蒙古、外兴安岭、台湾、香港也被列强割占，持续近三千年的以中华帝国为核心的东亚（华夷）朝贡体系解体。地处东亚一隅的日本则从1868年开始明治维新，实现"文明开化、殖产兴业和富国强兵"的国策，抓住全球化与工业化机遇走上近代化道路，逐渐成为东亚地区的优等生，经济军事实力迅速超过中国，跻身为近代化经济与军事强国。经过1895年中日甲午战争和1905年日俄战争，日本侵占朝鲜半岛、琉球群岛和中国台湾，逐渐取得东亚地区优势地位。李鸿章称其为"三千年未有之大变局"。[1] 第二次世界大战中，日本提出大东亚共荣圈，发动全面侵华战争与太平洋战争，并与英美等帝国主义列强争夺亚太地区霸权。但美国自从1899年提出门户开放的东亚政策以来，防止在东亚出现一个占绝对主导地位的大国一直是美国亚洲政策的核心。因此，日本在亚洲的争霸遭到中国和美国等世界反法西斯联盟的反击而终致失败。西方列强与日本在亚洲的殖民体系解体，以19世纪40-50年代西方入侵为开端的时代正在结束，亚洲太平洋地区诞生了十多个民族独立国家，为亚太地区发展和崛起奠定了坚实的政治基础。

（二）两极冷战格局下亚太地区的崛起

第二次世界大战后，日本及西方列强在东亚的殖民体系瓦解，东亚和东南亚诞生大批民族独立国家，美国与苏联成为亚太地区的重要力量。美国占领了日本及韩国，并与东南亚国家建立东南亚防御体系，苏联在东亚的中国、蒙

---

[1] 中华书局编辑部：《筹办夷务始末（同治朝）》，上海。中华书局出版社2008年版。

古、朝鲜和越南取得广泛影响力。亚太地区成为美苏两大阵营冷战与争夺的前沿地区。为了对抗竞争对手苏联，美国的政策是扶持战时的对手日本以及苏联阵营之外的亚太国家和地区，日本和亚洲"四小龙"，以及1980年代的中国利用美苏对峙获得了难得的发展机会。日本在1946年–1976年经济全盛时期，经济规模扩大了55倍，1968年，日本成为西方世界第二经济大国，1983年，日本超越苏联成为世界经济第二大国。1989年前后，日本GDP达到美国GDP的80%，国际社会普遍预测21世纪将是日本世纪。韩国1962年–1989年27年间，经济规模扩大了惊人的107倍，并从落后的发展中国家一跃成为OECD发达国家俱乐部金牌成员。作为自由贸易港的香港和新加坡乘着经济全球化和东亚崛起的东风，迅速成为世界贸易与金融中心。20世纪70-80年代，亚洲"四小龙"崛起成为新兴工业化国家和地区，创造了第二次世界大战后东亚经济发展第二次奇迹，实现亚太地区第二次崛起。以美国的西海岸和日本，亚洲"四小龙"崛起为动力，20世纪80年代迎来了全球发展的太平洋时代。

1983年，美国跨越太平洋的贸易首次超过跨越大西洋的贸易，成为亚太区域崛起的分水岭。随着太平洋国家产业转移与经济联系的加强，亚太区域合作呼声高涨。为迎接太平洋时代到来，日本和澳大利亚学者提出太平洋共同体和太平洋自由贸易区构想，1980年9月成立了太平洋经济合作会议（1992年改为太平洋经济合作理事会PECC）。在这些民间智库的推动下，1989年11月，太平洋两岸的国家成立亚太经济合作组织（APEC）。但日本的挑战与亚洲"四小龙"的崛起及其与美国的经济失衡，引起美国的强烈不满，美国采取贸易保护措施，迫使日本和亚洲"四小龙"接受自动出口限制和货币升值。1979年，哈佛大学教授傅高义出版《日本名列第一：对美国的教训》，以及石原慎太郎出版《日本可以说不》表达对现存国际秩序的不满后，引起了美国的警觉，日本提出东亚经济圈构想和推行东亚雁形发展秩序，美国国内市场受到日本产业强烈冲击，其在东亚地区也感觉到日本的挑战。因此，1985年，美国将日本列为战略竞争对手进行打压，迫使日本签署《广场协议》，进行开放市场的结构性改革和向美国开放市场。1991年苏联解体后，美国舆论第一次将日本排在苏联之前作为对美国安全构成威胁的国家。① 但是，日本挑战美国经济霸权以泡沫经济破裂和金融败战而告终，1992年之后，日本经济增长几乎为零，导致失去的20年，到2010年日本GDP仅相当于美国的35%。但日本衰退并没有改变世界经济重心向西太平洋转移的历史趋势。美国贸易保护政策及日本和亚洲"四小龙"货币升值，劳动成本上升使得其传统产业失去竞争优势，迫使其将边际产业转移到中国及东南亚地区，促进了东亚工业化的扩散。与此同时，日本学术界提出了著名的边际产业扩张论以及雁形发展模式理论，推动日本产业向亚洲"四小龙"和东亚地区的扩散与转移，以及东亚国际分工与生产网络的形成。在东亚国际生产网络形成过程中，中国的对外开放成为东亚经济持续崛起的催化剂。

（二）亚太地区第三次大变局以中国崛起为标志

中国从1978年开启了改革开放时代，中国的对外开放主要是面向太平洋地区的美国、日本和亚洲"四小龙"。20世纪80年代，因日本和亚洲"四小龙"与美国的经济摩擦，开始产业转移与产业升级过程，中国的改革开放抓住了这次经济全球化加速发展的历史机遇。中国沿海地区率先融入到经济全球化进程，随着东亚发达经济体边际产业对外投资的增加，吸引了日本和亚洲"四小龙"等国家和地区的边际产业。进入21世纪，中国乘着加入WTO的顺风车，经济迅速起飞，继日本和亚洲"四小龙"经济奇迹后，创造了东亚地区的第三次经济奇迹。从1978年起，中国的GDP超过诸多国家，1990年中国经济总量进入世界前10位；1995年超过巴西、西班牙、加拿大上升到第7位；2000年超过意大利，2005年超过英国和法国，进入前4位；2007年超过德国居世界第三位，2010年超过日本，成为仅次于美国的世界第二大经济体。2018年，中国的经济规模达到13.9万亿美元，相当于美国经济规模的66%，超过日本和亚洲"四小龙"，成为影响亚太格局转变的主角。中国的崛起进一步促进世界经济重心向亚洲转移。虽然2019年美国GDP仍占全球的24%，中国只占全球

---

① （美）塞缪尔·亨廷顿著，周琪等译：《文明的冲突与世界秩序的重建》新华出版社2002年第三版。P247.

的16%。但美国的贸易总量已经让位给中国，2013年，中国取代美国成为世界最大货物贸易国家，2019年，中国进出口占全球比重为12%，高于美国占比11.05%。中国仍然是世界上最大贸易国。由于中国和其他新兴经济体的迅速发展，使得全球生产和贸易的格局发生了巨大变化，它不再是以美国为核心。世界经济重心正在从太平洋东岸的美国转移到太平洋西岸的亚洲地区。

表2 北美、欧盟、亚洲生产与贸易及其占全球比重（2018–2019年）

单位：亿美元

地区和国别	GDP（2018年）	占全球比重（%）	进出口额	占全球比重（%）	进口额	占全球比重（%）	出口额	占全球比重（%）
美国	206813.54	24.13	42140.34	11.05	25684.07	13.35	16456.27	8.71
加拿大	17125.62	2.00	9106.45	2.39	4637.11	2.41	4469.34	2.37
墨西哥	12234.01	1.43	9284.58	2.44	4673.42	2.43	4611.16	2.44
欧盟28国	187829.91	21.92	125005.5	32.79	62185.00	32.33	62820.53	33.26
中国	136081.52	15.88	45761.26	12.00	20770.97	10.80	24990.29	13.23
日本	49713.23	5.80	14262.66	3.74	7207.38	3.75	7055.28	3.74
韩国	17204.89	2.01	10455.76	2.74	5033.43	2.62	5422.33	2.87
东盟	29715.09	3.47	28100.20	7.37	13888.13	7.22	14212.07	75.24
印度	27793.52	3.24	8080.27	2.12	4838.64	2.52	3241.63	1.72
中日韩+东盟	232714.73	27.16	98579.88	25.86	46899.91	24.38	51679.97	27.36
世界	856933.22	100.	381261.9	100.	192373.9	100	188888.0	100.

资料来源：https://unctadstat.unctad.org/wds/TableViewer/dimView.aspx。

随着中国对外开放及其融入经济全球化进程，特别是深度融入亚太区域国际生产网络，亚太地区开始形成以中国为中心的东亚国际生产网络，与北美国际生产网络和欧洲国际生产网络，形成三足鼎立之势。东亚生产网络的形成和崛起诞生了东亚区域主义，从1997年东亚金融危机开始，东亚国家认识到东亚经济体经济联系是如此紧密，以至于金融危机迅速波及整个东亚地区。在应对金融危机的过程中，东亚国家的相互支持，催生了东亚的地区主义。东亚经济核心论坛、东亚经济共同体和东亚自由贸易区等区域经济合作构想不断涌现。以2002年中国东盟经济合作框架协议（CAFTA）为开端，东盟与日本、韩国、澳新、印度先后签订了5个"10+1"区域贸易协定。中国力推东盟与中日韩的东亚自由贸易区谈判，以及区域经济伙伴关系（RCEP）的谈判，试图塑造东亚经济新秩序。

（四）中美竞争与亚太地区多极化前景

为了防止东亚地区形成类似欧盟那样排他性的区域经济集团以及中国的崛起，2010年，美国提出重返亚太战略，将战略重心从欧洲和中东转向亚太地区。美国宣布要将60%的军事力量部署在亚太地区。为争夺亚太区域主导权，美国、中国、日本和东盟等亚太大国与区域集团展开激烈争夺与博弈。在美国倡导亚太自由贸易区（FTAAP）遭遇挫折后，美国将注意力转向跨太平洋经济伙伴关系（TPP）谈判，试图组建亚太版经济北约，主导亚太经贸规则制定权，并分化东亚日益紧密的产业链、供应链与价值链体系。与此同时，美国还与欧盟展开跨大西洋贸易与投资协定（TTIP）的谈判，力图重构国际经贸新规则。美国的亚太战略既有分化东亚经济区域合作的意图，也有与中国等新兴经济体争夺国际经贸规则主导权之意。有欧洲学者曾公开宣称，TPP+TTIP=EBC（即everyone but China）;[1]更有美国学者认为这也许是美欧抛开中国和其他金砖国家决定未来贸易规则的最后机会。[2]奥巴马就明确表示，亚太地区贸易规则不能让中国来制定。因为美国主导的TPP与TTIP等诸边贸易谈判，几乎把我国最主要的贸易伙伴"一网打尽"。因此，逆全球化也可以理解为"去中国化"，即利用严格的原产地规则促进在中国的生产网络转移到美欧日三方区域共同市场。在美国进来搅浑水的情况下，中国试图主导东亚自由贸易区谈判遭遇挫折之后，中国将对外开放与经贸合作的重心转向"一带一路"。2013年，中国提

---

[1] Ash,T.G.," Welcome to the Geopolitics of trade, Where Dr Pangloss Meets Machiavelli", The Guardian,10 July,2013.

[2] Gantz.D.A.," The TPP and RCEP: Mega-trade Agreements for the Pacific Rim". Arizona Legal Studies, Discussion Paper No.15-36,December 2015.

出"一带一路"倡议，对外开放与合作重点转向"一带一路"国家和地区，支持没有美国参与的 RCEP 谈判，谋求改善中国的地缘经济与政治环境，迎接亚洲世纪的到来。中国的崛起给世界带来巨大冲击，2010 年，英国学者马丁·雅克出版《当中国统治世界——西方世界的终结与新世界秩序的诞生》，在 2016 年修订版中作者预言："随着中国主导的世界秩序的形成，美国主导的世界秩序正以令人瞩目的速度瓦解"。[①] 西方世界衰落的悲观论再次出现，美国政治生活中充满了中国威胁综合症。希拉里·克林顿说道："我不希望我的子孙后代生活在一个由中国统治的世界里"。[②]

2017 年，特朗普政府执政后美国的亚太战略出现调整，特朗普政府放弃了以 TPP 为抓手打造新一代贸易投资自由化样板的目标，奉行美国优先政策，大搞单边主义和双边主义，重新签署美韩贸易协定、美墨加贸易协定和美日贸易协定。同时，美国提出"印太战略"似乎有取代 APEC 之意。美国印太战略得到日本和澳大利亚的支持，目标是以自由和开放的印太地区，扶持印度、越南等作为遏制中国的平衡力量。进入 2018 年，亚太格局因为中美贸易战而再次增添变数。2018 年可以说是中美关系从战略合作转向战略竞争的大转折元年。其标志性事件：一是特朗普政府主动发动对中国的贸易战，以及对中国科技公司中兴与华为及两国专业技术人才交流的科技封锁；二是中国共产党第十九大提出建设中国特色社会主义现代化强国目标，并向世界贡献"中国智慧""中国方案"，为发展中国家提供"全新选择"，被美国认为是对西方价值体系，民主模式和美国霸权的强劲挑战。过去 40 年，中美关系虽然有冲突和分歧，美国甚至多次对中国进行战略围堵、经济制裁，但通常强调共同利益与合作，总体关系是战略合作关系。然而，特朗普执政后，美国政府相继出台的《国家安全报告》，《国家防务战略报告》和《核态势审议报告》以及 2018 年 8 月美国国会参众两院通过并由特朗普总统签署的 2019 财年国防授权法案等系列文件，

[①] （英）马丁·雅克著，孙建宁、张莉译：《大国雄心——一个永不褪色的大国梦》英文名为：When China Rules the World-the End of the Western World and the Birth of a New Global Order. 中信出版社 2016 年版，第 471 页。

[②] 格雷厄姆·艾利森著，陈定定、傅强译：《注定一战——中美能避免修昔底德陷阱吗？》上海人民出版社 2018 年版，第 200 页。

从不同角度对中国重新定位,并明确把中国作为"战略竞争对手",声称要用全政府的方式,与中国进行全方位的长期战略竞争。中美经济摩擦升级,地缘战略竞争加剧,政治分歧和战略互疑加深,表明中美关系正处于急剧变化的质变过程中。

由于中美是全球两个最大的经济体,对世界经济形势具有巨大的溢出效应,成为世界经济前景最大变数。鉴于中美两国经济体量加总相当世界经济总量的40%,两国贸易量占世界贸易总额的20%以上,分别是许多国家最大的贸易伙伴,不仅其贸易战成为影响世界贸易发展的关键性因素,而且中美关系发展走向将在很大程度上决定未来世界政治经济格局的根本走向。如果中美关系走向战略竞争和对抗,亚太地区是形成美中对峙的两极格局,还是多极化格局?但世界经济重心向亚洲转移的历史趋势不会改变。因为"鹬蚌相争渔翁得利",中美对抗结果除两败俱伤外,第三者将会乘势崛起,成为中美对抗的受益者。中美纷争将使东盟、日本、印度、巴西,还有俄罗斯等成为赢家,就像美日贸易战导致中国崛起一样。印度穆迪总理宣布在2030年成为世界第三经济大国;普京总统发誓在任期结束时将俄罗斯建设成世界第五大经济体;越南政府也宣称要在未来10年成为世界工厂。国际格局,尤其是亚太地区可能出现"群雄并起"的大国竞争时代,巩固世界多极化趋势并使之强化。

二、我国对外开放新任务及其战略调整

面对国际格局百年未有之大变局,特别是美国对华战略调整,新时代中国对外开放的任务仍然是为中国完成结构性改革、经济转型升级以及持续发展营造可预见的良好国际环境,跨越"中等收入陷阱"。作为复兴中的东方大国,中国与老牌世界强国美国之间正进入"崛起与遏制"的相持阶段。在大国竞争与博弈加剧,中国发展的外部环境恶化的情况下,中国对外开放战略既要考虑如何避免"修昔底德陷阱",与美国合作达成共治世界的战略与策略,也要考虑在中美脱钩的情况下依然拥有广阔的发展空间的问题。

（一）实现和平崛起需确立新的立国战略

中国经过40年的高速发展，中华民族复兴和未来发展的基础条件应该说处于最好时期，但也面临着改革开放以来前所未有的严峻挑战。2018年6月中央外事工作会议上，习近平总书记提出"我国正处于历史上最好的发展时期，世界正处于百年未有之大变局，两者相互激荡"。[①] 为实现中华民族的伟大复兴的中国梦，中国应当像美国崛起过程中施行"孤立主义"路线和英国维护霸权过程中的均势外交路线一样，继续执行邓小平韬光养晦的外交路线。仔细品味邓小平同志当年具有战略思维的"冷静观察，稳住阵脚，沉着应付，善于守拙，韬光养晦，绝不当头，有所作为"大政方针的表述，韬光养晦即为集中精力搞好经济和现代化建设，在国际事务中保持低姿态。我国并不是像国内一些学者认为中国已强大到无法实现韬光养晦的外交路线了，美国在1890年代超过英国成为世界最大经济体后仍然实现孤立主义政策直到1945年第二次世界大战结束，最后顺利走到世界舞台中央。

（二）慎重处理好与守成大国美国的关系

中美关系的本质是崛起大国与守成霸主的关系模式问题。作为霸权国家，格雷厄姆·艾利森认为，美国对中国的战略选择（包括邪恶的）可以是：一是选择容纳竞争者，即通过调整与严肃竞争者的关系来适应新的权力平衡的一种有力的措施，可以是特别的避免冲突，或谈判的方式承认新的力量平衡。比如英国对美国的容纳；二是选择削弱竞争对手，即美国培植中国持不同政见者，在中国内部煽动政权更迭，甚至支持台湾、香港、新疆、西藏的分裂势力使其自身分裂的策略；三是通过谈判获得"长期和平"，通过谈判对双边竞争性领域施加限制（比如贸易领域，未来可能包括军备领域），但允许在其他领域寻求各自的优势；四是重新定义双边关系，即彼此尊重对方核心利益，共同发

[①]《习近平出席中共中央外事工作会议的重要讲话》，中国新闻网 www.chinanews.com/gn/2018/06-24/8。

展一种新型大国关系。① 对于崛起国家来讲，中国对美国的战略选择也有四种：一是选择竞争对抗，即在所有领域采取零和博弈策略，针锋相对。这将给双方都带来难以承受的巨大损失，但历史上挑战霸权国鲜有成功者。二是合作追随，比如同文同种的美英之间的合作追随关系，最后顺利替代。对中国来讲合作可以接受，追随美国比较困难，因为不符合中国独立自主的对外关系原则。三是选择韬晦孤立，即为集中精力搞好国内建设，在国际事务中采取低姿态。韬光养晦、善于守拙是邓小平在20世纪90年代初中国政治风波和苏东剧变遭到西方制裁时提出的，现在已经基本不提了。四是构建新型大国关系，即中美两国不冲突、不对抗、相互尊重、合作共赢的新型国家关系。目前美国认为这个提法过于空洞、缺少具体内容，认为中国这是想和美国平起平坐、共享霸权，因而难以接受。但形成一种新型的竞争与合作关系，避免演变为你死我活的搏杀情形应该是可能的。无论如何，处理中美关系仍然是中国对外关系的重中之重。

中美两国是在一个世界体系中合作与竞争，共同为世界和平与稳定履行负责任大国责任？还是进行全面对抗与冷战，组建各自的世界体系，把世界带入一个破坏性和高成本的未来？中国必须思考如何在不挑战美国核心利益的情形下，和美国共同维护现有国际秩序并从中获益。中国始终要抱着与美国合作的愿望，以人类命运共同体为目标构筑合作共赢的新型大国关系。美国政界和学术界曾经提出过中美共治世界的G2设想，中国没有接这个球。这些设想需要深入研究，提出可操作方案。中美两国都应本着做负责任大国的态度，在全球治理和区域治理层面加强沟通协商达成共识，进行合作是唯一正确选择。一是在多边贸易体制与全球治理中，中国要确立多边共治战略与策略。当前全球化面临的紧迫问题是与时俱进的修改或完善国际多边贸易的规则，而这个紧迫问题背后更紧迫问题是如何构建新型大国关系，以求得共识和可以开展合作。中美应以贸易磋商为契机，为解决两国经济失衡在结构性改革问题上达成某种共识。二是亚太地区仍然是中国发展的重要地缘依托。在中美关系恶化，两国参

---

① （美）格雷厄姆·艾利森著，陈定定、傅强译：《注定一战，中美能避免修昔底德陷阱吗？》上海译文出版社2018年版，第298–307页。

与APEC框架的重要性凸显。中国要以建设太平洋共同体（改大家庭为共同体）为目标，与美国在APEC框架中进行合作，有利于推动太平洋两岸经济合作走向深入，防止中美两国全面脱钩，维护亚太地区的经济发展与繁荣。

（三）对外开放合作要坚持两条腿走路的策略

一是面向发达国家，构建以规则为导向的高标准贸易与投资协定；二是面向"一带一路"国家，构建以发展为导向的经贸合作规则。

我国经济社会要持续发展，跨越"中等收入陷阱"，进入发达国家行列，要求实现面向发达国家的开放战略。中国改革开放实际上就是不断对标世界先进的国际经贸规则与惯例，改革国内各种体制机制，让市场在经济运行和资源配置中起基础性作用，从而提高经济运行的效率的过程。"一带一路"沿线等广大亚非拉发展中国家作为全面开放格局的重要一环，仍然无法替代美欧日开放合作的重心地位，特别是原创性科技方面，中国对发达国家依赖更深，而原创性科技背后是制度与文化。这方面与西方发达国家还存在巨大差距，我国应该实行拥抱西方和世界的政策，扩大同美欧日等发达国家的接触与经贸合作，与发达国家构建规则为导向的高标准、高质量的自由贸易与投资协定，适应新一轮国际经贸新规则重构的形势，避免重新成为"局外人"。当前尤其要重视与欧盟和日本的合作，欧盟作为世界上最成熟的区域经济合作组织，对世界多边贸易体制具有重要影响，中国与欧盟的共同利益在增加。要争取与欧盟尽快达成双边投资协定，既推动中国国内结构性改革进程，完善社会主义市场经济体制，破除中国非市场经济地位，也为构建中欧自贸区奠定基础，突破美国的围堵。强化中日韩合作，利用中日韩东亚区域文化认同，推动中日韩自贸区谈判取得进展。

加强"一带一路"经贸合作规则建设，推动中国经济与世界经济深度融合。应推动"一带一路"合作机制与经贸规则建设，提高"一带一路"合作机制化与规范化水平，降低经济合作的不确定性与风险。要与"一带一路"沿线国家签署以发展为导向的适应发展中国家水准的自由贸易与投资协定。"一带一路"为核心的发展中经济体特别是金砖国家具有极大的经济增长潜力。巴西等南方共同市场与欧盟已经达成高标准自由贸易协定。我国在运筹谋划国际规则方面能力有待加强，我国与"一带一路"沿线国家签署的自由贸易协定，应以经济技术合作议题为主以减少投资壁垒，特别是国有企业参与基础设施和能源资源领域的对外投资提供制度保障。

（四）以合纵策略突破美国连横策略

利用盟友实行离岸平衡的均势战略是守成大国遏制崛起大国的惯用手段。中美贸易战将加速美国的连横战略，美国将战略重心转移至印太地区，构造以美日澳印联盟的印太战略，构筑应对中国的盟友圈。中国要重点经营中国东盟自贸区（或 RCEP）与上海合作组织（或欧亚联盟）的南北两翼以突破美国包围网。

在南面，中国率先与东盟确定建立自由贸易区，带动了其它域外国家对自贸安排采取更为积极的态度。在中国试图主导的东亚 10+3 合作进程受到挫折后，应当重点经营南北两翼的中国—东盟自由贸易区和上海合作组织。中国推动达成中国—东盟自贸区升级版协议（CAFTA）。积极支持东盟推动 RCEP 谈判，2019 年 11 月 4 日，RCEP 曼谷领导人会议发表联合声明：除印度外，RCEP15 国协议文本与市场准入谈判基本结束，并争取在 2020 年签署协议。RECP 对中国推动区域经济合作与亚太区域一体化具有重要战略价值，应积极争取日本和印度，破解美国印太战略的压力。RCEP 谈判议题已经超出传统的自贸协定内容，同时也更多地反映了亚太区域成员关于发展的议题，协定有助于巩固亚太地区产业链、供应链和价值链。

在北面，上海合作组织已完成机制化建设，逐步从政治安全合作向经济贸易合作扩展，中国和俄罗斯为此发挥了不可替代的重要作用。上海合作组织要继续完善打击三种势力和非传统领域的安全机制，以及贸易与投资便利化措施。2018 年 5 月 17 日，中国与欧亚经济联盟（俄、哈、白、吉、亚）签署经贸合作协定，强化政策与规则对接；提升海关程序、检验检疫与技术标准合作水平；加强知识产权、政府采购和电子商务等领域经贸合作。但是，俄白哈关税联盟实际上形成中国与中亚合作的"一堵新墙"，应积极探索与欧亚经济联盟和蒙古国启动双边自由贸易区谈判的可能性，降低关税与投资壁垒。

（五）以竞争中性原则深化市场经济体制改革

中国市场化改革遵循双轨制道路，形成国有企业、外资企业和民营企业实行不同的政策法规。经济体制改革不彻底与市场经济制度不完善阻碍资源配置效率和经济转型升级的步伐，以及国际社会对我国经济体制的强烈质疑。

面对国际金融危机后国际经贸规则的重构与全球治理体系的变革，以及WTO改革与TPP/CPTPP、OJEPA、USMCA、TTIP等新动向，我国对外开放必须更加注重制度创新和营商环境建设。实现对外开放由过去依靠政策优惠向投资贸易便利化、制度法规透明化、监管公平高效化转变，以制度创新营造市场化、国际化、法治化的营商环境，将国内市场化改革与对外开放紧密结合，以竞争中性为原则深化市场经济体制改革，构建高水平开放型经济体制。对内加快推进深化市场化改革，以建设高质量的市场经济制度为目标，转变政府职能，推动国有企业混合所有制改革，利用股权多元化来弱化政府背景，改善公司治理结构，构建清晰的政商关系；完善反垄断立法和公平贸易法律建设，破除行政壁垒，推动各类企业公平竞争。"按照竞争中性原则，在要素获取、准入许可、经营运行、政府采购和招投标等方面，对各类所有制企业平等对待"。[①] 全面实施市场准入负面清单制度，改革生产许可制度，加强产权与知识产权保护，营造统一、公平、透明、可预期的良好营商环境。

对外扩大开放，以建设高水平开放型经济体制为目标，推动市场准入持续放宽和贸易投资自由化与便利化，加快推动京津冀协同发展、长江三角洲一体化发展、粤港澳大湾区建设。加快自由贸易试验区、沿边跨境经济合作区建设，在海南、上海港、天津港或大连港探索内地再造几个香港的自由贸易港建设，打造开放发展新高地。以自由贸易试验区和国际自贸协定为载体，通过双边、区域合作协定协调自然人移动和出入境签证服务，促进国内外资本、技术、管理人员、劳动力、信息、服务的自由流动，资源高效配置，市场深度融合，加快培育参与和引领国际经济合作竞争新优势。同时，加强事中事后监管

---

① 2019年3月5日两会期间，李克强总理代表国务院所做的《全会政府工作报告》。

制度与能力建设，完善外国投资安全审查制度，对外国资本进入实行无偿准备金制度防止国际游资大进大出；金融监管需要改变分业监管的模式，加强银监会、证监会和保监会在筑好防火隔离墙的同时，强化协调合作，建立数据共享系统，建立数据共享和分析监测体系，堵塞监管漏洞。

（六）积极参与区域和全球治理

面对日益严重的全球经济碎片化和逆全球化民粹主义兴起，习近平从中国国内治理的成功经验出发，就全球化与全球治理提出一系列植根于中国思想的全球治理方案。

坚持开放、合作与共享的全球治理理念，构建人类命运共同体。中国在对外开放中要积极参与全球和区域经济治理。习近平同志指出，全球经济治理应该以开放为导向，坚持理念、政策、机制开放，适应形势变化，广纳良言，充分听取社会各界建议和诉求，鼓励各方积极参与和融入，不搞排他性安排，防止治理机制封闭化和规则碎片化。① 因此，中国坚持维护世界贸易组织开放、透明、非歧视的国际经贸规则，维护开放型世界经济。习近平强调：中国将始终不渝走和平发展道路、奉行互利共赢的开放战略，坚持正确义利观，树立共同、综合、合作、可持续的新安全观，谋求开放创新、包容互惠的发展前景，促进和而不同、兼收并蓄的文明交流，构筑尊崇自然、绿色发展的生态体系，始终做世界和平的建设者、全球发展的贡献者、国际秩序的维护者。②

推动WTO改革进程，维护世界多边贸易体制。中国作为世界多边贸易体制的受益者，坚决维护WTO作为世界多边治理体制的主渠道作用。由于美国阻挠上诉机构仲裁法官的遴选，WTO上诉机构于2019年12月11日陷入停摆，世界多边贸易体制遭到沉重打击。为维护世界贸易组织的权威性和有效性，中方进行了不懈的努力。2020年3月27日，中国、欧盟和其他10多个世贸组织成员联合发表声明，决定在世贸组织建立多方临时上诉仲裁安排。该机构将在

---

① 习近平：《中国发展新起点，全球增长新蓝图》（2016年9月3日），《人民日报》20160904.
② 习近平：《全面决胜小康社会，夺取中国特色社会主义伟大胜利》2017年10月18日，http://www.gov.cn/zhuanti/2017-10/27/content_5234876.htm。

上诉机构停摆期间，利用世贸组织《关于争端解决规则与程序的谅解》第 25 条规定的仲裁程序，审理各参与方提起上诉的争端案件。各参与方已就临时上诉仲裁安排的案文达成一致。当前，建立多方临时上诉仲裁机构，有利于维持世贸争端解决机制的运转，维护以规则为基础的多边贸易体制，显示了国际社会对多边贸易体制的信心与支持。中方仍将坚持多边共治策略，积极支持和推动解决上诉机构遴选僵局作为 WTO 改革的优先事项。

参考文献

[1]（美）塞缪尔·亨廷顿著，周琪等译：《文明的冲突与世界秩序的重建》新华出版社 2002 年第三版。P77.

[2]（英）麦金德：《历史的地理枢纽》(1904) 中译本，商务印书馆 2007 年 10 月版序

[3] 现代国际关系译丛：《太平洋挑战》，时事出版社 1986 年出版第 22 页。

[4]（美）弗朗西斯·福山：《历史的终结》，《国家利益》1989 年夏季号

[5] 张蕴岭：《百年大变局的思考》，《东亚评论》2018 年第 1 期，世界知识出版社 2018 年出版。

[6] 刘贞晔：《全球大变局：中国的方位与出路》载《探索与争鸣》2019 年第 1 期，引自中国智库网 www.chinathinktanks.org.cn/content/detail/id/e2z.

[7]（美）塞缪尔·亨廷顿著，周琪等译：《文明的冲突与世界秩序的重建》新华出版社 2002 年第三版。P87.

[8]（英）戴维·多德韦尔：《美国欲秘密绞杀 WTO 争端解决机制》《参考消息》2018 年 09 月 03 日。

[9] 张宇燕主编：《国际形势黄皮书：2019 年全球政治与安全报告》总论部分，社会科学文献出版社，2019 年版，P2.

[10] 中华书局编辑部：《筹办夷务始末（同治朝）》，上海。中华书局出版社 2008 年版。

[11]（美）塞缪尔·亨廷顿著，周琪等译：《文明的冲突与世界秩序的重建》新华出版社 2002 年第三版。P247.

[12] 刘贞晔《全球大变局：中国的方位与出路》载《探索与争鸣》2019 年第 1 期。

[13] Ash,T.G.," Welcome to the Geopolitics of trade, Where Dr Pangloss Meets Machiavelli", The Guardian,10 July,2013.

[14] Gantz.D.A.," The TPP and RCEP: Mega-trade Agreements for the Pacific Rim". Arizona Legal Studies, Discussion Paper No.15-36,December 2015.

[15]（英）马丁·雅克著，孙建宁、张莉译:《大国雄心——一个永不褪色的大国梦》英文名 为: When China Rules the World-the End of the Western World and the Birth of a New Global Order. 中信出版社2016年版，第471页。

[16]（美）亨利·保尔森《关于处于十字路口的中美关系的讲话》2018年11月9日。.微信公众平台 mp.weixin.qq.com/s?__biz=MjM5M..

[17]《习近平出席中共中央外事工作会议的重要讲话》，中国新闻网 www.chinanews.com/gn/2018/06-24/8。

[18]刘鹤：两次全球大危机的比较研究,《比较》杂志2012年第5期。

[19]（美）格雷厄姆·艾利森著，陈定定、傅强译:《注定一战，中美能避免修昔底德陷阱吗？》上海译文出版社2018年版，第298-307页。

[20]习近平:《习近平谈治国理政》(第二卷)，北京：外文出版社2017年版第497页。

[21] 2019年3月5日两会期间，李克强总理代表国务院所做的《全会政府工作报告》。

[22]习近平:《中国发展新起点，全球增长新蓝图》(2016年9月3日)，《人民日报》20160904。

构建陆路沿边开放新特区推动云南以大开放促进大发展

王　栋　陈正鹏子　段晨阳[*]

2015年1月，习近平总书记在云南考察时指出："云南的优势在区位，出路在开放"，希望云南建设成为"面向南亚东南亚辐射中心"。2020年伊始，总书记再次考察，提出云南"要主动服务和融入国家发展战略，以大开放促进大发展"。近年来，云南在开放合作中已形成多项比较优势，但比较优势向强劲发展动力的转化受到部分要素缺项的制约。

一、云南开放发展的条件和形势

（一）云南陆路沿边开放发展的比较优势

地区特点决定的三大比较优势。云南是我国连接东南亚、南亚的重要大通道，是我国西南生态安全屏障，也是我国少数民族种类最多的省份，具有无可比拟的区位优势、得天独厚的生态资源优势、集聚特色的文化旅游优势。

扎实做好对外经贸合作促进经贸畅通。近两年来，云南外贸保持两位数的较快增长速度，增幅高于同期全国水平，增幅排名全国前列。东盟继续保持云南第一大贸易伙伴地位，对周边缅甸、越南、老挝三国贸易额保持稳定增长，与"一带一路"沿线国家贸易也增长迅速。对全球20个国家和地区实现非金融类直接投资，西部排名第2位。

不断深化放管服改革营造良好开放环境。全面深化改革五年以来，云南主

---

[*] 作者简介：王栋，北京鑫创科技有限公司产业研究高级资深研究员；陈正鹏子、段晨阳，国际合作主管。

动创新开展"开放型经济体制改革",不断破除制约加快发展的体制机制障碍,研究出台了170项涉及加强商贸流通供给侧改革、互联互通、开放平台、境外投资、通关便利化、人民币跨境结算、招商引资等方面体制机制的改革方案和文件,共印发实施110多个改革性文件。积极申报设立自贸试验区,并于2019年8月正式获批。

探索建立合作机制平台完善政策沟通。云南与周边国家建立了"滇老、滇缅、滇越、滇泰"等多双边的合作机制,加强了双方经贸往来和政策协调;沿边开发开放试验区、沿边金融改革试验区、中越、中缅、中老跨境经济合作区等23个各类开放型园区逐步建成并投入使用;积极承接发达地区产业转移,吸引国内外知名企业落户发展,推进国际产能合作不断深化;成立中国—南亚技术转移中心、中国—东盟创新中心等科技合作创新平台,与老挝、越南、柬埔寨等国合作建立农业科技示范园区。

(二)产业转移背景下开放发展面临的形势

世界经贸形势严峻,开放发展面临新矛盾、新问题。当前世界经济增长势头减弱、全球市场需求趋于回落、贸易保护主义升温、东南亚国家逐渐崛起等加剧外部市场不确定性,加之自由贸易规则正在重构,全球贸易不稳定因素增加,使产业发展挑战增多,区域产业分工加剧变化,产业链、价值链重构加速。全球生产网络重构表现出以跨国企业为主导、中间品贸易量增长、垂直分工向水平分工和混合分工过渡、产品分工向要素分工发展等特点。

国内产业转移持续,转型升级面临新机遇、新挑战。目前,以我国为中心的全球第五次产业转移,呈现出产业向发达国家(地区)和欠发达国家(地区)双路线转移,产业转移方式以链条式、综合体式、共建式为主,转移动因以政策优惠、靠近消费市场、获取低成本为主要考量等特征。此次产业转移反映出产业发展重点已投向调整经济结构、保护生态环境、建设整体社会等,既是我国对全球产业发展趋势的主动适应,也是国内产业结构调整升级的客观需要和历史机遇。但双路线转移的特征,加上供给端成本上升和资源环境约束增强、需求端消费结构升级、产业资本"脱实向虚"等夹击又带来产业"空心化"的风险和挑战。

周边省区国家崛起，产业承接面临新竞争、新要求。国内，云南与广西存在一定程度同质竞争，从2010-2018年省（区）外资金到位情况和实际利用外资对比来看，尽管云南在总量上优于广西（图1和图2），但在引资产业分布、高新技术项目引进和引进企业能级方面欠于广西。而云南周边的东南亚国家凭借土地供给充足、人口红利等优势迅速崛起，以越南为例，2018年其外商直接

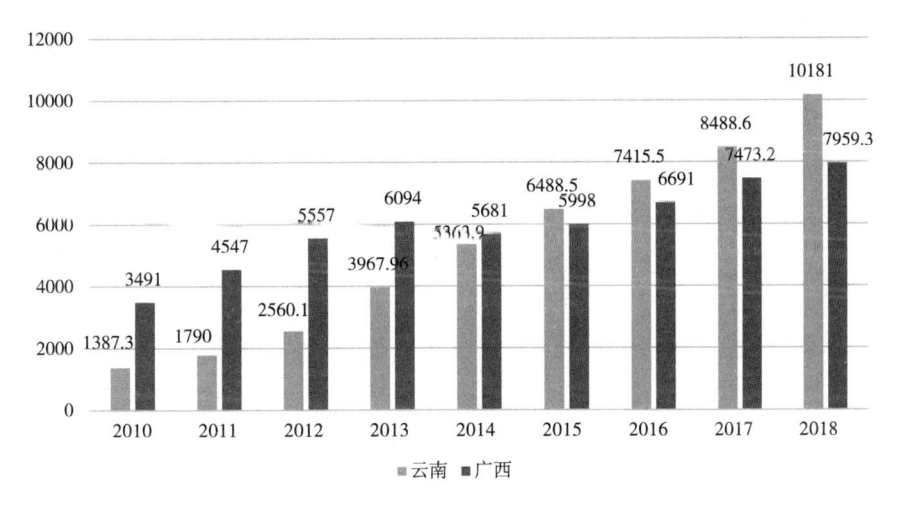

图1 云南、广西引进省外资金对比（2010—2018）（亿元）

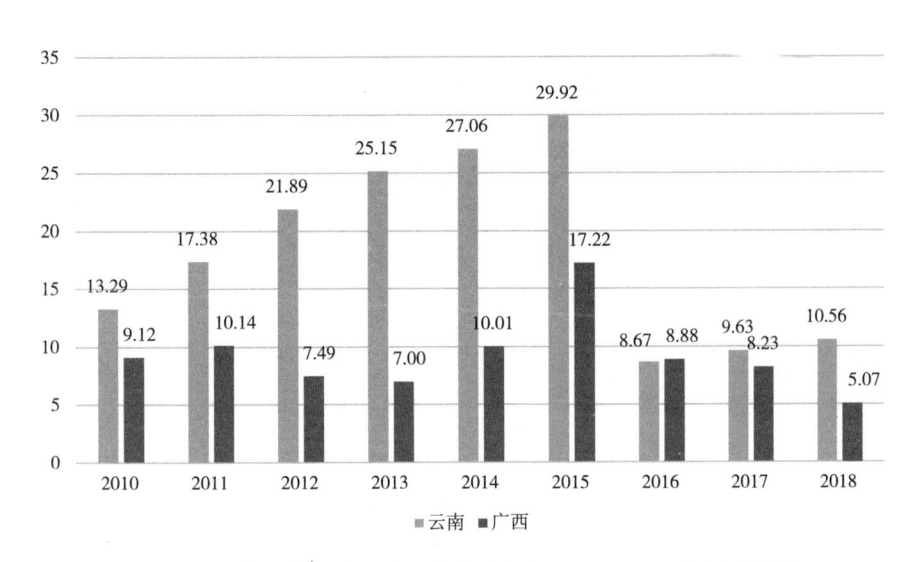

图2 云南、广西实际利用外资对比（2010—2018）（亿美元）

投资流量达 155 亿美元，同比增长 10%，存量达 1450 亿美元，占 GDP 比例为 59.3%，而同期云南实际利用外商直接额为 10.56 亿美元，广西为 5.06 亿美元。2018 年，越南全要素生产率（TFP）对 GDP 增长的贡献率达到 43.5%，2016-2018 年期间平均为 43.29%，高于 2011-2015 年期间 33.58% 的平均水平，外资进入带来的技术外溢效应拉动经济增长。

（三）比较优势转化为产业发展动力的制约因素

相较于广西、越南，云南在基础设施完善程度、产业基础及配套、金融支撑、科研等方面占优，比较优势不断形成并逐步加强，但产业发展要素、发展机制、服务管理体制机制的缺项制约着云南比较优势的发挥。

一是生产要素供给缺项，劳动力供给结构性矛盾突出，土地供给潜在压力较大，资本供给民企、中小企业融资成本高，技术供给质量不高平台少能力不强。二是产业发展环境缺项，欠缺完整统一的招商引资促进平台整合现有政策，缺乏成熟且适宜云南实际情况的对外投资国家风险评级、预警和管理体系。三是产业链上下游配套市场主体缺项，产业集群发展不平衡、市场依赖型产业集群和技术密集型产业发展严重不足，通关成本、园区服务、物流成本等配套不完善制约产业集聚，上下游企业主体缺项与龙头企业较少相互掣肘。

二、陆路沿边开放新特区构想的提出

（一）构想提出的依据

一是区域协调发展促进要素合理流动和高效聚集。习近平总书记在《推动形成优势互补高质量发展的区域经济布局》中指出："我国经济发展的空间结构正在发生深刻变化，中心城市和城市群正在成为承载发展要素的主要空间形式。"在现代区域经济格局中，中心城市和城市群集聚能力强、空间效率高、规模效应明显，是经济发展最活跃的增长极和动力源。

二是周边外交新理念助力构建沿边开放新格局。党的十九大以来，以习近平同志为核心的党中央根据国际地区形势及我国同周边国家关系新变化，进一步突出周边在我国发展大局和外交全局中的重要地位，与时俱进完善周边外交战略布局，更加积极主动地稳定、经略和塑造周边，在伟大实践基础上形成了一系列重要的周边外交政策理念。

三是制度自信助推产业发展环境优化。党的十九届四中全会系统总结我国国家制度和国家治理体系的发展成就和显著优势，推动全党全国各族人民坚定制度自信，使我国国家制度和国家治理体系方方面面的显著优势更加充分地发挥出来。

（二）现有开放特区/新区的启示

国家战略、发展使命等诸多相似之处成就了深圳特区、浦东新区和雄安新区共同的发展起点，纵观三地区设立背景均与国家应对不同时期发展环境变化及适应发展要求而开拓改革开放新路、承接产业转移、带动经济发展、促进区域协同发展等息息相关。

三大地区发展对于产业发展、区域协调均有较强促进作用。承接产业转移是其规划建设的基本立足点，都肩负着促进区域一体化发展的历史使命，其发展均具有突发性、跨越性等基本特征。

三大地区发展与腹地产业发展通过区域协调形成良性互动。在深圳经济特区的发展过程中，珠三角腹地的经济发展发挥了重要作用；深圳产业升级的过程，也是与腹地经济形成产业分工"雁阵模式"的过程，两者良性互动，共同形成产业集群竞争力不断提升的分工网络，这一分工格局又为深圳更高层次的产业升级注入动力。与深圳类似，上海浦东新区的发展历程也具有上述特点。

雄安新区设立标志"陆权经济"正在加快复兴。与深圳经济特区和上海浦东新区不同，河北雄安新区并无优质港口支撑，同时也没有濒临沿海的优势，周边城市与产业发展极不均衡，其强化区域协调发展的作用更为显著，对国际金融危机以来全球经济增长乏力、逆全球化势力抬头等多重挑战的压力测试作用也更为重要。

（三）陆路沿边开放新特区构建的意义

一是践行"以大开放促进大发展"，为沿边协调开放发展积累新经验。云南通过培育发展城市群，可以破除资源流动障碍，将产业和人口向优势区域集中，提高资源配置效率，形成以城市群为主要形态的增长动力源，进而带动经济总体效率提升。

二是践行周边外交新理念，为命运共同体发展提供抓手。云南通过发展沿边城市群加强周边外交，主动提升区域合作水平，引领中老、中缅命运共同体发展，打造云南样板，中缅经济走廊力争打通印度洋，中越经济走廊纾解南海争端、实现共同发展，中老经济走廊进一步巩固与东盟各国联结。

三是展现制度自信，为更好构建周边发展环境奠定基础。云南在加强区域联动、承接产业转移、吸引外来投资等方面主动作为，适应国内外环境变化，推动政策体系创新，在深化与周边国家命运共同体建设中展现制度自信。

三、构建陆路沿边开放新特区的发展设想

（一）陆路沿边开放新特区的发展定位

发展定位。全面落实中央关于加快沿边开放的要求，打造陆路沿边开放新高地；积极承接国内第二产业转移，构建"技术密集"在内、"劳动密集"在外的多头在南亚东南亚国家的产业链，促进国内、澜湄区域协调平衡发展；加快构筑面向南亚东南亚国家的区域性经济、金融、贸易核心功能区，发展与之相应的现代服务业。

区位布局。以200~500平方公里面积为实施范围，涵盖"1+2"功能区（即"1"个口岸核心区，"2"为出口加工区和商贸物流区），建立优化"3+N"（"3"为人、货、绿色农产品通道，"N"为结合当地市场设置的通道）通道，按组团模式滚动发展。

产业布局和发展要求。大力发展八大重点产业，全力打造世界一流"三张牌"。加快构建"两型三化"现代产业体系。构建开放、协同、高效的共性技术研发平台，健全需求为导向、企业为主体的产学研一体化创新机制，提升产业技术创新能力。打造"口岸+产业加工""口岸+跨境商贸物流"等发展业态，推动形成全面开放新格局。

（二）陆路沿边开放新特区的发展路径

以现有边境开放城市为陆路沿边开放新特区"强点"。结合产业结构调整，深化改革，强化现有边境开放城市的综合功能，特别是对外贸易中心、行政管理中心、交通枢纽中心、邮电通讯中心、工业生产中心功能，提高边境城市化水平，增强和发挥其聚集力和辐射力，使之真正成为边境地区经济和文化发展的核心。坚持"输血"和"造血"相结合，通过长效普惠性的扶持机制和精准有效的差别化支持机制，加快补齐基础设施、公共服务、生态环境、产业发展等短板，提高吸引力、竞争力，成为云南沿边地区重要增长极。

以原有小城镇、边境贸易口岸等将"强点"进行"串线"。对"强点"进行改造，有重点、有选择地投入资金和技术，延伸产业链条，优化产业结构，增强经济活力，逐步扩大城市规模。在提高边境开放城市综合能力的基础上，以沿铁路、水路、出海通道、高速公路为"轴线"，积极发展边境开放城市，使之成为边境对外开放城市经济和文化辐射、带动的承接点和传播地，形成"芒市—瑞丽""景洪—勐腊—磨憨""蒙自—河口"3个增长极。

以五个特色发展组团建设"带片"发展。选择一些交通较发达、经济基础较好的地区，加快其发展步伐。建成沿边开放密集区，更好地发挥中小城市群便于接纳产业转移，推动云南产业承接和可持续发展，促进区域协调发展。依托8条经济走廊"支点"，形成"腾冲—猴桥""临沧—耿马—孟定""普洱—澜沧—孟连—勐阿""文山—麻栗坡—天保"及"文山—富宁—剥隘"5个特色发展组团。

（三）构建陆路沿边开放新特区的制度创新探索

构建陆路沿边开放新特区需要发挥自贸试验区建设的"大胆闯、大胆试、自主改"精神，同时亦需要国家差异化政策支持。

一是完善东西双向互济协调发展机制体制。建立纵向对内对外工作协调机制。支持"4个1联合体"（1个沿边地区省份与1个中央有关部委、1个沿海发达省市和1个大型企业等四方共同组成）分别负责与1个周边国家加强沟通联系。建立内外联通横向协调机制。支持面向南亚东南亚辐射中心建设与西部陆海新通道建设、成渝城市群、长江经济带和大湾区建设等协调推进。建立对内对外开放合作机制。支持制定沿边开发开放综合治理制度，深化边境治理、开放平台、"走出去"体制机制改革。

二是加快通道建设。提升云南通道战略地位，增加资源配置。推动中缅瑞丽至皎漂、仰光高速公路和铁路尽早开工建设。支持云南推动与周边国家联合制定区域电网总体规划。支持云南积极推动经济走廊建设。支持云南与相关国家建立走廊建设工作机制。吸收采纳云南规划、云南方案，加快出台经济走廊建设规划和实施方案。加快推进与缅甸、越南等东盟国家签署跨境汽车运输协定。支持云南集聚优势产业产能。支持优势产能等向云南沿边开放重点地区转移，支持东部地区符合导向的产业进入云南沿边开放重点地区发展。

三是促进边境贸易发展。支持以合作平台促进搭建边贸新市场。支持探索边民互市商品负面清单管理制度。支持云南在周边国家（地区）布局一批重点园区，以专业对外投资合作平台为全国对外投资企业提供平台服务。加快形成多层次多渠道协调合作机制。支持云南在外交援外、财税金融、公安交通、土地环境、教育卫生、人力劳务、海关边防以及重大项目协调等各个方面建立与周边国家（地区）合作机制，签署合作框架协议。

四是提升口岸通关便利化。支持云南创新与周边国家口岸合作模式。考虑周边国家合理利益诉求，研究实施"绿色通道""联合监管"等措施，加快与周边国家（地区）"一站式"通关建设。支持云南自贸试验区启用关检"一站式"查验场。支持云南就口岸相关重点问题与周边国家对话磋商。支持云南与周边国家的双边（多边）联络协调机制。支持部分条件较好的边境口岸开展查验监管模式创新的国际合作。支持云南口岸城镇化建设。

五是加快推进境外投资合作。打通对外投资项下产品返销渠道，试行负面清单管理。鼓励境外投资项下产品返销，试行负面清单管理，参照境外罂粟替代项下产品管理方法给与税收优惠。支持云南企业在境外经营所得的资源性产品免税返销。探索符合规定的返销产品按保税区进口模式管理，对云南自用产品不做配额限制，经云南销往国内其它地区或国际市场的补征关税和进口环节增值税。支持构建新型对外投资项目协调机制。支持云南实施部分对南亚东南亚国家的成套物资及相关援助项目并参与管理。支持云南重点扶持一批NGO"走出去",整合对外援助项目。支持云南与周边国家签订投资贸易自由化便利化相关协议。

六是加大人才交流保障。创新人才培育、评价体系,支持外籍高层次人才引进。探索建立各方政府之间的干部交流和跨区域专业人才培训制度。鼓励教育部、国家汉办、孔子学院总部增加投入和政策支持,筹建经济走廊汉语国际推广中心。

中国外经贸改革与发展

中欧经贸合作的新机遇与新空间

徐艺翀[*]

提要：在新冠病毒疫情仍肆虐全球，美国特朗普政府全面打压中国之际，我国政府提出了"双循环"发展格局。在此背景下，如何稳住连续16年位列我国贸易伙伴之首的中欧经贸合作关系，探索中欧未来合作的新机遇和新空间，对于我国经济社会平稳发展至关重要。本文首先从中欧经贸合作成效和挑战两方面介绍了中欧经贸合作的现状，然后从行业新机遇、增值新空间和护航新机制三个层面论述了双方潜在合作点，展现了双方经贸合作的巨大潜力。笔者认为，虽然疫情、行业竞争加剧、美国影响、欧洲民众误解等因素影响未来中欧经贸合作，但中欧双方在线上贸易、5G合作、绿色经济等领域仍有合作新机遇，在贸易、投资、金融、第三方市场合作等领域有增值新空间，在贸易投资协定、对话机制和国际规则制定等方面可加强机制合作。希望本文能为有关部门提供参考建议。

关键词：中欧经贸合作；欧盟；疫情

2020年5月14日，中共中央政治局常委会会议首次提出"构建国内国际双循环相互促进的新发展格局"。习近平总书记在今年两会期间强调要"逐步形成以国内大循环为主体、国内国际双循环相互促进的新发展格局"。近年来，国内外环境已发生巨大变化，构建基于"双循环"的新发展格局是我国政府在推动开放型经济向更高层次发展的重大战略部署。

"以国内大循环为主体"是指打通国内生产、分配、流通、消费的各个环节，发挥中国超大规模市场优势，充分利用好国内大循环提高供给能力，促进

---

[*] 作者简介：徐艺翀，云南省国际贸易学会助理研究员。

国内产业链的升级替代，以满足国内需求作为经济发展的出发点和落脚点。

当然，以国内大循环为主体绝不意味着中国开始趋向闭关自守，不是用内需去替代外需，更不是供应链尤其是科技供应链的脱钩。当今世界，虽然经济全球化遭遇某些国家保护主义和单边主义的干扰，但各国分工合作、互利共赢是长期趋势。今年以来，外商投资法落地实施、《海南自由贸易港建设总体方案》公布、外商投资准入负面清单再次"瘦身"等等，一项项政策部署展现了我国以开放加速改革发展的决心。

作为我国连续16年的最大贸易伙伴，欧盟将是未来较长时期内我国发展国际循环的最重要支点。数据显示，2019年欧盟和中国的GDP分列世界第2和第3，总量合计约30万亿美元，占世界的35%，中欧贸易是世界上最重要的双边贸易之一。

下面笔者将与大家回顾一下中欧经贸合作所取得的成绩和面临的挑战，分析一下潜在的新机遇和新空间，并尝试找出消除分歧、扩大合作的路径。

一、中欧经贸合作现状

（一）中欧经贸合作稳中有进

中国与欧盟互为重要贸易伙伴，双方经贸合作发展势头良好。截止到2019年，欧盟连续16年是中国第一大贸易伙伴，双方货物贸易增速稳定，服务贸易快速发展，投资合作、财金合作、科技和物流领域合作均取得可喜进展。

1. 贸易关系稳定发展

中国和欧盟是彼此重要的贸易伙伴。中国现在是欧盟第二大贸易伙伴（仅次于美国），欧盟是中国最大的贸易伙伴。2019年，中欧贸易总额高达8765.3亿美元，创历史新高。其中，中国对欧洲出口额和进口额分别为4996.4亿美元和3768.9亿美元，贸易顺差为1227.5亿美元（见表1）。来自欧盟官网的数据信息显示：

中国是欧盟最大的货物进口来源地和第二大出口市场，中国和欧洲平均每天的贸易额超过10亿欧元；

欧盟从中国的主要进口商品是：工业和消费品，机械设备，鞋类和服装；

欧盟对中国的主要出口商品是：机械设备，汽车，飞机和化学制品；

中欧服务贸易占货物贸易总额的10%以上，欧盟服务出口占欧盟货物总出口的19%。

表1　2011–2019年中欧贸易规模与增长率（单位：亿美元）

年份	中欧贸易总额	中欧贸易增长率	中国向欧洲出口	出口增长率	中国从欧洲进口	进口增长率	中国对欧贸易顺差
2011	7007.4	22.3	4135.7	16.4	2871.7	31.8	1264
2012	6830.9	−2.5	3964	−4.2	2866.9	−0.2	1097.1
2013	7299.6	6.9	4057.7	2.4	3241.9	13.1	815.8
2014	7752.5	6.2	4388.9	8.2	3363.6	3.8	1025.3
2015	6965.5	−10.2	4033.4	−8.1	2932.1	−12.8	1101.3
2016	6773.7	−2.8	3896.7	−3.4	2877	−1.9	1019.7
2017	7558.9	11.6	4290.6	10.1	3268.3	13.6	1022.3
2018	8541.8	13.0	4747.4	10.6	3794.4	16.1	953
2019	8765.3	2.6	4996.4	5.2	3768.9	−0.7	1227.5

数据来源：中国商务部《中国对外贸易形势报告（2020年春季）》表6、表7，http://zhs.mofcom.gov.cn/article/cbw/202006/20200602974110.shtml

中欧货物贸易增长比较稳定。最近10年，在欧盟经济不振、需求停滞的不利形势下，中欧贸易依然保持了较快增速，大多数年份实现正增长。2011年、2017年和2018年，中欧贸易均实现了两位数高增长，增长率分别为22.3%、11.6%和13%。2019年，在贸易保护主义抬头的背景下，中国对美国贸易额下降了10.7%，但对欧贸易额逆势增长了2.6%。2011–2019年，中欧贸易额年均增长率达5.2%，比同期欧盟对外贸易额年均增长率（2.8%）高出2.4个百分点。

中欧服务贸易发展较快。近年来，中欧服务贸易增速高于同期货物贸易增速。根据欧洲统计局发布的公开数据计算，欧盟对中国的服务贸易出口额远大于进口额，在服务贸易领域一直保持顺差地位。2018年，欧盟对华服务贸易顺差达167亿欧元，同比扩大42.7%。欧盟在计算机服务、金融服务、旅游服务和教育服务方面对中国保持较高顺差。欧盟从中欧服务贸易中获得了越来越多的利益。

值得一提的是，中欧班列为中欧贸易提供了新的运输渠道，在扩大中欧贸易和海陆联运业务领域的作用进一步显现。2019年，中欧班列开行8225列，连通了中国60多个城市和欧洲15国50多个城市。欧洲的食品、红酒、汽车零部件等产品经班列进入中国市场，中国的家电、食品、服装等商品运达欧洲。2020年新冠肺炎疫情期间，中欧班列又肩负起向欧盟国家运送医疗防护用品和设备的新功能和新使命。

2. 投资合作逐步加强

欧盟对华投资长期发展趋势稳定。2011-2018年，欧盟对华直接投资增长呈稳定上升趋势（见表2）。2018年全年，欧盟对华直接投资实际投入首次超过100亿美元，达到104.2亿美元，比上一年增加20%。2018年，欧盟新设立在华外商投资企业2425家，比上一年增加33.5%。截至2018年底，欧盟对华投资项目高达47200多个，在华企业超过1.6万家，累计投资金额达1300多亿美元。

表2 2011-2018年欧盟投资中国情况一览

单位：亿美元

年份	在中国新设企业数	实际投入外资金额
2011	1665	52.7
2012	1605	53.5
2013	1446	65.2
2014	1499	62.3
2015	1704	65.1
2016	1680	88.0
2017	1817	82.9
2018	2425	104.2

数据来源：中国商务部《中国外资统计公报2019》附表16

中国对欧投资由高速增长转向企稳。同时期，中国对欧盟直接投资呈现波动上升趋势（见表3）。2018年，中国对欧盟的投资有所放缓，达88.7亿美元，同比下降13.6%，占我国对外直接投资流量总额的6.2%。从中国企业对外投资并购角度考察，欧盟主要大国作为投资伙伴则具有更重要的地位。2018年，德国是中国企业海外并购的第一大目的地，为130亿美元，法国排在第二位，为60多亿美元，而同期中国对美国投资仅有30亿美元。截至2018年，中国对欧盟累计投资907.4亿美元，占对发达国家累计投资总额的37.3%，中国共在欧盟设立直接投资企业超过3200家，覆盖欧盟的全部28个成员国，雇佣外方员工近26万人。

表3　2011–2018年中国对欧盟直接投资流量情况表

单位：亿美元

年　份	实际投入外资金额
2011	75.6
2012	61.2
2013	45.2
2014	97.9
2015	54.8
2016	99.9
2017	102.7
2018	88.7

数据来源：中国商务部《2018年度中国对外直接投资统计公报》附表7，http://www.fdi.gov.cn/CorpSvc/Temp/T3/Product.aspx?idInfo=10000499&idCorp=1800000121&iproject=33&record=12938

3. 科技创新领域合作卓有成效

在科技领域，欧盟一直是中国最大的技术和设备供应方。截至2018年底，欧盟向中国出口了56000多项技术，合同金额累计超过2150亿美元，获得了理想的高额回报。欧盟企业积极参与了大亚湾核电站、上海磁悬浮列车等重大项目建设，双方在"中欧伽利略计划"和"龙计划"三期等项目合作上取得显著进展。2013-2018年，中欧食品、农业和生物科技旗舰计划实施了16个科研项目，累计投入1.2亿欧元，计划到2020年底之前还将增设4个项目。此外，中国还与欧盟主要成员国开展多领域科技创新合作。

（二）中欧经贸合作面临多重挑战

尽管中欧经贸合作取得了可喜的进展，但仍然面临多重挑战。下面笔者重点分析一下当前中欧经贸合作所面临的四大主要挑战。

1. 疫情对中国和欧盟经济造成严重冲击

受新冠肺炎疫情影响，各国经济、生产活动大幅趋弱，全球供应链和市场需求受到重创，跨境贸易和投资活动急剧萎缩，大宗商品市场动荡，全球经济面临大幅下滑风险。据WTO预测，2020年全球商品贸易将下降13%至32%，几乎所有地区都将出现两位数下降。中国4月份基本走出疫情影响，迅速开始复工复产，欧盟主要国家从6月份开始陆续开始复工、复产、复商、复市。上半年，欧盟经济或下降13.5%，其中旅游业、交通业、餐饮业等服务业领域受新冠疫情冲击最为明显，且失业率大幅攀升。欧盟委员会7月底发布新的预测报告，将2020年欧盟经济增速由之前预测的-7.4%调整为-8.3%。英国《金融时报》认为，英国脱欧以及全球贸易趋向保守等因素，也对欧盟经济产生了较大影响，并认为，即便下半年经济出现复苏，那也将是一个缓慢且长期的过程。

疫情对中欧之间的外贸影响已从以供给侧为主向需求侧为主转变，主要包括以下方面：一是因国际市场需求严重萎缩，外贸企业出口订单减少；二是因欧洲主要经济体生产大面积停摆，我国企业上游供应链受阻或断裂；三是欧洲多国采取人流、物流、贸易限制措施，多国进入"封国封城"紧急状态，对海运、空运等国际物流畅通带来较大影响，导致国际贸易成本上升；四是国际客户大量推迟订单、压缩订单甚至取消订单，违约风险快速上升，收汇风险增大，使外贸企业资金链承压。

为对冲疫情冲击，欧盟不断升级"救市"政策，包括大规模的货币、财政刺激举措和其他支持措施，总额大大超过国际金融危机时的刺激规模。欧洲多国已陆续推出经济刺激计划。3月中旬欧洲央行公布了高达8700亿欧元的紧急资产购买计划。4月欧元区国家发债总额创新高，达1500亿欧元。7月底欧盟通过了7500亿欧元的救市计划。尽管刺激政策暂时有效缓解了金融、商品市场的恐慌情绪，实现了短期的修复性上涨，但同时引发欧洲债务急剧膨胀，欧洲债务风险显著加剧。

2. 中欧行业竞争激烈，欧盟内部保护主义抑制双边贸易和中国投资

行业竞争激化。中国原来作为世界工厂，利用自己低成本的劳动力来保持国际市场的份额。中国主要出口劳动密集型产品，欧盟主要出口资本和技术密集型产品，所以中欧的出口是互补型。但在过去10年里，中国的产业开始加速向高附加值领域发展。这样的直接结果，就是中欧在俄罗斯、拉美等第三方市场的竞争越来越激烈。其中，欧洲的电子机械、机械设备和核反应堆行业受到中国的冲击最大。

贸易摩擦频发。2008-2016年，欧盟对中国发起的贸易救济调查多达60起，是中国对欧盟调查数量的4倍。2017-2019年欧盟针对中国的贸易救济调查又新增20起，主要集中在钢铁、光伏和化工等领域，最终对中国生产的铜版纸、有机涂层钢板、晶体硅光伏产品等征收高额的反倾销税和反补贴税，致中国出口企业蒙受巨大损失。欧盟认为，中国政府的"不公平"贸易政策是欧盟对中国产生巨额贸易逆差的主要原因，而且认为中国没有完全遵守"入世"承诺，对知识产权保护执法不力、对某些国内产业提供保护和扶持、市场开放程度不足。

欧洲投资审查更严格。2017年以后欧洲部分国家对外投资审查趋严，各国纷纷出台了投资限制措施。这意味着未来中国企业对欧投资将面临更多更严格的审查和限制。荣鼎咨询(Rhodium Group)和柏林墨卡托中国研究中心(MERICS)的联合研究结果显示，2018年中资企业对欧盟投资同比下降了40%。

最明显的案例就是华为5G方案被欧洲多国以信息安全为由拒之门外。另一个案例是英国主要图形芯片（GPU）制造商Imagination Technologies，虽然其于2017年顺利被中国国有资本（中国国新控股）投资的私募投资基金凯桥（Canyon Bridge）收购，但今年4月国新控股希望空降4名中国董事进入其董事会以取得公司主导权时，英国政府因担心该公司技术基础会从英国转移至中国而进行了紧急干预。这为中国资本进行海外并购敲响了警钟。

3. 欧洲对华政策受美国影响

现在中美竞争持续激化，有些领域甚至真的出现了部分脱钩。在这种情况下，欧洲的立场越来越关键，中欧关系的发展实际上牵动着未来中美欧这个大三角，不仅对全球经贸关系，对整个国际格局都有很大的影响。

作为美国的盟友，欧盟一直没有解除对华军售禁令和限制对华高科技出口，这也加重了中欧贸易失衡。

近年来，美国感受到了来自中国经济、科技、军事等领域的全方位竞争压力，因此对中国展开一轮又一轮的激烈打压。同时，美国也在努力游说甚至威胁欧洲盟友采取与美国一致的对华措施。在许多领域，美国和欧洲已在与中国有关的问题上悄然加强合作，如投资限制、产业补贴、动员基础设施融资、与"一带一路"倡议竞争等。其中，美国施压欧洲国家拒绝华为 5G 方案就是一个现实案例。

但是，由于特朗普政府奉行的"美国优先"战略也伤害了欧洲盟友，如对欧洲商品征收国家安全关税，使世界贸易组织（WTO）的争端解决机制瘫痪，退出《巴黎气候协定》和伊朗核协议，以及试图胁迫欧盟共同压制中国的许多行为，造成欧美关系的急剧下滑，结果，许多欧洲领导人不愿在与中国的关系中同时承担更大的不确定风险。

同时，在当前和未来一段时间，欧洲对中国有强烈的依赖。一是许多欧洲国家极度依赖来自中国的疫情防控医疗物资，为确保获得必要的医疗供应而与中国进行务实的合作是当前双边议程的重中之重。二是未来要恢复遭受疫情冲击的国内经济，也唯有指望从疫情中复苏最早、经济受损最小的中国的鼎力支持。

美国智库布鲁金斯学会 6 月底发布的《未来在中国问题上的跨大西洋合作》文章也印证了美欧之间确实存在着三个对华策略区别。

第一个区别是欧美对与中国关系的定性不同。这篇文章指出，6 月 22 日的中欧峰会表明，尽管美欧对中国总体都更加严厉，但欧盟不像美国那么强硬，而是一面对中国批评和激烈竞争，一面强调与中国的合作与伙伴关系。峰会以后，中欧虽然没有发联合声明，但欧盟官方声明的标题是"中欧峰会：在复杂而重要的伙伴关系中捍卫欧盟的利益和价值观"。欧盟用"伙伴关系"来形容和中国的关系本身就很不寻常。因为美国目前基本上已经不用这个词来描述中美关系了，取而代之的是"竞争"，甚至"对抗"。而且，欧盟在伙伴关系前面还加了一个形容词"vital"，这个词不仅表示"重要的"，还有"必不可少""生死攸关"的意味。更重要的是，上一届的欧盟委员会在2019年把中国定义为"系统性竞争对手"，但今年新一届欧盟委员会重新提出"伙伴关系"。这种称呼上的变化实际上是对华关系的一种公开定义和定性，显示出了美欧在对华政策上的重大区别。

第二个区别是对中国香港的态度。关于香港的国家安全法通过以后，很多欧美国家反应很强烈，但也有很大区别。欧洲是强烈反对，但这只是一种表态，没有呼吁对中国进行制裁。美国不光口头反对，还有实实在在的制裁行动。这主要与前面提到的欧洲有对中国的务实需求有关。

第三个区别是地缘战略上。美国特朗普政府一直在推"印太战略"，就是把印度洋和太平洋放在一个大框架下来组织美国的联盟体系，是针对中国的一个重大地缘战略措施。但这篇文章明确指出，欧洲并不认同美国这种地缘战略。它们认为自己在亚洲和印度洋地区的利益主要就是经济上的，不会对美国在这里的军事活动提供支持。这说明在中美深层次的战略博弈上，欧洲不愿意站在美国一边。

可以预见，当前情况下，欧洲在对华关键问题上虽然持续受到美国越来越大的压力，但它不会完全听从美国的命令，也会在界定自己在特定区域的经济、安全等利益前提下保持自己独立的立场。

4. 欧洲反全球化浪潮汹涌，民粹主义破坏中欧合作氛围

进入21世纪以来，欧洲民族主义、民粹主义重新抬头，右翼势力影响日益上升，部分成员国忽视经济合作的收益，刻意强调区域经济一体化和全球化给本国经济和就业带来的负面影响，英国"脱欧"就是最集中的体现。2020年新冠肺炎疫情全球大流行，部分欧盟人士主张对外投资回归欧盟，重建内部完整产业链、供应链。尤其防疫物资主要依赖中国供应，让欧盟各国感到惊讶和警醒。部分欧盟国家对中国防控新冠肺炎疫情的反应和态度，也显示相当一部分欧盟民众对中国的不信任、挑剔和无端指责，这将在一定程度上影响欧盟对华合作的民间意愿和官方决策。

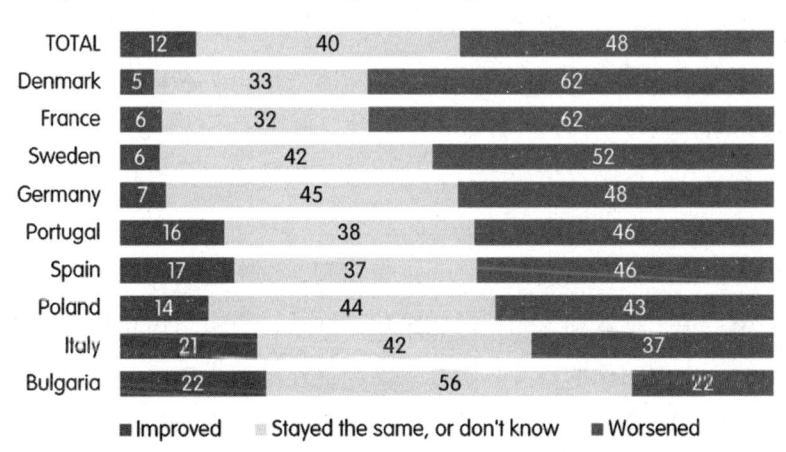

Has your view of China changed during the coronavirus crisis?

国家	Improved	Stayed the same, or don't know	Worsened
TOTAL	12	40	48
Denmark	5	33	62
France	6	32	62
Sweden	6	42	52
Germany	7	45	48
Portugal	16	38	46
Spain	17	37	46
Poland	14	44	43
Italy	21	42	37
Bulgaria	22	56	22

图 1　疫情前后欧洲公众对中国的舆论变化

资料来源：欧洲外交关系委员会《欧洲的流行病政治：病毒如何改变公众的世界观》，2020.6

6月底，欧洲外交关系委员会（European Council on Foreign Relations, ECFR）发布的一篇最新的欧洲民意调研报告《欧洲的流行病政治：病毒如何改变公众的世界观》证实了这一点（见图1）。这篇报告是以详细的社会调研为基础，对9个欧洲国家的公众舆论在疫情前后的变化进行了追踪研究，涉及欧洲人对中国、美国等国的看法。报告显示，新冠疫情对中国在欧洲的形象造成了消极影响。总体上，有48%的欧洲民众对中国的印象变差，只有12%的人对中国印象变好。法国和丹麦62%的受访者对中国的看法更为负面。即使是最早获得中国抗疫帮助的意大利，也有近37%的人对中国的看法变差。

对此，笔者总结了疫情发生以来欧洲主流媒体的评论文章，发现欧洲舆论主要对中国有七个重大误解。

误解一：中国政府控制的媒体制造虚假新闻，声称病毒并非来自中国，而是起源于美国或意大利的阴谋论。

误解二：中国向世界卫生组织（WHO）施压，以帮助其在全球发挥影误解三：疫情期间，在中国的欧洲公民受到虐待，中国营商环境有待观察。

误解四：中国对欧洲开展"口罩外交"，但在提供口罩、医用设备等医疗物资援助方面缺乏透明度，大力宣传自己对欧洲提供了大量医疗物资援助，但有意混淆捐赠和贸易行为，并且提供的部分口罩质量不达标。

误解五：欧洲深陷疫情泥潭时，中国过于激进地宣传战胜疫情的中国政治制度的优越性，以救世主姿态面对欧洲。

误解六：中国在欧盟成员国之间挑拨离间，试图分裂和破坏欧盟。主要表现为：中国对塞尔维亚和意大利提供医疗援助后，与中国建立友好关系的政客也希望能获得中国的援助，并且羞辱其欧洲伙伴没有提供更多帮助，而中国愿意在如此敏感的时刻接受和扩大这些分歧；中国与中东欧国家举行"17 + 1"会议。

误解七：中国政府提出的"双循环"战略表明中国对投资全球经济没有兴趣，相反，它专注于国内增长和努力限制中国对全球供应链的依赖。

另外，欧洲最近开始关注其依赖中国的领域，除了疫情期间显现出来的医疗设备制造领域，另一个争议热点就是5G之争，欧洲各国都在反思有无必要建立欧洲自己的5G品牌。

以上的误解和关注，在部分欧洲主流媒体的刻意歪曲和推波助澜之下，已误导了大部分欧洲普通民众，导致欧洲民众对中国的不信任感增加。这将对欧洲政府的执政方针会产生较大影响。此时，中国应同时加强政府高层关系和民间交流活动，消弭欧洲民间对中国的误解。

二、中欧经贸合作潜力巨大

中欧经贸关系在取得长足发展并面临巨大挑战之际，需要面向未来，在观念、机制和政策上实现创新。这不仅是提升中欧民众福祉和共同利益的需要，也是维护中欧关系总体发展和全球化行稳致远的需要。为此，中欧应当从创新观念、挖掘潜力中发现行业新机遇，从开拓合作、转换动能中提升增值新空间，从更新规则、引领全球化中建立护航新机制。

中欧要积极适应双方贸易、投资和产业结构的变化，将"对等、公平"原则与中欧经贸关系现状相结合，梳理重点和优先合作领域并制定切实可行且可持续的经贸合作目标。

（一）行业新机遇

随着全球疫情突发导致的线上贸易激增，5G技术发展催生新市场，可持续发展理念趋同等因素，中欧双方未来在线上贸易、5G技术合作、绿色经济等领域有望进行重点合作，开拓行业新机遇。

1. "线上"贸易合作

疫情对传统货物贸易和服务贸易带来巨大冲击，但同时催生了大量在线服务需求。中欧跨境电商、软件研发、信息系统运维、数字贸易、网络文化贸易、电信增值服务等合作面临新机遇。

2. 5G技术合作

5G技术的发展要求双方加强移动通信技术合作、提速建设相关产业链。5G通信能为人工智能、大数据、云计算等最新技术发展提供更好的基础设施，其发展和应用程度决定智能手机、AR/VR设备、自动驾驶汽车、医疗、工业互联网、智慧城市等多个领域的发展水平。为此，中欧双方应着眼于长远利益，不被重商主义和民族主义情绪捆绑。

3. 绿色经济合作

中国与欧盟在可持续发展领域有共同理念和追求。中欧双方在绿色发展领域各有优势，合作有助于实现优势互补、提高成效。中欧双方在可再生能源投资与研发、碳排放权交易体系完善、低碳生态城市建设、生态治理、新农村建设、绿色金融发展等方面存在大量合作机会，有待深入挖掘。

（二）增值新空间

近年来，中欧双方合作在不断深化，合作领域持续拓宽，中国通过不断推进自贸试验区建设加快了汽车、金融、电信等关键领域的对外开放。与此同时，中国在服务贸易领域不断扩大对外资开放，也让欧洲看到了未来中国的巨大市场潜力和商机以及布局中国市场的重要性。可以预见，中欧双方在贸易、投资、金融、基础设施、第三方市场合作等相关领域具有广泛的增值新空间。

1. 贸易合作

中国出口的比较优势主要集中在按原料分类的制成品、机械及运输设备和杂项制品等领域，而欧盟出口的比较优势体现在饮料和烟草、化学品及有关产品等领域。中国和欧盟在不同领域存在显性比较优势，双边货物贸易具有较强的互补性。新冠肺炎疫情暴露出中欧双方在医疗健康领域合作存在的不足和未来潜在的发展空间。欧盟在医疗设备精密仪器和新药物开发等方面具有领先优势，中国在一般医疗设备生产、医疗防护用品生产和中医药研发生产等方面优势突出，中欧合计19亿人口对医疗保健供给拥有巨大需求且不断升级，共同面临的人口老龄化问题也使双方对医治老年病慢性病的需求不断增大。同时，随着有效治疗药物逐步被发现，欧盟抗疫药物需求将迅速增加，有利于我国扩大对欧原料药出口。"一带一路"倡议为中欧经贸合作提供了良好的平台和抓手。疫情影响下国际空运和海运运期调整、订舱困难，中欧班列作为替代性运输方式的作用凸显，下一步在我国医疗物资、原材料和零部件出口，以及欧洲优质农产品等进口方面有望发挥更大作用。

2. 投资合作

与双方贸易占比相比，目前中欧相互投资占比还很低，多个投资领域尚未得到有效开发。中欧双方应加强产业链供应链的对接合作，推动中欧产业合作园区、两国两园等新载体建设，打造共赢发展的新增长点。当前，我国疫情防控已取得阶段性重要成效，而全球疫情正在大流行，这种情况有利于我国自欧洲加大引资力度。在欧洲停工停产形势下，那些已在我国设立产业链上游投资项目的企业，有望将欧洲部分产能调整至我国的工厂；那些疫情爆发前已考虑对我国进行零部件投资的企业，可能会加速在我国投资布局。与此同时，欧洲进入疫情导致的衰退期，欧盟市场需求萎缩，企业经营困难，部分欧洲企业可能产生股权收缩变现和企业出售的需要，企业倒闭或并购潮可能再现，这为中国企业增加对欧股权投资提供了新机遇。但中国企业必须谨慎对待赴欧投资收并购业务，防止法律风险，更应考虑政治风险，并应充分考虑欧洲民众对中资企业收购欧洲战略资产和知名品牌的抵触情绪。

3. 金融合作

欧盟金融市场发达，拥有大量金融机构、众多的金融工具和超强的融资能力，有助于中欧双方财金合作取得新进展。

4. 第三方市场合作

截至 2019 年年底，中国已与法、德等 14 个欧盟国家达成第三方市场合作的共识，在基础设施、能源、环保、金融等优势互补领域开展机制化合作，并在一些重大项目上取得了可喜成果。

（三）护航新机制

中欧经贸关系协调应积极制定双边、多边规则实现机制化，机制化将为合作提供更有力的制度保证。

1. 贸易协议方面

中欧地理标志协定的签署，标志着中欧农业贸易合作迎来新机遇，将推动中国和欧盟农产品贸易获得高质量发展。中欧智库对双边自贸协定的联合研究表明，中欧如果达成自贸安排，双方的 GDP 增长和社会福利将明显提升、产业结构将加快转型优化、双边贸易将更加趋向平衡发展，贸易转移效应也将更加明显。因此，中欧应将自贸区安排谈判尽快提上日程。

2. 投资协议方面

中欧双边投资协定（BIT）谈判已接近成功。该协定是一项全面、平衡、高水平的投资协定，如果能达成，意味着中欧合作在标准和规则层面实现高度对接，确保双方在公平互惠基础上实现对彼此的市场开放，极大地鼓励双向投资发展。2019 年，《中华人民共和国外商投资法》正式生效，外商投资准入负面清单持续减少，为外商对华投资提供了法律保障，是中国进一步扩大开放的有利举措。

3. 合作对话机制方面

中欧峰会、"17+1" 峰会以及各层级合作对话机制，均有助于中欧密切合作推动共同确立新规则、解决新问题。例如，中国国际进口博览会支持拓展进口渠道，增加从欧盟国家的进口，减少对欧贸易顺差。中欧双方应充分发挥中欧经贸高层对话的引领作用，深化宏观经济政策和经贸政策对话，建设性处理分歧摩擦，推动中欧经贸关系长期、稳定、互利共赢发展。

4. 国际规则制定方面

中欧在适应当前国际经济格局变化的同时，更要勇于、善于参与国际规则的更新和完善，积极争取有利的国际经济环境。中欧双方都高度依赖并受益于全球化的经济生态和多边主义的规则体系，因此，中欧有意愿也有能力维护全球化，在创设更为公正合理的规则方面积极合作。为此，中欧投资协定以及未来的自贸协定都不能只局限于双边视角，应当从两大区域经济中心之间如何实现可持续合作、不同经济制度之间如何保持良性竞争以及经济影响力如何转化为制度性权力等方面着眼。

参考资料

[1] 中国对外贸易形势报告（2020年春季），中国商务部，2020.6

[2] 中国外资统计公报2019，中国商务部，2020

[3] 2018年度中国对外直接投资统计公报，中国商务部，2019

[4] 中欧经贸合作：成效、挑战与机遇，刘曙光，外交学院，2020-06-26

[5] 中欧经贸关系任重道远，崔洪建，中国社会科学网-中国社会科学报，2020-07-07

[6] 面向"后疫情"：中欧关系为何格外受关注，徐弃郁，全球智库报告解读第10期，2020-08-04

[7] https://ec.europa.eu/trade/policy/countries-and-regions/countries/china/

[8] The meaning of systemic rivalry: Europe and China beyond the pandemic, Andrew Small, The European Council on Foreign Relations, 13th May, 2020

[9] China, Europe, and covid-19 headwinds, Janka Oertel, The European Council on Foreign Relations, 20th July, 2020

关于绥芬河市外贸发展情况的调研报告

张成立 纪昕彤[*]

提要：绥芬河市的对外贸易具有实力突出、潜力巨大、业态活跃、覆盖面广等特点，但俄罗斯政策变化导致贸易波动，中美贸易摩擦影响企业进出口，"民贸"市场受"疫情"冲击严重，国内中欧班列补贴政策对绥芬河进口俄罗斯木材造成一定压力，中俄口岸过货能力不对称等制约绥芬河进出口货物大进大出。绥芬河应打好"自贸区"这副硬牌，聚焦"贸易便利化""投资自由化""金融国际化"先行先试。

关键词：绥芬河；自贸区；以产促贸；招商；引才用才

对外经济贸易是绥芬河市的立市之本。早在20世纪80年代，绥芬河就与苏联率先开展了"坐车贸易""堆货（易货）贸易""寄售贸易"。经过多年的发展，绥芬河现已成为黑龙江对外贸易进口、出口商品的重要集散地和全国重要原材料进口基地。但是近年来，受西方制裁和国际金融危机影响，俄罗斯经济低迷、卢布汇率下跌、国民购买力下降，加之中国经济"三期叠加"、进入"新常态"，经济增长新动力不足和旧动力减弱的结构性矛盾依然突出，传统的增长方式难以为继，口岸经济亦不能独善其身，对绥芬河稳定外贸增长造成一定压力。

---

[*] 作者简介：张成立，绥芬河市战略研究中心副主任、副研究员；纪昕彤，绥芬河市战略研究中心助理研究员。

一、绥芬河市对外贸易发展

（一）实力突出

2019年，绥芬河市对外贸易完成161.49亿元，同比增长11.76%，贸易额占黑龙江省的（剔除原油因素）20.24%。其中，进口完成127.66亿元，同比增长2.79%；出口完成33.82亿元，同比增长66.64%；对俄贸易完成131.86亿元，同比增长15.31%。其中，进口完成100.3亿元，同比增长1.64%；出口完成31.56亿元，同比增长101.3%。

（二）潜力巨大

绥芬河拥有全省唯一的铁路口岸和全省最大的公路口岸，口岸过货能力达到3850万吨，哈牡绥高铁全线开通，绥东机场已进入实质建设阶段，基本形成集铁路、公路、海运、航空一体的立体化交通格局，是名副其实的欧亚物流枢纽。2019年，绥芬河口岸过客120万人次、增长7.7%，过货1150万吨、增长9.2%。此前，绥芬河中俄边境互市贸易区、边境经济技术合作区、综合保税区、绥东重点开发开放试验区、黑龙江自贸区绥芬河片区相继落地；境外有乌苏里斯克经贸合作区、中鼎牧业中俄农牧业产业示范园区、鹏瑞木业产业园区、曲美中俄远东经贸合作区、侨兴远东现代农业园区等；与绥芬河毗邻的俄罗斯方面设立了超前发展区、符拉迪沃斯托克自由港；中俄跨境经济合作示范区正在研究探讨，这些平台均是绥芬河稳定外贸增长的有力支撑。

（三）基础坚实

目前，绥芬河进出口商品已经达到243大类，3500余个品种。出口商品主要以果蔬、服装、纺织纱线、鞋类、建材、木制品、塑料制品、机电产品、农副产品和高新技术产品等轻工产品为主；进口商品主要以木材、原油、成品油、化肥、纸浆、铁矿砂、煤炭、钢材、合成橡胶、初级形状塑料等资源类商品为主。绥芬河已经成为黑龙江省乃至全国的重要原材料进口基地，1998年至2018年，累计从俄罗斯进口木材10707万立方米、铁矿砂1860万吨、肥料

1634万吨、纸浆及纸板641万吨、成品油193万吨,对弥补国内资源类战略性物资紧缺,调剂国内市场需求做出了突出贡献。绥芬河市依托"边合区"平台和进口资源供给优势,与中林集团、万泰集团、曲美集团等行业领军企业合作,大力发展国际木家居产业,推动木材加工精深化,延伸终端产业链条。利用综保区政策优势,以"粮头食尾""农头工尾"为抓手,开展俄产品回运加工,侨兴农业、中鼎牧业、海吉美水产品、辛巴赫精酿啤酒等"一头在外""两头在外"企业相继入驻,发展势头良好。

(四)业态活跃

绥芬河建有服装鞋帽、日用小百、五金家电、建筑装饰材料、木材集散、果菜肉类、俄货商品等七大专业市场,现有民贸商场建筑面积约56.9万平方米,营业面积约42.7万平方米左右,商户5226户,从业人员约15000多人。一万平方米以上的市场有15处。全市拥有民贸摊床(包括商厅和门厅)近2800个。市场按商品类别分为轻工、建材、农贸等,其中轻工类20个,占总数的57%。对俄商场以轻工类为主,占全市轻工类商场总数的95%。商品货源地覆盖广东、温州、义乌、山东等全国20多个省市,对国内轻工产品的加工出口起到了积极的拉动作用,为绥芬河社会经济注入生机与活力。在发展传统经贸合作的同时,既有需求增长空间、又有供给优势的电子商务蓬勃发展,由航天信息集团投资的绥芬河"中俄云仓"跨境电商监管中心实现计税纳统,中俄电商智慧园电商业户超过7000家,自建电商平台达到16个,跨境电商包裹突破20万件。互贸区创新实施"四真"(真边民、真交易、真俄货、真实惠)"四到"(人到、证到、货到、钱到)全新运营模式,已累计完成交易额超过35亿元。实现境外旅客离境退税和俄公民入境免签,俄货市场面积达到5.4万平方米、年交易额突破10亿元,绥芬河现已成为全国重要的对俄民间贸易商品交易基地。

(五)覆盖面广

除能源产品外,绥芬河矿产、林产、化工、水产的进口量在全国沿边城市领先。绥芬河境外园区投资项目 200 余个，投资总额 20 多亿美元，涉及森林采伐、木材加工、农业种植养殖、煤炭矿产、轻工产品制造、建筑工程承包、房地产开发、商场酒店服务等领域，主要分布在滨海边疆区、哈巴边疆区、阿穆尔州、犹太自治州等等 10 余个州区，有 5 家企业获得驻俄远东超前发展区资质，获批 6 个省级境外园区。绥芬河市与俄远东二十多个城市建立了友好交往关系，地方政府、议会之间的交流形成了机制化常态化，为开展对俄合作营造了良好的沟通环境。在文化、教育、医疗、体育等方面往来密切，成功举办了多届中国（绥芬河）国际口岸贸易博览会、中俄体育交流大会、中俄万人大巡游、中俄越野车王争霸赛等活动，大大提升了绥芬河的城市影响力和知名度。

二、外贸发展面临的主要问题

（一）木材市场受俄罗斯政策影响大

绥芬河市木材企业主要经营俄罗斯木材，木材生产刚性成本支出受俄罗斯政策、气候、原木关税、油料、运距、人力成本等各种因素影响，难以有效控制，造成木材原材料来源高成本性长期存在。2019 年年初，俄罗斯对桦木、白松等原木出口实行配额管理，配额内原木出口关税下调，配额外关税税率不断提高，并且办理配额申请手续难度大，企业原木进口业务受到严重限制，导致上半年原木进口贸易额减少 4.6 亿元；2019 年 7 月 1 日起，俄罗斯暂时开放桦木原木出口配额，下半年原木进口下降趋势得到缓解，12 月当月原木进口贸易额实现 4.46% 的正增长。

（二）中美贸易摩擦影响企业进口

国际贸易形势的不确定性使企业订单量减少。一方面，进口贸易多用美元结算，2019 年年初以来，汇率波动较大，人民币兑美元汇率由年初的 6.84 一度上升至 7.08，人民币持续贬值对企业造成一定的汇兑损失。另一方面，中美贸易摩擦使木材下游企业出口受阻，进而间接影响企业扩大木材进口量。

（三）物流通道多样化影响口岸传统比较优势

目前经由绥芬河出口的轻工产品基本从外省采购，随着跨境电商、市场采购贸易等新型贸易方式的兴起，以及国内发达地区陆续开通中欧（俄）班列和对俄空中航线而催生了出口"越顶贸易"，国外商家纷纷到中国商品生产地直接采购，加之中国内地生产商自营对外出口，导致绥芬河口岸传统的物流比较优势大为降低。同时，国内中欧班列补贴政策引发进口货物分流。近年来成都等多个地方开通了中欧班列，享受多项叠加政策扶持，物流成本大幅降低，竞争优势明显，使对俄贸易进口"越顶"。据了解，西安、成都、太仓、武汉、石家庄等"一带一路"沿线城市为拉动本地加工业的发展，相继提高进口运费补贴，补贴金额从500美金到3000美金不等。比如，从俄罗斯克拉斯诺亚尔斯克边疆区到绥芬河口岸运输费用约合2000美元/车，而经过补贴之后，从该地到成都仅需要1500美元/车，对绥芬河市木材等商品进口形成口岸进口分流。

（四）口岸同质化竞争补贴造成绥芬河外贸企业流失

据了解，黑河口岸和抚远口岸对进口贸易额分别给予0.17元/美元和0.15元/美元的补贴，同江出台了《2018年同江市扶持口岸外经贸发展奖励政策》。以从同江进口木材为例，可享受政策如下：贸易额超10万美元企业，给予0.03元/美元奖励；木材精加工给予100元/立方米奖励，粗加工给予15元/立方米奖励；从同江口岸进口木材，给予15元/吨的运费补助奖励。受到其他口岸补贴政策吸引和同质化竞争影响，绥芬河市部分企业为了短期利益等因素转移业务，甚至注销在绥芬河的企业。

（五）中俄口岸运能不匹配

绥芬河对面的俄罗斯波格拉尼奇内公路口岸改造迟迟不能完成，导致中俄口岸过货能力不对等，俄方运力已达到饱和状态。绥芬河市公路口岸年过货能力为600万吨，铁路口岸年过货能力为3300万吨。而相对应的俄方公路口岸过货能力约60万吨，铁路口岸年过货能力约750万吨。由于过货能力的不匹配，加上俄罗斯人心理上安于现状、联检部门工作效率低、俄罗斯铁路国际联运运输计划紧张，企业申请车皮存在困难，影响绥芬河口岸商品进口规模，导致煤炭、木材等大宗商品难以增加过货量，严重制约绥芬河外经贸的进一步发展。

（六）"民贸"市场受俄罗斯经济低迷困扰和疫情影响

近年来，受西方制裁和国际金融危机持续影响，俄罗斯经济长期低迷，卢布汇率下跌，俄罗斯国民购买力下降，加之俄罗斯多次实施旅游购物包裹"限次限重"，民贸商品出口受阻，绥芬河对俄民贸市场鞋类、纺织服装、箱包等主要出口商品销量锐减，商场业户流失、转型。另外，因"新冠"疫情导致绥芬河口岸旅检通道自2020年4月9日起闭关，对俄"民贸"市场连续数月歇业，以旅游购物形式出口的商品数据大幅下降。

（七）融资授信问题限制贸易规模

贸易企业在境内贷款银行授信额度低，在境外贷款要求严格，贷款利率远高于国内银行贷款利率，造成企业融资困难，发展受限，影响境外园区扩大规模。

三、发掘外贸发展新动力

（一）打好"自贸区"这副硬牌

要依托绥芬河综合保税区、边境经济合作区等现有产业聚集区有序承接东南沿海地区加工贸易转移，建设加工贸易基地，提高加工贸易质量，培育出口名牌。充分利用好互市贸易区政策，对入境俄罗斯产品打开方便之门，使绥芬河成为保真的俄罗斯商品集散地，把"买全俄卖全国"的品牌做大做强。借助黑龙江自贸区绥芬河片区获批契机，广泛借鉴上海等"自贸区"的改革措施，对标国际投资贸易规则，挖掘外贸发展新动力。

1. 聚焦"贸易便利化"先行先试。全面推动模式创新、业态创新、服务创新，打造贸易合作"升级版"。力争互市贸易实现裂变增长。集聚俄罗斯、韩国、朝鲜、蒙古等国资源，扩大油菜籽、亚麻籽等新品种进口规模。谋划建设互贸商品馆，成立边民互助合作社，解决好关单、备案、付汇等问题。制定互贸进口落地加工支持政策，辟建互贸加工产业园，推动高品质进口向高价值加工转化，构建"贸易、展示、加工、市场"融合发展的互贸体系。加快释放国家跨境电子商务综合试验区政策效应，推动中俄信息港上线运营，争取中俄跨境电商产业园早日投入使用。完善"1210"保税进口模式，盘活"9610"电商出口平台，积极辟建"边境仓""海外仓""分拣仓"，实现线下线上优质资源高效流通。不断优化通关服务，提升原木、煤炭、粮食等大宗货物通行效率，对标国际贸易规则，便利化通关向技术贸易、服务外包等领域拓展延伸。

2. 聚焦"投资自由化"先行先试。全面落实外商投资准入前国民待遇加负面清单管理制度，营造开放、透明、可预期的投资环境，不断扩大外资企业注册规模。推进"证照分离"改革全覆盖，实行自贸片区直接取消审批、审批改为备案、实行告知承诺、优化审批服务等四类改革，突出"照后减证、能减尽减"，争取实行"办照即营业"。用好用活上级下放的审批权限，加强事中事后监管，细化实化监管措施，维护公平竞争秩序。优化"新经济"产业监管模式，对创新创业、共享经济等新模式新业态，推行包容审慎监管。探索建立涉外事务法庭，引进国际法律、市场分析、风险评估等中介机构。积极争取省市经济社会管理权限向片区下放，推动企业办理高频事项"不出市、不出区、不出门"。

3. 聚焦"金融国际化"先行先试。发展中俄双边本币结算，用好卢布现钞使用试点政策，争取开设自由贸易账户，开办跨境人民币双向资金池。开展"税银互动"金融服务，支持金融机构推出"纳税信用+外贸扶持"的银税合作产品。积极推动银行业金融机构权限提级上划，开发账款质押、存货抵押、外保内贷等国际融资产品。加大外资银行、城外银行、民营银行引进力度，丰富保险、信托、证券、融资租赁等金融业态，构建功能突出、层次分明、优势互补的金融业发展格局。

（二）充分发挥比较优势

1. 巩固深化对外经贸合作。加快集疏运平台体系建设，争取绥芬河机场早日建成通航。加快完成公路口岸货检区扩能改造和丹阿公路绥芬河段建设。高效运行"哈绥俄亚"班列，积极组织返程货源，力争实现重进重出、进出平衡。谋划开通绥芬河至东莞直达班列，辟建莞绥工业园，助力产业融合发展。做大做强功能性口岸，推动高端和特色产业集聚发展。全力争取更多指定商品进口。组建大宗商品交易中心，巩固木材、煤炭、粮食、铁矿砂等优势品种，推动整车、水产品、奶制品等新品种规模化进口。争取肉类、种苗、中药材、平行车等口岸资质，推进钾肥一般贸易进口。提高日用百货、家装建材、机电产品的出口份额，吸引省内优质"龙粮""龙菜"通过绥芬河口岸走向国际市场。稳妥有序推动外贸企业复产达效，落实各项政策措施，保障产业链、供应链畅通。统筹做好通关便利化和口岸疫情防控，提升货物通关效能。加快中俄跨境经济合作试验区建设，鼓励贸易和加工企业发展精深加工，推动贸易经济向加工经济、产业经济转变。

2. 抓好产业项目，以产促贸。发挥"国林木业城"中俄木材加工交易中心平台作用，引导中小微企业向园区集聚，促进木材优质优价。辟建橱柜出口配套加工园区，利用国际贸易"原产地规则"，承担产业转移，打通俄木材进口、落地加工、境外组装、出口欧美的产业链条。释放"国林"品牌价值，积极招引实木地板、板式家具等企业落地，提高精深加工比重。在口岸过货能力有限的情况下，提升附加值高、关值高的商品进口比重，实现贸易增长。积极申办铁路危化品办理站和中俄国际道路危化品货物运输口岸，争取液化天然气、柴油、甲醇等进口实现突破。积极帮助企业解决粮食在配额、保税加工、物流运输等方面的问题，着力扩大俄罗斯粮食进口业务。加强境内外疫情防控形势的研判，争取第一时间恢复开通互贸出口业务，推动互贸商品进工厂、进商场、进电商平台，弥补疫情造成的对外贸易缺口。

3. 发挥好绥东重点开发开放试验区改革带动作用，推动体制机制创新。落实好《绥东重点开发开放试验区总体规划》各项任务，建立目标清单，对标对表推进，大力推行商事制度改革、通关服务改革、国有企业改革、社会保险改革、执法领域改革等一系列举措，用改革的办法破题开路、化解难题。抓好产业发展基金的管理运营，向服务实体经济、口岸建设、城市设施、民生工程等领域拓展。打破绥东两地的空间界限和政策壁垒，推动产业布局、区域交通、生态保护等领域务实合作，打造开发开放样板示范区。

4. 实施"旅游+"战略，以游促贸。迎合高铁时代，积极创建国家全域旅游示范区，深入促进旅游与文化、体育、教育、医疗等行业融合发展。境内游要补供给，培育自驾游、研学游、红色游等精品旅游线路。启动国门景区三期、旗镇中俄风情小镇等项目，加快建设中俄自驾游营地、红花岭东北抗联密营小镇。做好百年历史建筑的保护开发，彰显"旗镇商都"深厚底蕴。鼓励社会资本投资俄罗斯风情项目，加快中俄友好社区建设，注入特色餐饮、风情演艺、音乐酒吧等元素，融贯中西文化，繁荣夜间经济。出境游要提升品质，加强旅游市场管理，改善吃、住、行条件，让出境游客有好的体验。

5. 精准发力，拉动内需消费增长。以牡丹江全域为腹地支撑，逐步向哈尔滨区域拓展，加快建设互贸商品馆，通过政府引导、片区推动、市场运作的方式，打造优质进口商品集散地，带动消费市场提档升级。释放跨境电商综合试验区效应，建设电商线上运营平台，与互市贸易协同发力，拓宽互贸商品销售渠道。谋划建设进境免税店，积极引导消费回流。用好境外旅客离境退税政策，争取扩大定点商店范围，挖掘消费市场潜力。

6. 深化区域交流合作。依托自贸区创新联盟，加强与南沙、郑州等自贸片区合作，实现协调联动、互学互鉴。发挥与东莞对口合作的优势，建立政府间、企业间、政企间常态化沟通机制，联合举办企业交流会、招商推介会、城市宣传会等活动，丰富合作内涵，收获务实成果。定期定向开展自贸片区主题推介会，支持企业参加各类专业展会，开拓新的市场空间。加强与对俄沿边口岸和友好城市的交流合作，借鉴好思路、好经验、好做法，实现信息互通、经验共享、错位发展。

（三）全力以赴抓招商

1. 重新梳理政策，完善扶持措施，全力支持外贸企业发展，稳住外贸"基本盘"。参考同类口岸的政策和做法,对本地企业贸易额、过货量和税收贡献给予一定扶持,全面提升本地企业市场主体地位。同时努力吸引更多从绥芬河口岸过货的非市属大企业落户绥芬河,将过货额真正转化为贸易额,推动非市属企业向市属企业转变。

2. 擦亮"自贸"招牌,瞄准长三角、珠三角、京津冀等重点区域,以木材、粮食、水产品、清洁能源等产业为主攻方向,推动符合口岸导向的加工业从沿海向沿边集聚。重点对接平台企业、贸易企业和总部企业,积极联系央企、国企和行业龙头,制定奖励政策,引进优质增量,为高质量发展注入持久动力。充分发挥专业招商机构的职能作用,细化"专班+园区""目标+考核"招商机制,探索驻点招商、委托招商、代理招商、协会招商、以商招商等方式,创新方法路径。辟建总部经济大厦,建设一站式外贸服务中心、全流程第三方外贸服务平台。力争在北京、上海、广东等一线城市设置招商办事处,推动招商服务前移,一对一开展"远程代收、全程代办",营造"亲商、暖商、扶商、安商"的浓厚氛围。

3. 扎实推进"放管服"改革,把"办事不求人"目标落到实处。压缩企业开办时间,开通产业项目审批"绿色通道",实现多证合一、多审合一、多验合一、多图联审。重点项目实行企业承诺后"容缺受理、容缺审批",最大限度精简审批手续。推行"一网、一门、一次"改革,在更大范围实现一网通办、掌上可办、一次办结。

4. 精抓细管,优化服务。落实企业包保工作制,打通政企直接对话渠道,向企业提供"一对一、点对点、跟班式"服务,千方百计解决企业实际困难,帮助企业全面复工复产、达产达效。在扩大生产、拓展市场、科技创新、降低成本、融资贷款等方面,提供"一企一策"差异化扶持,提升规上企业总量。放大工业周转金、外贸发展金、林业质押担保基金等政策性资金功能,更好地发挥"四两拨千斤"的杠杆作用,撬动金融服务。谋划组建村镇银行,助推企业挂牌上市,化解融资难题。落实更大范围减税降费政策,让企业卸下包袱、轻装上阵。

（四）创新机制引才用才

1.落实和完善"双创"政策措施，大力吸引国内外客商、高校毕业生和各类人才带项目、带技术、带资金到绥芬河就业、创业、落户。争取实行宽松、特殊的人口人才政策，增强绥芬河吸引人、留住人的竞争力，促进人才集聚。争取更多的财政转移支付，加强绥芬河公共服务体系建设，提升人口吸引力和承载力。

2.紧扣自贸片区需要，重点引进精通国际规则、对外合作、金融业务的专业人才，支持拥有自主知识产权、科技创新成果的人才来绥创业。探索实行员额聘任和绩效薪酬制度，大力引进高端实用人才。设立人才发展基金，保障人才引进、培养、激励需求。对落户的急需紧缺人才，及时兑现身份待遇、工资待遇、补贴待遇、住房待遇，把人才引来、留住、用好。探索开辟项目式、联盟引才渠道，加强与国内外知名高校、智库、院所的联系，扩充政府顾问储备，实现人才联动共享。

3.优化"安家稳居"政策，引导产业工人集聚，满足企业用工需求。

（五）致力解决影响对俄合作互联互通瓶颈

俄方波区公路口岸建设迟缓是造成绥芬河对俄合作许多项目推进缓慢的一个重要原因，绥芬河口岸运能得不到充分释放。因此，要调动各方面积极因素，推动俄方尽早完成其公路口岸建设，并积极推动绥芬河—（俄）格罗杰阔沃跨境铁路套轨扩能提速改造和绥芬河—符拉迪沃斯托克高速铁路纳入两国合作规划。更好地发挥"哈绥俄亚"陆海联运优势，提高班列运行效率效益。加快建设"陆上边境口岸型国家物流枢纽承载城市"，打造口岸集疏运体系，深入对接"滨海1号"，提前谋划空港经济区建设。积极协调俄方铁路运输部门确保日平均入境班列12列以上。重点研究对韩、对日、对美航线开通问题，力争尽快取得实质进展。进一步落实减税降费政策，为货物大进大出、优进优出创造更多便利条件，全面提升绥芬河口岸综合竞争优势和规模经济效应。

（六）争取国家加大专项资金扶持力度

争取根据进口量或者贸易额，加大资源回运费的补贴力度，不断扩大资源能源类物资进口。争取提高边民互市贸易每人每天的进口商品免税额度。争取对边境重点口岸城市实行特殊的财政留缴政策，提高税费返还比例，加大一般性转移支付力度。争取沿边地区发行城市建设债券，争取丝路基金和亚投行资金向口岸城市倾斜。争取以绥芬河口岸为试点探索实行关税返还政策，支持口岸通关能力建设，更好地服务黑龙江省乃至全国的对外开放。建议从国家角度对境外企业的"外保内贷"予以政策支持，缓解企业融资难问题。争取开启国家级境外园区的评审工作，出台针对境外园区发展的扶持政策，推进境外产业园区加快发展。